DIREITO ADMINISTRATIVO GLOBAL E DESENVOLVIMENTO

INGRESSO DE IED EM INFRAESTRUTURA NO BRASIL

ANA CAROLINA HOHMANN

DIREITO ADMINISTRATIVO GLOBAL E DESENVOLVIMENTO

INGRESSO DE IED EM INFRAESTRUTURA NO BRASIL

Belo Horizonte

FÓRUM
CONHECIMENTO JURÍDICO
2023

© 2023 Editora Fórum Ltda.

É proibida a reprodução total ou parcial desta obra, por qualquer meio eletrônico, inclusive por processos xerográficos, sem autorização expressa do Editor.

Conselho Editorial

Adilson Abreu Dallari
Alécia Paolucci Nogueira Bicalho
Alexandre Coutinho Pagliarini
André Ramos Tavares
Carlos Ayres Britto
Carlos Mário da Silva Velloso
Cármen Lúcia Antunes Rocha
Cesar Augusto Guimarães Pereira
Clovis Beznos
Cristiana Fortini
Dinorá Adelaide Musetti Grotti
Diogo de Figueiredo Moreira Neto (*in memoriam*)
Egon Bockmann Moreira
Emerson Gabardo
Fabrício Motta
Fernando Rossi
Flávio Henrique Unes Pereira

Floriano de Azevedo Marques Neto
Gustavo Justino de Oliveira
Inês Virgínia Prado Soares
Jorge Ulisses Jacoby Fernandes
Juarez Freitas
Luciano Ferraz
Lúcio Delfino
Marcia Carla Pereira Ribeiro
Márcio Cammarosano
Marcos Ehrhardt Jr.
Maria Sylvia Zanella Di Pietro
Ney José de Freitas
Oswaldo Othon de Pontes Saraiva Filho
Paulo Modesto
Romeu Felipe Bacellar Filho
Sérgio Guerra
Walber de Moura Agra

Luís Cláudio Rodrigues Ferreira
Presidente e Editor

Coordenação editorial: Leonardo Eustáquio Siqueira Araújo
Aline Sobreira de Oliveira

Rua Paulo Ribeiro Bastos, 211 – Jardim Atlântico – CEP 31710-430
Belo Horizonte – Minas Gerais – Tel.: (31) 99412.0131
www.editoraforum.com.br – editoraforum@editoraforum.com.br

Técnica. Empenho. Zelo. Esses foram alguns dos cuidados aplicados na edição desta obra. No entanto, podem ocorrer erros de impressão, digitação ou mesmo restar alguma dúvida conceitual. Caso se constate algo assim, solicitamos a gentileza de nos comunicar através do *e-mail* editorial@editoraforum.com.br para que possamos esclarecer, no que couber. A sua contribuição é muito importante para mantermos a excelência editorial. A Editora Fórum agradece a sua contribuição.

Dados Internacionais de Catalogação na Publicação (CIP) de acordo com ISBD

H719d	Hohmann, Ana Carolina Direito administrativo global e desenvolvimento: ingresso de IED em infraestrutura no Brasil / Ana Carolina Hohmann. - Belo Horizonte : Fórum, 2023. 384p. ; 14,5cm x 21,5cm. Inclui bibliografia. ISBN: 978-65-5518-514-0 1. Direito Administrativo Global. 2. Investimento estrangeiro direto. 3. Infraestrutura. 4. Direito Internacional. I. Título.
2023-295	CDD 341 CDU 341

Elaborado por Odilio Hilario Moreira Junior - CRB-8/9949

Informação bibliográfica deste livro, conforme a NBR 6023:2018 da Associação Brasileira de Normas Técnicas (ABNT):

HOHMANN, Ana Carolina. *Direito administrativo global e desenvolvimento*: ingresso de IED em infraestrutura no Brasil. Belo Horizonte: Fórum, 2023. 384p. ISBN 978-65-5518-514-0.

LISTA DE ABREVIATURAS E SIGLAS

ACFI – Acordos de Cooperação e Facilitação de Investimentos

ACNUR – Alto Comissariado das Nações Unidas para Refugiados

APPRI – Acordo de Promoção e Proteção Recíproca de Investimentos

BIT – Bilateral Investment Treaty ou, em língua portuguesa, Tratado Bilateral de Investimento

CISDI – Centro Internacional para a Solução de Controvérsias sobre Investimentos

DAG – Direito Administrativo Global

FAO – Food and Agriculture Organization

FMI – Fundo Monetário Internacional

GATT – General Agreement on Tariffs and Trade ou, em língua portuguesa, Acordo Geral sobre Comércio e Tarifas

ICANN – Internet Corporation for Assigned Names and Numbers ou, em língua portuguesa, Corporação da Internet para Atribuição de Nomes e Números

ICJ – International Court of Justice ou, em língua portuguesa, Corte Internacional de Justiça

ICSID – International Centre for Settlement of Investment Disputes ou, em língua portuguesa, Centro Internacional para a Solução de Controvérsias sobre Investimentos

IED – Investimento Estrangeiro Direto

ISO – International Standartization Organization ou, em língua portuguesa, Organização Internacional para Padronização

MIGA – Agência Multilateral de Garantia de Investimentos

NAFTA	–	Tratado Norte-Americano de Livre Comércio
NMF	–	Nação Mais Favorecida
OCDE	–	Organização para a Cooperação e o Desenvolvimento Econômico
OMC	–	Organização Mundial do Comércio
OMS	–	Organização Mundial da Saúde
ONG	–	Organização Não Governamental
ONU	–	Organização das Nações Unidas
PAC	–	Programa de Aceleração do Crescimento
PIL	–	Programa de Investimento em Logística
PMI	–	Procedimento de Manifestação de Interesse
PPP	–	Parceria Público-Privada
TPP	–	Trans-pacific Partnership Agreement ou, em língua portuguesa, Tratado Transpacífico ou Acordo de Parceria Transpacífica
PIB	–	Produto Interno Bruto
UNCITRAL	–	Conferência das Nações Unidas para o Direito Comercial Internacional
UNCTAD	–	United Nations Conference for Trade and Development ou, em língua portuguesa, Conferência das Nações Unidas para o Comércio e o Desenvolvimento

SUMÁRIO

INTRODUÇÃO 7

CAPÍTULO 1
O RECONHECIMENTO DE UM DIREITO ADMINISTRATIVO
GLOBAL 15
1.1   O surgimento do Direito Administrativo Global 19
1.2   O espaço global e os atores do Direito Administrativo Global 26
1.2.1 Formas de atuação dos diversos atores no espaço global 36
1.3   Características do Direito Administrativo Global 42
1.4   Princípios do Direito Administrativo Global 50
1.5   A implementação, dificuldades e possibilidades do Direito
      Administrativo Global 60
1.6   Conclusões preliminares 72

CAPÍTULO 2
O DIREITO DO INVESTIMENTO ESTRANGEIRO: ESPÉCIE DE
DIREITO ADMINISTRATIVO GLOBAL 75
2.1   Sobre a definição de investimento estrangeiro direto e
      seus elementos 77
2.2   Fontes de Direito do Investimento Estrangeiro 90
2.3   Os acordos para promoção e proteção recíproca de investimentos 98
2.3.1 Características dos acordos de promoção e proteção recíproca
      de investimentos 100
2.3.2 Resolução de conflitos em matéria de investimento estrangeiro:
      a arbitragem no Centro Internacional para a Solução de
      Controvérsias sobre Investimentos 104
2.4   Princípios do Direito do Investimento Estrangeiro 109
2.4.1 Princípio da nação mais favorecida 111
2.4.2 Princípio do Tratamento Nacional 114
2.4.3 Princípio do tratamento justo e equitativo 119
2.4.4 Princípio da manutenção das expectativas legítimas 126
2.4.5 Princípio da limitação da desapropriação 129

2.4.6 Princípio da vedação a medidas arbitrárias e/ou discriminatórias ...135
2.4.7 Princípio da observância do procedimento adequado 136
2.4.8 Princípio da motivação 138
2.5 Dificuldades que permeiam o atual regime do Direito dos Investimentos, fundado nos APPRIs 140
2.6 O Direito do Investimento Estrangeiro como Direito Administrativo Global 149
2.7 Síntese parcial 153

CAPÍTULO 3
A BAIXA DENSIDADE NORMATIVA EM MATÉRIA DE INVESTIMENTO ESTRANGEIRO NO DIREITO BRASILEIRO 157
3.1 A normatividade brasileira incidente sobre os investimentos estrangeiros diretos em território nacional 157
3.2 A participação do Brasil em tratados de investimento 171
3.2.1 Os Acordos de Cooperação e Facilitação de Investimentos firmados pelo Brasil 183
3.3 Contexto político brasileiro e investimento estrangeiro 192
3.4 Síntese parcial 206

CAPÍTULO 4
INVESTIMENTO ESTRANGEIRO DIRETO, DESENVOLVIMENTO E INFRAESTRUTURA 211
4.1 Concepção de desenvolvimento 211
4.2 Investimento estrangeiro direto e desenvolvimento 215
4.2.1 Consequências do investimento estrangeiro direto para o desenvolvimento 217
4.2.2 Os APPRIs e o desenvolvimento advindo do investimento estrangeiro direto 227
4.2.3 A modulação dos APPRIs e a persecução do investimento estrangeiro de qualidade 230
4.3 Investimento em infraestrutura e desenvolvimento 240
4.4 Potenciais riscos a que está sujeito o investimento estrangeiro 249
4.4.1 Aspectos políticos 249
4.4.2 Aspectos normativos 254
4.4.3 Poder Judiciário 259
4.4.4 Corrupção 262
4.5 A atração do investimento estrangeiro 274
4.6 Síntese Parcial 281

CAPÍTULO 5
INFRAESTRUTURA NO BRASIL E INVESTIMENTO
ESTRANGEIRO..283
5.1 Panorama e perspectivas da infraestrutura no Brasil 285
5.1.1 Rodovias 295
5.1.2 Ferrovias 297
5.1.3 Portos e hidrovias 299
5.1.4 Aeroportos 301
5.1.5 Saneamento básico 302
5.1.6 Energia elétrica 304
5.2 Modalidades contratuais para a execução dos
     projetos de infraestrutura no Brasil 305
5.3 A atração do investimento estrangeiro no Brasil –
     dificuldades e potenciais soluções 318
5.4 Síntese parcial 344

CONCLUSÃO 345

REFERÊNCIAS 355

INTRODUÇÃO

A presente obra analisa o Direito Administrativo Global como potencial instrumento propulsor do investimento estrangeiro direto (IED) para o Brasil, contribuindo para o desenvolvimento econômico e social do país, por meio da criação e ampliação de infraestruturas.

O advento do Direito Administrativo Global tem como precursor o processo de globalização, que crescentemente amplia a comunicação entre os Estados e diversifica as formas de estes se relacionarem, trazendo consequências para a economia, para a sociedade e para o Direito.

Em seu bojo, intensifica-se o número de relações jurídicas entre sujeitos de direito de origens diversas, estatais e não estatais, públicos e privados, as quais devem ser regulamentadas.

São ampliadas as avenças comerciais no plano internacional; questões outrora locais ganham dimensão internacional, como o meio ambiente; vê-se um processo de universalização dos direitos humanos; cresce a atuação das empresas transnacionais; surgem novos mecanismos de promoção do desenvolvimento, muitas vezes com a participação de atores estrangeiros; organizações não governamentais buscam criar padrões de conduta visando a preservação de determinados interesses difusos, etc.

Muitas vezes essas formas relacionais não cabem dentro do espaço intraestatal, não sendo plenamente compreendidas pelo Direito doméstico. Ao mesmo tempo, fogem à regulamentação do Direito Internacional, visto que seus protagonistas não se limitam aos entes estatais. As tradicionais dicotomias Direito nacional/Direito internacional, Direito público/Direito privado, se mostram insuficientes à sua disciplina. Cabe ao Direito apreender essas novas modalidades relacionais, evoluindo e transformando-se.

É nesse cenário que emerge o Direito Administrativo Global.

Nesse movimento de crescente globalização, os Investimentos Estrangeiros Diretos (IEDs) se tornam cada vez mais corriqueiros, compreendidos como aquela espécie de investimento realizada por não residentes num dado Estado com o objetivo de estabelecer vínculos econômicos duradouros no país hospedeiro.

Investimentos estrangeiros diretos exercem grande impacto nos países em que são alocados, criando relevantes mudanças na região e arredores. Quando bem selecionados, as externalidades positivas deles advindas são diversas, podendo eles exercer grande importância para o crescimento econômico, desenvolvimento social e prosperidade dos diversos países – em especial dos menos desenvolvidos e países em desenvolvimento.[1] Nesse esteio, é salutar a criação de um ambiente favorável ao ingresso do IED.

Entretanto, para alocar seu investimento num dado território nacional, o investidor estrangeiro demanda um elevado grau de segurança jurídica, principalmente uma vez que tais investimentos costumam perdurar por um largo período e o seu retorno demanda um longo tempo de maturação. Essa segurança jurídica advém de uma normatividade robusta e de instituições confiáveis.

O Direito Administrativo Global cuida da disciplina do investimento estrangeiro, ao delinear toda uma normatividade fundamentada, sobretudo, em princípios, acordos de promoção e proteção de investimentos, diretrizes advindas de entes não governamentais e da jurisprudência de entes internacionais não estatais dedicados à resolução dos conflitos deles decorrentes.

A existência dessa regulamentação ganha relevância quando o Estado-hospedeiro do investimento carece de legislação específica sobre a matéria – situação essa em que se enquadra o Brasil. Ainda, o país não é parte de acordos de proteção e promoção recíproca de investimentos ratificados. Esses fatores criam um ambiente dotado de menor segurança para o investimento estrangeiro, não obstante o Brasil ser um país democrático, dotado de poderes independentes entre si e regido por uma constituição sólida.

Com o objetivo de tornar o país mais atrativo ao investimento estrangeiro direto, considerando os benefícios que dele podem advir (inclusive benefícios indiretos, sob a forma de externalidades positivas) e com o propósito de fomentar o desenvolvimento, é importante que seja criado no país um ambiente mais favorável e seguro.

Nesse esteio, a presente obra defende a possibilidade de se estimular o ingresso de IED no Brasil a partir do alinhamento do país

---

[1] De acordo com Tilmann Rudolph Braun, "países menos desenvolvidos recebem mais de um terço dos fluxos de investimento". BRAUN, Tilmann Rudolph. Globalization: the driving force in international investment law. *In*: KAUSHAL, Asha *et al.* (ed.). *The backlash against investment arbitration*. The Netherlands: Klwer Law International, 2010. p. 491-506. p. 491.

ao Direito do investimento estrangeiro, compreendido como espécie de Direito Administrativo Global.

Tem-se como foco a recepção de investimentos em infraestrutura, a qual hoje se mostra bastante deficitária,[2] apesar de sua grande importância. Tais investimentos dizem respeito à criação de estruturas essenciais à prestação de serviços públicos caros à população e que lhe provêm melhores condições de vida, como energia elétrica, saneamento, rodovias, ferrovias, portos, aeroportos e telecomunicações, por exemplo. A disponibilidade destas também é de fundamental importância para o crescimento econômico, estimulando o desenvolvimento da indústria e do comércio local, reduzindo custos de produção, contribuindo para o aumento de produtividade, aprimoramento da qualidade dos bens e serviços, criando empregos, majorando consumo e renda e contribuindo, consequentemente, também para o desenvolvimento social.

O tema é dotado de grande relevância, à medida que a melhoria e ampliação da infraestrutura nacional são urgentes, demandam recursos vultosos e elevado grau de expertise técnica, cabendo ao Estado atender essa demanda da melhor e mais eficiente forma possível, podendo, para tal, usufruir de parceiros privados – nacionais ou estrangeiros.

A obra está estruturada da seguinte forma:
- no primeiro capítulo busca-se delinear o que vem a ser e o que caracteriza o Direito Administrativo Global;
- o segundo capítulo se ocupa de identificar e caracterizar o Direito do investimento estrangeiro, qualificando-o como espécie de Direito Administrativo Global e delineando o seu formato e operacionalidade;
- o capítulo três analisa a normatividade brasileira atual em matéria de investimento estrangeiro;
- o capítulo quarto cuida da relação entre o investimento estrangeiro direto em infraestruturas e desenvolvimento, passando pela análise dos fatores atrativos e dissuasivos do ingresso de IED para o setor;
- o quinto e último capítulo traça um esboço do atual panorama da infraestrutura no Brasil e conjectura como tornar o país mais

---

[2] Desde a década de 1970 os investimentos em infraestrutura vêm decrescendo consideravelmente, não acompanhando o crescimento populacional e econômico por que passou o país – na década de 1970, os investimentos em infraestrutura representavam 5,4% do PIB brasileiro, enquanto no período compreendido entre 2011 e 2014, este se limitou a 2,4%. Não só as infraestruturas nacionais se tornaram obsoletas, mas também deixaram de sofrer as expansões necessárias, e mesmo a criação, para que se mostrassem aptas a atender as necessidades do país e de sua população.

atrativo a investimentos em infraestrutura, com o escopo de fomentar o desenvolvimento, a partir do reconhecimento do Direito do investimento estrangeiro.

Antes de adentrar-se no desenvolvimento do tema, duas observações se fazem relevantes.

Primeiramente, note-se que o presente trabalho, ao utilizar a expressão "investimento estrangeiro", estará tratando da modalidade "investimento estrangeiro direto", excluindo, portanto, os denominados investimentos "em carteira" ou "de portfolio". Estes últimos se caracterizam, essencialmente, pela aquisição de ações por investidores estrangeiros no mercado financeiro, não implicando, necessariamente, controle do empreendimento e longo prazo de duração, característicos do IED. Em segundo lugar, ao longo do trabalho, foi utilizada vasta bibliografia estrangeira em idiomas diversos da língua portuguesa. As passagens citadas foram traduzidas livremente por sua autora.

CAPÍTULO 1

O RECONHECIMENTO DE UM DIREITO ADMINISTRATIVO GLOBAL

O fenômeno da globalização, ao fazer arrefecer as fronteiras entre os Estados e ampliar a interlocução entre eles existente, traz consequências relevantes para o Direito. Se há muito já se discutem os impactos no âmbito do Direito Internacional público, com forte ênfase na seara dos direitos humanos, que cada vez mais adquirem contornos de universalidade, hoje emerge um novo debate, referente ao Direito Administrativo Global.

O Direito Administrativo Global surge como uma nova disciplina, a partir da constatação de que as barreiras entre o nacional e o internacional, o público e o privado, se tornam cada vez mais tênues, advindo regulamentações cuja origem é mista – incluindo uma diversidade de atores que atuam em conjunto, de modo até então desconhecido ou pouco conhecido – e sua incidência transcende fronteiras geográficas.

Esse cenário de transformação e as consequências exercidas sobre o Direito é bem observado por Stephan Schill, que constata a ruptura de tais dicotomias tradicionais. Segundo ele,

> a globalização leva à dissolução das categorizações mais fundamentais utilizadas para estruturar e definir áreas do direito ou mesmo ordens jurídicas inteiras, nomeadamente as dicotomias do direito nacional e internacional, de um lado, e o direito público e privado, de outro. Esse processo de duas faces reflete *a dissolução da conexão entre o direito administrativo e o estado-nação e reforça a necessidade de abarcar o direito administrativo num espaço jurídico transnacional*. Esse processo pode ser, e de fato é, observado por todos os advogados administrativistas mundo a fora e pode ser descrito sob três dimensões: primeiro, a dissolução dos limites verticais entre o direito nacional e internacional; segundo, a dissolução dos limites horizontais entre diferentes ordenamentos

jurídicos domésticos; e terceiro, a dissolução dos limites entre o direito público e o direito privado que atravessa as duas distinções.[1] (grifo nosso)

Fato é que num primeiro momento a concepção de um "Direito Administrativo Global" – e mesmo essa nomenclatura – é capaz de causar estranhamento. Afinal, tem-se, tradicionalmente, o Direito Administrativo como uma disciplina da ciência jurídica que surge no seio do Estado e se desenvolve em torno dele, respondendo às suas demandas e sendo instrumental à atuação estatal. Seria, portanto, possível pensarmos num Direito Administrativo que transcende as fronteiras estatais? Essa reflexão é trazida por Luís Filipe Colaço Antunes, quando afirma que "a evolução do direito administrativo contém esse profundo paradoxo: o direito administrativo nasceu com o Estado, sendo que agora se afirma e se desenvolve sem a sua referencialidade ou para além dele".[2]

Eberhard Schmidt-Aßmann, por sua vez, observa um movimento de "internacionalização da Administração", compreendida como "todos aqueles fenômenos de caráter administrativo que transcendem as fronteiras dos espaços administrativos nacionais, tanto se procedem deles próprios quanto se foram concebidos a partir de um primeiro momento sem levar em consideração tais fronteiras. Tal internacionalização se caracteriza, assim, por uma perda de territorialidade".[3] E pondera que "se se tem em conta que o princípio da territorialidade foi sempre um dos 'axiomas' clássicos do Direito administrativo, resta evidente que a internacionalização supõe um desafio de grande importância".[4]

Jean Bernard Auby também observa essa extrapolação da dimensão territorial do Direito, paralelamente à multiplicidade de atores que vêm ganhando relevância na condução dos assuntos públicos, outrora de domínio exclusivo do ente estatal.

Observa ele:

> essas várias evoluções transformam a organização do mundo. Novos atores, como empresas multinacionais ou organizações não governamentais

---

[1] SCHILL, Stephan W. Transnational legal approaches to administrative law: conceptualizing public contracts in globalization. *Jean Monnet Working Paper*, New York, n. 05/13, p. 13, 2013.

[2] ANTUNES, Luís Filipe Colaço. *O direito administrativo sem Estado*: crise ou fim de um paradigma? Coimbra: Coimbra, 2008. p. 141.

[3] SCHMIDT-AßMANN, Eberhard. La ciencia del derecho administrativo ante el reto de la internacionalización de las relaciones administrativas. *Revista de Administración Publica*, Madrid, n. 171, p. 7-34, sept./dic. 2006, p. 9.

[4] *Ibid.*, p. 9.

vêm adquirindo ocasionalmente um elevado grau de \influência na administração dos assuntos públicos mundo afora. Um número significativo de atividades econômicas e sociais vem florescendo dissociadas de uma vinculação territorial ou em esferas que nada tem a ver com a tradicional terriorialidade estatal. A transnacionalidade está se tornando lema o desse mundo pós-moderno em que estamos entrando.[5]

Agustín Gordillo notou o fenômeno na América Latina associado ao movimento de integração regional no continente,[6] reconhecendo o surgimento de normas capazes de influenciar o direito interno cuja origem são acordos regionais. Aduz ele,

À medida que a integração latino-americana ou sub-regional vá se convertendo de aspiração à realidade, se produzirá, igualmente, uma modificação do direito administrativo. Por hora vêm aumentando sensivelmente as normas administrativas cujas fontes são estes acordos regionais. Trata-se de um lento processo que vai modificando os ordenamentos jurídico-administrativos nacionais, mas cujo fortalecimento em médio prazo parece inevitável na ordem internacional.[7]

Ademais, o pertencimento crescente dos Estados a redes intergovernamentais e a organismos internacionais – como a Organização das Nações Unidas (ONU), a Organização dos Estados Americanos (OEA), a Organização Mundial do Comércio (OMC) e a Organização Internacional do Trabalho (OIT) – também colabora para a transformação do seu direito interno, que passa a assimilar normas de caráter internacional ou global,[8] seja de modo formal, adaptando o seu direito interno a elas – criando "normas espelho" às normas alienígenas –, seja de modo pragmático, pautando seu comportamento em consonância com essas regulamentações.

---

[5] AUBY, Jean-Bernard. Is legal globalization regulated? – Memling and the business of baking camels. *Utrecht Law Review*, v. 4, i.3, p. 210-217, dic. 2008. p. 211.

[6] É perceptível que nos últimos anos esse movimento de integração na América Latina desacelerou ou mesmo retrocedeu, ante algumas expressões de caráter mais ou menos isolacionista no continente. Entretanto, seu potencial persiste, sinalizando para uma possível retomada, ante o reconhecimento de que a maior interlocução entre os países da região – econômica, política, social e com impactos jurídico-normativos – pode se mostrar benéfica para cada nação, mesmo sob o enfoque regional.

[7] GORDILLO, Agustín. *Tratado de derecho administrativo*. t. 1. 10. ed. Buenos Aires: Fundación de Derecho Administrativo, 2009. p. II-20. Não obstante Gordillo tratar do tema no que tange à América Latina e com especial atenção à Argentina, seu país de origem, suas observações são válidas também no contexto brasileiro e global.

[8] *Idem*.

Mas há de se perguntar – não estaríamos aqui a discorrer sobre o Direito Internacional, ramo do Direito já há muito conhecido e estudado? O processo de globalização traz, efetivamente, novidade substancial ao Direito, a ponto de reconhecermos o nascer de um novo ramo ou nicho do Direito no século XXI?

No decorrer do presente capítulo busca-se demonstrar que sim, há relevantes mudanças a partir da análise dos estudos que vêm sendo realizados, em especial fora do Brasil, sobre o tema.[9]

No bojo do processo de globalização, paulatinamente, vem emergindo uma seara do Direito que se distingue daquilo que conhecemos como Direito Internacional, dotada de características de Direito Administrativo, mas detentora de uma lógica própria. Ela surge a partir da configuração de novos formatos de relações jurídicas e expressões normativas, que impactam fortemente a realidade de Estados, indivíduos e pessoas jurídicas de Direito privado, porém não se enquadram nos modelos jurídicos tradicionais. Abarca a interação de atores diversos, públicos e privados, os quais participam da produção normativa, em outros tempos circunscrita ao espaço de atuação estatal.

Por isso cabe falarmos em "reconhecimento" do Direito Administrativo Global ou Direito Global. Não se trata de um ramo do Direito criado pelo legislador e implementado pelo Estado, codificado e uniforme, mas que vem se originando, gradualmente e de modo difuso, a partir da interação dos seus diversos atores no mundo globalizado. É necessário, portanto, que seja apreendido pelo Direito.

Como bem assevera Gunther Teubner,

> uma vez que não é a política, mas a própria sociedade civil que nos conduz à globalização de seus variados discursos fragmentados, a globalização do direito está fadada a ser uma consequência irremediável destes. Daí decorre a principal tese: o direito global irá crescer principalmente do espaço periférico social, não dos centros políticos dos Estados-nação e instituições internacionais. Um novo "direito vivo", emanando de instituições ou entes sociais fragmentados, as quais seguiram seu próprio rumo à aldeia global, parece ser a principal fonte do direito global. É por essa razão que, para uma adequada teoria do direito global, uma teoria

---

[9] Todavia não se propõe a aqui esgotar o tema ou se aprofundar em todos os debates que permeiam o Direito Administrativo global, já que este não é o objeto principal da presente tese e, certamente, poder-se-ia escrever toda uma tese exclusivamente sobre o tema na tentativa de esgotá-lo.

política ou uma teoria institucional autônoma do direito não servirão; pelo contrário, faz-se necessária uma teoria de pluralismo jurídico.[10]

1.1 O surgimento do Direito Administrativo Global

Não obstante seu caráter novidadeiro, historicamente, é possível identificarmos como antecessor do Direito Administrativo Global o Direito Administrativo Internacional, já reconhecido por Lorenz Von Stein na segunda metade do século XIX. Para ele, o Direito Administrativo Internacional poderia ser caracterizado como um conjunto de normas jurídicas baseadas, parcialmente, em fontes internacionais e em fontes domésticas relacionadas à atividade administrativa no âmbito internacional como um todo.[11] Consubstanciaria uma área especializada do Direito Internacional caracterizada por grandes restrições à soberania, distinguindo-se do Direito Internacional "puro" ou "tradicional" como a *"common law"* de uma multiplicidade de soberanias que coexistem, sem uma lei única que sobre elas impere ou cortes próprias às quais todas essas soberanias sujeitar-se-iam.[12]

Em 1909 Paul S. Reinsch, em artigo denominado "Direito Administrativo Internacional e Soberania Nacional", também tratou do tema, ao observar a existência de relações de caráter jurídico-administrativo que transcendiam as fronteiras estatais e que estariam a conformar um Direito de caráter universal. Segundo ele,

> o corpo do Direito que está sendo criado pela ação dos órgãos de autoridade das uniões públicas internacionais e pela cooperação entre governos difere do direito internacional geral, já que não regula meramente as relações entre os Estados nacionais, mas busca estabelecer normas para a ação universal. Nós podemos, tentativamente, aplicar a ele a designação de direito administrativo internacional, definindo-o como o corpo de leis e regulamentações criadas pela ação de conferências internacionais ou comissões que regulamentam as relações e atividades

---

[10] TEUBNER, Gunther. Foreword: legal regimes of global non-state actors. TEUBNER, Gunther (ed.). *Global law without state*. Burlington: Ashgate, 2006, p. 7.
[11] VOGEL. Administrative Law: international aspects. BERNHARDT, R. (ed.). Encyclopedia of Public International Law. *The European Journal of International Law*, v. 20 n. 1, p. 23-57, 1992. p. 22-23.
[12] Conforme analisa Jochen von Bernstorff. BERNSTORFF, Jochen von. *The Public International Law Theory of Hans Kelsen*: Believing in Universal Law. Cambridge: Cambridge Studies in International and Comparative Law, 2010. p. 107.

de agências nacionais e internacionais concernentes àqueles interesses materiais e intelectuais dotados de uma organização universal com autoridade. O direito criado, portanto, contém princípios e normas que podem ser vistos como o início de um direito civil universal.[13]

Na literatura jurídica brasileira, José Cretella Júnior, em 1966, sugere a existência de um Direito Administrativo Internacional, que seria oriundo das diversas e crescentes relações estabelecidas entre Estados dotadas de caráter administrativo e cuja necessária disciplina uniria elementos típicos do Direito Internacional Público, bem como do Direito Administrativo. Nesse sentido, afirma ele:

> A intensa vida de relação entre os Estados modernos deu origem, na órbita internacional, ao aparecimento de inúmeros vínculos, jurídicos e sociais, que, ao serem apreciados de maneira científica, passam pelo crivo de princípios do direito internacional público através de órgãos e agentes que se submetem a normas ditadas pelo direito administrativo. E, tão frequentes e importantes são os pontos de contato que surgem entre esses ramos do Direito, que, em torno da nova disciplina, por alguns denominada direito internacional administrativo e por outros direito administrativo internacional, floresceu copiosa bibliografia especializada em que primam, pela excelência e clareza, os trabalhos de internacionalistas e administrativistas italianos. Muitos dos problemas, a princípio afetos às Administrações locais, pelos característicos gerais de universidade de que se revestem, passam a projetar-se na órbita internacional, despertando o interesse simultâneo de vários países que procuram de comum acordo resolvê-los. Vem desse modo o direito internacional em socorro da Administração e, de acordo com os princípios deste, encontram-se os meios adequados para a resolução exata dos assuntos de interesse coletivo. Por sua vez, o direito administrativo, instituindo órgãos e meios de ação na esfera internacional, estabelecendo princípios para regular os serviços públicos internacionais, facultando aos agentes credenciados a solução dos problemas que interessam a vários países, projeta-se além das fronteiras locais e integra-se num plano universal.[14] (grifo nosso)

Da análise esboçada por Cretella Júnior resta clara a capilaridade de que é dotado o denominado Direito Administrativo Internacional –

---

[13] REINSCH, Paul. International Administrative Law and National Sovereignty. *The American Journal of International Law*, v. 3, n. 1, p. 1-45, Jan. 1909, p. 5.

[14] CRETELLA JÚNIOR, José. *Tratado de direito administrativo*. Vol. I. Rio de Janeiro: Forense, 1966. p. 195-196.

este, em sua conformação, absorve tanto aspectos originários do Direito Administrativo quanto do Direito Internacional, resultando numa terceira seara do Direito, distinta dos dois primeiros, não obstante deles oriunda.

Eduardo Lobo Botelho Gualazzi, por sua vez, ao tratar do "Direito Administrativo Internacional", aborda o tema de modo diverso, relacionando-o ao serviço público internacional e estatal, caracterizando-o como um instrumento de harmonização. Conceitua-o da seguinte forma:

> Definimos DIREITO ADMINISTRATIVO INTERNACIONAL como o capítulo especializado do Direito Administrativo que estuda sistematicamente a essência e a operatividade administrativas do conjunto orgânico da Administração Pública Interna de natureza interestatal-internacional e seus objetos uni e interdisciplinares, bem como a eficácia concreta dos objetos intradisciplinares do Direito Internacional Público que lhe informam e conforma, em matéria administrativa, a aplicabilidade internacionalizada de parcelas do Direito Interno, para fins de cooperação interestatal e harmonização técnico-científica entre o serviço público estatal e o internacional.[15]

Ademais, qualifica-o como "mero capítulo do Direito Administrativo Interno, que reflexamente se amolda como substrato de recepção e aplicação seletivas do Direito Internacional Administrativo".[16] Esse último tem como cerne o serviço público internacional,

> objeto materialmente comum às três espécies da Administração Internacional, sob enfoque substancial: a) Administração exterior (organismos administrativos internacionais); b) Administração interior (organização administrativa interna das entidades e órgãos internacionais); c) Administração Interestatal (conjunto de entes e órgãos do Estado, com objeto e/ou finalidade de manter relações e integração internacionais).[17]

Essa concepção de Direito Administrativo Internacional não guarda, todavia, similitude com o conceito de Direito Administrativo Global adotado no presente trabalho – mais abrangente, como há de restar claro no decorrer do presente capítulo.

---

[15] GUALAZZI, Eduardo Lobo Botelho. *Direito internacional administrativo*. São Paulo: Edições Inteligentes, 2005. p. 245.
[16] GUALAZZI, 2005, p. 246.
[17] Ibid., p. 237.

Na Argentina, Agustín Gordillo também considera superada a compreensão de que o regime de Direito Administrativo se limita ao Direito interno de um dado Estado,[18] reconhecendo a existência de um Direito Administrativo Internacional, supranacional ou global.[19] Para o autor "é claro que se pode avançar até a noção de um direito administrativo não somente nacional, mas também internacional. A tendência é tão forte e evidente que alguns autores, no segundo caso, colocaram em voga a tendência de melhor denominá-lo global, em uma troca de nomenclaturas que não altera a realidade".[20]

A efetiva existência desse Direito Administrativo que transcende as fronteiras estatais se torna mais evidente no bojo do crescente processo de globalização, com maior ênfase no final do século XX e início do século XXI, com o alargamento dos processos de internacionalização dos direitos humanos e de integração regional. Nesse contexto, a maior interação entre os Estados, em especial no âmbito econômico, pleiteia a existência de uma regulamentação apta a disciplinar esse convívio – regulamentação essa que, não obstante seus ares de internacionalidade, poderá incidir dentro das fronteiras do Estado,[21] com consequências diretas, inclusive, sobre atores privados.

> Para se determinar como o Direito é transformado nesse mundo, deve se considerar o tipo de pressão que o último exerce sobre o primeiro, e ela parece ser tripla. Quanto mais transnacionais são as atividades, e mesmo deslocadas de seu lugar de origem, mais necessidade há de regras, de dispositivos legais que não seriam dispensáveis no contexto local. Quanto mais os variados atores transpõem jurisdições, mais eles buscarão promover um certo grau de harmonização, com o intuito de reduzir custos de transação. É facilmente compreensível que certa redução no alcance das leis estatais decorre desses fatores.
> De fato, o que se encontra em profunda operacionalização é uma múltipla transformação da normatividade em que o processo de criação da norma é fortemente afetado, mas isso também influencia

---

[18] Afirma Gordillo que "já foi no passado uma afirmação corrente, no direito administrativo antigo, que este ou o seu regime era interno. Essa afirmação já era inexata há algumas décadas, mas é cada vez mais hoje em dia. De nossa parte, nos afastamos dela em 1962, na ocasião da publicação de nossa Introdução ao direito administrativo, e com o tempo pudemos encontrar exemplos crescentes que permitem ratificar e até intensificar nossa concepção". GORDILLO, 2009, p. V-10–V-11.

[19] O autor não faz distinção entre as denominações, utilizando-as de modo intercambiável.

[20] *Ibid.*, p. V-11.

[21] Têm-se como exemplo os tratados de investimentos, celebrados entre Estados, mas que regularão a situação jurídica de um investidor estrangeiro dentro do Estado hospedeiro.

o conteúdo das normas, bem como os seus efeitos. O espectro dos agentes normativos está se alargando, já que atores privados passam a intervir, produzindo, assim, autorregulamentações ou regulamentações descentralizadas, enquanto a influência dos Estados diminui à mesma medida. Os processos normativos se encontram num processo de crescente dispersão, podendo-se perceber que a distribuição de papéis entre autoridades nacionais e entes internacionais, entre órgãos públicos e atores privados, vêm se tornando nebulosos.²²

De fato, isso gera dificuldades no tocante ao âmbito de incidência das normas denominadas de caráter global na ordem jurídica interna de um dado Estado, bem como quanto à forma como se relacionarão essas duas ordens jurídicas.

Entretanto, tais dificuldades não devem soar como uma justificativa à negação do fato de que, nas últimas décadas, e com crescente força nos anos mais recentes, vêm emergindo situações fáticas que ultrapassam as fronteiras estatais – situações essas que demandam uma regulamentação adequada. Essa regulação, todavia, não se identifica com os modelos tradicionais da normatividade do Direito Internacional. Não obstante, influencia a forma como o Direito, em sua mais ampla acepção, incide nos Estados, internamente, surtindo implicações relevantes, inclusive, no Direito doméstico.

Stephan Schill observa que hoje os contratos administrativos – elementos típicos de Direito Administrativo – tendem a ser regulados não mais exclusivamente pelo Direito doméstico do Estado contratante, ante a presença de pessoas jurídicas alienígenas na relação jurídica, ao realizarem investimentos junto ao ente estatal. Para ele,

> Os contratos públicos e o direito regendo os contratos públicos devem ser concebidos como um instrumento de governança global e, consequentemente, o direito regendo os contratos públicos não pode ser razoavelmente concebido exclusivamente através das lentes do direito doméstico. (...)
> O direito internacional e supranacional influencia todas as fases da contratação pública, incluindo a seleção dos contratados, a conclusão dos contratos públicos, a fase de implementação dos contratos públicos e a resolução de controvérsias. (...). Ao ser celebrado um contrato com uma empresa estrangeira pelo ente estatal, poderá incidir o direito internacional relativo à proteção dos investidores (investimentos) estrangeiros. (32) "isso inclui o padrão mínimo de tratamento do direito

---

²² AUBY, 2008, p. 211.

internacional e, mais importante, os mais de 3000 tratados de investimento bilaterais, multilaterais e setoriais, inclusive o Capítulo 11 do NAFTA e o Tratado da Carta de Energia. Os direitos conferidos aos investidores estrangeiros por esses instrumentos têm um efeito no direito material e procedimental aplicável aos contratos públicos independentemente do direito doméstico do estado da parte, e estabelece requisitos independentes, como o direito de ser ouvido e o dever de motivação e condiciona o exercício da discricionariedade administrativa. Eles podem ainda limitar o poder regulatório do estado parte e determinadas prerrogativas especificas contratuais de modificação ou rescisão do contrato, que a lei doméstica costuma prever, e demandam a não discriminação em relação aos contratados domésticos. Finalmente, tratados de investimento concedem aos investidores acesso à arbitragem internacional, logo contornando o mecanismo de solução de controvérsias previsto para os contratos públicos ou pelo direito doméstico. À medida que sujeitos estrangeiros estão envolvidos como partes em um contrato público, o direito internacional suplementa o direito doméstico dos contratos públicos (parte de modo complementar, parte substituindo-o)".[23]

O reconhecimento dessa ordem jurídica ímpar nos permite delinear um novo espaço de realização do Direito, que difere daquele circunscrito ao Estado, bem como daquele do Direito Internacional – foro de tratativas entre Estados, não obstante se entrelaçar e estar em relação com eles. Esse espaço é denominado "espaço global". Nesse *locus*, tem-se relevante interação entre uma grande diversidade de atores – estatais e não estatais, os quais culminam por construir uma normatividade plural e difusa, diversa do ordenamento jurídico interno que rege os vários países em relação, e que pode impactar, até mesmo, Estados terceiros que sequer participaram das discussões ou tratativas nele ocorridas.

Se é possível *reconhecermos* a existência desse denominado "Direito Administrativo Global", faz-se relevante salientar que este não é uma disciplina construída dogmaticamente, mas sim de modo pragmático, a partir da realidade e de constatações nela identificadas, segundo uma concepção do Direito como *fato social*, tal qual aduz Benedict Kingsbury.[24] Segundo ele,

> o largo espectro dado ao Direito Administrativo Global nos trabalhos recentes reflete uma metodologia indutiva que se inicia com a análise

---

[23] SCHILL, 2013, p. 31-32.
[24] KINGSBURY, Benedict. The concept of Law in global administrative law. *European Journal of International Law*, Oxford, v. 20, n. 1, p. 23, 2009.

de acordos e normas bastante diversificados encontrados na prática da governança global, que interagem de modo dinâmico entre si e que se modificam rapidamente, mais do que problemas relacionados à sua base jurídica ou esforços taxonômicos voltados a delinear seus caracteres jurídicos exatos.[25]

Tem-se, portanto, uma disciplina jurídica que vem sendo edificada paulatinamente, à medida que se desenvolve a governança global, compreendida como forma de administração global e ação coletiva,[26] em especial aquela de caráter regulatório, neste denominado "espaço global".

Os esforços no sentido de sistematizar este novo campo do Direito que excede as fronteiras estatais ganharam corpo, inicialmente, com o desenvolvimento, no seio da Faculdade de Direito da *New York University*, por meio de seu *Institute for International Law and Justice* (Instituto para o Direito Internacional e Justiça), nos Estados Unidos da América, do chamado "Global Administrative Law Project", capitaneado pelos professores Benedict Kingsbury, Nico Krisch e Richard Stewart.

Dos estudos sobre a matéria realizados desde então, tem-se: a) o reconhecimento da existência de um "espaço global"; b) o reconhecimento da existência de uma pluralidade de atores que interagem nesse espaço global, atuando na elaboração de regulamentos que caracterizam o Direito Administrativo Global; c) a afirmação da existência de princípios, oriundos, especialmente, do Direito Administrativo, que orientam a formulação dessas regulamentações de caráter global.

Não obstante, o tema gera controvérsias várias relacionadas a aspectos diversos – desde o reconhecimento da existência de um Direito global, passando pela potencial violação à soberania estatal que um Direito dessa espécie poderia ocasionar, eventual déficit democrático de suas regulamentações e a captura do poder regulamentar por Estados tidos como mais desenvolvidos, os quais poderiam orientar a criação

---

[25] *Ibid.*, p. 24.
[26] A governança global pode ser compreendida como *ação administrativa* no espaço global – são nessa linha os ensinamentos de Benedict Kingsbury, na obra mencionada *supra*. Isso porque engloba a elaboração de normas, adjudicação administrativa entre interesses conflitantes, regulação de diversos setores da economia e da vida social – exemplos esses de atuação de caráter administrativo. Paralelamente, Jan Aart Scholte, por sua vez, entende que a governança global consiste num complexo de regras e instituições regulatórias que se aplicam a jurisdições transnacionais e constituições sociais. SCHOLTE, Jan Aart. Global governance, accountability and civil society. *In*: SCHOLTE, Jan Aart (ed.). *Building global democracy*: civil society and global governance. Cambridge: Cambridge University Press, 2011. p. 11.

de normas globais em benefício próprio e em detrimento de outros Estados com menor poder na arena global.

Nesse esteio, e na tentativa de delinear e qualificar o Direito Administrativo Global, reconhecendo-o como ramo do Direito, e com o intuito de facilitar a nossa compreensão quanto à forma de sua incidência e suas relações com o Direito interno estatal, além de reconhecer suas possibilidades e eventuais dificuldades, faz-se importante, inicialmente, compreender que *locus* vem a ser o denominado "espaço global", bem como quais são os atores que nele interagem, para, em seguida, serem delineadas as características do Direito Administrativo Global, bem como os princípios que o regem, dificuldades a serem superadas e formas de implementação.

1.2 O espaço global e os atores do Direito Administrativo Global

O espaço global pode ser compreendido como o local abstrato, posto que não definível geograficamente, em que uma multiplicidade de atores, estatais, interestatais e não estatais – aqui incluídas tanto organizações não governamentais quanto empresas privadas, sejam elas nacionais ou transnacionais – realizam atividades de caráter administrativo, especialmente regulatória e adjudicatória,[27] atividades essas que exercerão influência sobre a ordem jurídica interna de Estados diversos, surtindo, inclusive, impacto direto sobre seus administrados.

O espaço global é amplo e admite que os diversos sujeitos atuem concomitantemente em searas distintas.

Se por um lado o espaço global difere do espaço normativo doméstico, bem como do *locus* em que é produzido e em que se opera o Direito Internacional, por outro lado ele se entrelaça com tais espaços, incorporando elementos de ambos.[28] Nesse diapasão, tem-se que o

---

[27] A atividade adjudicatória que se está a falar não se trata daquela de caráter judicial, institucionalizada no âmbito do Direito interno de cada Estado, mas sim daquela relacionada à garantia da observância dos regulamentos e normas de caráter global pelos entes sujeitos a essa normatividade, seja de modo direto, por meio de entes supranacionais destinados a tal finalidade (como, por exemplo, o International Center for Settlement of Investment Disputes), seja de modo indireto, por meio da pressão exercida pelos entes envolvidos, interessados na manutenção da ordem global.

[28] Nesse sentido, KINGSBURY, Benedict; KRISCH, Nico; STEWART, Richard. The emergence of global administrative law. *Law and Contemporary Problems*, v. 68, n. 15, p. 26, 2005b.

espaço global pode ser, simultaneamente, tanto exterior em relação a um dado Estado, como interior, coincidindo com a área de incidência do Direito doméstico. Ele se mostra exterior se compreendido como foro de discussão e formulação de regulamentos dissociados da realidade interna de um Estado (não obstante poderem esses regulamentos ser inspirados pela legislação doméstica de um Estado), no qual participa uma diversidade de atores – Estados e outros entes estatais, bem como entes privados diversos. Por outro lado, se situará dentro de um dado Estado à medida que este recepciona e aplica dentro de suas fronteiras as regulamentações e políticas formuladas no espaço global, de modo dialogado e/ou harmonizado com sua legislação interna.

Tem-se, portanto, a norma doméstica e a regulamentação global a se entrelaçarem, formando um emaranhado de normas, que dialogam entre si. Essa realidade é constatada por Kingsbury, Krisch e Stewart, que afirmam:

> É verdade que o global e o doméstico permanecem politicamente e operacionalmente separados para muitas finalidades. Não obstante, as duas esferas já são entrelaçadas em muitas áreas da regulação e da administração. O aumento dos programas regulatórios no nível global e sua infusão no equivalente doméstico significa que as decisões dos administradores locais são crescentemente limitadas por normas procedimentais e substanciais do nível global; a necessidade formal de implementação domestica não mais pressupõe a independência da esfera domestica da esfera internacional.[29]

É característica desse espaço global a ausência de centralização ou unidade. Regulamentações versando sobre temas diversos podem ser formuladas e incidirem concomitantemente, coexistindo de modo harmônico. Tem-se, portanto, uma normatividade difusa e descentralizada.

Se buscarmos representar visualmente a relação existente entre os espaços global, doméstico e internacional, teremos algo como o diagrama:

---

[29] Ibid., p. 26,

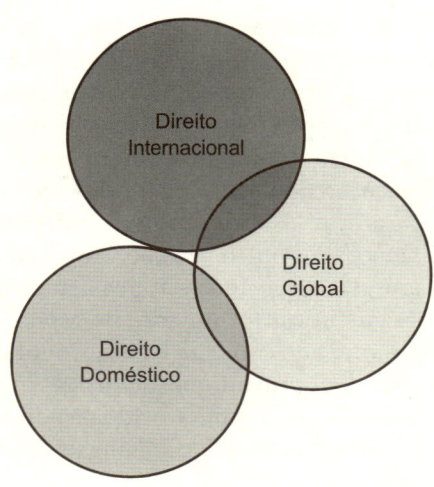

Kingsbury, Krisch, Stewart e Wiener[30] enfatizam que, no espaço global, ao invés de se observar níveis de normatividade nitidamente separados (regulamentação de caráter privado, local, nacional e internacional), tem-se um emaranhado de camadas regulatórias diversas e múltiplos atores coexistindo entre si, dentre os quais instituições internacionais e redes transnacionais – incluindo entes governamentais e não governamentais (corporações, indivíduos, organizações não governamentais e outras coletividades), além de entes administrativos domésticos que operam nos regimes internacionais ou ensejam efeitos reguladores transfronteiriços.

Nesse sentido, afirma Kingsbury,

> este espaço administrativo global está sendo crescentemente ocupado por agentes normativos transnacionais privados, entes híbridos, como entes decorrentes de parcerias público-privadas envolvendo Estados ou organizações interestatais, agentes reguladores-normativos públicos nacionais cujas ações possuam efeitos externos mas que não são controlados pelo poder executivo central, entes interestatais informais não

---

[30] KINGSBURY, Benedict *et al*. Foreword: Global governance as administration – national and transnational approaches to global administrative law. *Law and Contemporary Problems*, Durham, v. 68, n. 3-4, p. 3, sum./aut. 2005a. Paralelamente, KINGSBURY, Benedict. The concept of Law in global administrative law. *European Journal of International Law*, Oxford, v. 20, n. 1, 2009, p. 25.

constituídos mediante tratados e entes interestaduais formais (como as Nações Unidas), afetando terceiros por meio de ações administrativas.³¹

Paralelamente, e seguindo lógica de raciocínio similar, Gunther Teubner qualifica o Direito global como um Direito que se desenvolve num espaço sem fronteiras, num território invisível, a partir de múltiplas conexões entre os diversos atores envolvidos – o que, desde já, impede que tal Direito seja qualificado como internacional. Segundo ele,

> fronteiras do direito global são formadas não por um 'território' nuclear que se expande de modo federativo, como Kant concebeu em termos de estados-nação, mas sob a forma de 'colegiados invisíveis', 'mercados e subdivisões' invisíveis, 'comunidades profissionais invisíveis', que transcendem as fronteiras nacionais, mas ainda assim apontam para o surgimento de formas genuinamente jurídicas. Uma nova forma de direito está surgindo, fundada em conflitos intersistêmicos, e não internacionais.³²

Tão plural quanto é o espaço global, são os sujeitos que nele atuam como criadores e receptores do Direito. Tem-se aqui tanto entes públicos quanto entes privados. O Estado propriamente dito, enquanto pessoa jurídica de direito público, bem como outros entes estatais (órgãos diversos, empresas públicas, sociedades de economia mista, autarquias), empresas privadas, organizações não governamentais nacionais e internacionais, indivíduos e outras coletividades,³³ inexistindo uniformidade e centralização.

A possibilidade da participação dessa multiplicidade de atores faz com que o Direito Administrativo Global difira, desde já, do Direito Internacional – neste tem-se como protagonistas das relações a serem constituídas os Estados, sendo os demais sujeitos mencionados supra, no máximo, destinatários das normas pelos Estados formuladas. Kingsbury, Krisch e Stewart não só atentam para esse fato como ponderam que, nessa linha, o Direito Administrativo Global excede a governança global, por eles tida como a governança do comportamento dos Estados em relação aos demais Estados.³⁴

---

³¹ KINGSBURY, 2009, p. 25.
³² TEUBNER, 2006, p. 7-8.
³³ Nesse sentido, afirma Jean-Bernard Auby, "mais que os Estados, os destinatários das normas internacionais são cada vez mais indivíduos e empresas – em outras palavras, atores privados e, eventualmente, entes públicos infraestatais". AUBY, 2008, p. 212.
³⁴ Afirmam Kingsbury, Krisch e Stewart: "Compreendido tradicionalmente, os sujeitos do direito internacional são os Estados. Correlativamente, governança global é a governança

José Eduardo Faria, ao observar esse cenário, evidencia a relevância adquirida por sujeitos de Direito privado, os quais, ao assumirem a posição de agentes normativos no espaço global, passam a compartilhar uma função típica dos entes estatais. E constata:

> por um lado, *o Estado já não pode mais almejar regular a sociedade civil nacional por meio de seus instrumentos jurídicos tradicionais*, dada a crescente redução de seu poder de intervenção, controle direção e indução. *Por outro lado, ele é obrigado a compartilhar sua soberania com outras forças que transcendem o nível nacional*. Ao promulgar suas leis, portanto, os Estados nacionais acabam sendo obrigados a levar em conta o contexto econômico-financeiro internacional, para saber o que podem regular e quais de suas normas serão efetivamente respeitadas. A consequência desse processo (...) é paradoxal: *ao mesmo tempo em que se observa um movimento de internacionalização de alguns direitos nacionais, constata-se também a expansão de normas privadas no plano internacional*, na medida em que as organizações empresariais, por causa de sua autonomia frente aos poderes públicos, passam, elas próprias a criar as regras de que necessitam e jurisdicizar as áreas que mais lhes interessam, segundo suas conveniências.[35] (grifo nosso)

A lógica que permeia o Direito Administrativo Global e a atuação de seus sujeitos também difere daquela do Direito doméstico com a qual estamos habituados – enquanto os Estados se desenvolvem de acordo com uma lógica centralizadora (a partir de um centro e ao redor deste), os entes administrativos globais se desenvolvem a partir de conexões mútuas e múltiplas a partir de pontos periféricos, em formas federativas ou associativas.[36]

A forma mais simples de constituição de um ente global a partir de atores globais pensados individualmente partiria do âmbito estatal, com a reunião de mais de um Estado para a constituição de um ente supranacional, diverso e dotado de autonomia em relação às partes que o integram. Tem-se como exemplo maior de ente supranacional oriundo dessa espécie de arranjo a Organização das Nações Unidas.

---

do comportamento dos Estados em relação a outros Estados". KINGSBURY *et al.*, 2005a, p. 23.

[35] FARIA, José Eduardo (org.). *Direito e globalização econômica*. São Paulo: Malheiros, 2010. p. 11.

[36] CASSESE, Sabino. *Global administrative law*: an introduction. 2005. p. 13. Disponível em: http://www.iilj.org/oldbak/global_adlaw/documents/Cassesepaper.pdf. Acesso em: 16 dez. 2015.

Porém são possíveis várias outras conformações.[37]
Entes intraestatais podem criar entes internacionais. Nesse esteio foi instituída a Organização Internacional das Comissões de Valores,[38] que reúne os entes nacionais responsáveis pela regulamentação dos mercados financeiros; o Conselho de Estabilidade Financeira – ente que reúne os ministros da Fazenda e presidentes dos bancos centrais dos países integrantes do G7 e o *International Competition Network* – ICN, que reúne autoridades nacionais em matéria de concorrência.

Outra possibilidade se refere a entes globais instituídos por outras entidades globais, atuando sozinhas ou em conjunto com outras. É o caso do Centro Internacional para a Solução de Disputas sobre Investimentos – CISDI (ou ICSID, sigla em inglês para *International Centre for Settlement of Investment Disputes*),[39] que foi instituído pelo Banco Mundial. Do mesmo modo, a Comissão de Medidas Fitossanitárias foi criada pela Organização das Nações Unidas para Alimentação e Agricultura (FAO).

É, ainda, possível que dois ou mais entes ou organizações globais se associem para a criação de um terceiro ente global, diverso e autônomo em relação àqueles que o constituem. Como exemplos, tem-se a criação da Comissão *Codex Alimentarius*, pela FAO em conjunto com a Organização Mundial da Saúde – OMS, e do *Financial Stability Institute*, pelo Banco Internacional de Compensações junto ao Comitê da Basileia de Supervisão Bancária.

Ademais, as várias organizações e os variados níveis podem se comunicar, entrelaçando-se. Nessa égide, tem-se a participação do Diretor Geral da Organização Mundial do Comércio (OMC) em órgãos da ONU; a presidência do Centro Internacional para Solução de Disputas sobre Investimentos (ICSID) pelo presidente do Banco Mundial; a nomeação do Secretário da Comissão de Medidas Fitossanitárias pelo Diretor Geral da Organização das Nações Unidas para Alimentação e Agricultura (FAO). Não obstante, não raro entes diversos acabam por se entrelaçar em função de questões procedimentais e em decorrência de exigências recíprocas. Por exemplo, a OMC pode exigir que um Estado cumpra determinações advindas da Comissão de Medidas Fitossanitárias como condição à participação em negociações, garantindo, assim, a eficiência de uma medida adotada por outro ente global.

---

[37] A classificação que segue é lastreada naquela elaborada por Sabino Cassese, *ibid.*, p. 13-17.
[38] International Organization of Securities Comission – IOSCO.
[39] Essa é a tradução para International Centre for Settlement of Investment Disputes – ICSID utilizada pelo Ministério das Relações Exteriores brasileiro.

Existe, ainda, a possibilidade de alguns entes especializados "emprestarem" suas instituições a outras entidades, com a finalidade de solucionar controvérsias. É o que realiza o ICSID, que, não obstante ter como escopo principal a resolução de controvérsias em matéria de investimentos no âmbito do Banco Mundial, também poderá atuar em conflitos relativos ao Tratado Norte-Americano de Livre Comércio (NAFTA), ao Protocolo de Colônia para Promoção e Proteção Recíproca de Investimentos no Mercosul e ao Tratado de Livre Comércio de Cartagena (Pacto Andino).

Os atores participantes da formulação de uma dada regulação global podem, ou não, serem diretamente interessados na normatividade nascente (em sendo detentores de interesses próprios na normatividade em questão, serão aqui qualificados como "*stakeholders*"[40]). Por outro lado, não raro terceiros serão afetados de modo direto por tais regulamentações sem que delas tenham participado direta ou indiretamente – nesse esteio, tem-se que, crescentemente, indivíduos são também afetados pelo Direito Administrativo Global em seu cotidiano, tal qual ocorre no plano do Direito interno.[41]

Esse tipo de situação se opõe ao que se opera no âmbito do Direito Internacional, em que os grandes destinatários da normatividade são os Estados e a incidência e efetividade da norma internacional no espaço doméstico dependem da atuação direta do ente estatal, de modo que indivíduos e particulares serão impactados tão somente no denominado estágio de implementação da norma internacional.

---

[40] A palavra "*stakeholder*" é originária da língua inglesa e dotada do significado de "parte interessada". O termo é utilizado mais amplamente nas ciências da Administração e da Economia, referindo-se às partes interessadas que devem estar de acordo com as práticas de governança corporativa executadas por uma empresa. Num sentido mais amplo, se aplica ao conjunto total de participantes e interessados num dado projeto.

[41] Nessa égide tem-se a explicação de Kingsbury, Krisch e Stewart, ao analisar o funcionamento desse complexo sistema que é o Direito global e a atuação dos diversos atores nele inseridos: "tradicionalmente, os sujeitos de direito internacional são os Estados. Correlativamente, governança global é a governança do comportamento do Estado em relação a outros Estados. *Entretanto, crescentemente, programas de regulação acordados no plano internacional pelos Estados são efetuados através de medidas adotadas pelos governos no plano doméstico para regular condutas privadas.* A regulação coordenada da conduta privada é usualmente o grande propósito do esquema internacional em áreas como a regulação da poluição ou de práticas financeiras. Na teoria clássica as medidas regulatórias domésticas são a implementação pelos Estados de suas obrigações internacionais. Dirigem-se formalmente aos atores privados somente no estágio de implementação, e isso é exclusivamente uma questão de ordem doméstica. *Mas os verdadeiros sujeitos dessa regulação global são hoje, mais e mais, os mesmos do direito doméstico: notadamente, indivíduos (tanto como agentes morais e atores econômicos e sociais), e pessoas coletivas como corporações e, em alguns casos, ONGs*". KINGSBURY *et al.*, 2005a, p. 23-24.

Segundo Kingsbury, Krisch e Stewart,

> essa característica é mais evidente quando entes internacionais tomam decisões que possuem consequências jurídicas diretas sobre indivíduos ou empresas sem que haja necessidade de qualquer intervenção de ação governamental local. Exemplos incluem a certificação de projetos de Mecanismos de Desenvolvimento Limpo pelo Mecanismo de Desenvolvimento Limpo do Protocolo de Kyoto, determinações do Alto Comissariado das Nações Unidas para os Refugiados relativas à condição de refugiado de um indivíduo e certificações concedidas por agências das Nações Unidas a Organizações Não Governamentais autorizando-as a participar dos seus procedimentos.[42]

Os autores também ressaltam que

> a noção de que atores privados são sujeitos da regulação global é também clara em grande parte da governança regulatória alcançada por meio de redes, em que os entes reguladores nacionais exercem papel tanto no plano internacional, decidindo coletivamente com os seus pares medidas regulatórias aplicáveis a empresas privadas (bancos comerciais, por exemplo), bem como no plano doméstico ao implementar, aplicar e garantir a incidência dessas normas sobre as mesmas empresas privadas dentro de sua jurisdição.[43]

Do exposto até o momento, é possível afirmar que um adjetivo útil para descrever os atores que interagem no espaço global é "pluralidade". As diversas espécies de organizações descritas, bem como aquelas expressamente mencionadas nos parágrafos anteriores, têm a pluralidade como caractere essencial – tanto no tocante aos sujeitos que as integram (estatais e não estatais, que podem ou não estar conjugados) quanto em relação ao formato que assumem (que irá variar de acordo com os objetivos do ente em questão), e às relações por elas estabelecidas (formais ou não, celebradas com ente estatais ou a partir de regulamentações autônomas que poderão surtir efeitos até mesmo na esfera individual dos cidadãos).

Ademais, são dotadas de grande autonomia, não estando subordinadas ou possuindo relações diretas com os Estados que por ventura as integrem. Não obstante, exercem funções de caráter administrativo – tanto normativo quanto adjudicatório.

---

[42] *Ibid.*, p. 24.
[43] *Idem.*

Ainda, a normatividade por elas produzida é capaz de incidir e regular, prontamente, a conduta privada, não se limitando a pautar condutas de agentes estatais. E a cogência dessa normatividade, a princípio, independe da existência de norma interna disciplinadora de uma dada matéria regulamentada no âmbito global, bem como de eventual intermédio do ente estatal ou administração pública local.[44] Inexistindo uniformidade e centralização.

Uma vez assimilada essa pluralidade de atores, as possíveis configurações que podem adotar e a forma diversificada como atuam, torna-se natural o reconhecimento da existência de um espaço global. Ora, se existe toda uma realidade na qual transitam e exercem funções tais entes, impactando o mundo jurídico – inclusive o Direito interno dos Estados, certo é que tais relações se sucedem num determinado *locus*, qual seja o espaço global. Espaço este, todavia, que, não obstante real, é geograficamente indeterminado.

Note-se que essa concepção de um espaço administrativo global e o reconhecimento da diversidade dos atores que nele transitam, desde já, nos permite traçar um diferencial do Direito Administrativo Global em relação ao Direito Internacional tradicional: neste último as relações jurídicas são firmadas no âmbito interestatal e há uma clara separação entre a normatividade nacional (estatal) e a normatividade internacional. Já no âmbito da governança global, redes transnacionais (integradas por Estados vários e por outros atores que não só o Estado, como entes privados e instituições internacionais) podem atuar como criadores, intérpretes e aplicadores da norma.[45]

Em consonância, o modelo de regulamentação aqui encontrado difere daquele típico do Direito Internacional, admitindo acordos institucionais de caráter informal, ou menos formal, e outras práticas e fontes normativas não admitidos na concepção clássica de Direito Internacional.[46] Conforme afirma Carlos Ari Sundfeld,

---

[44] Tem-se como exemplo de situação em que a impositividade da norma global prescinde de legislação doméstica disciplinadora regulamentos em matéria ambiental, em especial no que tange ao controle da poluição – nessas situações, tendo o Estado assumido compromisso quanto à limitação de suas emissões de poluentes, desde já está vinculado a tal compromisso, independentemente da existência de legislação disciplinadora interna ou da colaboração espontânea dos sujeitos que nele exercem atividades diversas. Paralelamente, em temas relacionados à atuação privada no mercado financeiro, os compromissos adotados no espaço global possuem pronta eficácia no espaço interno de um Estado.

[45] Nesse sentido KINGSBURY, 2009, p. 25.

[46] Conforme Kingsbury, "Este é descrito como 'global', e não 'internacional' para evitar o entendimento de que faz parte da reconhecida *lex lata* ou mesmo da *lex ferenda*, e, ao invés, inclui arranjos institucionais informais (muitos deles conferindo papeis relevantes a entes

o direito global extrapola largamente as fronteiras do Estado Nacional para buscar suas fontes também fora dele: desde os tratados multilaterais (como os que decidem integrações dos tipos Mercosul ou União Europeia, as Convenções de Direitos Humanos, etc.) até as normas emanadas dos organismos internacionais (a ONU, a Organização Mundial do Comércio, o Conselho da Europa, etc.), passando pela rica jurisprudência dos entes jurisdicionais internacionais (Corte Internacional de Justiça, Corte Interamericana de Direitos Humanos, e por aí vai).[47] (grifo nosso)

Nesse esteio, é possível afirmar, a partir do reconhecimento da existência de um espaço global, da percepção quanto ao modo como surge e se concretiza o Direito global e da pluralidade de atores que participam do processo normativo e que estão sujeitos à sua regulamentação, que o Direito Administrativo Global é um Direito *que existe para fora do Estado*, mas que, contudo, simultaneamente, surte *efeitos diretos no espaço interno de um dado Estado*. Tal contexto permitiu que fosse cunhada a expressão "Direito global sem Estado"[48] ou "Direito sem Estado". Assevere-se que não se está aqui a desmerecer a importância, quiçá necessidade, dos Estados organizados para o Direito Administrativo Global. Pelo contrário – o Direito Administrativo Global depende do Estado para a sua existência e concretização (tanto como partícipe da formulação de regulamentações quanto como agente na sua implementação e *enforcement* ou, minimamente, como *locus* de concretização de decisões construídas na arena global).

Ademais, inexiste uma separação clara entre o Direito interno dos Estados e o Direito Administrativo Global. Conforme assevera Sabino Cassese,

> é tão equivocado quanto aduzir que os Estados têm controle exclusivo do poder global, quanto o é pensar que as decisões globais escapam ao seu poder. Há uma zona mista, cinzenta, entre os sistemas regulatórios globais e os agentes normativos nacionais. Isso pode servir tanto aos Estados quanto ao sistema global, e, às vezes, a ambos simultaneamente: aos Estados, ao fazerem suas vozes ouvidas no sistema global e ao sistema

---

não estatais) e outras práticas normativas, bem como fontes, não abarcadas pelo conceito padrão de 'direito internacional'". *Ibid.*, p. 26.

[47] SUNDFELD, Carlos Ari. *Direito administrativo para céticos*. São Paulo: Malheiros, 2012. p. 182-183.

[48] Essa expressão dá título à obra coletiva organizada por Gunther Teubner – "Global Law without State", que discute o Direito para fora do Estado em contextos diversos, desde a *Lex mercatoria* ao Direito Internacional do Trabalho, passando por parâmetros contábeis internacionais, pelos direitos humanos, dentre outros temas (TEUBNER, 2006).

global, ao penetrar nos Estados para atingir a sociedade civil e os atores locais – um alcance geralmente inexistente ou deficiente nos poderes públicos globais. A ordem jurídica global é uma ordem saprófita incapaz de sobreviver sozinha; ela, necessariamente, se relaciona com outras e as torna permeáveis, enquanto, ao mesmo tempo, as reforça. Contrastando com o direito internacional, no direito global os dois níveis se unem.[49]

1.2.1 Formas de atuação dos diversos atores no espaço global

Num esforço para sistematização desse complexo ramo do Direito que é o Direito Administrativo Global, Kingsbury, Krisch e Stewart[50] identificaram cinco espécies de administração global, de acordo com os atores nela envolvidos e o modo de interação entre si, quais sejam:
- Administração por meio de instituições formais;
- Administração baseada na atuação coletiva de redes transnacionais de acordos cooperativos entre entes reguladores nacionais;
- Administração distribuída ou difusa conduzida pelos reguladores nacionais, na forma de um tratado ou outro instrumento cooperativo;
- Administração por meio de acordos híbridos entre ente(s) intergovernamental(is) e ente(s) privado(s);
- Administração por entes privados dotados de funções regulatórias.

Note-se, todavia, que tais camadas não são estanques, podendo uma sobrevir a outra ou mais de uma camada combinarem-se entre si, atuando concomitantemente num só esforço regulatório.

Todas elas têm como objetivos principais a consecução das funções do Direito Administrativo Global, quais sejam a cooperação entre entes estatais e não estatais uns com os outros, a harmonização e padronização ou estandartização de condutas ou regulamentos na esfera global (especialmente com o escopo de facilitar o comércio de bens e serviços no plano internacional). Porém, há outras funções que

---

[49] CASSESE, 2005. p. 21.
[50] KINGSBURY et al., 2005a, p. 20-23.

podem ser exercidas, como a melhor alocação de recursos escassos, assistência e prestação de serviços e a proteção de indivíduos.[51]

A administração internacional formal é composta pelas organizações formais, criadas por meio de tratados ou acordos executivos celebrados entre Estados, entre estes e organizações supranacionais ou entre organizações supranacionais entre si.

Como exemplo maior dessa espécie de administração, tem-se a constituição da Organização das Nações Unidas.

Note-se que essa espécie de organização supranacional deriva da associação entre Estados por meio de um acordo, tratado ou outra forma organizacional, mas, também e simultaneamente, possui autonomia para promover outros acordos – capazes de vincular o ente supranacional e outros Estados – dele integrantes ou não, e emitir decisões, criando compromissos e obrigações. Também podem ter autonomia para instituir novos entes e organizações internacionais ou supranacionais.

Nesse esteio, utilizando-se do exemplo da Organização das Nações Unidas, têm-se os diversos Conselhos e Comitês dela derivados. Esses, muitas vezes, possuem composição diversa da organização maior, com um número mais limitado de integrantes, mas cujas decisões podem surtir efeitos sobre todos os demais e mesmo em relação a Estados não vinculados ao primeiro. Vide o Conselho de Segurança da ONU – Conselho este no qual o Brasil almeja participar como membro, não obstante já ser o país membro da Organização das Nações Unidas. Outro exemplo dentro da mesma Organização das Nações Unidas refere-se ao Alto Comissariado das Nações Unidas para Refugiados – ACNUR, que exerce atividade regulatória e administrativa no que tange à proteção, locação e administração de campos de refugiados em Estados diversos, bem como a Food and Agriculture Organization. Tem-se também a Organização Mundial da Saúde, que elabora normas, padrões, determinações e orientações em matéria de saúde pública.

Esses entes possuem regulamentos próprios e emitem decisões de caráter vinculante ou orientativo, que podem ter efeitos, inclusive, em relação a Estados que não integram o ente supranacional em questão.

As redes transnacionais e os acordos de cooperação (*transnational arrangements and coordination agreements*), por sua vez, têm como tônica a horizontalidade e o caráter menos formal. Inexiste aqui uma instância decisória formal cujos pronunciamentos sejam dotados de caráter vinculante, de modo que as "decisões" consolidadas nesses

---

[51] Nesse sentido, CASSESE, 2005, p. 18.

acordos demandam a cooperação das partes envolvidas para a sua execução. Tem-se, portanto, uma administração de caráter horizontal. Eventualmente esses acordos de cooperação podem ser formalizados mediante tratados, porém o formato não é requisito obrigatório.

Como exemplo tem-se o Comitê da Basileia, organização que congrega as autoridades diretoras de vários Bancos Centrais, com o escopo de fortalecer a solidez dos sistemas financeiros por meio de políticas e exigências coordenadas. Apesar de inexistir tratado vinculando os integrantes do comitê, sua atuação é altamente eficaz.

A Organização Mundial do Comércio também atua de modo horizontal, buscando a cooperação entre os Estados. Fá-lo exercendo pressão sobre os Estados para que haja mútuo reconhecimento e observância das normas e decisões.

Também são considerados por essa doutrina acordos de caráter horizontal transgovernamentais os tratados bilaterais para mútuo reconhecimento de normas ou procedimentos internos, geralmente relacionados a atividades especializadas e no âmbito do comércio e prestação de serviços.

Já a concepção de administração distribuída não se refere à participação de Estados de modo direto na arena global, mas sim daquela administração que ocorre por meio de suas agências reguladoras, ao editarem normas internas que surtem efeitos extraterritoriais, impactando, portanto, mesmo que por uma via indireta, atividades realizadas em/por outros Estados. Em verdade, tem-se o *spillover* no espaço global de uma medida adotada internamente por agentes reguladores, atingindo a comunidade internacional. Nesse esteio, ao editar uma dada regulamentação, o Estado em questão acaba por, de certo modo, exercer, indiretamente, ação administrativa em outro Estado.

Isso se dá, por exemplo, quando são criadas limitações ou condições à importação de determinados produtos, gerando impacto relevante em outros Estados. Essa administração indireta de interesses alheios é usualmente observada na seara ambiental e em matéria de alimentos. Nesse diapasão, Kingsbury, Krisch e Stewart observam que "reguladores nacionais em matéria de meio ambiente preocupados com a conservação da biodiversidade e com as emissões de gás que contribuem para o efeito estufa são hoje parte da administração global, bem como parte da administração puramente nacional: eles são responsáveis por implementar o direito internacional ambiental para a consecução de objetivos comuns, e suas decisões, portanto, dizem respeito aos governos (e à população) de outros Estados, tal qual o regime internacional em matéria de meio ambiente que estão implementando".[52]

Os autores assinalam, ainda, que "acordos para o mútuo reconhecimento de padrões e certificações entre certos reguladores nacionais podem também ter algumas das qualidades da administração distribuída, apesar de opiniões variarem muito quanto à forma como melhor compreender o mosaico que é o mútuo reconhecimento de acordos e outras abordagens cooperativas".[53]

Outra espécie de administração global é a Administração híbrida intergovernamental-privada, assim denominada por unir atores estatais e privados, podendo assumir formatos diversos.

Como exemplo de atores que exercem esse tipo de administração tem-se a Comissão *Codex Alimentarius*,[54] que cria padrões de segurança alimentar. Sua composição mista inclui Estados membros (são, atualmente, 185 Estados e a União Europeia, enquanto organização), observadores (Estados e organizações não governamentais) e até mesmo o público em geral, estando essas duas últimas categorias qualificadas para fornecer informações relevantes e de caráter especializado úteis à entidade, podendo participar das reuniões do ente. Os padrões definidos pela comissão possuem elevados graus de vinculação, sendo quase mandatórios, e influenciam a resolução de controvérsias no âmbito da OMC.[55]

Tem-se também como exemplo a Internet Corporation for Assigned Names and Numbers – ICANN (*Corporação da Internet para Atribuição de Nomes e Números*). O ente, que age como um regulador e criador de protocolos para internet, sendo responsável pela alocação dos espaços de endereço e administração de nomes de domínios, é uma entidade não governamental, porém vinculada ao governo dos

---

[52] KINGSBURY *et al.*, 2015a, p. 22.
[53] *Ibid.*, p. 22.
[54] O *Codex Alimentarius* Commission é um ente que foi estabelecido em novembro de 1961 pela Organização das Nações Unidas para Alimentação e Agricultura (FAO), da qual a Organização Mundial da Saúde (OMS) passou a fazer parte em junho de 1962, e teve sua primeira sessão realizada em Roma, em outubro de 1963. Os principais objetivos da Comissão são proteger a saúde dos consumidores e garantir práticas justas no comércio internacional de alimentos. O *Codex Alimentarius* é reconhecido pela Organização Mundial do Comércio como uma referência internacional para a resolução de controvérsias relativas à segurança alimentar e proteção do consumidor.
[55] Membros da OMC que desejem utilizar critérios mais rígidos de medidas de segurança alimentar do que aqueles estabelecidos pelo *Codex Alimentarius* devem justificar cientificamente a sua importância e/ou necessidade.

Estados Unidos da América (especificamente, ao seu Departamento de Comércio)[56] e inclui em sua composição representantes estatais.

Esse tipo de composição mista gera, todavia, dificuldades – especialmente em relação à compreensão quanto à forma como o Direito Administrativo pode ser formatado ou operacionalizado em relação a esses entes, em especial em situações em que o Direito público e o privado possam colidir, como naquelas envolvendo o dever de transparência e publicidade dos entes integrantes da Administração Pública e o dever de confidencialidade que pode envolver transações comerciais.

O quinto tipo de administração global elencado por essa corrente doutrinária é a administração por entes privados, os quais, mesmo dissociados por completo de qualquer estrutura estatal, assumem funções de caráter regulatório.

Sendo assim, os padrões e protocolos por eles criados não são vinculantes à coletividade. Entretanto, a prática vem demonstrando que tais regulamentações podem ser altamente eficazes e, eventualmente, são, inclusive, absorvidas por entes estatais.

Um bom exemplo é a *International Standartization Organization* – ISO (Organização Internacional para Padronização), que padroniza e harmoniza produtos e processos ao redor do mundo. Não raro órgãos estatais, ao realizar procedimentos licitatórios, impõem como um dos requisitos de qualificação a certificação do licitante e a certificação concedida pela entidade, em especial em matéria ambiental.

No âmbito do comércio internacional também são utilizadas certificações diversas, como aquelas relacionadas à garantia de procedência e produção sustentável de um determinado produto, comércio justo, ausência de testes em animais ou de utilização de mão de obra em condições análogas à escravidão e trabalho infantil, dentre outras. A ausência de cogência dessa normatividade que se realiza fora do domínio estatal não a torna carente de efetividade, sendo crescentemente observada pelos sujeitos do comércio interno e internacional.

Ainda como exemplo de normatividade com impactos globais instituída exclusivamente por atores privados tem-se aquela advinda da Agência Mundial *Anti-doping*, organização vinculada ao Comitê Olímpico Internacional, que estabelece parâmetros quanto à utilização de substâncias e fiscaliza a observância ao seu código, vinculando atletas profissionais de todo o mundo.

---

[56] Essa vinculação inexistia em sua origem.

Exemplo recente e de grande visibilidade da influência que regulamentações ou padrões produzidos por entes privados internacionais pode exercer sobre o Direito interno de um Estado pode ser visto com a realização da Copa do Mundo FIFA no Brasil, em 2014. Nessa ocasião foi possível observar a alteração temporária ou modulação de normas locais visando adaptar-se aos padrões impostos pela *Fédération Internationale de Football Association* – FIFA (Federação Internacional de Futebol), em especial aquelas de caráter urbanístico e relacionadas ao trânsito de pessoas e de veículos em determinados locais.

Note-se que tais regulamentações, apesar de não estarem vinculadas formalmente a nenhum Estado, já que advêm de organizações estritamente privadas, geram impacto direto sobre as ações de agentes privados, tanto pessoas físicas quanto jurídicas, pautando sua atuação, estimulando ou restringindo comportamentos. Merecem, portanto, ser apreendidas pelo Direito. Contudo é certo que não se enquadram no âmbito do Direito interno dos entes estatais e também não se enquadram no Direito Internacional, merecendo a qualificação terceira, qual seja a de Direito Global.

Não obstante a ausência de uniformidade que permeia os variados tipos de administração global – afora a diversidade observada internamente em cada um dos modelos –, é possível identificar características comuns que os permeiam e nos permitem ousar pensar em princípios fundamentais do Direito Administrativo Global – rumo este que vem sendo seguido pela doutrina estudiosa do tema, compreendendo-o como um sistema, mesmo que descentralizado. A compreensão do seu funcionamento faz-se de grande importância para que possamos operacionalizá-lo adequadamente, buscando dele extrair o máximo de benefícios e contornar ou minimizar as suas deficiências, no ímpeto de garantir a *accountability*, responsividade e eficiência. Como bem asseveram Kingsbury, Krisch e Stewart,

> uma abordagem do Direito Administrativo Global que enfatize a legalidade e foque na revisão como mecanismo de controle pelos atores centrais sobre os subordinados ou periféricos é adaptável às diferentes visões da ordem internacional, e portanto deve ser útil às variadas formas de administração. Ela se aplica a formas institucionais bastante densas de administração internacional numa base cosmopolita, bem como em formas de cooperação mais próximas em modalidades mais solidárias – isto é, entre Estados que compartilham de valores comuns bem arraigados. Mas também possui uma função importante nos sistemas pluralistas, nos quais instituições administrativas comuns são

meramente direcionadas à resolução de problemas de colaboração ou de cooperação. Em todas elas as definições de centro, de subordinados ou periféricos, e de delegação e supervisão irão variar. Porém, todos eles têm de lidar com problemas relacionados à *accountability* e controle de seu regime interno, e um direito administrativo pode ser útil à abordagem dessas questões.[57]

1.3 Características do Direito Administrativo Global

Ao observar as variadas formas de expressão do Direito Administrativo Global e o modo de interação dos atores que o criam e por meio dele interagem, é possível identificarmos algumas características que lhes são comuns, quais sejam:
- a ausência de uma norma fundamental unificadora;
- a multiplicidade de atores;
- a ausência de hierarquia normativa e entre os vários atores;
- o caráter menos formal de suas regulamentações, que podem assumir formatos variados;
- o elevado nível de especialização de suas regulamentações;
- a "imperatividade" das decisões globais;
- a transparência do processo decisório e responsividade.

Quanto à inexistência de uma norma fundamental, que conferiria unidade ao sistema regulatório global, tal qual são as Constituições dos Estados, cabe assinalar que o Direito Administrativo Global é, por essência, um sistema difuso, abrangendo uma diversidade de matérias, as quais, muitas vezes, não seguem uma mesma e única racionalidade. Paralelamente, reúne atores diversos, que participam do processo normativo, de modo que a normatividade resultante não guarda identidade com o regramento de um dado Estado isoladamente – em verdade, ter-se-á algo mais semelhante a um mosaico, o qual apreendeu influências diversas dos vários atores do seu processo de formação normativa do Direito Global.

Essa lógica é, em muito, distinta da concepção tradicional do Direito Administrativo doméstico, pautada na unidade normativa que caracteriza um Estado e o distingue dos demais. E mais, o Direito

---

[57] KINGSBURY *et al.*, 2005a, p. 45.

Administrativo Global sequer almeja essa unidade, realizando-se integralmente na diversidade.[58]

Nesse esteio, tem-se que no Direito Administrativo Global inexiste hierarquia entre as normas,[59] bem como entre os atores que o compõem.[60] Trata-se de uma ordem plural, na qual atores diversos interagem de modos variados na formulação e na absorção das regulamentações globais. Essa pluralidade é bem apreendida por Cassese, que assevera:

> A ordem jurídica global é sustentada por um complicado sistema de normas. Há normas decorrentes de tratados e normas unilaterais; normas impostas externamente e normas criadas pelas próprias instituições; normas globais e normas nacionais que se aplicam a instituições globais (por exemplo, aquelas do país onde se situa a sede da organização), *hard law* e *soft law*. (...) o ente que cria as normas nem sempre é o mesmo que lhes dota de força vinculante. Não há ordem hierárquica clara entre as normas. Finalmente, essas normas não são uniformemente aplicadas: por exemplo, o Acordo sobre Compras Governamentais da OMC prevê acesso a órgãos governamentais subcentrais sob a condição de que outros façam o mesmo. Logo, as obrigações não incidem de modo uniforme.[61]

Diferentemente do que se observa no âmbito estatal, em que existe um poder central, do qual derivam órgãos diversos que permanecem a ele vinculados e subordinados, sendo possível visualizar uma clara hierarquia, no Direito Administrativo Global tem-se uma descentralização.[62] Isso significa que vários atores participam do processo de criação

---

[58] Gunther Teubner percebe essa distinção entre o Direito tradicional, que almeja a unidade, e o Direito Administrativo Global, que se caracteriza pela diversidade e pluralidade, características salutares, em seu entendimento. A possibilidade de eventual unidade poderia, para ele, configurar-se no âmbito regional. Segundo o autor, "para a configuração das nações no passado, a unidade do direito era um dos seus principais ativos – um símbolo da identidade nacional e simultaneamente um símbolo de (quase) justiça universal. Uma unidade mundial do Direito, entretanto, seria uma ameaça para a cultura jurídica. O problema para a evolução jurídica será como garantir que uma suficiente variedade de fontes de direito existam num direito globalmente unificado. Nós até podemos antecipar tentativas políticas conscientes para institucionalizar a diversidade jurídica – por exemplo em níveis regionais" (TEUBNER, 2006, p. 8).

[59] Nesse sentido, Jean-Bernard Auby ressalta que o Direito pós-moderno não mais é piramidal, mas baseado em redes (AUBY, 2008, p. 216).

[60] Sabbino Cassese pondera que, mesmo entes maiores, como as Nações Unidas, não são hierarquicamente superiores a outros ou mais influentes (CASSESE, 2005, p. 13).

[61] Sabbino Cassese pondera que, mesmo entes maiores, como as Nações Unidas, não são hierarquicamente superiores a outros ou mais influentes. *Ibid.*, p. 31-32.

[62] Nesse sentido, afirma Jean- Bernard Auby: "normas vêm de um largo espectro de criadores e são implementadas por meios cada vez mais variados: não apenas pelos entes adjudicatórios nacionais e internacionais, mas também, e cada vez com maior frequência, por

normativa, podendo num dado momento um determinado ente ocupar uma posição de protagonista na formulação de uma regulamentação sobre uma matéria específica e em outra ocasião ser um mero receptor da normatividade formulada por outros sujeitos; ser destinatário de algumas normas de caráter global, mas não ser alcançado por outras.

Não obstante a cooperação entre os diversos atores ser uma tônica do direito global, suas ações são independentes: a colaboração em uma ocasião não implicará um comportamento padronizado ou repetitivo, sempre no mesmo sentido, de modo que os mesmos atores – especialmente em se tratando de Estados –, poderão ter divergências entre si em outras ocasiões. Nesse sentido, Sabino Cassese, ao analisar a interação entre Estados, entes intraestatais e não estatais em relações de coordenação e de cooperação, afirma que "a recorrência desses três fatores pode sugerir que suas relações são constituídas de acordo com um padrão homogêneo. *Pelo contrário, suas funções variam, e não há real separação de poderes entre elas,* e as distinções entre atores e não atores, e entre atores públicos e privados, é incerta"[63] (grifo nosso).

Conforme já explorado em item anterior, a multiplicidade de atores é uma característica típica do Direito Global e que o distingue do Direito Administrativo doméstico[64] e do Direito Internacional.

É possível observarmos no espaço global a interação entre entes estatais (sejam estes Estados-nação, sejam órgãos intraestatais), pessoas jurídicas de Direito privado (tanto organizações não governamentais quanto empresas privadas – nacionais e transnacionais) e indivíduos.

As possibilidades de interação são as mais diversas possíveis, com tais atores posicionando-se tanto como autores de normatividade quanto receptores e em múltiplas situações e contextos simultaneamente.

Tais posições jurídicas, todavia, não são estanques, de modo que não se pode falar na existência de uma hierarquia entre os vários atores globais. Isso significa que um mesmo ator pode assumir uma posição de protagonista num dado contexto – como na criação normativa, por exemplo – e, em outra situação, ser mero receptor de normatividade ou sequer nela estar inserido.

árbitros, entes informais de apelação em instituições internacionais, variados mecanismos disciplinadores em redes privadas, dentre outros." AUBY, 2008, p. 214.

[63] CASSESE, 2005, p. 31-32.

[64] Tipicamente, no Direito Administrativo doméstico, o agente normativo é o ente estatal. Algumas abordagens mais recentes estendem essa atuação aos agentes privados quando, sob uma perspectiva de administração pública consensual e participativa, estes exercem influência nos regulamentos administrativos e instrumentos contratuais. Ainda assim, a ação normativa propriamente dita permanece sendo incumbência do Estado.

Dois ou mais sujeitos podem atuar de modo coordenado numa dada relação, com similitude de interesses, e em outra assumirem posições opostas.

Da mesma forma que inexiste hierarquia entre os vários atores do Direito Administrativo Global, também não há em relação às suas normas e regulamentações. Esse fator decorre do seu típico caráter difuso e do elevado grau de especialização de que são dotadas suas regulamentações. Como já exemplificado, da mesma forma que existem regulamentações globais em matéria de segurança alimentar, existem aquelas em matéria de investimento estrangeiro, comércio internacional, há outras relacionadas à proteção de direitos humanos, etc. Ante a ausência de um eixo temático unificador, torna-se impossível conceber a possibilidade de uma dada norma prevalecer em relação a outra. Especialmente porque não se conectam – o que impede, desde já, que colisões venham a ocorrer.

Todavia, importante salientar que é possível sim a colisão entre o Direito interno de um dado Estado e a regulamentação de caráter global. Ou entre duas normas de caráter global que versem sobre a mesma temática e com origens distintas.

O elevado grau de especialização das regulamentações do Direito Administrativo Global também está associado à multiplicidade de atores nelas envolvida.

A possibilidade de participação de múltiplos sujeitos na formulação da normatividade global – incluindo entes não estatais e indivíduos – propicia trazer ao espaço normativo global sujeitos dotados de expertise e com conhecimento prático da matéria objeto da regulamentação em questão, o que contribui para a especialização e a criação de normas de maior qualidade.[65]

Esse fator também tende a contribuir para a efetividade dos regulamentos, que se tornam mais passíveis de capturar melhor a realidade e as dificuldades do setor regulado.

Esse cenário permite que um dado ente atuante como partícipe do processo de criação normativa seja, posteriormente, destinatário da norma em questão.

---

[65] Nessa égide, ao analisar o cenário em que emerge o Direito Administrativo Global, Gunther Teubner observa que "entes legislativos gerais se tornarão menos importantes com o desenvolvimento da globalização. O direito global é produzido em processos autor-organizativos de acoplamento estrutural do direito com processos globalizados em curso, de natureza altamente técnica e especializada". TEUBNER, Gunther. Global Bukowina: legal pluralism in the world society. TEUBNER, Gunther (ed.). *Global law without state*. Dartmouth: Aldershot, 1997. p. 3-28. p. 7.

Tal fator seria bastante preocupante, visto se tratar de normatividade de caráter global, se nesse processo não participassem múltiplos sujeitos – afinal ter-se-ia a possibilidade de um dado ente regulamentar a seu próprio favor uma dada matéria, com a norma em questão incidindo no espaço global. A multiplicidade e pluralidade de sujeitos participantes do processo normativo, contudo, mitiga em muito esse risco, pois permite que se aproxime de um denominador comum, capaz de conjugar os diversos interesses da melhor forma possível.

Sabino Cassese pontua com clareza esse caráter difuso do Direito Administrativo Global e a multiplicidade de atores e das possibilidades de interação entre eles, ao afirmar:

> o estabelecimento dos sistemas normativos globais é norteado por três tendências: os Estados reunirem algumas de suas atribuições em entes operando em outro nível que não o deles próprios; a necessidade de entes intraestatais forjarem relações uns com os outros; e o desenvolvimento de cooperação entre organizações internacionais no nível global. A recorrência desses três fatores pode sugerir que essas organizações são constituídas segundo um padrão homogêneo. Pelo contrário, suas funções variam, não há separação real de poderes entre elas, e as distinções entre participantes e não participantes e entre entes participantes públicos e privados é incerta.[66]

Percebe-se, portanto, que o cenário do Direito Administrativo Global não é linear ou plano, mas constitui um mosaico – tanto no que tange às suas normas quanto à forma como interagem seus atores.

Dessas múltiplas interações é possível extrair o caráter cooperativo ou colaborativo do Direito Administrativo Global. Essa característica é percebida tanto no processo de elaboração das normas quanto no seu cumprimento e observância, mostrando-se quase como uma necessidade à sua efetividade.

O Direito Administrativo Global, se comparado ao Direito interno dos Estados, possui menor imperatividade, em especial pela dificuldade de, por meio dele, serem impostas sanções. Assim, para que as normas tenham efetividade, é importante que os diversos atores as reconheçam e estejam dispostos a obedecê-las e se comportarem em conformidade com elas.

Nesse esteio, é relevante que o arcabouço normativo seja consoante a seus interesses ou que o comportamento em sentido oposto lhes

---

[66] CASSESE, 2005, p. 18.

seja, de alguma forma, deletério. Isso é factível, principalmente, sob a perspectiva dos Estados – uma vez que se trata de entes soberanos, a imposição de um comportamento é bastante dificultosa, o que torna importante que o próprio conteúdo da norma imponha sua obediência. Em muitos casos, especialmente no âmbito das relações comerciais, isso se efetiva sob a forma de um embargo futuro, por exemplo.

Nesse contexto, Hidemberg Alves da Frota enfatiza a menor imperatividade característica das regulamentações globais, bem como a maior informalidade e seu caráter de *soft law*, compreendendo enquadrar-se o Direito Administrativo Global em um

> conjunto de normas jurídicas internacionais ou transnacionais emanadas das autoridades reguladoras globais que, embora desprovidas, sob o prisma formal, quer de caráter cogente ou vinculante, quer de cláusula sancionatória e da previsão de um devido processo jurídico-sancionador formal (voltado à responsabilização dos Estados e de outros atores internacionais ou transnacionais eventualmente descumpridores de tais atos administrativos) mostram força persuasiva conjugadas com o temor fundado da imposição, no cenário internacional, de sanções políticas e econômicas.[67]

Não obstante, os mecanismos de resolução de controvérsias – e daí denota-se mais uma característica do Direito Administrativo Global: o seu caráter adjudicatório – podem ser utilizados com o objetivo de preservação da norma e/ou a consecução do seu melhor/maior cumprimento possível, na tentativa de se encontrar um denominador comum em situações em que um ente vinculado a uma dada norma venha a descumpri-la prejudicando outro interessado.

Sabino Cassese entende possuir o Direito Administrativo Global verdadeiro viés adjudicatório.[68] Isso porque nele existe uma organização

---

[67] FROTA, Hidemberg Alves da. A norma de reconhecimento e o caráter publicístico do direito administrativo global. *In*: MARRARA, Thiago (org.). *Direito administrativo*: transformações e tendências. São Paulo: Almedina, 2014. p. 165-203, p. 187.

[68] Afirma ele existir um verdadeiro sistema administrativo judicial que se desenvolveu no Direito Administrativo Global e pontua: "O mais interessante fenômeno, contudo, é o aumento no número de cortes administrativas globais. Não há a necessidade de nos prendermos a nomes aqui (elas são comumente denominadas 'painéis'), mas sim observarmos que exercem a função de decidir conflitos por meio de procedimentos diversos e têm a independência como requisito. Muitos entes adjudicatórios podem ser elencados (...): o Órgão de Solução de Controvérsias da OMC, o Tribunal Internacional do Direito do Mar, o Painel de Solução de Controvérsias da OTAN, o Centro Internacional para Solução de Disputas sobre Investimento (ICSID), o Centro de Mediação e Arbitragem da Organização Mundial de Propriedade Intelectual (WIPO), o Painel de Inspeção do Banco Mundial, o Órgão de Resolução de Conflitos da Comissão de Medidas Fitossanitárias. Muitos outros

ou ente investido de autoridade, o qual adota decisões de caráter administrativo direcionadas às partes e outros atores, além de órgãos judicantes[69] dotados de poderes para solucionar os eventuais conflitos entre os atores regulados decorrentes dessas decisões.

O processo adjudicatório não se desenrola de modo estereotipado, de acordo com modelos fixos ou convencionais. Órgãos judicantes globais podem decidir pela prevalência da regulamentação de caráter global ou de acordo com o Direito doméstico, cabendo a análise do caso concreto. Resolvem disputas entre um sujeito privado e um ente público de outro sistema doméstico, bem como podem vir a adjudicar controvérsias entre dois atores privados que, ainda que indiretamente, envolvam uma autoridade administrativa doméstica.[70]

Uma vez adotada a decisão de caráter global, os Estados têm o dever de cumpri-la.[71] Entretanto, isso não elide a possibilidade de revisão das decisões.

Há situações em que cortes locais revisam decisões advindas de entes globais. Paralelamente, atores pertencentes a um determinado sistema administrativo doméstico podem apelar para órgãos judicantes globais para a revisão de decisões que lhes sejam contrárias em disputas com órgãos públicos estatais que não de seu Estado de origem. Essas cortes adjudicatórias e revisionais de caráter global podem ser acionadas tanto por entes estatais como por entes privados.

Algumas dessas cortes têm jurisdição sobre decisões adotadas por administrações nacionais (como, o Órgão de Solução de Controvérsias da OMC), outras sobre decisões administrativas adotadas por autoridades globais. O que é característico desses órgãos de adjudicação que têm como escopo a solução de conflitos entre Estados (o que é relevante para o direito internacional), os quais são, simultaneamente, conflitos transnacionais (e, portanto, relevantes para o direito administrativo); e

---

entes internacionais possuem mecanismos ou procedimentos, inclusive a arbitragem para a resolução de conflitos". CASSESE, 2005, p. 34.

[69] O termo "órgãos judicantes" aqui colocado não se refere exclusivamente a juízes ou sujeitos integrantes da carreira da magistratura – que representaria entes estatais nacionais, mas é dotado de um significado amplo também, árbitros e demais sujeitos dotados de poderes decisórios em uma controvérsia que lhes seja submetida.

[70] CASSESE, 2005, p. 31.

[71] A análise de Sabino Cassese tem como pano de fundo controvérsia que versava sobre a pesca de atum e envolvia o Japão, Nova Zelândia e Austrália, em que era aplicável a Convenção das Nações Unidas sobre o Direito do Mar, tendo atuado como instâncias decisórias tanto um tribunal arbitral quanto o Tribunal Internacional para o Direito do Mar. Ibid., p. 07.

se apoiam num sistema sancionatório – como, por exemplo, a retaliação e a retaliação cruzada, autorizadas pelos Painéis da OMC.[72]

Tem-se também como característica das regulamentações de caráter global o seu contorno menos formal, em oposição ao que se observa no Direito doméstico, e, paralelamente, a ausência de procedimentos uniformes e fundados numa norma central.

Kingsbury, Krisch e Stewart ressaltam que, além das fontes típicas do Direito Internacional – quais sejam, os tratados, os costumes e os princípios gerais de Direito, o Direito Global abrange outras, justamente porque seus atores são outros, além do Estado.[73]

Ao lado dos tratados, que assumem um caráter mais formal e são celebrados por entes estatais, têm-se também protocolos, regulamentações unilaterais instituídas por entes especializados, acordos vinculando entes públicos e privados, ajustes de caráter informal e, mesmo, instrumentos contratuais como fontes do Direito Administrativo Global.

Aliás, o elevado grau de especialização é outro elemento típico das regulamentações do Direito Administrativo Global. Essa característica está intimamente relacionada com o seu caráter difuso e com a multiplicidade de atores envolvidos na produção normativa, que permite a participação de sujeitos dotados de grande expertise sobre temas específicos na formulação das normas globais.

Tal fator é percebido por Gunther Teubner, que observa que "os legisladores tradicionais se tornarão menos importantes com o desenvolvimento da globalização. O direito global é produzido em processos auto-organizativos de conjunções estruturais do direito com os processos de globalização em curso, tendo natureza altamente técnica e especializada".[74]

Finalmente, tem-se a transparência como característica do Direito Administrativo Global – característica esta que também constitui um de seus princípios fundantes.

Kingsbury, Krisch, Stewart e Wiener[75] concedem especial atenção à transparência e à *accountability* no processo decisório como elementos do Direito Administrativo Global, enfatizando que tais características são fundamentais ao processo decisório e de formulação de regulamentações,

---

[72] Nesse sentido, Sabino Cassese, *ibid.*, p. 28.
[73] KINGSBURY *et al.*, 2005a, p. 28.
[74] TEUBNER, 2006, p. 8.
[75] KINGSBURY *et al.*, 2005b, p. 04.

bem como os seus desdobramentos, quais sejam, o dever de informação, consulta e procedimentos abertos. Por meio deles se permite que os sujeitos afetados por tais regulamentações ou decisões tenham a possibilidade de exercer seu direito de participação.

Da mesma forma, é do dever de transparência que decorre a obrigação de motivação das decisões e, consequentemente, a possibilidade de sua revisão. Além disso, garante responsividade aos sujeitos que são impactados por decisões tomadas por um determinado órgão global.

1.4 Princípios do Direito Administrativo Global

A base do Direito Administrativo Global é, essencialmente, de caráter principiológico[76] – é nos seus princípios fundantes que podemos encontrar uma unidade ante a diversidade de normas que o integram e nos permite pensá-lo como um sistema.

Como bem pontua Gunther Teubner, o Direito Global "é mais um direito de valores e princípios do que um direito de estruturas e normas".[77] Acrescenta, ainda, que esse fator não constitui uma deficiência, mas sim uma característica sua, capaz de compensar pelo menor grau de executoriedade de que é dotado (seja no que tange às decisões de caráter normativo quanto às de caráter adjudicatório), à medida que o torna mais flexível e adaptável às circunstâncias variadas e mutáveis.[78] Esse entendimento é compartilhado por Benedict Kingsbury, ao ressaltar que

> a crescente base comum de princípios e práticas de direito administrativo está construindo uma unidade entre áreas de governança outrora díspares. *A percepção de que existe uma unidade de princípios e práticas adequadas nessa seara é de grande importância para o fortalecimento, ou para a erosão, da legitimidade e da eficácia nesses diferentes sistemas de governança.*[79] (grifo nosso)

---

[76] Benedict Kingsbury, ao reconhecer o surgimento de um direito administrativo global, afirma estar este emergindo à medida que as estruturas regulatórias, sempre em evolução, são confrontadas com demandas por transparência, consultoria, participação, razoabilidade nas decisões e mecanismos de revisão, necessários para promover *accountability*. KINGSBURY, 2009.
[77] TEUBNER, 2006, p. 21.
[78] *Ibid.*, p. 21.
[79] KINGSBURY, 2009, p. 25.

Os princípios do Direito Administrativo Global refletem suas características e é possível reconhecer que estes são derivações de princípios típicos de Direito Administrativo, porém dotados de roupagem diversa.

Benedict Kingsbury atenta para a importância de que esta base principiológica seja bem consolidada – por meio dela é possível conferir aos diferentes regimes de governança global maior legitimidade e eficiência, além de criar uma unidade em um sistema cuja lógica é bastante difusa. Segundo ele,

> a crescente uniformização desses princípios típicos e práticas do direito administrativo está construindo uma unidade entre áreas de governança outrora díspares. A sensação de que há uma unidade de princípios e práticas adequados sobre essas áreas é de crescente importância para o fortalecimento, ou erosão, da legitimidade e eficiência nesses diferentes regimes de governança.[80]

Junto a Nicco Krisch, Benedict Kingsbury percebe essa tendência em se buscar traçar um paralelo entre os princípios gerais do Direito Administrativo doméstico e aqueles que lastreiam o Direito Administrativo Global, ou, quiçá, transpô-los do primeiro em direção em segundo, e aponta ter ela como pano de fundo a tentativa de solucionar possíveis problemas relacionados à *accountability* e participação, dotando o Direito Global de maior legitimidade.[81]

Entretanto, como bem ressalta Kingsbury,

> o Direito Administrativo Global não pode ser compreendido como uma simples transposição para o espaço administrativo global das funções exercidas, muito menos das regras específicas e interações institucionais, que têm sido cuidadosamente feitas e refeitas nos cadinhos onde direito administrativo nacional é produzido e refinado. Da mesma forma,

---

[80] KINGSBURY, 2009, p. 25.
[81] Segundo eles, "Os problemas relacionados a *accountability* e participação estão começando a ser endereçados em parte devido ao interesse dos entes regulatórios globais e demais atores em reforçar a sua legitimidade diante dos crescentes desafios políticos. Em muitas áreas da governança global, e de formas muito variadas, estão surgindo mecanismos que buscam reforçar a participação e *accountability* no processo decisório das regulação global. As similaridades estruturais entre muitos desses fenômenos díspares são impressionantes: eles testemunham uma tendência crescente de criação de mecanismos análogos aos sistemas nacionais de Direito Administrativo para o nível global; transparência, participação e avaliação são fundamentais entre eles. KRISCH, Nico; KINGSBURY, Benedict. Introduction: Global Governance and Global Administrative Law in the International Legal Order. *The European Journal of International Law*, v. 17 n. 1, p. 1-13, 2006. p. 4.

conceitos do direito que fazem sentido (se o fazem) somente dentro do Estado, ou por delegação direta do Estado, simplesmente não se aplicam a muitos fenômenos englobados e estudados pelo Direito Administrativo Global.[82]

Daí decorre a necessidade de que a aplicação dos princípios típicos do Direito Administrativo ao Direito Administrativo Global se dê a partir de um exercício de Direito Comparado, buscando enquadrar tais princípios no ambiente diverso, que é o espaço global, porém preservando a sua racionalidade e essência. Ou seja, sem desnaturá-los, mas de acordo com a lógica que permeia o Direito Global.

A doutrina[83] elenca como princípios nucleares[84] do Direito Administrativo Global a legalidade, a participação, o direito à informação (direito a ter acesso a documentos administrativos), a transparência, a motivação das decisões, proporcionalidade e razoabilidade, *accountability* (responsividade) e revisão das decisões.

À primeira vista é possível que o leitor estranhe ser a legalidade qualificada como princípio do Direito Administrativo Global,[85] visto que até o presente se tem – e muito – ressaltado o quão difuso e plural é esse sistema, carente de uma espinha dorsal, existindo uma grande variedade de normas, cuja densidade é variável.

Ocorre que o princípio da legalidade no Direito Administrativo Global assume um viés diverso do que aquele do Direito Administrativo doméstico.[86] Enquanto neste último a legalidade está associada,

---

[82] KINGSBURY, 2009. p. 27.
[83] Benedict Kingsbury, Nico Krisch, Richard B. Stewart, Sabino Cassese, dentre outros.
[84] A utilização da expressão "nucleares" aqui busca evidenciar a possibilidade de os princípios do Direito Administrativo Global se esgotarem naqueles ora elencados, dada a já mencionada ausência de uniformidade das regulamentações globais e sua evolução e mutação, o que permite a existência de outros princípios além dos que serão aqui analisados, bem como o surgimento de novos (ou a incorporação de outros) princípios. Ademais, pode haver uma sutil variação na doutrina em relação a quais são, exatamente, os princípios do Direito Global, o que se buscou aqui, portanto, foi realizar uma breve apreciação daqueles princípios que são mais recorrentemente considerados pela doutrina no atual estado da arte.
[85] Sabino Cassese enumera expressamente a legalidade enquanto princípio do Direito Administrativo Global. Kingsbury, Krisch e Stewart, por sua vez, afirmam ter a legalidade grande relevância para a governança global.
[86] Quanto ao significado do princípio a legalidade para o Direito Administrativo tradicional (ou Direito Administrativo doméstico), têm-se os ensinamentos de Celso Antônio Bandeira de Mello: "o princípio da legalidade é o *específico do Estado de Direito*, é justamente aquele que o qualifica e que lhe dá identidade própria. Por isso mesmo é o princípio basilar do regime jurídico-administrativo, já que *o direito administrativo (pelo menos aquilo que como tal se concebe) nasce com o Estado de Direito*: é uma consequência dele. É o fruto da submissão do Estado à lei. É em suma: a consagração da ideia de que a Administração Pública só

essencialmente, ao estrito cumprimento da lei, compreendida em seu sentido formal, de modo que a Administração Pública não pode realizar aquilo que não seja previsto em lei e, menos ainda, adotar uma postura *contra legem*, no Direito Administrativo Global o princípio da legalidade adquire contornos mais amplos, sendo pensado enquanto juridicidade.

Nessa égide, tem-se o princípio da legalidade como aquele que declara a imperatividade da normatividade global, da onde decorre o dever de os atores que interagem no espaço global observarem tais normas em sua conduta. Não se trata, portanto, do cumprimento de uma lei compreendida no sentido estrito do termo – fruto de um processo legislativo, nos moldes definidos constitucionalmente, de acordo com o Direito doméstico de cada Estado (modelo este prevalente quando se pensa em "princípio da legalidade" no âmbito do Direito interno), mas de uma legalidade entendida em sentido amplo, a partir de uma compreensão mais larga do que vem a ser "norma", que, ainda assim, vincula os sujeitos que transitam no espaço global. Ao que um sujeito transita pelo espaço global, sua observância se faz requisito. E, especialmente, sendo o sujeito partícipe potencial do processo de formulação da norma, não cabe a ele olvidá-la.

Consoante essa compreensão é o entendimento de Hidemberg Alves da Frota, ao afirmar que

> o princípio da legalidade, na seara do Direito Administrativo Global, concerne ao princípio da legalidade *lato sensu*, sinônimo de princípio da juridicidade (submissão dos agentes, órgãos e entidades do espaço administrativo global ao Direito e não a um conjunto de diplomas legislativos promanado do Estado Mundial ou não somente a uma determinada ordem legal nacional) em vez do princípio da legalidade *stricto sensu* (a condicionar a ação administrativa ao previsto), de forma expressa em lei formal chancelada pelo devido processo legislativo.

---

pode ser exercida na conformidade da lei e que, de conseguinte, a atividade administrativa é atividade sublegal, infralegal, consistente na expedição de comandos complementares à lei. Para avaliar corretamente o princípio da legalidade e captar-lhe o sentido profundo cumpre atentar para o fato de que ele é a *tradução jurídica* de um propósito político: o de submeter os exercentes do poder em concreto – o administrativo – a um quadro normativo que embargue favoritismos, perseguições ou desmandos. Pretende-se através da norma geral, abstrata e por isso mesmo impessoal, a lei, editada pois pelo Poder Legislativo – que é o colégio representativo de todas as tendências (inclusive minoritárias) do corpo social – garantir que a atuação do Executivo nada mais seja senão a concretização desta vontade geral". (grifo nosso) (MELLO, Celso Antônio Bandeira de. *Curso de Direito Administrativo*. 8. ed. São Paulo: Malheiros, 1996. p. 56-57). Note-se que a definição do princípio pressupõe a existência da figura de um Estado, centralizador, que se submete à norma – contexto esse que não pode ser pensado no âmbito do Direito Administrativo Global, uma vez que o espaço global não é delimitado ou cabe dentro das fronteiras de um Estado.

Ao se divisar a legalidade, apregoa-se conformar a atuação dos atores do espaço administrativo global a um plexo normativo esculpido por uma matriz principiológica pluralista, haurida de múltiplos ordenamentos jurídicos.[87]

Ademais, ao tratar da legalidade no âmbito do Direito Administrativo Global, faz-se relevante lembrar a natureza diversa de suas normas, se comparadas às leis típicas do Direito doméstico. Têm-se no Direito Global normas de caráter mais fluído e aberto, normas menos fechadas, e que não se destinam tanto à definição de comportamentos específicos e estanques, mas sim a delinear padrões de comportamento. São nesse sentido os ensinamentos de Jean-Bernard Auby, ao afirmar que "no mundo jurídico globalizado, as normas tendem a evoluir em suas características substanciais: ao endereçar realidades menos confinadas nos limites tradicionais, elas se conformam de modo distinto, e frequentemente possuem natureza híbrida, elas se adaptam em adquirir consistência mais fluida, mais definidoras de padrões".[88]

Pensarmos a aplicação do princípio da legalidade ao Direito Administrativo Global significa apreendermos que esse Direito tem caráter vinculante, imperatividade e cria compromissos aos diversos atores globais, os quais têm o dever de observar suas normas em sua conduta no espaço global e em relação aos demais atores.

Ademais, a observância da legalidade no Direito Administrativo Global permite que sejam mantidas as expectativas legítimas dos sujeitos que atuam no espaço global.

O princípio da participação, por sua vez, tem como cerne justamente a pluralidade de atores que transitam pelo espaço global e a possibilidade de todos eles terem ali uma atuação ativa em algum momento. Denota a possibilidade de os diversos entes participarem da formulação das regulamentações globais, tal qual estão sujeitos a elas.

É verdade, todavia, que em determinados momentos um ente poderá ser mais presente na posição de regulador, enquanto em outras será mais receptor de regulamentações formuladas por atores outros, sujeitando-se a estas pelo mero fato de transitar pelo espaço global.

Está também associado à possibilidade de os atores participarem da formulação de decisões de caráter adjudicatório na arena global relacionada à sua conduta – está-se aqui a tratar da participação ativa do sujeito no procedimento, seja prestando informações, seja promovendo

---

[87] FROTA, 2014, p. 186.
[88] AUBY, 2008, p. 212.

sua defesa ante o questionamento de sua conduta perante um ente global. Sob esse contexto, o princípio da participação se desvela de modo similar à concepção de contraditório, típica do processo civil no Direito interno dos Estados.

É nesse esteio que Sabino Cassese qualifica a participação como um *direito* dos cidadãos no âmbito do Direito Administrativo Global, paralelamente ao direito de defesa, compreendendo ele a primeira

> consistir na oportunidade de intervir no curso de um procedimento global ou misto (...). Um exemplo de participação em um procedimento administrativo individual (logo, adjudicatório) se dá no Tratado de Cooperação em Matéria de Patentes (artigo 34). Este prevê que durante o Exame Preliminar Internacional, o requerente tem o "direito de se manifestar oralmente e por escrito" com a "Autoridade responsável pelo Exame Preliminar Internacional", que deverá, em retorno, emitir sua opinião, à qual o requerente tem o direito de resposta.
> A participação em um procedimento em que múltiplas partes são interessadas, e que portanto tem um caráter geral, ocorre nos projetos financiados pelo BIRD e pelo IDA. As partes interessadas devem requerer ao parcialmente independente Painel de Inspeção do Banco Mundial uma opinião ("direitos de participação e consulta").[89]

Percebe-se que o princípio da participação é capaz de tornar mais democrático o espaço global e suas respectivas regulamentações ao permitir que atores variados – públicos ou privados, estatais ou não estatais – exerçam a posição efetiva de autores da normatividade global. Nesse esteio, também confere maior legitimidade às regulamentações – se, por um lado, não é possível que estas sejam formuladas por representantes da população legitimamente eleitos pelos seus pares, o princípio da participação permite que um maior número de interessados possa influenciar na sua confecção ao exercerem sua cidadania por meio de outras instituições formalmente constituídas.

Paralelamente a esse princípio, tem-se o da "informação", a qual deve ser qualificada também como um direito dos sujeitos que transitam no espaço global e deve ser compreendida na mais ampla acepção possível. Isso significa que qualquer ator do sistema global tem o direito de solicitar informações aos entes globais – em especial àqueles que exercem função normativa e adjudicatória, e estes, por sua vez, têm o dever de concedê-las. Ressalte-se que as hipóteses de haver

---

[89] CASSESE, 2005, p. 27-28

informações confidenciais no âmbito do Direito Administrativo Global devem ser ainda mais restritas do que aquelas do Direito Administrativo doméstico, uma vez que o sigilo é nocivo à concepção de *accountability* e responsividade, tão caras ao Direito Administrativo Global, dado o seu caráter difuso, a ausência de representantes eleitos e de uma norma unificadora.

A ideia de se garantir o livre acesso à informação está diretamente associada à efetivação do princípio da publicidade – típico do Direito Administrativo doméstico e que deve ser reprisado na arena global – e de transparência na administração global. A concepção de transparência no âmbito do Direito Global se estende à atuação dos representantes estatais no espaço global, tanto no que tange à sua participação na formulação de regulamentações globais – representando efetivamente os administrados de seu Estado – quanto na implementação, domesticamente, das regulamentações globais.

Essa transparência é que permite eventual revisão judicial no sistema doméstico da atuação dos representantes estatais na arena global.

Sobre a importância da participação e da transparência, são de grande valia os ensinamentos de Sabino Cassese, que compreende serem tais princípios capazes de minimizar um possível déficit democrático decorrente da inexistência de uma norma e de um ente hierarquicamente superiores no sistema global e garantir maior responsividade em relação à sociedade civil:

> A ausência de um vértice executivo, responsável diante de um corpo representativo, na verdade, faz aumentar a pressão no Direito Administrativo Global em direção à sua maior abertura, participação e transparência. Essas características podem compensar o déficit democrático ocasionado pela ausência de uma base constitucional no Direito Administrativo Global. Já que falta a legitimação de cima para baixo, ela poderia – ao menos parcialmente – ser compensada reforçando-se as garantias para a sociedade civil.

É possível pensarmos esses princípios – informação, publicidade e transparência – de modo conjugado, com o escopo de contribuir para a construção de *accountability* ao Direito Administrativo Global e lhe conferir maior legitimidade.

Ainda, ao lado desses princípios, tem-se também o princípio da motivação. Tal qual deve ocorrer no Direito Administrativo doméstico, as decisões – em especial aquelas de caráter adjudicatório – devem expressar com clareza os seus motivos, sendo, portanto, justificadas e fundamentadas. Tal como ocorre no âmbito do Direito Administrativo interno dos Estados, as decisões, devidamente motivadas, devem observar o binômio da razoabilidade e da proporcionalidade, especialmente quando possuem caráter sancionatório, não impondo penalidades excessivas aos sujeitos em questão e restringindo os seus direitos o mínimo possível.

A observância desses fatores é que permitirá, futura e eventualmente, a revisão dessas decisões, seja por outro órgão global, seja pelo órgão jurisdicional doméstico.

Os princípios mencionados, em parte, têm como objetivo de grande importância a promoção de *accountability* no Direito Administrativo Global. Quanto mais *accountability* possuir esse sistema, de maior legitimidade ele será dotado.

A *accountability* pode ser compreendida tanto como princípio do Direito Administrativo Global como uma característica desse sistema e busca garantir que o sistema global será dotado de legitimidade e eficiência, respondendo aos sujeitos que interagem no espaço global, bem como às suas necessidades e anseios – encontrem-se esses sujeitos na posição de entes regulados, sejam eles parte num processo adjudicatório.

Se no âmbito do Direito Administrativo doméstico o primeiro quesito a ser procurado, quando se almeja aferir a existência e o grau de *accountability* de um dado governo, é o modo como os agentes normativos são eleitos, para que assim representem a população, o critério não serve ao Direito Administrativo Global, ante a inexistência de um poder central, bem como de uma norma capital. Cabe, portanto, buscar mecanismos diversos para garantir a existência de *accountability*, legitimando o sistema.

Nesse contexto, a multiplicidade de atores partícipes é um fator que contribui para a garantia de *accountability*, uma vez que permite sujeitos diversos fiscalizarem o grau de responsividade, de legitimidade e de eficiência do sistema como um todo. Certo é que, para tal, a publicidade e transparência são fatores de grande importância.

Cassese ressalta que a ausência de uma base constitucional para a administração global e para o Direito Global levanta questionamentos quanto à sua *accountability*, partindo-se do argumento de que somente é possível haver democracia dentro do Estado, representado por um poder executivo central, o qual possui responsabilidades perante os administrados, que o elegem. Todavia, entende ele que é justamente esse risco de haver um déficit democrático e pouca *accountability* que faz ser enaltecida a importância da participação, da transparência e da abertura dos sistemas globais, garantindo-se, assim, a almejada *accountability*.

Compreensão similar possuem Terry Macdonald e Kate Macdonald[90] – para eles a garantia da *accountability* e preservação da democracia, ante a ausência de eleição de representantes que atuam no espaço normativo e decisório, se encontra na garantia da transparência e da publicidade. Ou seja, em se ter mecanismos que permitam que o público em geral saiba o que está sendo feito com e pelo poder público nessa arena global, mesmo na inexistência de um órgão de caráter punitivo destinado à correição de eventuais ingerências.

Tem-se, portanto, que a garantia da *accountability* no sistema global é obtida tão somente quando os demais princípios norteadores do Direito Administrativo Global são preservados e observados – em especial, a legalidade, a transparência e publicidade, bem como a motivação dos atos.

Por fim, importante ressaltar que é de interesse dos sujeitos que transitam pelo espaço global o controle da administração global – seja no que se refere à participação dos representantes estatais na formulação de decisões, seja no atinente a decisões de caráter adjudicatório. Nesse esteio, tem-se como princípio do Direito Administrativo Global a revisão das decisões (normativas e adjudicatórias), que pode ser efetivada, tanto no plano global quanto pelas cortes locais.

No âmbito das decisões adjudicatórias, a revisão se assemelharia ao duplo grau de jurisdição reconhecido pelo Direito Processual interno e também aplicável à Administração Pública, em especial quando suas decisões administrativas são objeto de questionamento perante o Poder Judiciário.

As cortes locais devem ser dotadas de competência para rever tais decisões, considerando, em especial, se houve efetiva aplicação da normatividade de Direito Global (portanto, a observância do princípio da legalidade), a motivação de tal decisão e o seu nexo com a norma, a proporcionalidade, a participação dos atores envolvidos, tendo lhes sido o direito de se manifestarem, bem como a observância do procedimento adequado para sua formulação, caso exista procedimento específico definido normativamente. Difere, portanto, da simples aplicação do Direito nacional: eventual revisão por cortes locais deverão ter em consideração que o direito aplicável *in casu* não se limita ao Direito doméstico.

---

[90] MACDONALD, Kate; MACDONALD, Terry. Non-Electoral Accountability in Global Politics: Strengthening Democratic Control within the Global Garment Industry. *European Journal of International Law*, v. 17, n. 1, p. 89-119, p. 104, 2006.

Paralelamente, as cortes internacionais também exercem função revisional. A título de exemplo tem-se a Corte Internacional de Justiça (no que tange à legalidade dos atos de organizações internacionais) e a Corte Europeia de Justiça, no âmbito da União Europeia.

No âmbito das decisões de caráter normativo (elaboração da norma), caberá rever a postura dos agentes reguladores – em especial dos agentes estatais e dos representantes de determinadas categorias de cidadãos, avaliando se estão eles, efetivamente, agindo em consonância com os interesses daqueles que lhes conferiram legitimidade para exercer funções – inclusive no espaço global.

Mais uma vez, para garantir essa possibilidade de revisão, é essencial que as decisões em questão respeitem os demais princípios do Direito Administrativo Global – em especial que as decisões sejam motivadas, que exista transparência, publicidade e informação. Nessa égide, é essencial que haja um procedimento claro, com vistas a evitar arbitrariedades e, se vierem a ocorrer, possam ser corrigidas por meio de sua revisão.

Para Cassese[91] a forma como esses princípios incidirão sobre os diversos atores globais pode ser variável. Ressalta ele a possibilidade de que alguns desses princípios sejam aplicáveis a indivíduos e entes privados, outros a entes estatais e outros a organizações internacionais – existindo, inclusive, a possibilidade de seu uso se dar de modo contraditório, como quando entes jurisdicionais globais aplicam aos Estados princípios que não são aplicáveis às próprias organizações globais. Como exemplo menciona a atuação da OMC na posição de órgão jurisdicional: ao mesmo tempo em que o ente faz incidir o princípio da transparência sobre os entes estatais, no que tange às relações em que estes são partes, o princípio não é aplicável à própria OMC.

É válido ponderarmos, entretanto, que, não obstante a inserção de princípios na sistemática do Direito Administrativo Global ser de enorme valor, fato é que eles não são a garantia de lhe serem conferidas *accountability* e legitimidade. E dificilmente será possível termos no âmbito desse novo Direito o mesmo grau de vinculação e as mesmas garantias que encontramos nos sistemas de Direito interno – os quais, ainda assim, se mostram falhos em diversas situações. Essa observação é posta por Cassese, que afirma:

---

[91] CASSESE, 2005, p. 32.

O desenvolvimento de princípios calcados no direito administrativo (participação, transparência, motivação das decisões, proporcionalidade, razoabilidade) cria um paradoxo. Por um lado, quanto maior o peso da sociedade civil e das relações entre atores privados e organizações globais, maior a necessidade de se introduzir e de se respeitar esses princípios. Por outro lado, a difusão desses princípios enfatiza a sua fraqueza se comparados com o rico arcabouço de direitos reconhecidos pelos sistemas normativos domésticos, diferença esta acentuada pelas assimetrias nas diferentes tradições jurídicas e administrativas.[92]

Além dos princípios, a busca por dotar o Direito Administrativo Global de mais garantias, legitimidade e responsividade perpassa por um procedimento adequado na sua implementação, com a aplicação e recepção das normas globais.

1.5 A implementação, dificuldades e possibilidades do Direito Administrativo Global

Do que fora exposto até o presente, tem-se claro que o Direito Administrativo Global possui caráter difuso, com uma multiplicidade de regulamentações e de atores, sem hierarquia definida, e que sua normatividade não se restringe a um espaço delimitado, visível ou demarcado. Tem-se, também, que ele não se encontra apartado dos direitos nacionais dos Estados, mas se comunica com estes, em especial, porque a sua incidência dar-se-á sobre indivíduos ou outros sujeitos situados ou pertencentes a um dado Estado, não obstante as situações em que o Estado é protagonista de uma relação jurídica permeada pelo Direito Global.

Tais fatores, associados ao seu caráter de *soft law* e do menor grau de executoriedade, quando comparadas suas regulamentações àquelas do Direito doméstico, tornam a implementação do Direito Global um tanto quanto dificultosa. Para dotá-lo de real eficácia, em geral, faz-se necessária, quiçá essencial, a colaboração estatal, de modo que o Direito Administrativo Global depende do Direito doméstico para ter efetividade.

---

[92] CASSESE, 2005, p. 32-33.

A mistura entre o global e o nacional é, nesses casos particularmente forte e complexa. Administrações Nacionais que colaboraram para se chegar à decisão, devem colaborar novamente, agora de modo individual, para garantir a sua implementação. A mediação do nível nacional é fundamental. O processo decisional é misto, e não pode ser rotulado como exclusivamente nacional ou global. Não há clara separação entre direito global e direito nacional.[93]

Nesse esteio, Cassese[94] compreende que os níveis global e nacional de administração são interdependentes: o processo decisório do Direito Administrativo Global – tanto no que tange à elaboração normativa quanto o procedimento adjudicatório – inicia-se no nível global, porém é concluído no nível nacional – seja ao formular uma decisão, seja com a implementação de uma decisão global. "No primeiro caso, a decisão nacional depende de exame preliminar, realizado por uma organização internacional.[95] No segundo caso, a efetividade da decisão adotada pela organização internacional depende da implementação por agentes nacionais".[96]

Por outro lado, a formulação das regulamentações globais, muitas vezes, e em especial quando há a participação de agentes estatais, buscam sua fundamentação no Direito interno dos Estados.

É possível observar, portanto, a existência de uma via de mão dupla no que tange à relação entre Direito Administrativo Global e Direito doméstico:[97] enquanto o primeiro cria deveres e obrigações que

---

[93] CASSESE, 2005, p. 25.
[94] *Ibid.*, p. 24.
[95] Como exemplo dessa hipótese, tem-se o registro internacional de patentes, na forma do Tratado de Cooperação de Patentes – Patent Cooperation Treaty: o requerimento de patente é encaminhado pelo interessado a uma organização internacional, a qual realiza uma análise preliminar e, em seguida, transfere o procedimento para o escritório nacional do Estado de origem daquele, onde entidade nacional concluirá o procedimento.
[96] CASSESE, 2005, p. 24.
[97] Sabino Cassese faz interessante análise no que se refere à relação entre os direitos doméstico e administrativo global, enxergando nela consequências profundas diversas. Afirma o autor italiano: "A técnica de formulação de decisões de modo conjunto torna os sistemas jurídicos nacionais porosos. Ele os desagrega, minando o paradigma de que o Estado é uma unidade, quanto, de fato, é o sistema regulatório global que designa o ente nacional competente que irá manter relações com o mesmo. Ele penetra nos sistemas nacionais, que, assim, perdem sua impermeabilidade ou exclusividade e passam a ter de cooperar com outro nível mais elevado. Ele escanteia os Estados, uma vez que endereça diretamente os cidadãos, organizações e corporações, os quais se tornam alvo das decisões globais. Finalmente, ele força a abertura lateral dos sistemas nacionais, que passam a poder se comunicar uns com os outros por meio de acordos. Isso torna possível a arbitragem entre sistemas jurídicos nacionais. Como resultado, as fronteiras entre os Estados se torna nebulosa. Similarmente, no sentido oposto, há um contínuo intercâmbio do nível estatal em

terão impactos sobre o último, em certa medida, modulando-o; o direito global absorve modelos típicos do Direito doméstico dos Estados e é dele dependente para a implementação de sua normatividade.

Entretanto, essa relação, na prática, não é tão simples ou pacífica quanto possa parecer à primeira vista – em especial porque, em muitos casos, apenas um número limitado de atores participa da formulação de regulamentações globais, enquanto estas gerarão impacto num grupo muito mais extenso de sujeitos. Portanto, um dos grandes desafios do Direito Administrativo Global é torná-lo mais democrático, capilar, permitindo a participação do maior número de atores possível.

No tocante ao viés regulatório do Direito Administrativo Global, uma forma de assegurar sua observância, buscando garantir sua eficácia, é dotá-lo de maior densidade normativa por meio da recepção dessas normas pelo Direito interno dos Estados, tornando-as cogentes. Em certa medida, isso é o que se dá com a ratificação dos tratados internacionais pelos parlamentos domésticos, concedendo-lhes *status* de lei. Essa seria a forma mais eficaz de dar concretude a uma norma de Direito Administrativo Global, posto que, a partir do momento de sua recepção, ela estaria sujeita aos mecanismos de executoriedade do Direito doméstico.

Todavia, para que isso seja possível, é necessário que tal norma seja compatível com a legislação local.

Cabe questionar se, em a norma não sendo plenamente compatível com o Direito interno de um dado Estado, caberia a ele adaptar sua legislação doméstica para que a norma em questão pudesse incidir prontamente em seu território. É possível que nem sempre tal ação se mostre salutar: nem sempre uma norma de caráter global será interessante ou benéfica a todo e qualquer Estado – especialmente quando o Estado em questão não participou da formulação da norma ou sua realidade não foi considerada em sua criação.

Esse fator adquire maior relevância ao pensarmos na perspectiva dos países subdesenvolvidos.

Ao considerarmos a incidência das regulamentações de Direito Administrativo Global no espaço global, e sobre os diversos sujeitos que nele transitam, é relevante que observemos a origem dessas regulamentações – ou seja, quais são os atores que participam de modo mais destacado na sua formulação, e das decisões como um todo.

---

direção ao global, em que o nível global absorve os princípios do nível nacional como uma esponja" (CASSESE, 2005, p. 25-26).

Ademais, note-se que não raro as regulamentações de caráter global reproduzem normas locais dos sujeitos ativos na sua elaboração, ou em muito a elas se assemelham, advindas, em última análise, do Direito interno de um dado Estado. Luis Filipe Colaço Antunes constata esse fato observando semelhanças com o que se sucedeu com a normatividade da União Europeia. Para ele, "a globalização do direito administrativo se encontra numa fase semelhante ao início da afirmação do direito administrativo europeu, com as influências principais a virem de baixo para cima, isto é, dos direitos administrativos nacionais".[98]

Ao buscarmos reconhecer quais são esses "direitos administrativos nacionais" e quais são os sujeitos com voz ativa na formulação dessa normatividade, observa-se que estes são, essencialmente, países desenvolvidos – os Estados do Norte e Oeste do globo terrestre.[99] Logo, em sua maior parte, espelham modelos compatíveis com esses Estados, sem considerar a realidade dos Estados menos desenvolvidos – os quais, muitas vezes, têm dificuldade de terem voz ativa no espaço global, seja devido ao seu menos expressivo poder econômico, seja pelo menor número de sujeitos capacitados para atuar nesse espaço. Nesse esteio, torna-se questionável o quão democrático é o Direito Administrativo Global no que diz respeito à atuação dos sujeitos globais.

O fato é constatado por Kingsbury, Krisch e Stewart, segundo os quais "muitos dos mecanismos emergentes do Direito Administrativo Global derivam de iniciativas do norte e do oeste, e qualquer tentativa de justificar a necessidade de determinado corpo de normas deve se deparar com a dificuldade de serem tendenciosas intelectual e politicamente".[100] Em uníssono, tem-se a compreensão de Cassese, que afirma que "os modelos nacionais em circulação são, de fato, aqueles dos países dominantes ou, no mínimo, daqueles que possuem uma legislação de direito administrativo evoluída".[101]

Essencialmente, os modelos atuais têm como "inspiração" arquétipos derivados do Direito europeu e norte-americano desenvolvido ao longo do século XX e século XXI, dotados, portanto, de uma racionalidade

---

[98] ANTUNES, 2008, p. 149.
[99] O uso do termo "Estados do norte e do oeste" tem como significado o mesmo atribuído a expressões como "primeiro mundo", "países desenvolvidos" ou "países mais desenvolvidos". É verdade que todas essas expressões são passíveis de questionamentos quanto à real apreensão do significado que almejam transmitir.
[100] KINGSBURY *et al.*, 2015a, p. 51.
[101] CASSESE, 2005, p. 26.

predominantemente de caráter liberal.[102] Nem sempre tais modelos se adaptarão a outros Estados,[103] com menor grau de desenvolvimento, instituições menos evoluídas, regimes protecionistas ou menor grau de democraticidade.

Essa preocupação é bem evidenciada por B.S. Chimni, catedrático indiano. Segundo ele, grande parte desse arcabouço normativo, formulado por países desenvolvidos, a partir de seus interesses próprios, pode vir a afetar, inclusive, a soberania desses últimos. O autor é contundente ao afirmar que

> o Direito Administrativo Global pode assumir diferentes formatos, de acordo com a natureza e o caráter do direito internacional e das instituições. Hoje, *na era da globalização, o direito internacional e suas instituições estão tendo um papel crescentemente significativo e intrusivo, especialmente em relação aos países em desenvolvimento. Esses países são convencidos a ceder sua soberania econômica, social e política às instituições internacionais.* É possível afirmar que um "Estado global" está emergindo, constituído por uma série de instituições internacionais que regulam a vida social, econômica e política.[104] (grifo nosso)

Para o autor, nessa esteira, seria legítima a contrariedade de países ditos subdesenvolvidos em relação a políticas que, em nome de um relevante desenvolvimento econômico, se mostrassem, efetivamente, contrárias ao desenvolvimento social[105] – posto que nem sempre ambas as espécies de desenvolvimento coincidem. Considera ele que, eventualmente, o Direito Administrativo Global poderia estar formatado a partir de um capitalismo transnacional que busca legitimar leis e

---

[102] Essa observação é realizada por Kingsbury, Krisch e Stewart – eles próprios ressaltam que ao buscarem teorizar o direito administrativo global adotaram a ótica norte-americana e europeia, de caráter liberal, e que podem ter desconsiderado sociedades dotadas uma ordem distinta, especialmente asiáticas e africanas. KINGSBURY *et al.*, 2015b, p. 51.

[103] Nesse esteio, afirma Cassese: "Mas esses não se adaptam facilmente a outros países, como resta demonstrado pelo princípio da licitação pública para a obtenção de contratos públicos, que encontra dificuldades em países em que os contratos públicos são utilizados para se atingir outras finalidades públicas, como o desenvolvimento de determinadas searas, e assim regimes preferenciais são criados para satisfazer esse objetivo" (CASSESE, 2005, p. 26).

[104] CHIMNI, B. S. Co-option and resistance: two faces of global administrative law. *N.Y.U. journal of International aw and Politics*, v. 37, n. 4, p.799-827, p. 802-803, 2006.

[105] Para Chimni, a discussão se torna especialmente relevante quando se tem em consideração países ditos "subdesenvolvidos" que carecem de uma ordem democrática (bem como de uma tradição democrática), os quais não admitem, portanto, fazer incidir princípios de direito administrativo. CHIMNI, 2006, p. 804.

instituições desiguais que sejam vantajosas apenas a seus autores, partes detentoras de maior poder.[106] Por outro lado, como observa parte da doutrina, eventual cessão de parcela da soberania estatal é usual na celebração de qualquer tratado, sendo tida como natural por diversos autores.

Essa maleabilidade ou novos contornos da noção de soberania é bastante visível no concernente aos tratados bilaterais e multilaterais de investimento. Rudolf Dolzer observa o fato, considerando que

> tal qual qualquer tratado internacional, um tratado de investimento reduz o escopo da soberania para todas as partes. Em particular, um tratado de investimento limitará o direito à soberania de um estado no que se refere à sujeição dos investidores estrangeiros ao seu sistema legal administrativo doméstico. Todas as principais cláusulas tipicamente incluídas num tratado de investimento operam em vários sentidos para definir e estreitar os tipos de regulamentação doméstica aos quais os investidores estrangeiros deverão se sujeitar. Isso é uma resposta à preocupação do investidor em relação à previsibilidade e à estabilidade da moldura legal governando seus investimentos.[107]

Paralelamente, tem-se a análise de Gustavo Fernandes de Andrade e Gustavo Justino de Oliveira, que consideram potencialmente nociva essa possível limitação à soberania de um Estado signatário de um tratado de investimento, advinda da restrição de seus poderes regulatórios. Segundo os autores,

> na verdade, entretanto, há também várias desvantagens nos BITs. Primeiramente, ao concordar em conferir tratamento especial ao investimento estrangeiro, em consonância a standards de proteção previamente negociados, os Estados, efetivamente, restringem seus poderes regulatórios sobre certas áreas, i.e., eles reduzem sua soberania em troca da promessa de novos fluxos de investimento. Em segundo lugar, ao concordar em submeter a tribunais internacionais conflitos oriundos de tratados de investimento, os Estados, para todos os efeitos, aceitam que tais tribunais têm poderes para rever a legalidade e a legitimidade de medidas regulatórias nacionais.[108]

---

[106] Ibid., p. 806.
[107] DOLZER, Rudolf. The impact of international investment treaties on domestic administrative law. New York University Journal of International Law and Politics, New York, v. 37, n. 4, p. 953, 2006.
[108] ANDRADE, Gustavo Fernandes de; OLIVEIRA, Gustavo Justino. Investment treaties, foreign investment and the Brazilian law: the magic of reality. In: BORJA, Ana Gerdau

José E. Alvarez, por sua vez, compreende que noções de soberania mais antigas e o exercício do poder de soberania não são mais suficientes para descrever o Direito Internacional da contemporaneidade – sendo uma das razões para tal o fato de não mais serem fruto de um "império" geograficamente demarcado.[109] Ademais, ressalta que, no atinente ao investimento estrangeiro e respectivas regulamentações, cada vez mais, diversos países do globo terrestre atuam concomitantemente como investidores e como receptores de investimentos – não mais estando a primeira posição restrita aos países desenvolvidos e a segunda àqueles em desenvolvimento ou menos desenvolvidos. Ilustrando o argumento, menciona os Estados Unidos da América, o Brasil, a Rússia, a Índia e a China.[110]

Ainda assim, inclusive no que tange aos tratados em matéria de investimento estrangeiro, não podemos ignorar o fato de que, não obstante a participação dos países em desenvolvimento na posição de investidores no espaço global, na formatação das regulamentações globais, não raro os países mais desenvolvidos possuem maior voz ativa do que os menos desenvolvidos. Dessa forma, muitas vezes, o foco dos primeiros – se atendo aqui ao cenário do investimento estrangeiro – está, muito mais, em garantir a segurança dos investimentos de seus nacionais alhures do que em promover o desenvolvimento nos países menos desenvolvidos onde alocam investimentos.[111]

Outro viés sob o qual pode ser questionada a democraticidade do Direito Administrativo Global se refere à participação dos Estados

---

de; LEVY, Daniel de Andrade; PUCCI, Adriana Noemi. *Investment Protection in Brazil*. The Netherlands: Klwer Law International, 2013. p. 71-106, p. 72.

[109] ALVAREZ. José E. Contermporary international law: an 'empire of law' or the "law of empire". *American University International Review*, v. 24, n. 5, p. 811-842, p. 842, 2009.

[110] De acordo com Alvarez, "hoje, o fluxo de investimentos não se dá somente em uma direção, do norte para o sul. No momento, os Estados Unidos são tanto o maior exportador de capital do mundo e o maior receptor de investimento estrangeiro em capital. Nós compartilhamos essa dualidade com outros, como Brasil, Rússia, Índia e China (de modo abreviado os "BRICs"), todos eles são também líderes receptores e exportadores de capital". ALVAREZ, 2009, p. 832.

[111] Esse cenário é percebido por José E. Alvarez, ao ponderar: "Os Estados Unidos concluíram tratados com essa linguagem como Haiti, Marrocos, Panamá, Senegal, Turquia, Zaire, Argentina, Camarões, Egito, Bangladesh e Granada. O fluxo de capital entre esses países e os Estados Unidos dificilmente podem ser considerados verdadeiramente recíprocos. (...) Em consonância ao texto do Modelo Norte Americano, nenhum desses tratados impõe nenhuma obrigação específica aos Estados Unidos quanto à promoção e maior cooperação econômica, estimulo ao fluxo de capital privado, estímulo ao desenvolvimento econômico ou maximização da efetiva utilização de recursos econômicos". ALVAREZ, José E. *The public international law regime governing international investment*. Hague: Hague Academy of International Law, 2011. p. 96-97.

no espaço global (em especial quando essa se dá por meio de seus órgãos internos), a efetiva representação dos seus cidadãos no espaço global, em especial nos processos de criação normativa. Ou seja, se os sujeitos atuando em nome do Estado estariam agindo em consonância com os reais interesses do seu país de origem e de seus indivíduos na arena global.

Isso porque, geralmente, os sujeitos que participam ativamente no cenário global, ao representarem os Estados, são designados pelo Poder Executivo ou Legislativo estatal, porém não são escolhidos de modo direto pelos administrados.

Por um lado, é possível aduzir que a legitimidade desses representantes adviria do fato de terem eles sido escolhidos por representantes eleitos pelos cidadãos. Contudo, caso o argumento não soe suficiente, a incidência dos princípios do Direito Administrativo Global parece colaborar para a redução do risco. A publicidade e a transparência, bem como o dever de motivação das decisões, permite, em certa medida, o controle das ações dos representantes estatais pelos administrados – em especial por meio de organizações não governamentais destinadas a essa finalidade, compelindo-os a agir em conformidade com os anseios daqueles que representam. E, em última análise, a possibilidade de revisão – seja por cortes internacionais ou locais – contribui para a minimização desse risco e de potencial déficit democrático.[112] Assim, buscar-se-ia reforçar as garantias em relação à sociedade civil.

---

[112] Nesse esteio, Kingsbury, Krisch e Stewart enfatizam a importância da "abordagem de baixo para cima" no que tange ao procedimento revisional no Direito Administrativo Global – qual seja a revisão realizada pelas cortes internas da atuação no espaço global. Afirmam eles: "A *abordagem de baixo para cima* busca garantir legalidade, *accountability* e participação na administração global por meio da extensão (e adaptação) de ferramentas do direito administrativo doméstico. Pressões para essa extensão surgem quando, aparentemente, instituições da governança global ou transnacional passam a preencher funções administrativas nacionais outrora sujeitas a mecanismos de direito administrativo de transparência, participação e revisão, mas menos rígidos no nível global. Essas pressões se intensificam quando reguladores nacionais participantes na governança extranacional os utilizam para afastar suas ações da efetiva revisão no nível doméstico. Para remediar essa evasão das salvaguardas do direito administrativo doméstico, a abordagem de baixo para cima aplicaria os requisitos de transparência, procedimentos de comunicação e comentário, e revisão – não apenas aos componentes internacionais das decisões administrativas domésticas, mas também à participação dos administradores domésticos no processo decisório normativo global – e requereria transparência nas decisões para garantir essa participação. Permitiria o escrutínio do processo regulatório internacional na revisão judicial da ação administrativa doméstica que almeja implementar decisões internacionais, e possivelmente, também, o escrutínio das posições adotadas pelos representantes domésticos previamente e durante sua participação no processo decisório no nível global". KINGSBURY *et al.*, 2005a, p. 54-55.

Potencial dificuldade adicional que permeia o Direito Administrativo Global se refere à efetividade de suas regulamentações e de suas decisões, no sentido de assegurar o seu integral cumprimento, dada a inexistência de uma hierarquia entre atores ou hierarquia de caráter normativo e, portanto, a inexistência de um ente coator capaz de obrigar a obediência à norma ou decisão.

Benedict Kingsbury observa esse cenário e pontua que, na ausência de um dever de obediência imposto externamente, a adesão à norma ou decisão dependerá do "peso" que um Estado confere a ela. Segundo ele,

> enquanto o pensamento positivista, de um sistema jurídico unificado, tem focado no binário validade/invalidade, ou vinculante/não vinculante, a ausência de uma hierarquia de normas e instituições na governança global e a escassez de instituições com autoridade e poder para definir essas questões na maior parte dos casos, significa que as verdadeiras questões no âmbito do Direito Administrativo Global concernem o peso a ser dado a uma norma ou decisão.[113]

Já Jack Goldsmith e Eric Posner focam no caráter colaborativo e cooperativo típico das regulamentações internacionais e globais, enfatizando que a sua observância está relacionada aos benefícios que essa ação trará e aos prejuízos ante uma violação.[114] Nesse esteio, para o "sucesso" de uma regulamentação/decisão advinda do espaço global, com o seu perfeito cumprimento pelos atores envolvidos, é necessário que exista uma similitude de interesses relacionada ao que determina o texto da norma, bem como uma possibilidade de coerção no caso de descumprimento.

A incidência do princípio da participação, permitindo a real e concreta atuação dos atores interessados na formulação de uma norma ou de uma decisão, garante que haja, de fato, interesse por parte dos sujeitos em relação ao cumprimento da norma – ou, ao menos, reconhecimento quanto à validade e legitimidade dessa determinação.

---

[113] KINGSBURY, 2009, p. 27.
[114] De acordo com os autores, "a lógica básica dos acordos internacionais – tanto tratados quando acordos não jurídicos – segue diretamente modelos de cooperação e de o (...). Como explicamos na parte 1, para se obter ganhos nesses modelos, os Estados devem saber quais ações são qualificadas como de cooperação e colaboração. Esse conhecimento não precisa estar posto num acordo escrito ou oral; de fato, inexiste necessidade de uma comunicação formal entre as partes. Cooperação e coordenação podem emergir espontaneamente, ente desde que cada Estado tenha informações suficientes sobre os retornos (*payoffs*) de outros estados". GOLDSMITH, Jack; POSNER, Eric. *The limits of international law*. Oxford: Oxford University Press, 2005. p. 84.

Em oposição, reconhecer que o descumprimento da norma por um dado sujeito, tendo ele conhecimento dela, pode ensejar ações coercitivas pelos demais atores do espaço global intimida comportamentos contrários à norma. Ademais, na hipótese de descumprimento da norma e imposição de medida punitiva pelos demais atores globais, a possibilidade de a sanção vir a ser cumprida pelo sujeito faltoso reside no interesse deste continuar fazendo parte do sistema e auferindo os benefícios que dele podem advir. De modo que o cumprimento da sanção também adquire um caráter cooperativo ou colaborativo.[115]

Gordillo aponta como um fator que vem contribuindo para a aplicação de normas concebidas no espaço global internamente, no lado de dentro das fronteiras dos Estados, a pressão internacional. Ele observa com clareza esse fator no âmbito dos tratados bilaterais de investimento estrangeiro, os quais "autorizam o investidor a submeter suas controvérsias a um tribunal arbitral internacional, o qual aplicará as normas locais e os princípios pertinentes de direito internacional".[116] Segundo ele, "isto constitui uma clara prelação dos princípios tradicionais e contemporâneos comuns a todo sistema jurídico sobre eventuais normas concretas conflitantes".[117]

Observa-se, portanto, que, não obstante o caráter de *soft law* do Direito Administrativo Global e a ausência de hierarquia que lhe é inerente tornarem difícil a efetiva imposição de coerção aos atores faltantes, com vistas à garantia do sistema normativo, sua natureza colaborativa e cooperativa permite que as regulamentações e decisões sejam dotadas de efetividade, em sua grande parte.[118]

Por outro lado, não obstante as dificuldades enfrentadas pelo Direito Administrativo Global, bem como aquelas relativas à participação

---

[115] Nesse esteio, Goldsmith e Posner, fazendo uma analogia com os tratados de paz, afirmam que "a cooperação fina pode também explicar o cumprimento de tratados ou acordos que resultam tão somente de coerção. Quando uma parte vitoriosa impõe um tratado de paz a um inimigo derrotado, ela determina termos os quais a parte derrotada não aceitaria na ausência de coerção. Mas há ainda assim um elemento cooperativo aqui: a parte derrotada promete cumprir com o tratado em troca de ser bem tratada, preservada ou algum outro benefício". GOLDSMITH, 2005, p. 89-90.
[116] GORDILLO, 2009. p. VI-4.
[117] *Idem.*
[118] É certo que há diversas situações em que Estados se recusam a acatar decisões globais – especialmente aquelas de caráter adjudicatório. No âmbito do ICSID não raro são observadas situações dessa espécie, com Estados se recusando, por exemplo, a participar de procedimento arbitral, mesmo tendo aderido a tratado ou convenção nesse sentido, ou a cumprir decisões advindas do órgão. Ao analisar o perfil desses sujeitos, observa-se tratar-se, em sua maioria, de Estados autoritários, pouco democráticos e pouco inseridos no espaço global.

dos países subdesenvolvidos e em desenvolvimento, bem como de seus nacionais, no espaço global, é verdade que o mesmo pode servir como uma ferramenta de transformação.

Esse fator não é olvidado por B.S. Chimni, não obstante as críticas por ele realizadas, compreendendo que, de fato, devemos ter uma visão crítica, reconhecendo os benefícios que podem advir do Direito Administrativo Global, bem como as suas limitações. Afirma ele que

> se há alguma verdade básica na tese de que o direito contemporâneo internacional e suas instituições possuem um caráter imperativo, torna-se fácil afirmar que *o papel do Direito Administrativo Global, como parte integrante desse Direito e de suas instituições, deve ser o de atuar em sua democratização e em sua progressiva transformação*. Enquanto é importante não se adotar uma visão niilista do Direito Administrativo Global, já que qualquer avanço em direção aos objetivos almejados é válido, é igualmente significativo reconhecer os limites do Direito Administrativo Global.[119] (grifo nosso)

O autor[120] sugere alguns mecanismos para que o Direito Administrativo Global possa funcionar a favor dos países subdesenvolvidos e em desenvolvimento, tornando-se, efetivamente, um instrumento de mudança, quais sejam:

- os entes administrativos que modulam o Direito Administrativo Global devem adotar um regime de Direito Internacional progressista e substantivo (e não apenas procedimental);
- o regime jurídico internacional substantivo deve conter uma forte dimensão de direitos humanos;
- a concessão de auxílio financeiro e técnico para que os Estados em desenvolvimento e as ONGs interessadas possam participar no processo normativo e decisório global;
- uma convenção ou tratado global referente à garantia do direito à informação, permitindo-se, assim, que ONGs e cidadãos comuns tenham acesso a informações sobre os trabalhos realizados pelos entes administrativos globais que participam diretamente no espaço global;
- se possível, deveria ser constituído um grupo de especialistas, indivíduos de notório saber e ONGs, destinados a monitorar o processo decisório em determinadas áreas;

---

[119] CHIMNI, 2006, p. 802.
[120] *Ibid.*, p. 827.

– a criação de uma cultura institucional mais aberta no âmbito das agências e entes internacionais, para que o diálogo entre a integralidade dos *stakeholders* seja formalizado;
– ação mais efetiva das organizações não governamentais em defesa daqueles afetados pelas regulamentações e decisões administrativas globais.

Ater-se aos princípios do Direito Administrativo Global, considerando-os como fonte desse Direito, observando-os e os respeitando, em especial na formulação da normatividade global, parece ser um primeiro passo para torná-la mais afeita aos interesses e necessidades dos países em desenvolvimento e subdesenvolvidos.

Ao garantir a sua efetiva participação nos foros regulamentares e nos órgãos adjudicatórios, permitir-se-ia que estes expressassem suas demandas no espaço global, tornando-o um espaço mais democrático, num sentido amplo.

É certo, todavia, que essa participação só se mostrará efetiva se os sujeitos representantes de países subdesenvolvidos e em desenvolvimento estejam aptos ao diálogo e às discussões no espaço global – ou seja, que possuam qualificação para tal. Isso deve ser uma preocupação tanto dos entes estatais quanto dos agentes privados.

O cumprimento dos princípios-deveres de transparência, publicidade, responsividade e de *accountability* pelos entes globais adjudicatórios e reguladores em relação aos atores do espaço global – sejam eles Estados, ONGs, indivíduos ou corporações –, ampliaria a credibilidade do sistema global, além de permitir que fossem constatados eventuais desvios, realizada a sua adequada revisão por entes internacionais ou domésticos, e a respectiva correção.

Também, o estabelecimento de parâmetros ou *standards* para a participação de sujeitos no espaço global pode contribuir com o desenvolvimento de determinados países.

Vincular, por exemplo, a participação de um Estado em um ente decisório global ao respeito à democracia e aos direitos humanos, por exemplo, pode influenciar transformações intraestatais, beneficiando a vida de indivíduos de um dado Estado. Paralelamente, permitir que somente corporações que se opõem ao trabalho infantil ou ao trabalho em situações análogas à escravidão num dado foro decisório global pode estimular a redução desse tipo de prática.

Dependendo do grau de interesse dos atores em questão em serem atuantes no espaço global – o qual, num mundo cada vez mais globalizado, tende a crescer[121] –, as transformações internas necessárias serão eventualmente realizadas.

Outra forma pela qual o Direito Administrativo Global pode se mostrar como um instrumento valioso ao desenvolvimento socioeconômico dos países ditos subdesenvolvidos é estimulando, ao funcionar como substrato jurídico, o ingresso de investimentos estrangeiros em seu território – em especial em áreas estratégicas, associadas à qualidade de vida da população ali residente, como é o caso da infraestrutura.

Nesse contexto, entretanto, faz-se necessária uma postura ativa dos entes estatais, em especial dos países em desenvolvimento, ao negociar os tratados que irão respaldar a relação investidor estrangeiro – Estado.

Devem eles se preocupar em contemplar, efetivamente, os seus interesses, e não apenas importar modelos prontos – os quais, muitas vezes, coadunam muito mais com os interesses das nações exportadoras de investimento do que daquelas receptoras –, corroborando para a preservação de sua soberania, bem como para a recepção de investimentos de boa qualidade, capazes de fomentar o desenvolvimento.

Ressalte-se que tais tratados tendem a pautar relações jurídicas que perdurarão por um longo período de tempo e que criam compromissos vinculantes às partes,[122] de modo que se faz essencial ter em consideração os efeitos futuros possíveis desses instrumentos já no momento de sua criação.

1.6 Conclusões preliminares

Considerando o exposto até o presente momento, é forçoso reconhecer a existência do Direito Administrativo Global, independentemente de o leitor interpretar esse fato como algo positivo ou negativo, o qual vem acrescentar e incorporar novos blocos ao universo normativo atual, ante a multiplicidade de fontes, inclusive de base principiológica, e

---

[121] José E. Alvarez afirma, em especial ao tratar dos sistemas de investimento internacional e ações na luta contra o terrorismo, que um Estado "não participar desses regimes equivale a um suicídio financeiro ou político. Estar sob esses regimes – e poder deles participar – significa poder desfrutar das novas formas de soberania que cabem aos Estados-nação". ALVAREZ, 2009, p. 841.

[122] Conforme afirmam Rudolph Dolzer e Christoph Scheurer, "de qualquer forma, governos negociando tratados de investimento devem estar cientes de que os compromissos vinculantes na admissão e no estabelecimento criam obrigações duradouras, mesmo que as circunstâncias econômicas se modifiquem". *In:* DOLZER, Rudoplh; SCHEURER, Christoph. *Principles of international investment law.* New York: Oxford University Press, 2008. p. 80.

introduzir crescente complexidade ao sistema jurídico.[123] Caso contrário, estaríamos a negar a existência de um crescente número de relações jurídicas, celebradas por múltiplos e diversos atores, cuja disciplina foge ao alcance das regulamentações nacionais e do Direito Internacional, bem como de toda uma normatividade especializada e recente que, provavelmente, só tende a crescer.

Sabino Cassese, já em 2005, constatava isso, pontuando que

> o grande número de normas, o desenvolvimento de regulamentações e princípios e o surgimento de entes adjudicatórios, confirma o elevado grau de institucionalização do sistema administrativo global. Isso possui relação direta com a maior eficácia das decisões globais incidentes sobre cidadãos nacionais, organizações e corporações (considere-se, por exemplo, o comércio de créditos de carbono no contexto do protocolo de Kyoto). Quanto mais as organizações ampliam seu foco de atuação para além dos Estados e das organizações públicas domésticas, mais se torna relevante assegurar a cogência da norma, o princípio da participação e o dever de decisões arrazoadas. Isso é importante para garantir proteção aos cidadãos, organizações e corporações não apenas nas suas relações com os Estados e outros poderes públicos nacionais, mas também em suas relações com os novos poderes públicos globais.

Nesse esteio, é importante que reste delineada uma definição de o que é este Direito Administrativo Global. Faço aqui uso daquela desenvolvida por Benedict Kingsbury, Nico Krisch, Richard Stewart e Jonathan B. Wiener, que, não obstante ser sucinta, abrange a complexidade desse recente ramo do Direito. Os autores o caracterizam como

> o grande número de normas, o desenvolvimento de regulamentações e princípios e o surgimento de entes adjudicatórios, confirma o elevado grau de institucionalização do sistema administrativo global. Isso possui relação direta com a maior eficácia das decisões globais incidentes sobre cidadãos nacionais, organizações e corporações (considere-se, por exemplo, o comércio de créditos de carbono no contexto do protocolo de Kyoto). Quanto mais as organizações ampliam seu foco de atuação para além dos Estados e das organizações públicas domésticas, mais se torna relevante assegurar a cogência da norma, o princípio da participação e o dever de decisões arrazoadas. Isso é importante para garantir proteção aos cidadãos, organizações e corporações não apenas nas suas relações

---

[123] Nesse sentido, Carlos Ari SUNDFELD, 2012, p. 189.

com os Estados e outros poderes públicos nacionais, mas também em suas relações com os novos poderes públicos globais.[124]

Benedict Kingsbury também afirma o Direito Global como ramo jurídico independente e ressalta a diferenciação deste face o Direito Internacional. Afirma ele:

> O emergente direito global (não inter-nacional!) é uma ordem jurídica autônoma e não deve ser medido frente a padrões de outros sistemas jurídicos nacionais. Ele não é - como é usualmente compreendido – um corpo do direito subdesenvolvido que possui certas deficiências estruturais em comparação ao direito nacional. Em vez disso, suas características peculiares de direito pleno direito o distingue do direito tradicional dos Estados-nação. Essas características podem ser explicadas pela diferenciação na própria sociedade mundial. Ao passo que ao direito global faltam bases institucionais e políticas no nível global, ele está estreitamente associado aos processos socioeconômicos globalizados.[125]

Não obstante sua independência e autonomia, é fato que o Direito Administrativo Global mantém permanente diálogo e relação com os direitos nacional e internacional.

Como características centrais suas tem-se a descentralização normativa; a ausência de hierarquia entre suas normas; a multiplicidade de atores, estatais e não estatais, públicos e privados, os quais exercem posição tanto de criadores como de receptores da norma; a inexistência de um poder central e unificador; a existência de corpos adjudicatórios próprios e independentes, além de uma forte base principiológica.

Como se verá adiante, a racionalidade que permeia as regulamentações em matéria de investimento estrangeiro em muito se identifica com a proposta do Direito Administrativo Global, posto que extrapola os limites impostos pelo Direito Internacional: o investidor, um particular, não obstante dever cumprimento à legislação pátria do Estado hospedeiro, poderá vir a se sujeitar à regulamentação oriunda de tratados celebrados entre o Estado de que é nacional e aquele sede do investimento em matérias específicas.

---

[124] CASSESE, 2005. p. 35-36.
[125] TEUBNER, 1997, p. 4.

CAPÍTULO 2

O DIREITO DO INVESTIMENTO ESTRANGEIRO: ESPÉCIE DE DIREITO ADMINISTRATIVO GLOBAL

Investimento estrangeiro, compreendido num sentido amplo, pode ser subdividido em investimento estrangeiro direto e indireto, este último denominado de investimento em carteira ou de portfólio. Enquanto o primeiro está associado à transferência de fundos para a realização de um empreendimento, usualmente sob uma perspectiva de longo prazo de duração e com efetivo poder de controle, total ou parcial, em sua administração, o segundo se caracteriza, principalmente, pela aquisição de ações no mercado financeiro, por investidores estrangeiros, sem implicar controle significativo sobre o negócio ou outras funções empresariais típicas.[1]

O presente trabalho, ao tratar de investimento estrangeiro, tem como foco a modalidade "investimento estrangeiro direto", dada a concepção de sua utilidade como mecanismo para o desenvolvimento de projetos de infraestrutura. Sendo assim, sempre que se fizer uso da expressão "investimento estrangeiro", deve-se ter em consideração a concepção de "investimento estrangeiro direto".

Atualmente o investimento estrangeiro direto é considerado elemento de grande importância para o desenvolvimento econômico e social, crescimento econômico sustentável, redução da pobreza, melhoria da infraestrutura e estabilidade financeira.[2]

---

[1] Nesse sentido, Matthias Herdegen. *In*: HERDEGEN, Matthias. *Principles of international economic law*. Oxford: Oxford University Press, 2013. p. 354.
[2] *Ibid.*, p. 352.

De acordo com o preâmbulo das Orientações do Banco Mundial sobre o Tratamento do Investimento Estrangeiro Direto,

> um maior fluxo de investimento estrangeiro direto traz benefícios substanciais para suportar a economia mundial e, em particular, as economias dos países em desenvolvimento, no sentido de melhorar a eficiência a longo prazo do país hospedeiro através da maior competição, transferência de capital, tecnologia e técnicas administrativas e melhoria do acesso ao mercado e em termos de expansão do comércio internacional.[3]

Nesse esteio, países menos desenvolvidos e países em desenvolvimento costumam se interessar por essa categoria de investimentos, em especial para a consecução de projetos e empreendimentos de interesse público local, cujo custo é elevado, e que nem sempre o Estado em questão teria capacidade financeira para realizar autonomamente. Esse cenário se revela, por exemplo, no âmbito dos empreendimentos de infraestrutura.

Com vistas a criar um ambiente mais seguro e convidativo ao investidor é que é de grande importância a estruturação de um arcabouço normativo em matéria de investimento, capaz de suprir a, não raro, escassa normatividade intraestatal, além de criar parâmetros claros a serem observados e deveres a serem cumpridos pelo Estado hospedeiro. Simultaneamente, deve impor obrigações ao investidor, com vistas a buscar garantir que esse investimento será benéfico ao país hospedeiro, tendo, de fato, como consequência o almejado desenvolvimento local e resultando em mais externalidades positivas do que negativas.

Este capítulo tem como objetivo a estruturação e o delineamento das características do arcabouço normativo que ampara essa espécie de investimento, caracterizando o Direito do investimento estrangeiro, o qual apresenta feições de Direito Administrativo Global, podendo ser qualificado como uma espécie do último. Para tal, buscar-se-á, inicialmente, identificar o significado de "investimento estrangeiro direto", para, em seguida, demonstrar a existência do direito próprio que o rege – o qual, não obstante, difuso, é dotado de princípios aglutinadores que o caracterizam e conferem uma certa unidade –, sem olvidar as dificuldades que permeiam o tema.

---

[3] WORLD BANK GROUP. Guidelines on the Treatment of Foreign Direct Investment. *Legal framework for the treatment of foreign investment*, Guidelines, v. 2, p. 35, 1992.

2.1 Sobre a definição de investimento estrangeiro direto e seus elementos

Ao buscarmos delinear uma possível definição do que vem a ser "investimento estrangeiro", faz-se necessário pontuar que inexiste, na doutrina jurídica econômica, um conceito único.[4] A compreensão de seu significado varia no tempo e no espaço – ordenamentos nacionais diversos podem trazer definições distintas, não obstante aquelas advindas de instrumentos formalizados no espaço global.

"Investimento estrangeiro direto" é conceito econômico apreendido pela ciência do Direito, com o intuito de regulamentar a sua disciplina e se fazer útil, em especial, na solução de eventuais conflitos que dele possam derivar.

Numa acepção bastante resumida, pode ser compreendido como a "aquisição por instituições ou indivíduos em um país de ativos de empresas em outro".[5]

A definição proposta pela Organização para a Cooperação e Desenvolvimento Econômico – OCDE, e adotada pelas Comunidades Europeias, como assevera José Cretella Neto, é de que

> FDIs são aqueles feitos por não residentes com o objetivo de estabelecer vínculos econômicos duradouros com uma empresa, tais como, especificamente, aqueles que permitem ao investidor exercer influência efetiva

---

[4] De acordo com José Augusto Fontoura da Costa, "não existe, quer na doutrina jurídica quer na economia, uma definição firme e consolidada de investimento estrangeiro. Sua noção varia historicamente em função das necessidades e possibilidades econômicas, bem como da tecnologia jurídica existente (UNCTAD, 2006ª). Além disso, a existência de diversas definições, ou em cada um dos ordenamentos nacionais ou nos diversos instrumentos internacionais que tratam dos investimentos estrangeiros, implica importantes dificuldades para a construção de uma noção unitária" (CARREAU; JULLIARD, 2005). *In*: FONTOURA DA COSTA, José Augusto. *Direito internacional do investimento estrangeiro*. 290 f. 2008. Tese (Livre-Docência – Direito Internacional) – Faculdade de Direito da Universidade de São Paulo. São Paulo. 2008a. p. 31. Paralelamente, Emmanuel Gaillard ressalta que essa ausência de significado uniforme enseja, inclusive, dificuldades quanto à definição da jurisdição de um tribunal arbitral em matéria de investimento. Afirma ele que "na ocasião da adoção da Convenção para Resolução de Disputas sobre Investimentos entre Estados e nacionais de outros Estados (Convenção ICSID) dificilmente se imaginaria que, mais de quarenta anos depois, a noção de investimento se tornaria um dos assuntos mais controversos no que concerne à determinação da jurisdição dos tribunais arbitrais do ICSID. *In*: GAILLARD, Emmanuel. Identify or define? Reflections on the evolution of the concept of investment in ICSID practice. *In*: BINDER, Christina *et al. International investment law for the 21st century*: essays in honor of Christoph Schreuer. New York: Oxford University Press, 2009. p. 403-416. p. 403.

[5] BANNOCK, Graham; BAXTER, Ron E.; REES, Ray. *The penguin dictionary of economics*. Middlesex: Penguin Books, 2. ed., 1979. p. 189.

sobre a administração da sociedade. O conceito de FDI abrange a criação ou a ampliação de uma empresa existente, de filiais ou subsidiárias. A aquisição de ações em uma empresa já existente ou a contratação de financiamentos de longo prazo – de mais de cinco anos, em geral – asseguram que a parcela de propriedade ou os vínculos estabelecidos criem essas situações.[6]

Ademais, a OCDE[7] ressalta a necessidade de que, para que uma transação se caracterize como investimento estrangeiro direto, ela deve envolver, necessariamente, um sujeito estrangeiro em relação ao local de alocação do investimento, excluindo toda e qualquer transação entre unidades residentes numa mesma economia. O local da sede de uma economia, por sua vez, é atribuído ao território econômico com o qual o sujeito em questão possui a maior conexão, ou seja, o seu centro de interesse econômico predominante.

O Fundo Monetário Internacional, por sua vez, define investimento direto no exterior como

> a categoria de investimento internacional que reflete o objetivo de um ente sediado em uma economia obter uma participação duradoura em uma empresa sediada em outra economia (o ente sediado é o investidor direto e a empresa, o investimento direto). A participação duradoura implica a existência de um relacionamento de longo prazo entre o investidor direto e a empresa e grau significativo de influência por parte do investidor na administração do empreendimento. Investimento direto abrange não apenas a transação inicial estabelecendo a relação entre o investidor e a empresa, mas também todas as transações subsequentes entre eles e entre empresas afiliadas, tanto incorporadas ou não incorporadas.[8]

Não obstante, cada tratado bilateral de investimento traz em seu texto definição específica de investimento estrangeiro direto a ele aplicável. Em geral, tais instrumentos buscam englobar tanto os investimentos "direcionados à aquisição de ativos quanto os oriundos de direitos conferidos por contratos, de modo a incluir todos os tipos de transferências de domínio e propriedade, bem como direitos e interesses acerca de direitos tangíveis e intangíveis que representam

---

[6] CRETELLA NETO, José. *Curso de direito internacional econômico*. São Paulo: Saraiva, 2012. p. 189.
[7] OECD – Benchmark FDI
[8] INTERNATIONAL MONETARY FUND, BALANCE OF PAYMENTS MANUAL. Washington: FMI, 1993, parágrafo 359.

valores monetários ou estejam ligados a qualquer investimento em sentido econômico".[9]

A Convenção para Resolução de Controvérsias Relativas a Investimentos entre Estados e Nacionais de outros Estados, também conhecida como Convenção de Washington de 1965, que institui o Centro Internacional para a Solução de Controvérsias sobre Investimentos – ICSID,[10] criado sob os auspícios do Banco Mundial, também se esquiva de trazer um conceito de o que vem a ser investimento estrangeiro. A compreensão do Banco Mundial[11] é de *que caberá aos Estados, ao celebrar um tratado de proteção e promoção recíproca de investimentos, definir o que vem a ser "investimento" para os seus efeitos, delimitando, a partir da concessão de seu consentimento, a competência do tribunal ICSID para atuar na disputa.*

Na mesma linha é a compreensão de Carreau, Flory e Julliard, para os quais inexiste uma tradução jurídica única para a noção econômica de investimento, mas sim uma multiplicidade. Portanto, a ausência de uma definição de investimento na Convenção de Washington de 1965 seria, em verdade, intencional, devido ao

> desejo de não afetar negativamente a unidade material e formal de litigação concernente a certos investimentos: a flexibilidade de disposições contratuais permite, em geral, a submissão ao Centro de transações cuja natureza e estrutura são complexas mas cujas formas jurídicas as dissociam numa multiplicidade de arranjos contratuais, alguns dos quais poderiam vir a escapar à jurisdição do Centro.[12]

Se por um lado a determinação de um conceito fechado do que vem a ser "investimento" parece ser demasiado dificultosa (e talvez inoportuna), por outro, é possível que se determinem quais são as características essenciais capazes de qualificar uma dada transação como investimento. Isso é relevante para que possamos fazer incidir o arcabouço normativo adequado no curso de sua existência e, em especial, na eventualidade de algum conflito.

---

[9] SACERDOTI, Giorgio. Bilateral treaties and multilateral instruments on investment protection. *Recueil des Cours de l'ADI*, t. 269. 1997. p. 251, 460.
[10] A temática concernente ao ICSID será tratada de modo mais detalhado no capítulo 2 do presente trabalho.
[11] Report of the Executive Directors of the International Bank for Reconstruction and Development on the Convention on the Settlement of Investment Disputes between States and Nationals of Other Sates, 1 *ICSID Reports* (1993) 28.
[12] CARREAU, D.; FLORY, T.; JULLIARD, P. *Droit international* économique. Paris: LGDJ, 1990. p. 570.

Em ocasiões diversas o próprio ICSID já se deparou com situações em que um dos pontos a serem fixados no bojo de uma controvérsia era, justamente, a definição de investimento no âmbito de uma determinada relação Estado – investidor.[13]

Dentre os casos apreciados pelo ICSID, tornou-se paradigmático o caso "Salini x Marrocos", ocasião em que teve de decidir se um dado contrato de obras públicas enquadrar-se-ia na categoria "investimento", estando, portanto, sujeito à sua jurisdição. Na ocasião, o Centro compreendeu que sim e, nos motivos de sua decisão, delineou os elementos que devem caracterizar um "investimento" – elementos esses que permeiam a maior parte dos casos recentes,[14] dispondo:

> A doutrina, geralmente, considera que um investimento infere: *contribuições, período determinado de execução do contrato e participação nos riscos de transação.* Ao ler o Preâmbulo da Convenção, pode-se acrescentar a *contribuição ao desenvolvimento econômico do Estado hospedeiro do investimento* como condição adicional.
> Em verdade, esses vários elementos podem ser *independentes.* Logo, os riscos de transação podem depender das contribuições e do período de execução do contrato. Como resultado, esses vários critérios podem ser, até mesmo, acessados globalmente mesmo se, por uma questão de justificação, o Tribunal os considere aqui individualmente.[15] (grifo nosso)

A decisão é de grande importância para a jurisprudência em matéria de investimento estrangeiro, ao ter de se aferir a qualificação de um empreendimento como tal, posto que traz um novo critério à caracterização de investimento estrangeiro – qual seja a contribuição para o desenvolvimento do país hospedeiro; reformulou os seus contornos. Ainda, explicita que a caracterização do investimento estrangeiro demanda que se façam presentes, concomitantemente e de modo cumulativo, os quatro critérios ali elencados – contribuições, período de execução do contrato, participação nos riscos de transação e contribuição ao desenvolvimento econômico do Estado hospedeiro.[16] A apreciação quanto à presença desses caracteres num dado investimento vem sendo denominada pela doutrina de "Teste Salini" e é utilizada por

---

[13] Nesse sentido, têm-se os casos Salini x Marrocos, Fedax x Venezuela, CSOB x República Tcheca.
[14] Nesse sentido, Emmanuel Gaillard. *In:* GAILLARD, 2009, p. 404.
[15] Salini Construttori SpA and Italstrade SpA x Reino do Marrocos – ICSID. Caso n. ARB/00/4, Decisão na Jurisdição, 23.07.2001; Publicação em 42 ILM (2003) 609, parágrafo 52.
[16] Nesse sentido, Emmanuel Gaillard: *In:* GAILLARD, 2009, p. 406.

grande parte dos tribunais ICSID para a caracterização de investimento, permitindo-lhes decidir sobre sua competência para apreciação do conflito.

Cabe um breve exame desses caracteres, para que possamos delinear uma compreensão do que vem a ser investimento estrangeiro direto.

Ao falar em "contribuições", a decisão se refere ao volume da contribuição trazida pelo investidor no território do país hospedeiro, compreendido globalmente. Trata-se de característica de ordem econômica, associada aos valores despendidos pelo investidor na consecução do empreendimento, desde a construção da estrutura necessária, passando pelos bens necessários à sua operacionalização e, eventualmente, até mesmo o dispêndio com a obtenção de licenças para a sua constituição.

Quanto ao período de duração do contrato, esse se refere ao prazo total da realização do investimento. Em muitos casos – como, por exemplo, na celebração de um contrato de concessão ou de uma parceria público-privada entre ente estatal e investidor estrangeiro, ou mesmo na instalação e operação de uma indústria estrangeira – este geralmente terá longa duração. Porém, em outras situações, é possível que um investimento seja realizado num período de tempo mais curto, como quando um ente privado é contratado para a construção de uma plataforma de petróleo, sem que o instrumento contratual englobe a sua operação.

Não obstante o prazo contratual ser bastante variável, na decisão do *Caso Salini* o tribunal julgador do ICSID compreendeu que era necessário um período de ao menos dois anos para que um dado empreendimento pudesse ser qualificado como investimento, pontuando isso de modo expresso.[17] Esse posicionamento passou a ser adotado como paradigma para decisões futuras.

Ao estipular tal período como mínimo à caracterização de investimento estrangeiro direto, busca-se, mesmo que indiretamente,

---

[17] Até então inexistia um entendimento unívoco quanto à duração do contrato necessária à caracterização do investimento estrangeiro, sendo que a doutrina costumava falar num período de 2 a 5 anos. Essa ponderação é expressa na decisão ora em comento, que afirma: "Embora a duração total da execução do contrato, em consonância com o CCAP (Livro Geral de Cláusulas Administrativas), foi fixada em 32 meses, este foi estendido para 36 meses. A transação, portanto, cumpre com o período mínimo acolhido pela doutrina, que é de 2 a 5 anos. (*In*: Salini Construttori SpA and Italstrade SpA x Reino do Marrocos – ICSID. Caso n. ARB/00/4, Decisão na Jurisdição, 23.07.2001; Publicação em 42 ILM (2003) 609, parágrafo 54).

assegurar que o investimento em questão gerará impactos positivos no Estado hospedeiro por um lapso razoável de tempo (como a criação de postos de trabalho, movimentação da economia local, urbanização de determinadas áreas até então ermas), podendo tais efeitos se solidificarem, subsistindo total ou parcialmente ao término da operação do investidor. Nesse esteio, é possível afirmar que a estipulação do fator temporal busca colaborar para que uma das consequências do investimento estrangeiro seja o desenvolvimento do país hospedeiro.

A participação do investidor nos riscos de transação – ou a existência de risco para o investidor –, por sua vez, é fator inerente a todo e qualquer investimento, tal qual costuma ser característica dos contratos celebrados entre Administração Pública e particulares no âmbito nacional. O risco é inerente à atividade empresarial, de modo que o investidor, ao se propor a realizar um empreendimento alhures, está assumindo tal risco, independentemente da existência de tratados ou compromissos entre o seu Estado de origem e o Estado receptor.

Entretanto, é certo que o risco – o qual é usualmente previsto antecipadamente, não obstante a possibilidade de sofrer alterações no curso da empreitada – não deverá ser grande a ponto de dissuadir o investidor da realização de um empreendimento. Nessa égide, tratados bilaterais ou multilaterais de investimento podem trazer dispositivos concedendo garantias aos investidores, criando um ambiente mais seguro à sua atuação. Ainda, alguns dos princípios que norteiam o Direito do investimento estrangeiro também podem resultar na mitigação de riscos para o investidor.

Ainda assim, esses fatores não excluem a possibilidade de frustração das expectativas do investidor, que pode estar associada a contingências diversas, muitas vezes não relacionadas a medidas ou posturas adotadas pelo Estado hospedeiro. Fatores como associados a contingências econômicas internacionais e a alteração do valor de insumos adquiridos no mercado externo, por exemplo, podem ter impactos negativos no investimento e obstacularizar o retorno esperado. Logo, considerando ser o "risco" caractere típico das atividades empresárias – portanto, de todo e qualquer investimento –, expectativas frustradas do investidor, quando da inexistência de prática contrária ao Direito do investimento estrangeiro pelo país receptor, não deverão, a princípio, resultar em indenizações ao primeiro.

Finalmente, tem-se como característica do investimento o consequente desenvolvimento econômico proporcionado ao país hospedeiro.

Sua afirmação, de modo expresso, no caso Salini teve caráter novidadeiro na ocasião, passando, posteriormente, a ser aceito por grande parte da doutrina e dos tribunais ICSID – em especial daqueles afeitos à submissão do conflito em questão ao denominado "Teste Salini". Todavia, tal critério não é aceito unanimemente pela doutrina. Dentre os seus defensores, tem-se Georges Delaume. O autor, ao tratar do conceito de investimento, afirma que

> o conceito clássico, o qual é inspirado numa concepção econômica e jurídica estreitas, é hoje substituído por outro conceito, de natureza essencialmente econômica e de formulação jurídica flexível, que não é baseado na contribuição na forma de bens ou propriedade, mas, ao contrário, na contribuição esperada – se não real – do investimento ao desenvolvimento econômico do país em questão.[18]

Observa também que essa concepção de investimento estrangeiro como catalisador do desenvolvimento econômico do país hospedeiro tem como consequência o alargamento do espectro de conflitos sujeitos à jurisdição do ICSID, na forma de seu artigo 25 (1).[19]

Por outro lado, alguns tribunais, ao apreciarem um conflito, compreenderam que o desenvolvimento do país hospedeiro não deve constituir critério necessário à caracterização de uma operação como investimento estrangeiro direto – em especial, porque há de ver situações em que um determinado investimento pode não obter o êxito esperado pelo próprio investidor, como consequência do fator "risco". Poderão, eventualmente, por exemplo, advir prejuízos para o investidor, os quais podem vir a obstaculizar a empreitada previamente ao prazo inicialmente esperado e sem que esta tenha tido impactos positivos relevantes no Estado receptor.

Em decisão no caso Pey Casado x Chile, o tribunal do ICSID entendeu que a contribuição ao desenvolvimento econômico do Estado receptor não deve ser considerada característica necessária à concepção de investimento estrangeiro, tratando-se, apenas, de uma consequência possível e salutar. Na ocasião, restou consignado:

> é entendimento deste Tribunal que a definição, entretanto, não abrange mais do que três elementos. O requisito da contribuição ao

---

[18] DELAUME, G. Le centre international pour le règlement de differénds relatif aux investissements (CIRDI). *Journal de droit international*, v. 5, 775, p. 801, 1982. "Cette notion classique relevant d'une conception économique... sur la contribution escomptée, sinon toujorus effective, de l'investissement au development economique du pays interessé". *Apud*: GAILLARD, 2009, p. 406.

[19] *Idem*.

desenvolvimento econômico do país hospedeiro, de difícil demarcação, não se relaciona à jurisdição do Centro mas ao aspecto substancial da disputa. Um investimento pode se provar útil – ou não – para um país sem que perca a sua qualidade de investimento. É verdade que o Preâmbulo da Convenção ICSID menciona a contribuição *ao desenvolvimento econômico do Estado hospedeiro*. Entretanto, *essa referência é apresentada como uma consequência e não como uma condição do investimento: ao se proteger os investimentos, a Convenção colabora para o desenvolvimento do Estado hospedeiro*. Isso não significa que o desenvolvimento do Estado hospedeiro se torna um elemento constitutivo do conceito de investimento. É por isso que, como já fora percebido pro alguns tribunais arbitrais, essa quarta condição é, de fato, abrangida pelas primeiras três.[20] (grifo nosso)

A posição é coerente. Se por um lado é relevante que um investimento estrangeiro tenha como consequência a promoção de desenvolvimento no país hospedeiro, faz-se necessário reconhecer que nem sempre haverá essa relação direta. É possível a ocorrência de situações em que o empreendimento em questão não obtém o sucesso esperado ou é extinto prematuramente em virtude de contingências diversas, cuja ocorrência não era esperada ou passível de ser prevista.

Não se deve olvidar que o investidor possui ampla liberdade na condução de sua atividade empresária, cabendo a ele definir como esta será exercida, fixar metas e expectativas a serem realizadas, podendo alterar os seus rumos ao perceber que estas poderão vir a não se realizar. Nesse esteio, o investidor privado não possuiria um dever de permanência no Estado hospedeiro,[21] podendo dele se retirar à data inicialmente intentada, transferir a titularidade ou vender seus ativos, ao observar que não obterá o retorno esperado.

Em oposição, na ocorrência de nacionalização de uma empresa pelo Estado hospedeiro, especialmente se essa ocorrer muito prematuramente, é possível que o investimento em questão não tenha tido tempo hábil para realizar potenciais mudanças de ordem positiva em seu entorno.

Ainda, há circunstâncias alheias à vontade do investidor que podem implicar a frustração das expectativas positivas associadas ao

---

[20] Caso Victor Per Casado e President Allende Foundation x República do Chile. Caso ICSID n. ARB98/2, decisão: 08.05.2008, para. 232.
[21] Todavia, faz-se importante ressaltar que o investidor terá sempre o dever de cumprir os contratos em que seja parte, arcando com as consequências de sua ruptura. Nesse diapasão, quando o investimento em questão envolver a celebração de um contrato com o ente estatal, a sua não consecução integral estará sujeita às penalidades contratuais e legais aplicáveis, previamente conhecidas pelo ente privado.

empreendimento. Por exemplo, ao haver a instalação de uma indústria numa dada região erma, poderia se esperar o desenvolvimento de uma comunidade e da economia local, a partir da criação de empregos na área. Entretanto, fatores como a ausência de transporte público ou da infraestrutura necessária à fixação de uma comunidade podem obstaculizar essa ação. Reconhece-se, portanto, a possibilidade de um empreendimento poder ser qualificado como investimento, mesmo que não resulte em desenvolvimento – especialmente para fins de resolução de conflitos dele advindos. Contudo, a contribuição ao desenvolvimento do Estado hospedeiro, especialmente em se tratando de países menos desenvolvidos (*least developed countries*) e em desenvolvimento, deve ser tida, ao menos, como um dos objetivos do investimento estrangeiro – mesmo que secundário, na visão do investidor. Nessa égide, o Estado, no exercício de sua soberania, segundo um juízo discricionário da administração local e de acordo com as regulamentações aplicáveis, ao decidir sobre a admissão da alocação de um empreendimento em território nacional, deverá ponderar se este trará, ao menos potencialmente, desenvolvimento econômico e social. Assim, ao celebrar um contrato de investimento com um investidor estrangeiro, deverá ter o cuidado de nele inserir dispositivos que criem também compromissos para o investidor, desde que razoáveis e condizentes com a normatividade aplicável, no sentido de colaborar para a promoção do desenvolvimento local.

Sobre o tema é interessante o posicionamento de Sornarajah, que, não obstante reconhecer que a promoção do desenvolvimento não constitui critério necessário ao investimento estrangeiro, ressalta que este – tal qual o investidor estrangeiro – não pode obstaculizar o desenvolvimento do Estado hospedeiro (o que seria uma incongruência em relação ao próprio preâmbulo da maioria dos acordos para promoção e proteção recíproca de investimentos) e que o Estado de origem do investidor deve buscar assegurar isso. Explica ele:

> Independentemente de existir ou não um direito do desenvolvimento, os instrumentos de investimento têm como premissa a acepção de que o investimento estrangeiro promove o desenvolvimento econômico dos Estados em que se alocam. Todos os tratados bilaterais de investimento e tratados regionais de investimento contêm em suas declarações preambulares que esse desenvolvimento ocorre como consequência dos fluxos de investimento. Pode-se inferir daí que as corporações multinacionais que realizam investimentos nos Estados-hospedeiros deveriam promover desenvolvimento econômico ou, ao menos, não conduzir suas ações no sentido de impedir tal desenvolvimento. *Se houver uma evidência clara*

de que uma companhia multinacional tenha obstaculizado o desenvolvimento, existe um argumento possível para que as regras de proteção ao investimento não sejam aplicadas àquele investimento. Afinal, todos os instrumentos de investimento insistem que o desenvolvimento econômico é o objetivo do investimento estrangeiro. Há, como resultado, a obrigação implícita por parte do Estado de origem do investidor de garantir que suas empresas, ao entrara no território de um Estado parceiro um tratado, não atuem de modo a ocasionar danos ao desenvolvimento econômico do Estado hospedeiro. Isso pode incluir prevenir práticas comerciais restritivas e a corrupção. Essa ideia está abarcada pela noção de cidadania corporativa.[22]

Reconhecida a importância do caso Salini para a criação da doutrina e da jurisprudência em torno do tema, bem como as discussões ao seu redor, a ideia de que critérios objetivos, incidindo concomitantemente, são capazes de delinear a definição de um dado empreendimento como investimento estrangeiro também enseja controvérsias.

Há cortes que compreendem, sim, haver uma definição possível, exata e fechada de investimento estrangeiro, a qual é extraída da presença concomitante de todos os critérios elencados *supra*.

Outros tribunais adotam postura divergente, de caráter mais intuitivo e menos engessada, compreendendo que a presença de determinadas características no caso concreto – e não de todas elas – pode ser suficiente para a qualificação de uma transação como investimento, de modo que tais características podem variar de um caso para outro.

Esse segundo entendimento restou delineado pelo ICSID ao decidir o caso *CSOB x República Tcheca*. Na ocasião, o tribunal, compreendeu que o critério da contribuição ao desenvolvimento econômico consistia característica do investimento estrangeiro, porém afirmou que os elementos caracterizadores "mesmo que tendentes a se fazer presentes na maior parte dos investimentos, *não são pré-requisitos formais para determinar que uma transação constitua um investimento como o conceito é compreendido pela Convenção*"[23] (grifo nosso). Em outro caso, mais recente, afirmou o tribunal julgador que "os requisitos tidos em consideração em alguns precedentes arbitrais com o propósito de definir quanto à existência de um investimento protegido por um tratado (como o prazo de duração e o risco do investimento) devem ser

---

[22] SORNARAJAH, M. *The international law on foreign investment*. Cambridge: Cambridge University Press, 2. ed. 2007. p. 181.
[23] CSOB x República Tcheca, Caso ICSID n ARB/97/4. Decisão quanto à jurisdição: 24.05.1999, para 64, 14 ICSID Review – Foreign Investment Law journal (1999).

considerados como meros exemplos e não determinantemente como elementos necessários à sua existência".[24]

Na doutrina, Christoph Schreuer[25] alinha-se a essa corrente. Para ele, ao se observar experiência do ICSID, tem-se que não seria realista se buscar chegar a uma definição exata de investimento a partir desses critérios. Não obstante reconhecer algumas características como típicas da maior parte das operações qualificadas como tal – período de duração da operação, a regularidade dos lucros auferidos, o risco do empreendimento, a importância do comprometimento dos investidores com a contribuição para o desenvolvimento do Estado hospedeiro –, assevera que tais qualidades não devem ser compreendidas enquanto requisitos jurisdicionais necessários à qualificação de uma operação como investimento estrangeiro direto (o que a tornaria automaticamente sujeita à jurisdição do ICSID). Seriam, em verdade, instrumentos úteis para tal, uma vez compreendidos como qualidades usuais dos investimentos abarcados pela Convenção de Washington.

Caso julgado pelo ICSID que bem ilustra esse entendimento e sua motivação é *"Biwater Gauff (Tanzânia) Ltd. X United Republic of Tanzania*[26]*"*. Na ocasião, a decisão da corte dispôs no seguinte sentido:

> 312. Na visão do Tribunal, não há base para uma aplicação estanque, ou extremamente rigorosa, dos cinco[27] critérios de *Salini* a todos os casos. Esses critérios não são impositivos ou obrigatórios como uma norma. Eles não constam na convenção do ICSID. Pelo contrário, resta claro dos *travaux préparatoires* da Convenção que diversas tentativas de incorporar uma definição de 'investimento' foram realizadas, mas não foram bem sucedidas. Ao final, o termo foi deixado indefinido intencionalmente, com a expectativa (*inter alia*) que uma definição pudesse vir a ser objeto de acordo entre os Estados contratantes.
> (...)
> 314. Ademais, o teste *Salini* pode ser problemático se, como alguns tribunais têm reparado, as "características típicas" de um investimento tal qual identificadas na decisão são elevadas a um teste rígido e inflexível,

---

[24] MCI Power Group, LC and New Turbine, Inc x Equador, Caso ICSID n. ARB/03/6, Sentença 21.07.2007, para 165. Disponível em: http://www.worldbank,org/icsid. Acesso em: 25 set. 2015.

[25] GAILLARD, 2009, p. 403.

[26] Caso INTERNATIONAL CENTRE FOR SETTLEMENT OF INVESTIMENTE DISPUTES – ICSID. *Case n. ARB/01/8*. Decisão: 25.09.2007. Disponível em: http://www.worldbank.org/icsid. Acesso em: 25 set. 2015.

[27] O quinto critério a que se refere o tribunal no presente caso – adicionando, portanto, um critério aos quatro usualmente reconhecidos – se refere à magnitude do investimento.

e se, como consequência, transações são, presumidamente, excluídas da convenção ICSID se os cinco critérios não forem satisfeitos. Isso cria o risco da exclusão arbitrária de determinados tipos de transação do escopo da Convenção. Também leva a uma definição que pode vir a contrariar acordos individuais (como neste), além de criar a possibilidade do desenvolvimento de um consenso em algumas partes do mundo quanto ao que é 'investimento' (como expressado, por exemplo, nos tratados bilaterais de investimento). Se um número significativo de BITs mundo afora expressarem uma definição de investimento mais larga do que a do *Teste Salini*, e se isso constituir alguma espécie de consenso internacional, se torna difícil admitir que a Convenção do ICSID possa realizar uma leitura mais estreita.

(...)

316. Logo, o Tribunal Arbitral considera que uma abordagem mais flexível e pragmática do significado de 'investimento' é adequada, a qual *deve ter em conta as características delineadas no caso Salini, em conjunto às circunstâncias que permeiam o caso concreto – inclusive a natureza do instrumento do consentimento entre as partes.*

317. O Tribunal Arbitral, nessa égide, pontua que muitos tribunais, ao longo dos anos, examinaram a questão do significado de 'investimento' tomando como referência o acordo entre as partes, e não impondo uma definição autônoma, unicamente lastreada no *Teste Salini*. (grifo nosso)

A compreensão delineada na decisão transcrita supra é bastante razoável, apreendendo a complexidade que permeia o Direito do investimento estrangeiro. Os critérios expressos na decisão no caso Salini servem certamente como parâmetros para a qualificação de um dado empreendimento como investimento estrangeiro, porém não devem engessar a sua definição, que deve ser extraída no caso concreto e ante o acordo de promoção e proteção de investimentos subjacentes e eventual contrato de investimento. É certo que a vontade das partes ou dos entes estatais, expressa ao qualificar 'investimento' num documento, a partir de sua vontade autônoma, não deve ser ignorada por um tribunal ao apreciar um conflito.

Ao analisar o tema, Gaillard pondera que o modo como incidirão os caracteres advindos do *Teste Salini* numa dada relação jurídica para qualificá-la como 'investimento' poderão, de fato, variar no caso concreto, não sendo eles, portanto, estanques e inexistindo uma "fórmula" capaz de definir, com exatidão, em abstrato, quando ter-se-á um investimento estrangeiro.

Ibrahim Fadlallah também considera inoportuno e contrário à racionalidade liberal da Convenção de Washington de 1965, além de dificultosa, uma definição fechada e estanque de investimento estrangeiro. Considera ele que, na busca de uma definição exata, ter-se-iam em pauta interesses, muitas vezes, conflitantes: os interesses dos entes estatais *versus* os interesses dos entes privados. Segundo ele,

> a imposição de um critério obrigatório demanda, necessariamente, assinalar uma definição precisa a esse critério. Levar-se-ia muitos anos para se chegar a uma definição dessa espécie e, ainda assim, sem se ter a certeza da obtenção de um resultado uniforme: o liberalismo favorável aos investidores e as restrições crescentes a que estão sujeitos os Estados poderia conduzir a duas abordagens incompatíveis. Em verdade, melhor seria considerar esses elementos como fatores relevantes a guiar os árbitros, como são as regras de interpretações de contratos. Não é necessário identificar todos eles e é importante deixar espaço à discricionariedade dos árbitros.[28]

Por outro lado, em ocasiões variadas, tribunais arbitrais do ICSID, ao examinarem conflitos no âmbito da Convenção de Washington de 1965, compreenderam que devem existir, efetivamente, critérios fechados à qualificação de uma dada transação enquanto investimento. Como exemplo tem-se o caso *Victor Per Casado e President Allende Foundation x República do Chile*, em que restou consignado:

> Este Tribunal considera que a definição de investimento existe no âmbito da Convenção ICSID e que não é suficiente pontuar a existência de certas 'características' típicas a um investimento para satisfazer o requisito objetivo de jurisdição do Centro. Tal interpretação resultaria em se privar de significado certas expressões do Artigo 25 da Convenção ICSID, o que seria incompatível com o dever de interpretar os termos da Convenção em consonância com o princípio do *effet utile*, como já foi corretamente posto na decisão no caso *Joy Mining Machinery Limited x República do Egito* em 06 de agosto de 2004.[29]

No caso *Joy Mining Machinery Limited x República do Egito*, mencionado no excerto da decisão transcrita supra, o tribunal entendeu que a transação discutida na ocasião – um contrato de venda e instalação de um equipamento para a extração de fosfato pela companhia de

---

[28] FLDLALLAH, Ibrahim. La notion d'investissement: vers une restriction à la compétence du CIRDI? *In*: AKSEN, G. *et al*. *Liber Amicorum Robert Briner*. Paris: International Chamber of Commerce, 2005. p. 259, 267. Citado por GAILLARD, 2009, p. 410.

[29] Caso Victor Per Casado e President Allende Foundation x República do Chile. Caso ICSID n. ARB98/2, decisão: 08.05.2008.

origem britânica e o Egito – não constituiria investimento, posto que não cumpria os quatro requisitos que seriam impostos pelo "Teste Salini".

Não obstante, note-se que, mesmo os partidários de uma conceituação fechada de investimento não raro divergem quanto às características aplicáveis para tal – adotando apenas três critérios (contribuição, o período de duração e a participação nos riscos do empreendimento) e excluindo o critério da contribuição para o desenvolvimento econômico.

Se, por um lado, as abordagens aberta e fechada do que vem a ser investimento diferem, de fato, apenas quanto ao nível de abstração (cogência da presença de caracteres determinados), elas podem conduzir, na prática, a resultados diversos.[30]

Partindo-se de uma definição exata e fechada de investimento, na qual há determinadas características previamente fixadas e que devem ser visíveis concomitantemente numa dada transação para que ela possa receber a qualificação de investimento, tem-se que, quanto maior o número desses caracteres, mais dificultoso será enquadrá-la no conceito.

Em oposição, ao se adotar a perspectiva de que a conceituação de investimento deve ser aberta, sendo as características enumeradas apenas úteis à sua qualificação, porém podendo incidir em gradações variadas, tem-se que, quanto maior o número de caracteres presentes no caso concreto, mais evidente se tornará que o empreendimento em questão constitui investimento.

Tem-se, portanto, que, se a abordagem fechada almeja maior segurança quanto à qualificação de uma relação jurídica como investimento, por outro lado ela torna mais dificultosa a caracterização como tal e, eventualmente, poderá excluir da apreciação da corte especializada um conflito que poderia se enquadrar em sua jurisdição se houvesse sido adotado o conceito mais aberto. Já a definição aberta é mais inclusiva.

2.2 Fontes de Direito do Investimento Estrangeiro

As fontes de Direito do Investimento Estrangeiro são difusas, oriundas de instrumentos diversos, elaborados por uma multiplicidade de atores. Guardando identidade com os instrumentos típicos do Direito

---

[30] A observação é posta por Emmanuel Gaillard. *In:* GAILLARD, 2009, p. 407.

Administrativo Global, inexiste aqui uma norma central, ordenadora das demais, tal qual inexiste um ente único dotado de poder legiferante.

Diferentemente do que se observa no plano doméstico, em que o arcabouço normativo tem sua origem exclusiva na figura do Estado, os atores privados possuem especial relevância no Direito do Investimento Estrangeiro, atuando ora conjuntamente a entes estatais, ora autonomamente na produção de regras aplicáveis às relações que intenta disciplinar.

Dentre as fontes desse ramo do Direito é possível destacar os acordos de promoção e proteção de investimentos, o Direito costumeiro internacional e princípios gerais de Direito, a jurisprudência e interpretação dos tratados de investimento, as diretrizes, orientações e códigos de conduta, as declarações unilaterais dos entes estatais, os contratos de investimento.

Os acordos de proteção e promoção de investimentos são instrumentos firmados entre dois ou mais Estados com o escopo de estimular o ingresso de investimentos, a partir de garantias conferidas ao investidor, visando a proteção de seu investimento no Estado hospedeiro.

De acordo com Rudolph Dolzer,[31] os tratados de investimento são um conjunto de regras acordados entre Estados com o objetivo de reduzir o espaço para ações arbitrárias tomadas pelo Estado hospedeiro em relação ao investidor, contribuindo assim para a boa governança e concedendo maior segurança ao investidor, ante a concessão de garantias adicionais àquelas presentes no arcabouço normativo nacional.

Tais acordos assumem uma diversidade de formas, sendo os mais usuais os tratados bilaterais de investimento, não obstante a possibilidade de tratados multilaterais.

Os acordos bilaterais de investimento podem ser considerados a principal fonte do Direito do Investimento contemporâneo,[32] existindo, até 2014, 3.236 acordos dessa espécie vigentes.[33]

De acordo com José E. Alvarez, os BITs têm como objetivos

> aumentar a capa do Estado hospedeiro de assumir compromissos dotados de credibilidade e exequíveis ao prever a arbitragem fundada no tratado; (2) permitir investidores e Estados-hospedeiros obter acordos

---

[31] DOLZER, 2006. p. 953-954.
[32] SCHREUER, Christoph. *Encyclopedia of public international law*. Oxford: Oxford University Press, 2010. Par. 6.
[33] Número de acordo com a UNITED NATIONS CONFERENCE ON TRADE AND DEVELOPMENT – UNCTAD; WORLD INVESTMENT REPORT. *Investing in the SDGs*: an action plan. Geneva: United Nations, 2014. p. 124.

mais eficientes em termos de custos, já que ambos estão assegurados de que seus contratos serão eficazes; e (3) mitigar as desigualdades entre investidores estrangeiros e Estados-hospedeiros oriundas do fato de que uma vez que o investimento é realizado, ele estaria sujeito às prerrogativas do Estado.[34]

Outra espécie de acordo para a promoção e proteção de investimentos são os acordos multilaterais de investimento – MAI.

Os esforços para a instituição de um acordo multilateral de investimentos – MAI, realizados no bojo da OMC em diversas ocasiões desde a década de 1960 até recentemente, abrangendo tanto países membros quanto não membros da OCDE, todavia, restaram infrutíferos.

Para José Augusto Fontoura Costa,[35] o principal fator que dissuadiu principalmente países em desenvolvimento, mas também vários países europeus, teria sido o temor de relativa perda de soberania. Segundo ele, "os principais aspectos do MAI que levaram à rejeição podem ser indicados como sendo os referentes a (1) amplitude e enfoque do sistema de liberalização e proteção preestabelecimento e (2) restrição da capacidade regulatória do Estado na fase pós-estabelecimento".[36]

Rudolph Dolzer observa, entretanto, uma contradição nessa postura contrária a um MAI adotada por diversos Estados – especialmente pelos países em desenvolvimento, posto que integram diversos tratados bilaterais de investimento. Afirma ele:

> É clara a prevalência de uma certa atitude ambivalente quando, por um lado, mais e mais países em desenvolvimento estão dispostos a negociar tratados bilaterais de investimento entre si, como o recente acordo entre China e Índia, mas, por outro lado, os mesmos países, no entanto, opõem-se a um tratado multilateral correspondente devido a uma alegada indesejável redução do seu espaço regulatório e outros efeitos potenciais de tais tratados.[37]

Não obstante a inexistência de, até o presente, obter-se um acordo quanto a celebração de um tratado multilateral de investimento, tratando do tema de modo geral e amplo, existem tratados multilaterais setoriais e regionais que trazem dispositivos que versam sobre o tema.

---

[34] ALVAREZ, 2011. p. 103.
[35] COSTA, 2008, p. 247.
[36] *Idem*.
[37] DOLZER, 2006. p. 969.

O Tratado da Carta da Energia (Energy Charter Treaty), de 1994, foi o primeiro tratado multilateral contendo normas substantivas sobre investimento estrangeiro. A Carta surgiu a partir do desejo de Estados europeus de firmarem um compromisso de cooperação junto à Rússia e os novos Estados do leste europeu e da Ásia central para a exploração e o desenvolvimento do setor energético – setor este de crucial importância política, econômica e financeira para ambos os lados da avença.[38] O instrumento abrange um rol amplo de matérias, como eficiência energética, comércio e resolução de conflitos, além de também dispor sobre investimentos. As disposições referentes ao tema, em geral, seguem os moldes dos tratados bilaterais de investimento firmados pelos países membros da União Europeia. Mas traz também inovações, como dispositivos relacionados a órgãos intraestatais. Como foro para a resolução de conflitos relacionados ao tratado, é previsto o ICSID, com um tribunal instituído sob as regras da UNCITRAL.

Outros instrumentos multilaterais que disciplinam em seu texto a proteção de investimentos estrangeiros são os tratados regionais, como o acordo que cria a Associação das Nações do Sudeste Asiático – ASEAN; o Protocolo de Colônia para a Promoção e Proteção Recíproca de Investimentos e o Protocolo de Buenos Aires sobre a Promoção e Proteção de Investimentos Provenientes de Estados Não-Partes do Mercosul, ambos no âmbito do Mercosul – porém não vigentes; o Tratado Norte-Americano de Livre Comércio – NAFTA.

Existem, ainda, tratados multilaterais que versam sobre searas específicas do investimento estrangeiro, como é o caso da Convenção do Centro Internacional para a Solução de Controvérsias sobre Investimentos entre Estados e Nacionais de outros Estados, também denominada Convenção ICSID ou Convenção de Washington de 1965. Essa convenção institui um arcabouço regulatório para a resolução de conflitos entre investidores e Estados-hospedeiros pela via arbitral. Outro exemplo é a Convenção que estabelece a Agência Multilateral de Garantias de Investimento – MIGA, a qual estabelece normas para a garantia contra riscos políticos aos investidores.

O Direito costumeiro internacional também é importante fonte do Direito do Investimento Estrangeiro,[39] apesar de secundária se

---

[38] DOLZER, Rudoplh; SCHEURER, Christoph. *Principles of international investment law*. New York: Oxford University Press, 2008. p. 27.

[39] De acordo com Moshe Hirsch, "o exame da maioria das decisões em matéria de investimento de 2009 revelam que os tribunais em matéria de investimento usualmente mencionam decisões da ICJ como prova da existência de direito internacional costumeiro.

comparada com os acordos de promoção e proteção recíproca de investimentos. Mesmo quando uma relação de investimento é amparada por um tratado, não raro há situações não cobertas por sua regulamentação. Nessas ocasiões, o Direito costumeiro internacional serve de amparo para o suprimento das lacunas. Essa compreensão é visível na decisão no caso Enron, ao dispor:

> O regime de um tratado versando especificamente sobre uma dada matéria irá prevalecer sobre normas mais gerais de direito costumeiro. Houvesse este sido o caso aqui, o Tribunal teria iniciado suas considerações com base na disposição do Tratado e teria recorrido aos Artigos sobre Responsabilidade dos Estados apenas como instrumento suplementar. Porém, o problema é que o Tratado não lidou com esses elementos. O Tratado, então, se torna indissociável dos padrões do direito costumeiro no que tange as condições para a operacionalização do estado de necessidade.[40]

Ainda, o Direito costumeiro junto aos princípios gerais de Direito são úteis à atividade interpretativa das cortes, como restou consignado no caso Phoenix, ao ter a corte julgadora afirmado que "não há discussão quanto ao fato de que a interpretação da Convenção ICSID e do BIT são governadas pelo direito internacional, inclusive os princípios costumeiros de interpretação da Convenção de Viena sobre Direito dos Tratados e os princípios gerais de direito internacional".[41] E que "os requisitos jurisdicionais da Convenção ICSID – bem como aqueles do BIT – não podem ser lidos e interpretados isolados do direito público internacional e de seus princípios gerais".[42]

A Corte Internacional de Justiça qualifica, em seu estatuto – artigo 38, os costumes como as "práticas gerais admitidas como direito". De acordo com Jeswald W. Salacuse, "uma norma costumeira de direito internacional deve cumprir dois critérios: 1) deve ser uma prática geral

---

Árbitros de investimento também costumam inferir a existência de normas costumeiras a partir das decisões de outros tribunais de investimento, e, às vezes, das regras adotadas pela Comissão de Direito Internacional ou publicações de experts". In: HIRSCH, Moshe. Fontes do direito do investimento internacional. *International Law Forum of the Hebrew University of Jerusalem Law Faculty*, n. 5, p. 1-29, 2011. p. 12. Disponível em: http://ssrn.com/abstract=1892564. Acesso em: 15 out. 2015.

[40] Enron and Ponderosa x Argentina, Decisão em 22.05.2007, Caso ICSID n. ARB/01/3, para 334.
[41] Phoenix x República Tcheca. Decisão em 15.04.2009. Caso ICSID n. ARB/03/26, parágrafo 75.
[42] Phoenix x República Tcheca. Decisão em 15.04.2009. Caso ICSID n. ARB/03/26, parágrafo 78.

dos Estados, e 2) os Estados devem compreender essa prática como uma obrigação jurídica".[43]

O mesmo autor compreende que os princípios gerais de Direito se referem aos princípios comuns aos principais sistemas jurídicos mundiais,[44] no esteio de como dispôs a Corte Internacional de Justiça, no artigo 38 de seu estatuto, ao qualificá-los como "princípios gerais de direito reconhecidos pelas nações civilizadas".

Outrossim, diversos tratados fazem referência expressa ao Direito costumeiro, como é o caso do artigo 1105(1) do NAFTA.

Quanto à interpretação dos tratados de investimento, no exercício dessa atividade os tribunais costumam se apoiar na Convenção de Viena sobre Direito dos Tratados, de 1969, em especial em seus artigos 30 e 31.

É usual que os tribunais interpretem um tratado de investimento à luz de seus objetivos e propósitos, buscando extrair dele um sentido global.

Entretanto, é difícil haver consistência na interpretação dos tratados de investimento, uma vez que os tribunais de investimento são constituídos *ad hoc*, tendo, portanto, composição variável.[45]

Não obstante, costumam eles se apoiar e fazer menção em suas decisões a casos julgados anteriormente por outros tribunais – mesmo que compreendam não ser vinculante a jurisprudência pretérita.[46]

Ainda assim, é certo que a jurisprudência possui papel bastante relevante na formulação das decisões, porém de caráter subsidiário. Como consignou o tribunal arbitral em decisão no caso Suez:

> Ao interpretar este vago, flexível, básico e amplamente utilizado termo do tratado, este Tribunal se beneficia das decisões de tribunais prévios que batalharam tenazmente, reconhecidamente, e, por vezes, dolorosamente para interpretar as palavras "justo e equitativo" numa variedade de

---

[43] SALACUSE, Jeswald W. *The three laws of international investment*: national, contractual, and international frameworks for foreign capital. Oxford: Oxford University Press, 2013, p. 45.
[44] SALACUSE, 2013, p. 46.
[45] SCHREUER, 2010, par 19.
[46] A decisão no caso AES x Argentina evidencia esse entendimento de que a jurisprudência não assume caráter vinculante no âmbito do Direito do Investimento Estrangeiro, ao afirmar: "As disposições do Artigo 25 da Convenção ICSID, junto aos princípios fundamentais de direito internacional público, afirmam, dentre outras coisas, que o Tribunal respeita: ... d) a regra segundo a qual cada decisão ou sentença provida por um Tribunal ICSID é apenas vinculante às partes da disputa solucionada pela decisão ou sentença. Não há regra de precedentes no direito internacional geral; nem existe tal regra no sistema específico do ICSID para a resolução de controvérsias entre um Estado parte da Convenção e o Nacional de outro Estado Parte". *In*: AES x Argentina, Decisão na jurisdição, 26.04.2005, parágrafo 23.

situações factuais e relações de investimento. Muitos desses casos são oriundos da crise econômica da Argentina de 2001-2003. Apesar de este tribunal não estar vinculado a tais decisões pretéritas, elas constituem um "meio subsidiário para a determinação das regras de direito (internacional)". Mais ainda, considerações de justiça elementar levariam os tribunais a serem guiados pelo princípio jurídico básico que 'casos similares devem ser decididos similarmente', a não ser que exista uma forte razão para distinguir o presente caso de anteriores. Ademais, um reconhecido objetivo do direito do investimento internacional é estabelecer um arcabouço normativo previsível e estável para investimentos, fator este que justifica que tribunais deem a devida importância a decisões anteriores em temas similares. Logo, ausentes razões convincentes do contrário, um tribunal deveria sempre considerar soluções fortemente estabelecidas numa série de casos consistentes.[47]

O artigo 38(1)(d) do Estatuto da Corte Internacional de Justiça – ICJ afirma que decisões judiciais, juntamente à doutrina, constituem meios subsidiários para a determinação das normas de Direito aplicáveis, evidenciando o papel das cortes internacionais na criação do Direito Internacional, quiçá Global. Essa compreensão é extensiva ao Direito do Investimento Estrangeiro, qualificando a jurisprudência como uma de suas fontes.

Outra fonte relevante de Direito do Investimento são os contratos de investimentos – instrumentos firmados entre o Estado hospedeiro e o investidor, em que ambas as partes assumem obrigações e têm garantidos direitos, com o objetivo da realização de um investimento.

Nessas situações, usualmente o ente estatal se apresenta como parte contratante, buscando a parceria do investidor estrangeiro para a consecução de um empreendimento de seu interesse. A modalidade é largamente utilizada no âmbito da construção de infraestruturas, em especial sob a modalidade de contratos de concessão e de parceria público-privada.

Além de disciplinar o curso do contrato estabelecido, definindo as obrigações e direitos das partes contratantes com fundamento na legislação doméstica do Estado hospedeiro, esses contratos costumam remeter a tratado de investimento subjacente, quando existente, bem como à possibilidade de submissão de conflitos oriundos do instrumento a tribunais arbitrais.

---

[47] Suez, Sociedad General de Aguas de Barcelona S.A e Vivendi Universal S.A. x Argentina. Decisão na Responsabilidade. Caso ICSID n ARB/03/19, parágrafo 189.

Segundo Jeswald W. Salacuse,

> de modo geral, tais contratos possuem um, ou ambos, dos seguintes propósitos amplos: (1) prover os investidores ou os seus investimentos de determinadas garantias e benefícios almejados; (2) regulamentar e controlar a conduta dos investidores ou seu investimento. Como exemplo do primeiro, o governo de um país hospedeiro, para atrair o investimento estrangeiro desejado, pode prometer eximir uma investidor ou um empreendimento de investimento de tributação por um determinado período de tempo. Quanto ao segundo, um país que conferiu a um investidor estrangeiro a concessão para operar um serviço público por um período de tempo usualmente requereria que o investidor fosse parte num contrato complexo regulamentando detalhadamente como o serviço público seria operacionalizado e impondo penalidades ao investidor pelo descumprimento de suas obrigações contratuais.[48]

As declarações unilaterais emanadas dos entes estatais também constituem fontes de Direito do Investimento Estrangeiro, incidindo no caso concreto, posto que criam compromissos vinculantes aos Estados perante o investidor.

A decisão de tribunal arbitral ICSID no caso Total bem ilustra a cogência dessas declarações:

> Sob o direito internacional, atos unilaterais, declarações e condutas dos Estados podem ser fontes de obrigações jurídicas, que podem ser invocadas pelos seus beneficiários ou endereçados, ou mesmo por qualquer membro da comunidade internacional. A base jurídica dessa característica vinculante parece ser apenas parcialmente relacionado ao conceito de expectativas legítimas – sendo mais próximo do princípio do impedimento. Ambos os conceitos podem levar a um mesmo resultado, qual seja aquele de conceder a uma declaração unilateral efeito vinculante ao Estado que a profere.[49]

Finalmente, tem-se que as diretrizes, orientações e códigos de conduta, não obstante o seu caráter de *soft law*, também são fontes do Direito do Investimento Estrangeiro, mesmo que secundárias. Uma diversidade de organizações internacionais atua nesse sentido, como o Banco Mundial, com as suas Diretrizes para o Tratamento do Investimento Estrangeiro Direto, de 1992 (*Guidelines on the Treatment*

---

[48] SALACUSE, 2013. p. 41.
[49] Caso Total x Argentina. Caso ICSID n. Arb/04/01. Decisão sobre a Responsabilidade. Data: 27.12.2010, parágrafo 131.

of Foreign Direct Investment), e as Diretrizes da OCDE para Empresas Multinacionais, de 2000.

Como se pode observar, a normatividade no Direito do Investimento Estrangeiro é de caráter não centralizado, advinda de origens diversas e com a participação de entes estatais e não estatais. Todavia, há características e padrões que permeiam a maioria das relações de investimento.

É possível extrairmos, a partir da análise das fontes do Direito do Investimento Estrangeiro e, em especial, das decisões em conflitos que versam sobre o tema, uma gama de princípios orientadores dessa normatividade e das decisões emanadas dos tribunais. O reconhecimento desses princípios é relevante, uma vez que cria um ambiente mais sólido e com menor contingencialidade para os investimentos, ao esclarecer, em certo grau, as prerrogativas do investidor e do Estado hospedeiro. Sobre esse tema discorrer-se-á no próximo item.

2.3 Os acordos para promoção e proteção recíproca de investimentos

Os acordos para promoção e proteção recíproca de investimentos têm como objetivo "garantir os investidores contra expropriações, estabelecer padrões de tratamento dos investidores e investimentos, proteger e liberalizar o trânsito internacional de ativos financeiros e, principalmente nos acordos mais recentes, liberalizar a entrada de investimentos estrangeiros diretos".[50]

Para cumprir esse intento, tais instrumentos, ao disciplinarem de modo abstrato a relação entre Estado hospedeiro e investidor estrangeiro, criam garantias e proteções adicionais ao segundo, em relação àquelas existentes nos textos legais domésticos. Como aduz Rudolf Dolzer,

> tratados de investimento estrangeiro são baseados na presunção de que as garantias providas a investidores estrangeiros pelo sistema legal doméstico do país receptor possa ser – ou vir a ser – insuficiente para o específico propósito desses tratados, que é, primariamente, a criação de um ambiente amigável para o investimento capaz de atrair o investimento estrangeiro almejado pelo estado hospedeiro.[51]

---

[50] COSTA, 2008a, p. 127.
[51] DOLZER, 2006. p. 954.

Para Jeswald Salacuse, a criação desse tipo de acordo e a adesão a um regime disciplinador do investimento estrangeiro partem da vontade compartilhada por receptores e exportadores de investimentos em reduzir os custos dessas transações, resultando-lhes benefícios. Explica ele:

> Nações criam e aderem a regimes a partir do desejo de reduzir os custos de transações almejadas. Assim, Estados importadores de capital têm sido levados a assinar tratados de investimento na crença de que os compromissos assumidos no tratado para proteger o investimento estrangeiro irão reduzir os riscos possíveis associados à realização de investimentos em seus territórios e assim diminuir os seus custos de obtenção do necessário capital estrangeiro e tecnologia. Os países exportadores de capital, por sua vez, aderem ao regime na esperança de reduzir os custos de transação do investimento estrangeiro associado a ações adversas praticadas por governos de Estados-hospedeiros, como a expropriação sem compensação e a interferência governamental negativa nas empresas de propriedade de seus nacionais.[52]

A disciplina da relação Estado hospedeiro – investidor por meio dos acordos de promoção e proteção de investimentos parte de algumas premissas subjacentes ao regime do investimento estrangeiro,[53] quais sejam:
- que o aumento no investimento internacional promove o desenvolvimento econômico e a prosperidade;
- que condições favoráveis em Estados-hospedeiros levam a um aumento do volume de investimentos;
- que regulamentações e instituições adequadas no país hospedeiro criam condições favoráveis ao investimento ao aumentar a previsibilidade de transações econômicas;
- que aumentar a previsibilidade das transações tem como consequência a redução da percepção de risco e, logo, promove o investimento;
- que normas internacionais exequíveis que limitam as ações do governo do país hospedeiro protegem e, assim, promovem o investimento.

Dentre as diversas modalidades de acordos para promoção e proteção recíproca de investimentos estrangeiros, os mais expressivos

---

[52] SALACUSE, Jeswald W. The emerging global regime for investment. *Harvard International Law Journal*, v. 51, n. 2, p. 427-473, 2010. p. 435.
[53] *Ibid.*, p. 451.

são os tratados bilaterais de investimento – BITs, cujo número vem crescendo significativamente desde os anos de 1990. José Augusto Fontoura da Costa[54] aponta alguns fatores que contribuíram para tal, quais sejam:
- a adoção de políticas liberais pelos países em desenvolvimento (com a generalização do consenso em torno das políticas liberalizantes, com esteio nos governos estadunidense e britânico e nos reflexos de suas políticas no Banco Mundial e no FMI);
- a escassez de capital, decorrente da crise do endividamento dos anos 1980 e dos processos de transição do comunismo para o capitalismo, aumentando a demanda por ativos;
- a estagnação e o endividamento de países africanos e latino-americanos, especialmente se comparados a Coreia do Sul, Hong Kong, Formosa, Singapura e Tailândia, os quais adotaram políticas de desenvolvimento com fundamentos mais liberais;
- a competição entre os Estados por investimento, sendo que a oferta de um marco regulatório com melhores padrões de proteção e ancorado em acordos bilaterais foi vista, muitas vezes, como um instrumento para compensar vantagens de outros países em termos de dimensão do mercado, recursos disponíveis e mão de obra.

2.3.1 Características dos acordos de promoção e proteção recíproca de investimentos

É possível identificarmos algumas características comuns aos instrumentos voltados à proteção e promoção do investimento estrangeiro, no que tange aos dispositivos que o conformam.[55]

Os acordos costumam trazer a definição do que significa investimento estrangeiro para aquele instrumento em específico, determinando, portanto, o espectro de proteção dos direitos do investidor. Observa-se que em acordos encabeçados por Estados que atuam preponderantemente

---

[54] COSTA, José Augusto Fontoura. *Direito internacional do investimento estrangeiro*. Curitiba: Juruá, 2010. p. 126.
[55] Como observa Jeswald W. Salacuse, "apesar de cada um dos três mil tratados de investimento ser juridicamente independente e distinto, portanto vinculando apenas aqueles Estados que o concluíram, os tratados de investimento, enquanto um grupo, são notavelmente similares no que diz respeito à sua estrutura, objetivos e princípios". *In*: SALACUSE, 2010, p. 432.

na posição de investidor, busca-se elastecer ao máximo possível essa proteção, conferindo-se ao termo "investimento" sentido bastante amplo, de modo a abarcar uma grande diversidade de situações e configurações. Já quando o Estado em questão atua majoritariamente como receptor de investimentos estrangeiros, na posição de Estado hospedeiro, tenderá a delinear um conceito mais restritivo quanto ao que será qualificado como investimento, especificando ao máximo possível as situações passíveis de serem enquadradas na definição, restringindo, portanto, o âmbito de incidência do tratado.

Nesse esteio, é possível que o acordo qualifique como investimento até mesmo licenças e permissões concedidas pelo Estado hospedeiro para realização da empresa, opções de compra, rendimentos futuros e propriedades intangíveis.[56]

Em oposição, como nota José Augusto Fontoura Costa, "é possível, embora menos comum, a definição de investimento baseada em empresa. Essa fórmula busca evitar a cobertura de investimentos em carteira, estabelecendo critérios de propriedade, controle e sede de administração das pessoas constituídas no país receptor".[57]

Paralelamente, os acordos de proteção e promoção de investimentos estrangeiros tendem a dispor acerca da nacionalidade do investimento e dos critérios à caracterização desta, com vistas a esclarecer se um dado investimento é objeto da proteção conferida pelo instrumento.

Na maioria dos casos, a nacionalidade de um empreendimento é aquela do local de constituição da empresa, de sua sede administrativa ou da maioria de seus sócios ou acionistas.[58]

---

[56] Como exemplo tem-se a definição de investimento para o modelo de tratado bilateral de investimento norte-americano, de 2012 (U.S. BIT Model), que, ao definir e exemplificar o que qualifica como investimento, arrola: a) um empreendimento; b) ações e outras formas de participação numa empresa; c) títulos, debêntures e outros instrumentos de dívida e empréstimos; d) futuros, opções e outros derivativos; e) contratos turnkey, de construção, gerência, produção, concessão, partilha de receitas e similares; f) direitos de propriedade intelectual; g) licenças, autorizações, permissões e direitos similares conferidos pelo Direito doméstico e outros direitos de propriedade, tangíveis ou intangíveis, móveis ou imóveis, e direitos correlatos como arrendamentos, hipotecas, gravames e garantias colaterais.
[57] COSTA, 2010, p. 133.
[58] DOLZER; SCHREUER, 2008, p. 49; COSTA, 2010, p. 135. Paralelamente, na decisão no caso Autopista x Venezuela restou consignado que "de acordo com o direito internacional e a prática, há diferentes critérios para determinar a nacionalidade da pessoa jurídica. O mais largamente utilizado é o local de incorporação ou registro. Alternativamente, o local da administração central ou a sede efetiva também podem ser tomados em consideração". *In*: Autopista x Venezuela. 6 ICSID Reports 419, para 107. Decisão em 27 de setembro de 2001.

Não raro o Estado hospedeiro requer que um dado investimento seja realizado por uma pessoa jurídica constituída em seu território, segundo as leis nacionais – situação na qual o investidor poderia ser qualificado como nacional, e não estrangeiro, estando excluído das proteções conferidas por tratados internacionais, como a Convenção do Centro Internacional para a Resolução de Controvérsias sobre Investimento – ICSID. Com vistas a evitar situações dessa espécie, o artigo 25(2)(b) da Convenção do ICSID admite a sua aplicação a empresas constituídas no país hospedeiro, mas controladas por nacionais de outro Estado. A incidência do dispositivo, todavia, pressupõe a existência de um acordo prévio firmado entre investidor e Estado hospedeiro.[59] Na prática, entretanto, essa exigência costuma ser suprida por uma disposição nesse sentido presente em tratado de proteção e promoção de investimentos firmado entre Estados. Conforme explicam Dolzer e Schreuer,

> a maioria das arbitragens de investimento contemporâneas são instituídas não com base no consentimento dado em um contrato entre o Estado hospedeiro e o investidor, mas com base numa oferta de consentimento contida num tratado. Naquela situação geralmente não há oportunidade para as partes acordarem em tratar uma determinada empresa incorporada localmente como estrangeira. Logo, alguns tratados dispõem em termos gerais que empresas constituídas em um Estado mas controladas por nacionais de outro Estado deverão ser tratadas como nacionais do outro Estado para os efeitos do artigo 25(2)(b). A disposição no tratado de que uma empresa local, devido ao controle estrangeiro, seria tratada como nacional do outro Estado parte contratante é parte dos termos de oferta de consentimento à jurisdição realizada pelo Estado hospedeiro. Quando a oferta à submissão de conflitos ao ICSID é aceita pelo investidor, aquele dispositivo se torna parte do acordo de consentimento entre as partes do conflito.[60]

---

[59] De acordo com Rudolph Dolzer e Christoph Schreuer, "tal acordo pode estar contido num contrato entre o Estado hospedeiro e o investidor, regulando o investimento. Os tribunais vêm sendo flexíveis na forma necessária a este acordo: a inserção de uma cláusula de arbitragem ICSID em um contrato era aceita como um acordo implícito para o tratamento da empresa como estrangeira. Caso contrário, a cláusula ICSID não faria sentido algum". *In*: DOLZER; SCHREUER, 2008, p. 53.

[60] DOLZER; SCHREUER, 2008, p. 53.

Apesar de, na maior parte dos investimentos, figurar como investidor uma pessoa jurídica de direito privado, pessoas físicas também podem assumir esse papel.[61]

Outro elemento comum aos acordos de proteção e promoção de investimentos estrangeiros se refere à definição da temporalidade de sua vigência. Mais do que estipular um prazo de duração do instrumento, este costuma conter disposições quanto à possibilidade de incidência retroativa e póstuma do acordo. Nessa égide, pode explicitar a possibilidade de este abarcar investimentos estrangeiros realizados anteriormente à sua vigência, bem como a possibilidade de manutenção de sua regulamentação em relação a investimentos que ingressaram no Estado receptor enquanto o instrumento vigorava, mesmo após a extinção do acordo em questão, provendo o investidor, portanto, de maior segurança ao realizar um dado investimento com longo prazo de duração.

Essa variação no âmbito de cobertura de um dado instrumento não se dá ao acaso, mas costuma revelar os interesses dos Estados signatários. Como observa José Augusto Fontoura Costa,

> países em desenvolvimento tendem a defender a restrição da cobertura aos investimentos posteriores, como corolário do objetivo de promoção dos investimentos e argumentando que a autorização estatal de alguns investimentos já realizados poderia ter sido dada em termos mais estritos, caso se pudesse prever a cobertura por um APPRI. Países desenvolvidos preferem a extensão da cobertura aos investimentos realizados antes do tratado, ressaltando a meta de proteção.[62]

São, ainda, disposições usuais aquelas que versam sobre promoção do investimento (muitas vezes de caráter aberto, sem especificar como essa dita promoção será levada a cabo), condições de admissibilidade do investimento pelo Estado hospedeiro, padrões gerais de tratamento a serem conferidos ao investidor e ao investimento, transferências de recursos, expropriação e desapropriação, condições operacionais, perdas advindas de conflitos armados ou outros conflitos internos, exceções às disposições do tratado, hipóteses de modificação e denunciação.

É também dispositivo comum nos tratados de proteção e promoção recíproca de investimentos dispositivos disciplinando o modo como

---

[61] *Ibid.*, p. 46.
[62] COSTA, 2010, p. 134-135.

serão solucionadas as controvérsias relativas ao investimento que possam surgir entre investidor e Estado hospedeiro. Se em outros tempos a solução de eventuais conflitos se dava pela via diplomática[63] e pelo acesso ao Poder Judiciário do Estado receptor do investimento,[64] hoje é usual que a pacificação dos conflitos delas oriundos se dê pela via arbitral, sendo o mecanismo comumente estipulado nos tratados de investimento.

2.3.2 Resolução de conflitos em matéria de investimento estrangeiro: a arbitragem no Centro Internacional para a Solução de Controvérsias sobre Investimentos

O mais usual foro para a resolução de conflitos advindos de investimento estrangeiro pela via arbitral é o Centro Internacional para a Solução de Controvérsias sobre Investimentos – ICSID,[65] instituído pela Convenção para Resolução de Controvérsias Relativas a Investimentos entre Estados e Nacionais de outros Estados (*The Convention on the Settlement of Investment Disputes Between States and Nationals of Others States*), mais conhecida como Convenção de Washington, celebrada em 18 de março de 1965. Trata-se de uma organização dotada de personalidade jurídica internacional, criada sob os auspícios do Banco Mundial, cujo escopo é, efetivamente, como se denota de sua própria denominação, facilitar a solução das controvérsias surgidas entre investidores estrangeiros e Estados no âmbito das relações entre eles estabelecidas, utilizando-se para tal a mediação e a arbitragem. "A

---

[63] Contudo, tal opção nem sempre era de fácil operacionalidade. Como assinala José Cretella Neto, "primeiro, o Estado deveria analisar se seria de seu interesse conceder a proteção diplomática solicitada, podendo recusá-la. Além disso, a proteção diplomática poderia ser considerada um ato inamistoso contra o Estado receptor do investimento, podendo levar um litígio comercial para o plano político das relações bilaterais, comprometendo-as". *In:* CRETELLA NETO, 2012, p. 530.

[64] Essa possibilidade, entretanto, não costuma se mostrar muito convidativa ao investidor estrangeiro, que se mostrava temeroso quanto ao fato de o Poder Judiciário local aplicar seu direito interno e de modo mais favorável ao Estado de origem.

[65] De acordo com José Augusto Fontoura da Costa, "a arbitragem entre particular e Estado, sob os auspícios do Cisdi e baseada em APRIs, a qual se tornou, indubitavelmente, o sistema mais importante de solução de controvérsias em matéria de investimento estrangeiro, mostra-se, também, como o instrumento mais apto nas circunstâncias atuais. *In:* COSTA, 2010, p. 201.

principal característica da conciliação e da arbitragem com base na Convenção do CISCI é que ambas estão fundamentadas em um tratado multilateral internacional que estabelece um sistema autônomo e independente para instauração, procedimento e conclusão do processo".[66] Nesse contexto, a Convenção de Washington criou verdadeiro sistema arbitral em matéria de investimento estrangeiro.

A estrutura administrativa do ICSID é constituída por um Conselho Administrativo, composto por um membro de cada Estado-parte e presidido pelo presidente do Banco Internacional para a Reconstrução e o Desenvolvimento – BIRD (ou Banco Mundial), um Secretariado e uma lista de conciliadores e árbitros. As listas de conciliadores e árbitros são constituídas por quatro pessoas indicadas pelos Estados-partes e outros dez nomes designados pelo presidente do Conselho Administrativo, por um mandato de seis anos renováveis.

A jurisdição do ICSID está prevista no artigo 25 da Convenção de Washington, e é determinada em razão dos sujeitos, em razão da matéria e em razão da vontade das partes.[67] De acordo com o *caput* do dispositivo:

> A jurisdição da Corte deverá se estender a qualquer disputa legal oriunda diretamente de um investimento, entre um Estado Contratante (ou qualquer subdivisão que o constitua ou agência de um Estado Contratante designada ao Centro pelo Estado) e um nacional de outro Estado Contratante, que as partes na disputa envolvidas hajam expressado o consentimento por escrito de se submeter ao Centro. Tendo as partes dado seu consentimento, nenhuma parte poderá retirar seu consentimento unilateralmente.

No que se refere à arbitrabilidade subjetiva, tem-se, portanto que a jurisdição se limita aos conflitos entre Estados e nacionais de outro Estado, não abarcando conflitos entre dois Estados ou entre dois particulares. Quanto à arbitrabilidade objetiva, tem-se a exigência de que o conflito em questão tenha caráter jurídico e verse sobre investimentos realizados por um particular num Estado-parte da Convenção. Como assevera José Augusto Fontoura Costa, "o caráter jurídico foi expressamente ressaltado na CW com o fito de afastar da arbitragem as questões

---

[66] CRETELLA NETO, 2012, p. 531.
[67] Ressalte-se, entretanto, que a partir de 1978, com a criação das Additional Facility Rules ("Medidas Adicionas"), passou-se a autorizar o secretariado do ICSID a administrar determinados procedimentos entre Estados ou nacionais de Estados que não façam parte da convenção ou que versem sobre matéria que não investimentos.

de ordem política, os conflitos de interesse e as questões de fato".[68] Já a compreensão de investimento para efeitos de submissão da controvérsia ao ICSID costuma ser extraída do tratado de investimento subjacente ou de contrato de investimento firmado entre Estado hospedeiro e investidor privado, vendo-se o tribunal incompetente para a apreciação de conflitos que extrapolem essas definições.[69] Nesse sentido, Rudolph Dolzer e Christoph Schreuer ressaltam que "os tribunais devem se perguntar se o caso se enquadra ao escopo do consentimento dado pelo Estado hospedeiro à luz da definição de 'investimento' no BIT. Além disso, os tribunais ICSID examinarão o termo 'investimento' no artigo 25 da Convenção para determinar se o conflito é abarcado pela Convenção ICSID".[70]

Ainda, o dispositivo exige o consentimento expresso das partes para que o Centro seja competente para atuar na resolução do conflito – portanto tanto a conciliação quanto a arbitragem são facultativas, não estando nenhum Estado-parte da convenção ou nacional investidor de outro Estado-parte obrigado a se submeter à Corte sem que haja manifestado de modo expresso e previamente o seu consentimento.[71] Entretanto, uma vez tendo revelado a opção pela resolução da situação conflituosa fazendo uso dos mecanismos e estrutura do ICSID, vinculam-se às normas e regulamentos da instituição e se obrigam ao cumprimento do laudo arbitral.

---

[68] COSTA, 2008, p. 205. Não obstante, o autor ressalta que "isso não significa, evidentemente, que controvérsias que surjam em razão de tensões políticas devam ser afastadas do Cisdi, até mesmo porque será difícil encontrar controvérsia internacional que não possa ser descrita em termos políticos. O sentido da limitação é o de evitar que esses termos possam ser levados à consideração dos tribunais, fazendo com que as questões e argumentos relevantes, bem como as razões da decisão, tenham um caráter técnico". *Idem.*

[69] Esse entendimento restou consignado em decisão de tribunal ICSID no caso CSOB x Eslováquia, conforme se extrai do seguinte excerto: "Um teste duplo deve ser realizado para determinar se este Tribunal possui competência para apreciar os méritos da demanda: se a disputa é oriunda de um investimento de acordo com o significado da Convenção e, se o for, se a disputa se relaciona a um investimento conforme definido no consentimento das Partes à arbitragem ICSID, em sua referência ao BIT e as definições pertinentes contidas no artigo 1º do BIT". (CSOB x República Eslovaca, Decisão na jurisdição, 24/05/1999, 14 ICSID Ver-FILJ (1999) 251).

[70] DOLZER; SCHREUER, 2008, p. 62.

[71] José Augusto Fontoura Costa define consentimento como o "ato de vontade mediante o qual um sujeito expressa sua autorização para a instituição de um procedimento arbitral para a solução de controvérsias a respeito de um conjunto determinado ou determinável de matérias". *In:* COSTA, 2010, p. 220.

Fontoura Costa resume as possibilidades de manifestação do consentimento por parte do Estado hospedeiro e do investidor. Afirma ele:

> Sem prejuízo de outras formas escritas em que o Estado expresse legitimamente sua vontade, estão disponíveis para os Estados as seguintes maneiras de expressar seu consentimento à arbitragem do Cisdi:
> 1. mediante compromisso arbitral;
> 2. por cláusula compromissória em contrato de investimento;
> 1. em uma lei interna; e
> 2. em tratados internacionais.
>
> O investidor, por sua vez, dá o consentimento:
> 1. mediante compromisso arbitral;
> 2. por cláusula compromissória; e
> 3. nos casos 3 e 4 de consentimento do Estado, por meio da submissão da controvérsia à arbitragem.[72]

O consentimento expresso pode ser comunicado ao Centro a qualquer momento, devendo se dar por escrito. Na maior parte dos casos, todavia, os Estados expressam seu consentimento de modo genérico, por meio de lei sobre investimentos estrangeiros ou acordos para a promoção e proteção recíproca de investimentos. Ademais, o Estado Contratante poderá, também a qualquer tempo, notificar o Centro acerca das categorias de disputas que poderão ou não ser submetidas à sua jurisdição, bem como alterar ou revogar seu consentimento, devendo o ICSID comunicar tal notificação a todos os Estados Contrastantes. Nesse diapasão, como ressaltam Lucy Reed, Jan Paulsson e Nigel Blackby, faz-se interessante aos investidores manifestar o seu consentimento o quanto antes. Segundo eles,

> Embora o acordo necessário para arbitrar possa ser aperfeiçoado no requerimento de arbitragem (encaminhado ao ICSID), investidores bem assessorados expressam seu consentimento o mais cedo possível, pois até que o façam o Estado poderá ter condições de retirar seu consentimento modificando ou rejeitando sua legislação nacional sobre investimentos. Um investidor deve expressar uma aceitação inequívoca da jurisdição do

---

[72] *Ibid.*, p. 212-213.

ICSID e deve cumprir quaisquer condições de aceitação, como termos ou outras formalidades exigidas pela legislação.[73]

Ainda, poderá o Estado parte, ao expor seu consentimento, vinculá-lo à exaustão dos mecanismos internos, administrativos e judiciais, de solução de litígios. É nesse sentido o disposto no artigo 26 da Convenção, *in verbis*:

> O consentimento das partes à arbitragem sob essa Convenção deverá, a não ser que estipulado de outra forma, ser considerado consentimento para tal arbitragem, excluindo-se qualquer outro remédio. Um Estado Contratante poderá requerer a exaustão dos remédios administrativos e judiciais locais como uma condição para seu consentimento para a arbitragem sob essa Convenção.

Ademais, os acordos para promoção e proteção recíproca de investimentos podem eleger sistemas arbitrais alternativos àquele do ICSID para a resolução de controvérsias ou optar pela submissão da celeuma ao Centro quando do seu não apaziguamento por outras instâncias acionadas previamente.

O artigo 36 define como dar-se-á início ao procedimento arbitral perante a ICSID, afirmando que qualquer Estado Contratante ou um nacional de um Estado Contratante que deseje iniciar uma arbitragem deverá formular um requerimento por escrito ao Secretário Geral, que enviará uma cópia do requerimento à parte adversa. O requerimento deverá conter informações concernentes às matérias em discussão, a identificação das partes e o seu consentimento em se submeter à arbitragem. Segundo o texto da Convenção de Washington, o Secretário-Geral possui "poderes limitados para "filtrar" os pedidos para a instauração de procedimentos de conciliação e arbitragem, bem como se recusar a registrá-los, caso, com base em informações fornecidas pelas partes, entenda que o litígio se encontra manifestamente fora da competência do ICSID".[74]

Conforme já assinalado, a decisão proferida em sede de arbitragem pelo ICSID é vinculante às partes, não sendo passível de recursos,

---

[73] BLACKBY, Nigel; PAULSSON, Jan; REED, Lucy. *Guide do ICSID Arbitration*. Walters Klwer: Netherlands, 2011.
[74] CRETELLA NETO, 2012, p. 532.

cabendo aos Estados executarem a decisão prontamente. É o que dispõem os artigos 53 e 54 da Convenção, que corroboram:

Artigo 53
(1) A sentença será vinculante às partes e não deverá estar sujeita a qualquer recurso ou outro remédio exceto aqueles previstos nessa Convenção. Cada parte deve respeitar e cumprir os termos da sentença, exceto na medida em que a execução tenha sido suspensa em conformidade com as disposições pertinentes da presente Convenção. (2) Para os propósitos dessa Convenção, "sentença" deve incluir qualquer decisão interpretativa, revisional ou anulatória de tal sentneça nos termos dos artigos 50, 51 ou 52.

Artigo 54
(1) Cada Estado Contratante deverá reconhecer a sentença proferida nos termos da presente Convenção como vinculante e fazer cumprir as obrigações pecuniárias impostas por essa sentença dentro de seus territórios como se fosse uma decisão final de um tribunal desse Estado. Um Estado Contratante com uma constituição federal pode impor essa adjudicação em ou por meio de seus tribunais federais e pode prever que tais tribunais devem tratar a sentença como se fosse uma decisão final dos tribunais estatais.

As hipóteses de anulação da sentença arbitral restringem-se àquelas previstas no artigo 52, podendo ser invocadas por quaisquer das partes. São elas:
- que o Tribunal arbitral tenha sido constituído impropriamente, em contrariedade ao que determina a Convenção;
- que o Tribunal tenha excedido os poderes e competências de que é titular;
- que tenha havido prática de corrupção por algum membro do Tribunal;
- que tenha havido violação de alguma regra fundamental de procedimento;
- que a decisão não tenha sido fundamentada, deixando de apresentar as razões que a sustentam.

2.4 Princípios do Direito do Investimento Estrangeiro

Do exposto até o presente, é possível notar que o Direito do Investimento Estrangeiro possui, dentre suas características definidoras, a pluralidade de fontes e de atores. Além disso, incide num espaço não definido geograficamente de acordo com os contornos clássicos das fronteiras entre os Estados. Esses fatores podem dificultar a aplicação e a compreensão quanto à maneira como esse Direito incide sobre as diversas relações concernentes a investimentos.

Esse complexo cenário demanda um elemento unificador, capaz de aglutinar essa diversidade e conferir-lhe sentido.[75] Esse elemento é o conjunto de princípios do Direito do Investimento Estrangeiro.

É certo que esses princípios não têm o escopo de criar uma hierarquia entre atores ou formas normativas, porém vem orientá-los, exercendo influência na construção normativa, pautando as ações do investidor e do Estado hospedeiro e orientando as decisões dos tribunais arbitrais nos conflitos em matéria de investimento.

Tais princípios são identificados a partir da observação da ação dos diversos atores ao regulamentar o investimento estrangeiro, comportarem-se no curso de uma relação de investimento e solucionar os conflitos dela advindos.

Fala-se aqui em princípios, e não de padrões de comportamento ou *standards*, posto que eles devem, efetivamente, informar o investimento estrangeiro e nortear a ação dos diversos atores, tendo caráter impositivo, apesar de não serem regras em sentido formal.

Os princípios ora apresentados não representam um rol fechado, podendo ser, eventualmente, extraídos princípios adicionais dos instrumentos de promoção e proteção do investimento e das decisões dos tribunais.

Ademais, considerando-se que o Direito do Investimento Estrangeiro se encontra em constante construção por seus atores e se trata de um sistema aberto, é possível que novos princípios surjam com o transcorrer do tempo e a partir de novas realidades jurídicas e

---

[75] Augustín Gordillo reconhece a existência de princípios de Direito que transcendem os ordenamentos jurídicos internos, denominando-os princípios supranacionais. Segundo ele "os princípios do ordenamento jurídico supranacional têm um conteúdo tão fortemente valorativo, que requerem uma interpretação extensiva, que transborda o simples marco de qualquer interpretação literal. (...). A Constituição e o ordenamento jurídico supranacional e internacional não só têm normas jurídicas supremas, têm também e principalmente princípios jurídicos de suma importância. Algumas das disposições constitucionais e supranacionais abarcam ou desenvolvem, ou têm implícitos, princípios reitores de todo o ordenamento, que têm um conteúdo tão forte e tão profundo como para que sua aplicação deva ser extensiva e transpor o simples marco de sua interpretação literal. O princípio determina de forma integral qual há de ser a orientação do ato de criação ou aplicação do direito". *In:* GORDILLO, 2009. p. VI-24-VI-25.

necessidades. Ainda, é possível o desdobramento de alguns princípios em subprincípios.

Tem-se aqui, portanto, um rol exemplificativo, que abrange os seguintes princípios:
– princípio da nação mais favorecida;
– princípio do tratamento nacional;
– princípio do tratamento justo e equitativo;
– princípio da manutenção das expectativas legítimas;
– princípio dos limites à desapropriação;
– princípio da observância do procedimento adequado;
– princípio da motivação das decisões.

2.4.1 Princípio da nação mais favorecida

Cláusulas referentes à "nação mais favorecida" estão presentes desde tempos remotos em tratados internacionais que versam sobre matéria econômica.[76] Tendo sido apreendidas pelo Direito do Investimento Estrangeiro, são dispositivos padrão em todos os tratados de investimento.

A Conferência das Nações Unidas sobre Comércio e Desenvolvimento (UNCTAD) define o princípio da seguinte forma:

> O tratamento da nação mais favorecida significa que os investimentos ou os investidores de uma parte contratante têm direito a tratamento da outra parte contratante não menos favorável do que o tratamento concedido do que aquele por ela conferido aos investimentos ou investidores de qualquer outro país.

---

[76] O Acordo Geral de Tarifas e Comércio (General Agreement on Trade and Tarifs – GATT) define o princípio da nação mais favorecida nos seguintes termos:
1. *Qualquer vantagem, favor, imunidade ou privilégio concedido por uma Parte Contratante em relação a um produto originário de ou destinado a qualquer outro país, será imediata e incondicionalmente estendido ao produtor similar, originário do território de cada uma das outras Partes Contratantes ou ao mesmo destinado.* Este dispositivo se refere aos direitos aduaneiros e encargos de toda a natureza que gravem a importação ou a exportação, ou a elas se relacionem, aos que recaiam sobre as transferências internacionais de fundos para pagamento de importações e exportações, digam respeito ao método de arrecadação desses direitos e encargos ou ao conjunto de regulamentos ou formalidades estabelecidos em conexão com a importação e exportação bem como aos assuntos incluídos nos §§2º e 4º do art. III (grifo nosso).

De modo similar, o Modelo de BIT dos EUA trata do princípio em seu artigo 4º, que dispõe da seguinte forma:

1) Cada Parte deverá conceder aos investidores da outras Parte tratamento não menos favorável do que aquele conferido, em circunstâncias similares, a investidores de qualquer não-Parte em relação ao estabelecimento, aquisição, expansão, administração, conduta, operação e venda ou outra disposição em matéria de investimentos em seu território.

2) Cada Parte deverá conceder aos investimentos abrangidos tratamento não menos favorável do que aquele conferido, em situações similares, aos investimentos em seu território de investidores de qualquer não-Parte em relação ao estabelecimento, aquisição, expansão, administração, conduta, operação e venda ou outra disposição em matéria de investimentos.

O princípio tem como objetivo assegurar que as partes de um Tratado concederão tratamento à outra não menos favorável ou benéfico do que faz a outros sujeitos não parte daquela relação. Nesse esteio, se o Estado confere tratamento mais benéfico a uma parte terceira (estando ou não tal tratamento previsto contratualmente ou em um tratado), este deverá ser estendido a todos os demais investidores que se situem em condições similares ou equivalentes, independentemente de sua nacionalidade, e que atuem dentro daquele Estado hospedeiro.

Originariamente, é necessária a presença da cláusula da nação mais favorecida no tratado de investimento subjacente ao investimento em questão para que o investidor possa dela se beneficiar. Contudo, a partir de que elevamos a cláusula da nação mais favorecida a um princípio do Direito do Investimento, ele poderia ser aplicado mesmo não constando formalmente no APPRI.

Para que o princípio possa incidir, é necessário o exercício comparativo entre a relação de investimento que está sendo discutida e outra, equivalente ou similar, na qual, supostamente, o Estado hospedeiro concede tratamento mais benéfico ao investidor.

A compreensão no âmbito dos tratados de investimento, todavia, difere um pouco daquela do comércio internacional (GATT), em que há a aplicação imediata da cláusula. Isso porque os tratados de investimento disciplinam situações resultantes de negociações acerca de uma diversidade substancial de matérias, muitas vezes disciplinando situações singulares, no bojo de um contrato ou tratado de investimento. Em alguns casos os seus dispositivos são objeto de profunda elaboração, considerando peculiaridades e características específicas em relação a um dado investimento, para que se chegasse à conclusão do acordo entre as partes. Sob esse contexto, não caberia a mera "transferência" do tratamento conferido a uma parte terceira naquele determinado acordo, de modo genérico. Eventualmente, poderia, inclusive, não se mostrar efetivamente mais benéfica à relação terceira, podendo, até mesmo, ser deletéria às partes ou a uma das partes contratantes.

Como bem asseveram Rudolf Dolzer e Christoph Schreuer, "quando a regra da NMF é aplicada em tal contexto de uma forma mecânica, o resultado pode ser a substituição da matéria negociada no tratado, ao invés de adicionar a ele um elemento de cooperação".[77]

José Augusto Fontoura Costa[78] enumera quatro elementos que compõem o princípio da nação mais favorecida, quais sejam:
– a ausência de discriminação contra outras parte;
– a não exclusão, em princípio, da oferta de vantagens maiores do que a terceiros;
– o caráter relativo, dependente de *tertium comparationis*;
– a ausência de regras de conduta objetivas e definidas, sendo seu conteúdo dependente das relações com terceiros.

A abordagem do princípio da nação mais favorecida nos tratados de investimento é variável, sendo muitas vezes realizada em conjunto à disposição referente ao tratamento nacional. Alguns tratados fazem menção específica à aplicação do princípio em relação a dispositivos ou matérias determinados objeto do tratado de investimento, dispondo de modo expresso acerca do alcance da cláusula.[79] Outros instrumentos trazem disposição genérica no corpo do acordo de proteção e promoção recíproca de investimentos e, posteriormente à celebração do tratado ou acordo, acrescentam um adendo mencionando a inaplicabilidade da cláusula a determinadas situações ou em circunstâncias.[80]

Em se tratando de cláusula aberta, compreende-se pela incidência geral do princípio, em relação a todos os dispositivos do instrumento, consideradas as circunstâncias do caso concreto.

Assim, a apreciação dos tribunais quanto à forma de incidência da cláusula dependerá das disposições presentes no tratado subjacente ao conflito.[81]

---

[77] DOLZER; SCHREUER, 2008, p. 186.
[78] COSTA, 2008, p. 139-140.
[79] Como é o caso do BIT modelo do Reino Unido.
[80] Como exemplo tem-se o tratado bilateral de investimento celebrado entre a Argentina e o Panamá, que afirma não se estender a cláusula da nação mais favorecida aos dispositivos que versam sobre a resolução de controvérsias.
[81] Como em qualquer tratado, a aplicação de uma cláusula e sua interpretação deve ter em consideração o contexto em que o dispositivo está inserido, o objeto do tratado, bem

Note-se que, para que o princípio possa incidir, é condição necessária que as circunstâncias presentes nas situações comparadas sejam equivalentes ou similares.[82]

A aplicação do princípio foi suscitada no caso CME x República Tcheca, situação em que o tribunal decidiu da seguinte maneira:

> A determinação de compensação sob o Tratado entre a Holanda e a República Tcheca baseada no 'justo valor de mercado' encontra fundamento na provisão da 'nação mais favorecida' do Art. 3(5) do Tratado. Aquele parágrafo especifica que se as obrigações da legislação nacional de qualquer das partes somada ao presente Tratado contiver normas, gerais ou específicas, concedendo a investimentos de investidores de outra parte um tratamento mais favorável do que aquele decorrente do presente Tratado, 'tais regras, naquilo em que são mais favoráveis, prevalecem sobre o presente Tratado'. Os tratados bilaterais de investimento entre os Estados Unidos da América e a República Tcheca preveem que a compensação deve ser equivalente ao justo valor de mercado do investimento expropriado imediatamente antes de o ato expropriatório ser levado a cabo. (...) Logo, a República Tcheca é obrigada a prover 'justo valor de mercado' não inferior ao Requerente em respeito ao seu investimento.[83]

É possível inferir, portanto, que o princípio da nação mais favorecida busca garantir uma situação isonômica no ambiente do investimento estrangeiro, evitando a discriminação de investimentos e de investidores que ocupam posições jurídicas equivalentes numa relação de investimento com um dado Estado.

2.4.2 Princípio do Tratamento Nacional

É comum estarem presentes nos tratados de investimentos dispositivos que versem sobre a concessão de tratamento ao investimento e investidor estrangeiros não menos benéfico do que aquele conferido

---

como sua finalidade, nos termos do que dispõe a Convenção de Viena sobre Direito dos Tratados.

[82] Nesse sentido, afirma Matthias Herdegen que "a aplicação de uma cláusula da nação mais favorecida depende da similaridade das situações bilaterais respectiva resultantes de um contexto negocial comparável". *In:* HERDEGEN, 2013. p. 393.

[83] CME x República Tcheca. Sentença Final, 14.03.2003, 9 ICSID Reports 264, parágrafo 500.

pelo Estado hospedeiro aos investidores nacionais em situações análogas ou equivalentes.[84]

Esse tipo de cláusula é expressão do princípio do tratamento nacional, em sua acepção contemporânea,[85] que, como ressaltam Rudolph Dolzer e Christoph Schreuer, tem como propósito "obrigar o estado hospedeiro a não fazer *diferenciação negativa* entre investidores nacionais e estrangeiros quando decretar e fazer incidir suas normas e regulamentos, e assim conduzir a condição do investidor estrangeiro àquela conferida aos investidores nacionais"[86] (grifo nosso)

Nessa égide, qualquer vantagem eventualmente conferida aos investidores nacionais decorrentes de uma norma interna não poderá excluir de seu alcance o investimento realizado pelo investidor estrangeiro, sob pena de violação do princípio. Em última análise, possuiria, portanto, o princípio, dentre suas finalidades, a de garantir isonomia de tratamento entre investidores nacionais e estrangeiros.

Para sua incidência é essencial que se tenha clara a base de comparação para se constatar se o investimento nacional está sendo tratado de modo privilegiado em relação ao estrangeiro. Tem-se, aqui, que as situações a serem comparadas e as circunstâncias não têm de ser idênticas, porém análogas ou similares e visualizadas de modo contextualizado. Conforme enfatizam Dolzer e Schreuer,

> Consoantemente ao propósito da norma, condições como 'situações análogas' ou 'circunstâncias análogas' devem ser interpretadas de modo amplo para que se possa realizar uma completa revisão da medida analisada diante da cláusula do tratamento nacional. Em geral, parece haver um acordo de que o contexto jurídico integral no qual a medida está inserida também deverá ser considerado quando 'circunstâncias análogas' são identificadas e quando a identidade ou diferença de tratamento é examinada.[87]

---

[84] O modelo de Tratado Bilateral de Investimento dos EUA costumava utilizar-se da expressão "situações análogas", posteriormente passou a fazer uso da expressão "circunstâncias análogas", com a, aparente, intenção de abranger uma maior variedade de cenários.
[85] Ressalta-se aqui ser essa a acepção contemporânea do princípio, posto que, segundo a compreensão delineada no bolo da Nova Ordem Econômica Internacional, em meados da década de 1970, o "tratamento nacional" teria como escopo limitar o exercício de direitos por parte do investidor estrangeiro decorrentes do Direito Internacional e não consignados pelo arcabouço normativo do Estado hospedeiro.
[86] DOLZER; SCHREUER, 2008, p. 178.
[87] *Ibid.*, 2008, p. 180.

Tal entendimento encontra uníssono na jurisprudência, conforme se denota da decisão no caso SD Myers x Canadá, analisado no contexto do NAFTA, em que a corte julgadora afirmou:

> O Tribunal considera que a interpretação da locução "circunstâncias análogas' no Artigo 1102 deve levar em conta os princípios gerais que emergem do contexto jurídico do NAFTA, incluindo tanto as preocupações com o meio ambiente, quanto a necessidade de se evitar distorções comerciais injustificáveis diante de preocupações ambientais. *A abordagem de 'circunstâncias análogas' deve ter também em consideração circunstâncias que justificariam regulamentações governamentais tratando-os de modo diverso com o objetivo de resguardar o interesse público.* A concepção de 'circunstâncias análogas' convida a um exame quanto a se um investidor não nacional arguindo tratamento menos favorável se encontra no mesmo 'setor' que o investidor nacional. O Tribunal compreende que a palavra 'setor' possui uma conotação ampla que inclui os conceitos de 'setor econômico' e 'setor de negócios'.[88]

O excerto da decisão transcrito supra traz, também, informação relevante quanto à possibilidade de a normatividade nacional conceder tratamento diferenciado ao investimento estrangeiro, com o escopo de realização do interesse público nacional – o que representaria quebra do tratamento igualitário.

Nessa linha, José Augusto Fontoura Costa afirma:

> O tratamento nacional, da mesma maneira que o de NMF, admite a discriminação de direito e de fato. Sua análise depende, portanto, da comparação entre os regimes jurídicos de investidores nacionais e estrangeiros, para a caracterização ou não de discriminação *de jure*, bem como a análise do tratamento efetivo recebido pelos investidores em circunstâncias similares para a configuração da discriminação *de facto*.[89]

Observe-se que, não obstante o compromisso quanto à observância do princípio do tratamento nacional estar consagrado na Declaração sobre Investimento Internacional e Empresas Multinacionais (*Declaration on International Investment and Multinational Enterprises*) da Organização para a Cooperação e Desenvolvimento Econômico – OCDE, de 1976, o próprio ente prevê a possibilidade de exceções, tendo criado o Instrumento do Tratamento Nacional da OCDE, por meio do qual os

---

[88] SD Myers x Canadá, First Partial Award, 13.11.2000, 40 ILM (2001), parágrafo 250, p. 62.
[89] COSTA, 2008, p. 142.

países membros da OCDE e aqueles que aderiram à declaração[90] podem divulgar as exceções à concessão de tratamento nacional ao investimento estrangeiro em seu território. Essas exceções devem ser comunicadas à OCDE, que confere a elas publicidade, com o objetivo de prover de máxima transparência a política de investimentos.

De fato, a suposta isonomia corroborada pelo princípio é, não raro, objeto de questionamento por parte dos países receptores de investimento qualificados como "países em desenvolvimento". Se, por um lado, têm interesse em receberem investimentos oriundos de outros Estados em seu território, dadas as externalidades positivas que podem advir deles, possuem uma preocupação quanto à preservação e o crescimento dos investidores nacionais, os quais podem vir a ter seus investimentos ameaçados pelo alienígena em decorrência de fatores diversos.[91] Sob esse contexto e segundo tal raciocínio, seria legítimo, por parte do Estado hospedeiro, conferir tratamento diferenciado e mais benéfico ao investidor nacional em relação àquele alienígena, com o objetivo de situá-lo numa posição isonômica à do segundo. Nessa toada, questionar-se-ia se o princípio do tratamento nacional não estaria buscando garantir uma igualdade formal em detrimento de uma igualdade substancial.

Não obstante os tratados de investimento não versarem sobre a matéria, o entendimento prevalente é o de que eventual tratamento diferenciado é admissível, desde que existam bases racionais para tal.[92] Ainda, é recorrente a compreensão de que a medida deve ser, de fato, eficaz na realização de seu objetivo para que se justifique o tratamento especial, e de que inexistam – ou sejam de difícil execução – outras medidas não discriminadoras do investimento alienígena em relação ao nacional para o atingimento do fim proposto.

Nesse contexto, é importante que, quando concedido tratamento diferenciado – e privilegiado – ao investidor nacional em relação ao alienígena, este seja objeto de motivação pelo ente estatal.

---

[90] O Brasil aderiu à Declaração sobre Investimento Internacional e Empresas Multinacionais em 14 de novembro de 1997.

[91] Dentre esses fatores pode-se mencionar o custo inferior de seus produtos em decorrência de técnicas de produção mais modernas ou de maior escala – especialmente em se tratando de empresas transnacionais, cujo mercado possua uma dimensão global e não meramente local.

[92] Nesse sentido, Dolzer e Schreuer. In: DOLZER; SCHREUER, 2008, p. 181. O tema é recorrente em matérias envolvendo a concessão de subsídios à indústria ou a produtores nacionais, com o escopo de promoção de políticas públicas. Como exemplo, tem-se o caso SD Myers x Canada (SD Myers x Canada, First Partial Award, 13.11.2000, 40 ILM (2001), parágrafos 252-256).

Não obstante, note-se que o conteúdo do princípio, na forma como pode ser compreendido a partir da leitura das cláusulas dos BITs mais recentes, ao fazer uso da expressão "não menos favorável", seria possível a concessão de um tratamento mais benéfico ao investimento estrangeiro do que aquele conferido ao investidor nacional, decorrente da normatividade de Direito Internacional. Em outras palavras, o princípio do tratamento nacional não impõe tratamento igual para o investimento nacional e para o investimento estrangeiro.

Esse fator se mostra especialmente relevante em ocasiões em que o ente estatal adota posturas nocivas ao investidor nacional – como nacionalizações e desapropriações, sejam elas injustificadas ou sem a compensação adequada –, circunstâncias em que tais condutas poderiam ser estendidas ao trato com o investidor nacional, sob a justificativa de se estar concedendo tratamento nacional ao investimento estrangeiro.

Um ponto que enseja discussões se refere a se o fato de países em desenvolvimento conferirem tratamento mais benéfico aos investidores locais em determinadas searas da economia, com vistas a promover o desenvolvimento da indústria local (que muitas vezes se vê prejudicada pelo investidor estrangeiro, por ter custos de produção maiores e menor escala), violaria ou não o princípio do tratamento nacional.

O objetivo do tratamento diferenciado seria o de garantir uma igualdade substancial entre investidores nacionais e estrangeiros, superando a igualdade formal preceituada pela normatividade do Direito do Investimento Estrangeiro.

Os defensores da doutrina Calvo compreendem que tal tratamento seria legítimo. Já sob uma ótica mais liberal, a compreensão é a oposta.

Talvez caiba aqui adotar um caminho intermediário: em sendo o tratamento diferenciado mais favorável à indústria nacional devidamente justificado, com motivações fundadas em circunstâncias reais e aferíveis objetivamente, e por um lapso temporal determinado, poder-se-ia compreender que não ensejaria ofensa ao princípio do tratamento nacional. Já se imotivado, violaria o princípio. Ademais, na hipótese parece ser mais adequado conferir benefícios adicionais àqueles previstos na legislação ordinária à indústria nacional ao invés de atribuir ônus ao investidor estrangeiro.

2.4.3 Princípio do tratamento justo e equitativo

O princípio do tratamento justo e equitativo figura sob a forma de dispositivo regulamentar na maior parte dos tratados de investimento, independente da existência de uma definição clara de seu conteúdo, e vem se tornando um dos mais importantes padrões de proteção do investimento internacional.[93] É frequentemente suscitado nos conflitos advindos de um investimento – seja em decorrência de sua violação ser arguida pelo investidor, seja na fundamentação de decisões da corte.

Sua menção nos documentos de Direito Internacional precede os tratados de investimento, fazendo-se presente em diversos instrumentos norteadores de relações comerciais e de investimento entre Estados – desde os diversos tratados de amizade, comércio e navegação celebrados entre Estados após a Segunda Guerra Mundial.[94] A Carta de Havana para uma Organização Internacional do Comércio, não obstante não ter entrado em vigor, também se refere ao princípio,[95] bem como ao projeto de acordo multilateral de investimento formulado pela OCDE,[96] o texto do NAFTA[97] e do Tratado da Carta de Energia.[98]

---

[93] HERDEGEN, 2013, p. 395.
[94] A título exemplificativo, tem-se o artigo 1º do tratado de amizade assinado entre os EUA e a Alemanha, celebrado em 1925, segundo o qual "cada parte deverá, a todo o tempo, conceder tratamento justo e equitativo aos seus nacionais e às companhias da outra parte e à sua propriedade, empreendimentos e outros interesses".
[95] A Carta de Havana para uma Organização Internacional do Comércio trata do tema em seu artigo 11(2), que dispõe: "2. A Organização deverá, em colaboração com outras organizações intergovernamentais, tal qual seja apropriado: (a) fazer recomendações para promover acordos bilaterais e multilaterais sobre as medidas destinadas (i) assegurar o tratamento justo e equitativo da empresa, projetos, capital, artes e tecnologia trazidos de um país membro a outro; (ii) evitar a bitributação internacional para estimular os investimentos estrangeiros privados; (iii) aumentar ao máximo possível os benefícios aos Estados membros decorrentes das obrigações deste artigo; (b) fazer recomendações e promover acordos criados para facilitar uma distribuição equitativa de habilidades, artes, tecnologia, materiais e equipamentos, de acordo com as necessidades de cada Membro; (c) formular e promover a adoção de um acordo geral ou estatuto de princípios concernentes à conduta, práticas e tratamento do investimento estrangeiro".
[96] Dispõe o projeto de acordo multilateral de investimento: "1.1 Cada parte contratante deverá conceder aos investimentos de investidores de outras partes contratantes em seu território tratamento justo e equitativo e proteção total e constante e segurança. Em nenhum caso deverá a parte contratante conceder tratamento menos favorável do que aquele requerido pelo direito internacional".
[97] Dispõe o texto do North America Free Trade Agreement – NAFTA, em seu artigo 1105(1): "Cada parte concederá aos investimentos de investidores de outra Parte tratamento em conformidade com o direito internacional, incluindo o tratamento justo e equitativo, proteção integral e segurança".
[98] Dispõe o artigo 10(1) do Tratado da Carta de Energia: "(1) Cada parte contratante deverá, em conformidade com os dispositivos deste Tratado, encorajar e criar condições estáveis,

Apesar da menção do princípio do tratamento justo e equitativo do investimento estrangeiro numa diversidade de instrumentos normativos, o seu conteúdo ou significado não resta neles expresso – seja por compreenderem ser este significado subentendido, seja por compreenderem ser dotado de significado aberto. Esse aspecto é observado por Rudolf Dolzer e Christoph Schreuer ao analisar o princípio, pontuando que "em suas diversas manifestações, o tratamento justo e equitativo pode endereçar uma variedade de ações governamentais que afetam investimentos e que regras demasiado específicas seriam incapazes de endereçar".[99]

O fato é nitidamente percebido ao analisarmos os acordos de proteção e promoção recíproca de investimentos. Alguns desses instrumentos simplesmente prescrevem o tratamento justo e equitativo do investimento estrangeiro, sem descrever o seu conteúdo,[100] enquanto outros compreendem o princípio como um elemento das normas gerais de Direito Internacional.[101] Há ainda aqueles que compreendem o princípio meramente como o tratamento de acordo com o Direito Internacional ou que o identificam com a garantia de prover proteção não inferior "àquela típica do Direito Internacional".

Tem-se, portanto, que os contornos e significado do princípio do tratamento justo e equitativo são extraídos, principalmente, a partir de uma análise da jurisprudência das cortes ao decidirem disputas que versam sobre investimentos, informando a doutrina estudiosa do tema. Nesse diapasão, as decisões formuladas por tribunais arbitrais em conflitos versando sobre investimento estrangeiro direto têm grande relevância, colaborando para a compreensão do significado e consolidação dos princípios do Direito do Investimento Estrangeiro. Todavia, um tribunal arbitral só se deparou, efetivamente, com a tarefa de interpretar tal princípio no ano de 1997.[102]

---

equitativas, favoráveis e transparentes aos Investidores de outras Partes Contratantes a investirem em seu território. Essas condições devem incluir o comprometimento de conceder, sempre, aos investimentos dos investidores de outras partes contratantes tratamento justo e equitativo".

[99] DOLZER; SCHREUER, 2008, p. 121.
[100] Como os modelos de tratado bilateral de investimento da Alemanha, Holanda, Suécia e Suíça, por exemplo.
[101] Nesse sentido são as disposições presentes nos instrumentos originários do Canadá, França, Reino Unido e EUA. A título de exemplo, o modelo de BIT francês afirma: "Qualquer das partes contratantes deverá estender tratamento justo e equitativo em consonância aos princípios de direito internacional aos investimentos realizados por companhias nacionais e companhias da outra parte contratante em seu território".
[102] ALVAREZ, 2011, p. 187.

De acordo com Rudolf Dolzer e Christoph Schreuer, o objetivo do princípio é o de "preencher as lacunas que possam ter sido deixadas por padrões mais específicos, para que se obtenha o nível de proteção do investidor intentado nos tratados".[103]

José Augusto Fontoura Costa, de modo similar, compreende a incidência do princípio como uma proteção adicional ao investimento estrangeiro, em situações em que esta seria demasiado fraca. Segundo ele

> o padrão de tratamento definido como 'justo e equitativo' é estabelecido nos APPRIs para proteger os investimentos quando a proteção oferecida pelo Estado receptor aos investimentos de seus nacionais ou de nacionais de outros Estados seja tão ruim que as cláusulas de tratamento nacional e de nação mais favorecida não seriam suficientes para garantir os ativos investidos.[104]

Discussão relevante que permeia o princípio do tratamento justo e equitativo refere-se a ser[105] ele, ou não, mera reflexão dos padrões mínimos do Direito Internacional.

O Modelo de BIT norte-americano de 2012 dispõe em sentido negativo,[106] determinando que "os conceitos de 'tratamento justo e equitativo' e de 'proteção integral e segurança' não requerem tratamento adicional ou além daquele requerido pelo padrão (*mínimo do direito internacional*), e não cria direitos substantivos adicionais". E compreende que o princípio "inclui a obrigação de não se negar a justiça nos procedimentos adjudicatórios de ordem criminal, civil ou administrativa, em concordância com o princípio do procedimento adequado adotado pelos principais sistemas jurídicos do mundo".[107]

---

[103] DOLZER; SCHREUER, 2008, p. 122.
[104] COSTA, 2008, p. 143.
[105] U.S. Model BIT (2012), Artigo 5(2).
[106] No mesmo sentido, as partes integrantes do NAFTA, em 2001, buscaram clarificar o princípio, estatuindo, por meio de sua Comissão de Livre Comércio, interpretação de caráter vinculante, que corrobora:
Artigo 1.105 (1) prevê o padrão mínimo de tratamento de estrangeiros do direito internacional como o padrão mínimo de tratamento a ser concedido aos investimentos dos investidores de outra Parte.
Os conceitos de 'tratamento justo e equitativo' e 'total proteção e segurança' não requerem tratamento adicional ou além daquele requerido pelo padrão mínimo de tratamento de estrangeiros do Direito Internacional costumeiro.
Uma determinação de que houve violação de outra provisão do NAFTA, ou de outro acordo internacional, não implica ter havido violação do Artigo 1105(1).
[107] U.S. Model BIT (2012), Artigo 5(2)(a).

Entretanto, fora do contexto do NAFTA, vem-se delineando a compreensão de que o princípio do tratamento justo e equitativo é independente em relação aos padrões mínimos de Direito Internacional. Da mesma forma, difere do princípio do tratamento nacional. Para Dolzer e Schreuer, "não há dúvida que o padrão FET é compreendido como uma norma de direito internacional e não é determinado pelas normas do Estado hospedeiro. Tribunais têm repetidamente enfatizado a independência do padrão FET em relação ao padrão do tratamento nacional".[108]

A compreensão do significado do princípio do tratamento justo e equitativo pode ser extraída, principalmente, a partir das decisões dos tribunais arbitrais que examinaram o tema.

Decisão de tribunal arbitral no caso Tecmed x México nos permite extrair alguns elementos importantes que estariam compreendidos na noção de tratamento justo e equitativo. Em sua motivação, restou consignado:

> 153. O Tribunal Arbitral entende que o compromisso com o tratamento justo e equitativo incluído no Artigo 4(1) do Acordo é uma *expressão e parte do princípio da bona fide, reconhecido no direito internacional,* apesar de a má-fé do Estado não ser requisito à sua violação: aos olhos modernos, aquilo que é injusto e desigual não precisa se igualar àquilo que é escandaloso ou exagerado. Particularmente, um Estado pode tratar o investimento estrangeiro injustamente e de modo desigual sem necessariamente agir de má-fé.
> 154. O Tribunal Arbitral considera que esse dispositivo do Acordo, à luz do princípio da boa-fé estabelecido pelo direito internacional, *requer que as Partes Contratantes prover tratamento aos investimentos estrangeiros que não afete as expectativas básicas que foram tidas em consideração pelo investidor ao realizar o investimento. O investidor estrangeiro espera que o Estado hospedeiro atue de maneira consistente, livre de ambiguidades e totalmente transparente em suas relações com o investidor estrangeiro,* de modo que ele conheça antecipadamente toda e qualquer norma e regulação que governará seus investimentos, bem como os objetivos de políticas relevantes e práticas administrativas ou diretivas, tornando-o apto a planejar seu investimento e cumprir tais regulamentações. (...) *O investidor estrangeiro também espera que o Estado hospedeiro atue de modo consistente,* isto é, sem revogar arbitrariamente quaisquer decisões ou autorizações concedidas pelo Estado nas quais confiou o investidor ao assumir compromissos, planejar e alocar suas atividades. O investidor também espera que *o*

---

[108] DOLZER; SCHREUER, 2008, p. 123.

Estado faça uso dos instrumentos jurídicos que governam as ações do investidor ou o investimento em conformidade com a função usualmente atribuída a esses instrumentos, e não privar o investidor de seus investimentos sem a compensação adequada. De fato, o não cumprimento pelo Estado hospedeiro de tal padrão de conduta, no que diz respeito ao investidor estrangeiro ou a seus investimentos, afeta a capacidade de o investidor aferir o tratamento e a proteção conferida pelo Estado hospedeiro e de determinar se as ações do Estado hospedeiro estão em conformidade com o princípio do tratamento justo e equitativo. Logo, *o cumprimento pelo Estado hospedeiro de tal padrão de conduta está intimamente relacionado ao princípio acima mencionado, às possibilidades reais de se fazer valer tal princípio e de excluir a possibilidade que a ação estatal venha a ser caracterizada como arbitrária*; isto é, se sua conduta apresenta insuficiências que podem ser reconhecidas "por qualquer homem imparcial e razoável" ou, apesar de não em violação a qualquer regulamentação específica, como sendo contrário ao direito porque choca, ou ao menos surpreende, um sendo de decoro jurídico.

(155) O Tribunal Arbitral compreende que o sentido do conceito do tratamento justo e equitativo do Artigo 4(1) do Acordo descrito acima é aquele resultante de uma interpretação autônoma, levando em consideração o texto do Artigo 4(1) do Acordo segundo o seu sentido ordinário (Artigo 3(1) da Convenção de Viena), ou do direito internacional e do princípio da boa-fé, na base dos quais o objetivo da obrigação assumida no Acordo e as ações relacionadas ao seu cumprimento devem ser apreciadas.

(156) Se o acima não era o objetivo intentado, o Artigo 4(1) estaria desprovido de qualquer conteúdo semântico ou de utilidade prática, o que certamente seria contrário à intenção das Partes Contratantes ao firmar e ratificar o Acordo, uma vez que, ao incluir essa disposição no Acordo, as partes buscavam fortalecer e aumentar a segurança e a confiança dos investidores estrangeiros que investem nos Estados membros, maximizando, assim, a utilização dos recursos econômicos de cada Parte Contratante ao facilitar as contribuições econômicas de seus operadores econômicos.[109] (grifo nosso)

Na decisão no caso S.D. Myers, Inc x Governo do Canadá, por sua vez, o tribunal afirmou que "compreende-se que o princípio do tratamento justo e equitativo incluído nos acordos para proteção dos investimentos estrangeiros expressa 'os requisitos do direito

---

[109] Técnicas Ambientales Tecmed S.A. x Estados Unidos do México. Caso ICSID No. Arb. (AF)/00/2. Award, 29.05.2003, 43 ILM 133(2004).

internacional do procedimento adequado, dos direitos econômicos, do dever de boa-fé e da justiça natural".[110]
Matthias Herdegen identifica algumas características do princípio ao analisar as decisões arbitrais, afirmando:

> De acordo com a jurisprudência arbitral moderna o padrão do tratamento justo e equitativo protege as expectativas legítimas do investidor. Ademais, o princípio obriga o Estado hospedeiro a agir de modo transparente e a adotar decisões previsíveis em consonância ao direito internacional. Decisões arbitrais tendem a interpretar o padrão do tratamento justo e equitativo, *inter alia*, como expressão do princípio da boa-fé e como da proteção da confiança legítima na consistência das ações estatais.[111]

José E. Alvarez, em análise de ordem similar, observa que

> alguns árbitros têm sugerido que o tratamento justo e equitativo é equivalente a uma cláusula exigindo boa-fé por parte do Estado hospedeiro, incluindo esforços do Estado para promover estabilidade jurídica; ou uma cláusula que, tal qual o padrão mínimo internacional, busca evitar o "enriquecimento ilícito" ou busca prevenir uma parte de se beneficiar de seus próprios erros (como na doutrina das "mãos sujas"); ou, talvez, mais comumente, a um dispositivo que protege as "expectativas legítimas" das partes, especialmente dos investidores.[112]

A identificação de elementos conformadores do princípio do tratamento justo e equitativo é de grande importância, uma vez que a abstração demasiada do princípio pode vir a ter implicações negativas: no intuito de dotar o princípio de ampla cobertura, pode-se vir a esvaziá-lo de significado, de modo que abrange tudo e nada, ao mesmo tempo. Sob essa concepção, faria aumentar o grau de insegurança jurídica, ao invés de diminuí-lo, ao conferir aos tribunais arbitrais, na análise casuística, a incumbência de atribuir significado à concepção de "tratamento justo e equitativo", afastando a previsibilidade – fator importante às partes.

Para tal, é de grande valia a análise da jurisprudência versando sobre o tema. A partir dela é possível identificar os seguintes elementos:
– manutenção das expectativas legítimas do investidor;
– estabilidade do ambiente de investimento;

---

[110] S.D. Myers Inc. x Governo do Canadá, First Partial Award, 13.11.2000, parágrafo 134, p.29.
[111] HERDEGEN, 2013, p. 399.
[112] ALVAREZ, 2011. p. 205.

– consistência das decisões dos atores envolvidos na relação de investimento – em especial do Estado hospedeiro, seja quando ele é parte de um contrato, seja ao agir de modo unilateral, criando regulamentos de estímulo ao ingresso de investimentos. Esse fator é relevante por conferir previsibilidade às relações de investimento;
– transparência;
– proteção da confiança legítima do investidor;
– boa-fé;
– vinculação aos compromissos assumidos contratualmente.

Diversos desses elementos se desdobram em princípios autônomos, que devem informar as relações concernentes aos fluxos de investimento.

Ante o exposto até aqui, seria possível afirmar que a violação dos elementos integrantes da concepção de tratamento justo e equitativo representaria a violação do princípio.

Nesse diapasão, ações coercitivas[113] adotadas pelo ente estatal que venham a afetar negativamente o investimento são um exemplo de violação do princípio.

Por outro lado é importante observar que nem toda violação de contrato de investimento celebrado entre o Estado hospedeiro e o investidor ou de compromisso assumido unilateralmente previamente pelo Estado perante investidores implica violação do princípio. O Estado pode estar agindo no exercício de sua soberania, enquanto poder público e em nome de um interesse público relevante, e essa ação gerar impactos deletérios sobre o investimento estrangeiro (e investidor).

Nesses casos, e se devidamente motivada, a ação pode ser legítima. Faz-se necessário lembrar que o Estado, enquanto poder público, possui determinadas prerrogativas em relação aos sujeitos de direito privado, em especial quando está a administrar interesses indisponíveis.

A ação autoritária do ente estatal, contudo, deve (e tem de) ser ponderada diante de todos os elementos que compõem o FET, razoável e causar o mínimo de prejuízos possíveis ao investidor.

Ademais, isso não exime o Estado de deveres adjacentes, como, por exemplo, de indenizar adequadamente o investidor – o que pode

---

[113] Note-se que em diversas ocasiões essas ações se dão de modo indireto ou camuflado: não se tem um ato único, relevante, que ofende o investimento ou o investidor estrangeiro, mas sim uma série de medidas menores, ao longo do tempo, que somadas geram um ônus tão grande ao investidor, tornando-se excessiva e dissuadindo-o de sua empreitada. Um exemplo disso seria o paulatino e crescente aumento da tributação sobre o investimento, até o ponto de torná-lo inviável.

englobar tanto a indenização por bens materiais quanto pela frustração de expectativas futuras advindas do investimento, legitimamente construídas com base no contrato entre as partes e nos acordos de investimento.

Ainda, importante notar que o princípio ora em análise concerne ao *tratamento* justo e equitativo – ou seja, o Estado, na posição de ente soberano detentor de autoridade sobre o seu território, atuando como poder público, confere um determinado tratamento ao investimento e ao investidor, uma vez tendo admitido em seu território a presença daquele. Portanto, na hipótese de descumprimento de obrigações contratuais típicas de uma relação comercial – como o não pagamento de uma prestação, o princípio não deve ser invocado. Nesse caso, para a resolução de um conflito devem ser acionados os mecanismos hodiernos previstos no ordenamento jurídico doméstico. Nesse sentido tem-se decisão no caso GAMI x México, em que a cidade de Acapulco deixou de realizar pagamentos previstos num contrato de concessão. Na ocasião, o tribunal compreendeu que "mesmo o não pagamento persistente de débitos pela municipalidade não representa violação do Artigo 1.105, uma vez que isso não equivale a um repúdio imediato e injustificado da transação, e desde que haja outros remédios para o credor solucionar o problema".[114]

2.4.4 Princípio da manutenção das expectativas legítimas

O escopo dos tratados de investimento é o estímulo ao ingresso de investimentos estrangeiros no Estado hospedeiro, o qual tem em vista se beneficiar das consequências que dele advirão. Para tal, fazem-se necessárias a criação e a conservação de um ambiente adequado e seguro para o investidor que se propõe a realizar tal empreitada.

Nessa égide, além da criação de um ambiente propício ao ingresso de investimentos estrangeiros por parte do Estado hospedeiro, tanto o seu comportamento presente quanto o pretérito, no sentido de se mostrar confiável e cumpridor dos compromissos por ele assumidos, é fator relevante na formação da decisão de um sujeito privado alienígena acerca da realização de um investimento. Ora, se o potencial investidor observa que, apesar da existência de bases normativas favoráveis ao

---

[114] Waste Management x México. Sentença Final, 30.04.2004 ILM (2004)967, parágrafo 115.

investimento estrangeiro num dado Estado seu comportamento num passado recente contraria os compromissos assumidos formalmente, poderá vir a considerar tal ambiente demasiado arriscado para nele investir ou a ver o custo de seu investimento tornar-se demasiado oneroso a ponto de dissuadi-lo da empreitada. Ainda, em se tratando de um contrato a ser celebrado com o ente estatal, o valor proposto a título remuneratório será, muito possivelmente, majorado.

Note-se que tal cenário não se mostra favorável a nenhuma das partes envolvidas — Estado e investidor. Se o Estado cria políticas voltadas ao ingresso de investimentos em seu território, pressupõe-se haver interesse no seu recebimento. O investidor, por sua vez, busca o retorno financeiro de sua empreitada. Nesse diapasão, a preservação dos compromissos assumidos pelo Estado funciona como atrativo para a constante entrada de investimentos e o auferimento dos benefícios desses decorrentes. É nesse contexto que se encontra inserido o princípio da manutenção das expectativas legítimas.

A decisão no caso Thunderbird x México aplica com clareza o princípio, ao dispor:

> Considerando a jurisprudência recente em matéria de direito do investimento e o princípio da boa-fé no direito internacional costumeiro, o conceito de 'legítimas expectativas' se relaciona, no contexto do arcabouço normativo do NAFTA, a uma situação em que a conduta da Parte Contratante cria expectativas razoáveis e justificáveis no investidor (ou no investimento) para que este aja confiante nessa conduta, de modo que o fracasso da parte do NAFTA em honrar tais expectativas possa ocasionar dano ao investidor (ou ao investimento).[115]

Dentre outros fatores, são conformadores das expectativas dos investidores em relação ao Estado hospedeiro a legislação vigente no momento da realização do investimento,[116] as declarações formuladas pelo Estado hospedeiro na fase pré-investimento, acordo para promoção e proteção recíproca de investimentos firmado entre o Estado hospedeiro e o Estado de origem do investidor, contrato de investimento firmado entre o investidor e o Estado hospedeiro.

Nesse esteio, Rudolf Dolzer e Christoph Schreuer asseveram que "expectativas legítimas podem ser criadas não apenas por atos expressamente postos em contratos pelo Estado hospedeiro, mas também

---

[115] Thunderbird x México. Decisão, 26.01.2006. Parágrafo 147.
[116] Nesse sentido, Dolzer e Schreuer, *In:* DOLZER; SCHREUER, 2008, p. 105.

por atos de caráter mais geral. Particularmente, o arcabouço jurídico de um Estado será uma importante fonte de expectativas legítimas para o investidor".[117] Nesse contexto restou consignado no caso Azurix x Argentina que "expectativas não são necessariamente baseadas num contrato, mas em garantias explícitas ou implícitas, ou em manifestações realizadas pelo Estado que o investidor tomou em consideração para a realização do investimento".[118]

No âmbito dos contratos de investimento, a manutenção das expectativas legítimas costuma ser contemplada por meio das "cláusulas de estabilização". Tais cláusulas representam, essencialmente, o compromisso assumido pelo Estado hospedeiro de não alterar posteriormente, por meio de alguma medida unilateral, os termos contratuais originalmente avençados entre as partes durante toda a vida do projeto, ou de, em alterando-os, fazê-lo dentro de determinados limites previstos contratualmente.[119] Por meio dessa espécie de disposição contratual, espera o investidor eliminar a incerteza e a imprevisibilidade da legislação nacional (inerente a qualquer ordenamento jurídico); preservar os termos legais e econômicos avençados até o término do contrato; restringir os poderes soberanos do Estado hospedeiro, buscando mitigar o risco político; impedir a modificação das condições contratuais pactuadas, em detrimento dos interesses do investidor, garantindo, assim, a integridade do contrato durante toda a sua vigência.[120]

Note-se, todavia, que, se no momento da realização do investimento pelo investidor a legislação do Estado hospedeiro não era receptiva ou benéfica ao investimento, não caberá ao investidor alegar perante um tribunal a frustração de suas expectativas legítimas, posto que possuía conhecimento – ou deveria tê-lo – da norma ao escolher investir naquele país.[121]

---

[117] DOLZER; SCHREUER, 2008, p. 104-105.
[118] Azurix x Argentina. Award. 14.07.2006, parágrafo 318.
[119] Nesse sentido, Sam Foster Halabi define essa espécie de cláusula, afirmando: "cláusulas de estabilização são provisões em contratos individuais de investimento que disciplinam como, se isso de fato puder ocorrer, as leis promulgadas pós-investimento serão aplicadas ao investidor ou ao investimento". HALABI, Sam Foster. Efficient contracting between foreign investors and host states: evidence from stabilization clauses. *Northwestern Journal of International Law and Business*, Spring, p. 261-312, 2011. p. 291.
[120] MOURA, Alexandre C. F. Elementos de direito do investimento estrangeiro e as cláusulas de estabilização. *Revista eletrônica de direito internacional*, Belo Horizonte, v. 12, 2º sem., p. 52-91, 2013. p. 76. Disponível em: http://www.cedin.com.br/static/revistaeletronica/volume12. Acesso em: 18 maio 2015.
[121] De modo similar, Dolzer e Schreuer aduzem que "na medida em que este estado da lei era transparente e não viola padrões mínimos de tratamento do investimento, um investidor dificilmente convencerá um tribunal de que a correta aplicação daquela lei levou à

Ademais, nem toda alteração legislativa ocorrida após o ingresso do investimento no território do Estado hospedeiro representa frustração das expectativas do investidor – afinal o Estado é soberano e possui autonomia para realizar alterações legislativas. Em verdade, mudanças de ordem legislativa são, ao menos em parte, especialmente quando razoáveis, previsíveis pelo próprio investidor, incluindo-se na álea de risco típica de qualquer investimento.

2.4.5 Princípio da limitação da desapropriação

"A desapropriação é a forma mais severa de interferência na propriedade. Todas as expectativas do investidor são destruídas caso o investimento lhe seja tirado sem a devida compensação".[122]

Buscando limitar ou evitar a prática, os tratados e acordos em matéria de investimento estrangeiro costumam conter dispositivos específicos dispondo sobre as precondições para que a expropriação venha a ocorrer, bem como as suas consequências. Observe-se, portanto, que a desapropriação não será sempre ilegítima ou representará violação ao direito do investimento estrangeiro. A possibilidade de desapropriação decorre da soberania do Estado hospedeiro do investimento, constituindo, portanto, prerrogativa do ente estatal. Cabe ao Direito disciplinar as condições, o modo como será realizada e as suas consequências.

Segundo Dolzer e Schreuer,

> Consoante à noção de soberania territorial, as normas clássicas de direito internacional têm admitido o direito do Estado hospedeiro de desapropriar a propriedade estrangeira. De fato, a prática estatal tem considerado esse direito tão fundamental que até mesmo os tratados de investimento modernos (geralmente intitulados "para a promoção e proteção do investimento estrangeiro") respeitam esse posicionamento. O direito dos tratados disciplina, tipicamente, apenas as condições e consequências de uma desapropriação, não afetando o direito de expropriar.[123]

---

expropriação. Essa posição é consistente com o poder do Estado hospedeiro de aceitar e definir os direitos adquiridos pelo investidor no momento do investimento". *In:* DOLZER; SCHREUER, 2008, p. 105.
[122] DOLZER; SCHREUER, 2008, p. 89.
[123] DOLZER; SCHREUER, 2008, p. 89.

Irão regular o exercício do poder de desapropriação do Estado hospedeiro:
- a definição de investimento (compreendida enquanto interesse protegido);
- a definição de desapropriação (que poderá ser direta ou indireta. Enquanto na primeira há expressa transferência do domínio dos ativos, na segunda instrumentos regulatórios reduzem significativamente o valor do investimento);
- as condições à desapropriação da propriedade estrangeira: interesse público, não discriminação, indenização prévia e adequada.

Enquanto requisitos a uma desapropriação legal, tem-se que:
- a medida deve ter um propósito, finalidade pública;
- a medida não deve ser arbitrária ou discriminatória;
- a desapropriação deve seguir um rito processual adequado – devido processo/procedimento adequado, como expressão do princípio do *minimum standard* do Direito costumeiro internacional e do tratamento justo e equitativo;
- vir acompanhada de uma indenização/compensação prévia, adequada e efetiva – respeito ao valor de mercado do investimento expropriado, por exemplo.

José Augusto Fontoura Costa observa que, todavia,

é bastante difícil traçar uma linha divisória teórica clara que divida o que, em face do Direito Internacional ou mesmo de disposições de um APPRI, a respeito de qual seria o ponto a partir do qual os efeitos de uma desapropriação passam a ser expropriatórios. A razoabilidade e uma abordagem caso a caso podem lançar alguma luz obre o assunto.[124]

Enquanto uma desapropriação legal deverá ser acompanhada de indenização prévia, integral e adequada, na desapropriação incidirão regras de responsabilização estatal. Se na hipótese de uma desapropriação legal a compensação deverá representar o valor de mercado na data da ocorrência do fato, quando o ato é ilegal a reparação dos danos deverá, tanto quanto possível, restaurar a situação que figuraria se o ato ilegal não tivesse sido cometido.[125]

---

[124] COSTA, 2008, p. 149.
[125] Nesse sentido DOLZER; SCHREUER, 2008, p. 92.

Todavia, mesmo no âmbito das desapropriações legais, costuma ensejar discussão a definição do valor da compensação. No caso de uma desapropriação ilegal esta poderá incluir um valor indenizatório e lucros cessantes decorrentes da frustração do investimento.

As desapropriações podem ser qualificadas em diretas e indiretas. A primeira é formal, ocorrendo mediante ato do Poder Executivo do Estado hospedeiro e afeta prontamente o título de proprietário do investidor. Já a desapropriação indireta faz permanecer intocado o título de proprietário do investidor, mas o priva da possibilidade de se utilizar de seu investimento de modo significativo, não raro esvaziando-o.[126]

O Modelo de BIT norte-americano de 2012, não obstante compreender que a análise quanto à ocorrência de uma desapropriação indireta deve ser realizada caso a caso, aponta em seu Anexo B alguns fatores capazes de caracterizar uma desapropriação indireta:
– o impacto econômico da ação governamental (porém este, por si só, não é capaz de caracterizar uma desapropriação indireta);
– o quanto a ação governamental impacta e interfere nas expectativas razoáveis do investidor em relação ao seu investimento;
– o caráter / a espécie da ação governamental;
– atos regulamentares não discriminatórios com o escopo de proteger o interesse público legítimo, como aqueles relacionados à saúde pública, segurança e meio ambiente, salvo raras exceções, não constituem desapropriação indireta.

Atualmente são cada vez menos comuns as desapropriações diretas, posto que criam um clima de investimento ruim, afastando futuros potenciais investidores e abalando a confiabilidade do Estado hospedeiro. Logo, a via da desapropriação do investimento costuma ser a indireta, sendo as questões dela advindas usualmente solucionadas pelos tribunais arbitrais.

A título exemplificativo, a decisão no caso Starret Housing x Iran constatou a ocorrência de uma desapropriação indireta, ao postular:

é reconhecido pelo direito internacional que medidas adotadas pelo Estado podem interferir com direitos de propriedade a tal ponto que esses direitos se tornam tão inúteis que devem ser considerados desapropriados, mesmo que o Estado não haja tencionado expropriá-los e o título de proprietário formal permaneça com o dono original.[127]

---

[126] *Ibid.*, p. 92.
[127] Starret Housing Corp x Iran, Award, 19.12.1983, Iran – US Claims Tribunal, parágrafo 154.

Dentre as dificuldades que permeiam a desapropriação tem-se a definição da linha divisória entre o que difere uma medida regulatória legítima – e que, portanto, não ensejaria compensação – de uma que caracterize desapropriação indireta, demandando indenização.

Não obstante a possibilidade de um interesse público relevante pautar uma desapropriação, Matthias Herdegen ressalta que "mesmo interesses públicos importantes não podem justificar a privação massiva da propriedade, já que o investidor estrangeiro não faz parte da comunidade internacional que está por trás dos interesses públicos perseguidos".[128] Acerca do tema tem-se a decisão no caso Tecmed x México, que dispõe:

> Deve haver um relacionamento razoável de proporcionalidade entre o ônus ou peso imposto ao investidor estrangeiro e o objetivo a ser alcançado com qualquer medida expropriatória. Para avaliar tal ônus ou peso, é muito importante que se meça o tamanho da privação da propriedade ocasionada pelas ações do Estado e se tal privação foi ou não compensada. Na base de uma série de fatores de ordem prática e jurídica, deve ser também considerado que o investidor estrangeiro tem participação reduzida ou nula na tomada de decisões que afetam o investimento, em parte porque os investidores não têm a prerrogativa de exercer direitos políticos reservados aos nacionais do Estado, como votar nas autoridades que expedem decisões que afetam tal investidor.[129]

Outra questão relevante se refere às situações nas quais, não obstante o investidor permanecer proprietário ou detentor do investimento em questão e de seus bens adjacentes, as medidas adotadas pelo Estado hospedeiro afetam o investimento, de modo que este perde sua viabilidade econômica.

A jurisprudência majoritária tem compreendido que tais fatores não caracterizam desapropriação, sendo necessária a total ou substancial privação do investimento para que seja caracterizada a desapropriação indireta. Logo, a manutenção parcial do controle sobre o investimento não representaria um ato expropriatório, mesmo que o investidor tenha sido privado de uma parcela de seus direitos. Foi este o entendimento no caso LGE x Argentina, em que restou consignado:

---

[128] HERDEGEN, 2013, p. 408.
[129] Técnicas Medioambientales Tecmed S.A. x The United Mexican States. Caso ICSID ARB(AF)/00/2 (2004) 43 ILM 133 Parágrafo 122.

A propriedade ou o aproveitamento podem ser tidos como "neutralizados" quando a parte não mais permanece com o controle sobre o investimento, ou quando não mais é capaz de dirigir/administrar as operações cotidianas do investimento (...) Inexiste interferência na capacidade de o investidor dar continuidade ao seu negócio quando o investimento segue em operação, mesmo que suas receitas venham a diminuir.[130]

Outra questão refere-se ao fato de nem toda medida limitadora dos direitos do investidor resultar em compensação pecuniária por parte do Estado hospedeiro ao investidor. A jurisprudência já se posicionou nesse sentido repetidas vezes. No caso *Methanex x USA*, afirmou o tribunal arbitral:

> Na visão do Tribunal, a Methanex está correta no sentido de que uma regulamentação intencionalmente discriminatória contra um investidor estrangeiro cumpre o requisito chave para caracterizar desapropriação. Mas como uma questão de direito internacional geral, uma regulamentação não discriminatória em prol do interesse público, a qual é promulgada em consonância a um devido processo e que afeta, inter alios, um investidor estrangeiro ou um investimento não é qualificada expropriatória e passível de compensação a menos que compromissos e garantias específicos tenham sido concedidos pelo governo regulador ao investidor estrangeiro putativo contemplando o investimento e eximindo-o de tais medidas regulatórias.[131]

No caso Feldman x México, por sua vez, compreendeu o tribunal do ICSID que

> os governos devem ter liberdade para agirem segundo uma perspectiva ampla de interesse público, por meio de medidas para proteção do meio ambiente, novas regras ou alterações nas regras de tributação, concessão ou retirada de subsídios governamentais, redução ou aumento de tarifas, imposições restrições no zoneamento e outras ações do gênero. Regulamentações governamentais razoáveis dessa espécie não poderiam ser realizadas se qualquer negócio afetado adversamente buscasse compensação, e é seguro afirmar que o direito costumeiro internacional reconhece esse fato.[132]

---

[130] LGE x Argentina, parágrafo 188-191.
[131] Methanex x USA, Award. 03.08.2005, 44 ILM (2005) 1345. Parte IV, Capítulo D, p. 4, parágrafo 4.
[132] Feldman x México – Award, 16.12.2002. 18 ICSID Review – FILJ (2003) 488, parágrafo 103.

Por outro lado, faz-se relevante salientar que o mero fato de um ato administrativo unilateral atentatório a direitos do investidor ser motivado, com a afirmação de que por meio dele se está a garantir um interesse maior, caro a seus cidadãos, não o torna automaticamente legítimo. Cabe, aqui, analisar se a medida em questão é, de fato, necessária e se promove ou preserva, efetivamente, os interesses alegados e se estes não poderiam ser garantidos com a adoção de medidas diversas menos prejudiciais aos direitos do investidor. Ou seja, o ato em questão deve estar pautado pela razoabilidade e pela proporcionalidade, restringindo minimamente os direitos do investidor.

Sob esse enfoque, tem-se a decisão no caso LGE x Argentina, em que restou consignado:

> Para estabelecer se as medidas adotadas pelo Estado constituem desapropriação, na forma do Artigo IV(1) do Tratado Bilateral, o Tribunal deve *sopesar dois interesses contrapostos: o grau de interferência das medidas no direito de propriedade e o poder do Estado para adotar suas medidas regulatórias.* (...) Quanto ao poder do Estado em adotar suas medidas regulatórias, pode-se dizer, genericamente, que *o Estado possui o direito de adotar medidas que tenham por propósito o bem estar social ou geral.* Nesse caso, a medida deve ser aceita sem qualquer imposição de responsabilidade, exceto nos casos em que a ação do Estado é obviamente desproporcional à necessidade em questão. A observância da proporcionalidade ao se fazer uso desse direito foi reconhecido em Tecmed, o qual observou que '*o fato de tais ações ou medidas serem proporcionais ao interesse público presumidamente protegido e à proteção legalmente conferida aos investimentos, levando em conta o significado de tal impacto, possui um papel central na decisão acerca da proporcionalidade.* (grifo nosso)[133]

Certo é que a desapropriação é um dos grandes temores do investidor estrangeiro, especialmente quando este aloca seus investimentos em países politicamente instáveis, elevando, inclusive, os custos do investimento. A inexistência de um padrão quanto à forma como se dá uma desapropriação indireta torna difícil de identificar sua ocorrência de plano, cabendo a análise dos tribunais, caso a caso. Da mesma forma, não parece ser possível modular as potenciais penalidades a serem aplicadas ao Estado hospedeiro ao praticar uma expropriação ilegal ou a indenização e compensação devida ao investidor, cabendo, mais uma vez, a análise do caso concreto.

---

[133] LGE x Argentina, Decision on liability, 03.11.2006, 46 ILM (2007) 36, parágrafo 189, 195.

Ainda assim, é importante que a limitação à desapropriação seja elevada à categoria de princípio do Direito do Investimento Estrangeiro, com o objetivo de evidenciar o repúdio à prática, buscando assim diminuir sua ocorrência paulatinamente.

2.4.6 Princípio da vedação a medidas arbitrárias e/ou discriminatórias

O princípio da vedação a medidas arbitrárias e discriminatórias se encontra inserido na maior parte dos tratados de investimento e tem como objetivo proteger o investimento estrangeiro de ações imotivadas por parte do Estado hospedeiro e dissonantes à regulamentação vigente que possam lhe ser deletérias, além de vetar condutas que coloquem um determinado investidor em posição de maior desvantagem em relação a outros investidores, quando se encontravam todos, a princípio, em situação equânime.

A medida arbitrária tem como uma de suas características centrais a oposição à legalidade e à razoabilidade. Carece de motivação ou justificativa para a sua adoção, caracterizando ação com abuso de poderes por parte do ente estatal.

Tem-se como decisão paradigma, usualmente, rememorada pelos tribunais ao qualificar uma medida como arbitrária, aquela no caso ELSI, em que a Corte Internacional de Justiça afirmou que "arbitrariedade não é tanto algo oposto a uma norma jurídica, mas oposto à ordem jurídica (...). É um desrespeito intencional ao devido processo legal, um ato que viola, ou ao menos surpreende, o sentimento de correição jurídica".[134]

Um ato adotado pelo Estado hospedeiro será, por sua vez, caracterizado como discriminatório quando o tratamento concedido a um determinado investidor difere, negativamente, quando comparado àquele em relação a outros investidores.

Se na maioria dos casos em que uma medida é qualificada como discriminatória esta concerne à nacionalidade do investidor (situação em que ter-se-ia violação conjunta aos princípios do tratamento nacional e da nação mais favorecida), nem toda a discriminação é baseada na nacionalidade. É possível, por exemplo, pensarmos em situação na

---

[134] Elettronica Sicula S.p.A (ELSI) (Estados Unidos da América x Italy), Judgement 20.07.1989, ICJ Reports 15, Parágrafo 128, p. 65.

qual dois investidores, de mesma nacionalidade e atuando em setores similares, recebem tratamento distinto.

O tratamento discriminatório é identificado a partir da comparação da postura do Estado hospedeiro em relação a dois ou mais investidores. Necessário aqui ressaltar que tão somente situações equivalentes podem ser comparadas, o que deverá ser visualizado no caso concreto – não obstante, na maioria dos casos, ter-se como paradigma investidor atuante na mesma área do que alega a discriminação, a jurisprudência dos tribunais demonstra não ser este requisito necessário.[135]

Note-se, ainda, que a discriminação deve ser imotivada para caracterizar violação do princípio: um tratamento diferenciado, que, todavia, se justifica, naquele dado momento, ante a preservação de um interesse público relevante, pode vir a ser considerado lícito e sua adoção caracterizar tão somente ato de expressão da soberania estatal.

2.4.7 Princípio da observância do procedimento adequado

A observância do procedimento adequado é princípio de fundamental importância no Direito do Investimento Estrangeiro.

Conforme demonstrado até o presente, o ingresso e a permanência de investimentos estrangeiros no Estado hospedeiro dependem do grau da segurança que lhe é conferido – um ambiente estável e confiável, com instituições sólidas e cumpridoras de seus compromissos se mostra convidativo ao investidor e lhe permite projetar no tempo o retorno que obterá com o seu investimento, além de prever os riscos a que está sujeito. A previsibilidade e a segurança, por sua vez, minimizam o custo do investimento – o que pode ser benéfico não só ao investidor, mas também ao próprio Estado hospedeiro, nas situações em que o último atua na posição de contratante, configuração usual no âmbito dos investimentos em infraestrutura.

Nesse contexto, o procedimento adequado é fator que colabora para a criação deste ambiente seguro, ao funcionar como uma garantia ao investidor.

---

[135] Nesse sentido, tem-se o caso Enron x Argentina (Enron x Argentina, Award, 22.05.2007); Occidental x Equador (Occidental Exploration and Production Co. x Equador. Award. 01.07.2004, 12 ICSID Reports 59).

É possível vislumbrá-lo numa dupla acepção – (1) os atos unilaterais adotados pelo ente estatal em relação ao investimento devem ser consoantes aos procedimentos administrativos legalmente previstos no seu ordenamento jurídico doméstico; (2) os processos de caráter adjudicatório – tanto de ordem administrativa quanto judicial – devem ser consoantes aos padrões de devido processo legal.

O princípio da observância do procedimento adequado assume maior relevância nas situações em que o investimento é afetado negativamente em decorrência de uma conduta do ente estatal – por exemplo, quando esse adota medidas de caráter expropriatório ou quando se esquiva do cumprimento de compromissos assumidos previamente perante o investidor, podendo vir a compeli-lo a acessar os meios apropriados, administrativos ou judiciais, para ver seus direitos garantidos.

Os tratados de investimento costumam focar na acepção de acesso à justiça do princípio, como se observa no Modelo de Tratado Bilateral de Investimento dos EUA – 2012, ao afirmar, em seu artigo 5.2(a), que o "tratamento justo e equitativo inclui a obrigação de não negar a justiça em procedimentos adjudicatórios criminais, cíveis ou administrativos, de acordo com o devido processo consubstanciado nos principais sistemas jurídicos do mundo".

Esse princípio se encontra associado ao princípio do tratamento justo e equitativo do investimento estrangeiro:[136] o tratamento justo do investimento estrangeiro pressupõe a existência de um procedimento adequado, especialmente quando este sofre limitações, e a possibilidade de o investidor reclamar o respeito e observância do tratado, contrato e demais instrumentos normativos subjacentes. Nesse diapasão, o procedimento adequado pode ser capaz de demonstrar que dado tratamento de caráter negativo concedido ao investimento estrangeiro, que, à primeira vista, poderia parecer atentar de modo deliberado contra o investidor, se mostra legítimo e, inclusive, consoante ao princípio do tratamento justo e equitativo.

A compreensão de seu significado para o Direito do Investimento Estrangeiro advém do conteúdo extraído do princípio equivalente nos

---

[136] Conforme afirmam Rudolph Dolzer e Christoph Schreuer, "a ausência de um procedimento justo ou sérias deficiências processuais são elementos importantes à caracterização da violação do padrão do tratamento justo e equitativo. A maior parte dos casos está relacionada ao direito de ser ouvido em procedimentos judiciais ou administrativos". *In*: DOLZER; SCREUER, 2008, p. 143.

ordenamentos jurídicos nacionais dos países democráticos – senão de todos, de sua maioria.

A partir da análise de tratados de investimento diversos e da jurisprudência sobre o tema é possível extrair o conteúdo básico do princípio, o qual inclui:
- direito de o investidor ser devidamente intimado e efetivamente ouvido num procedimento administrativo ou judiciário que impacte o investimento e/ou os seus direitos de investidor;
- direito a decisões motivadas quando estas afetarem, de alguma forma, o investimento – sejam elas de caráter administrativo, sejam elas adjudicatórias;
- pagamento de indenização prévia e adequada quando da desapropriação de bens ou direitos relacionados ao investimento, na forma prevista no tratado de investimento ou contrato aplicável.

2.4.8 Princípio da motivação

O princípio da motivação no âmbito do Direito do Investimento Estrangeiro pode ser compreendido juntamente aos princípios do tratamento justo e equitativo e da adequação procedimental.

Isso porque um procedimento adequado, conforme exposto *supra*, tem como pressuposto a motivação de suas decisões, em especial quando estas afetam de modo negativo direitos do investidor estrangeiro, decorrentes de seu investimento.

Se muito se fala na criação e manutenção de um ambiente de investimento estável pelo Estado receptor de investimentos estrangeiros, com a observância da normatividade pertinente e cumprimento dos compromissos assumidos perante o investidor, permitindo a este sentir-se seguro e confiante ao empreender no país hospedeiro, não se deve olvidar que o último possui prerrogativas e autonomia decorrentes de sua soberania e de seu dever de preservação e garantia dos interesses nacionais e de seus cidadãos.

Nessa égide, pode haver situações em que, legitimamente, o Estado hospedeiro irá agir em contrariedade ao que preceitua, à primeira vista, a normatividade concernente ao investimento estrangeiro – inclusive de modo prejudicial ao investidor, porém com o objetivo maior de preservação do interesse público.

Se à primeira vista tais medidas possam parecer arbitrárias e repudiáveis, ao serem elas devidamente motivadas, de modo a demonstrar a necessidade de sua adoção à garantia do interesse público local e de seus cidadãos, e razoáveis, revelar-se-ão não atentatórias ao Direito do Investimento Estrangeiro.

Tem-se, por exemplo, que medidas regulatórias de caráter geral não irão caracterizar, necessariamente, violação ao tratamento justo e equitativo ou desapropriação – especialmente ao configurarem expressão da soberania do ente estatal, detentor de poderes regulatórios sobre o seu território e que tem como um de seus escopos a preservação e garantia do interesse público. Se adequadamente motivadas, poderão ser consideradas legítimas, necessárias, quiçá adequadas.

Contudo, por óbvio, a mera presença da motivação de uma decisão administrativa, justificativa do ato, não permite que o investidor venha a ser simplesmente destituído de direitos decorrentes de seu investimento, sem a devida compensação. Tendo ele sofrido danos efetivos, estes deverão ser reparados – o que deverá ser analisado no caso concreto.

Observe-se que os princípios ora expostos possuem caráter fluído, ganhando concretude ao incidirem sobre o caso concreto. Essa fluidez é proposital e necessária e condizente com o reconhecimento do Direito do Investimento Estrangeiro como direito difuso e transnacional, cuja normatividade é aberta e destituída de hierarquia.

Nesse esteio, não parece interessante a conversão desses princípios em regras, posto que isso limitaria a liberdade dos entes estatais em criarem seus próprios regulamentos em matéria de investimento, de acordo com as suas necessidades e objetivos específicos[137] – em especial, acordos de proteção e promoção recíproca de investimentos.

Os princípios devem exercer função norteadora, informadora e aglutinadora no Direito do Investimento Estrangeiro, colaborando para sua caracterização enquanto um sistema e tornando-o coeso.

---

[137] Para Sornarajah, "a redação de normas efetivas relacionadas a essas áreas afetaria de modo adverso os interesses dos países em desenvolvimento e limitaria o seu direito de regulamentar o investimento estrangeiro". *In:* SORNARAJAH, 2007, p. 313.

2.5 Dificuldades que permeiam o atual regime do Direito dos Investimentos, fundado nos APPRIs

Se por um lado o atual regime jurídico do Direito do Investimento Estrangeiro, fundado, principalmente, na celebração de acordos de proteção e promoção recíproca de investimentos entre os Estados, confere maior segurança jurídica ao investidor, ao criar um ambiente mais sólido e estável para o investimento, por outro é permeado por dificuldades, as quais não podem ser ignoradas.

A interferência exercida sobre a normatividade interna do Estado hospedeiro, por exemplo, pode vir a ser demasiada, limitando a sua liberdade de ação.

É verdade que, ao exceder os direitos conferidos ao investidor pelo arcabouço normativo doméstico, e na qualidade de regulação cuja formulação foge aos procedimentos hodiernos previstos na legislação local, além de limitar determinadas prerrogativas típicas dos entes estatais no âmbito da administração de seu território, o Direito do Investimento Estrangeiro afeta a soberania estatal.

De acordo com Rudolf Dolzer, os dispositivos típicos dos tratados que mais possuem esse impacto são as cláusulas que versam sobre desapropriação indireta, aquelas referentes ao tratamento justo e equitativo e as cláusulas "guarda-chuva".[138]

A influência dos acordos de proteção e promoção recíproca de investimentos na soberania dos Estados-parte, na qualidade de Estados hospedeiros, pode vir a restringir a sua soberania, uma vez que impõe restrições aos seus poderes regulatórios.[139]

Por outro lado, Rudolf Dolzer entende ser intrínseco aos tratados de investimento o fato de eles exercerem certa limitação à soberania estatal. Segundo ele,

---

[138] DOLZER, 2006, p. 957-958.
[139] Como afirmam Gustavo Fernandes de Andrade e Gustavo Justino de Oliveira, "na verdade, entretanto, há também várias desvantagens nos BITs. Primeiramente, ao concordar em conferir tratamento especial ao investimento estrangeiro, em consonância a standards de proteção previamente negociados, os Estados, efetivamente, restringem seus poderes regulatórios sobre certas áreas, i.e., eles reduzem sua soberania em troca da promessa de novos fluxos de investimento. Em segundo lugar, ao concordar em submeter a tribunais internacionais conflitos oriundos de tratados de investimento, os Estados, para todos os efeitos, aceitam que tais tribunais têm poderes para rever a legalidade e a legitimidade de medidas regulatórias nacionais". In: ANDRADE; OLIVEIRA, 2013. p. 72.

tal qual qualquer tratado internacional, um tratado de investimento reduz o escopo da soberania para todas as partes. Em particular, um tratado de investimento limitará o direito à soberania de um estado no que se refere à sujeição dos investidores estrangeiros ao seu sistema legal administrativo doméstico. Todas as principais cláusulas tipicamente incluídas num tratado de investimento operam em vários sentidos para definir e estreitar os tipos de regulamentação doméstica aos quais os investidores estrangeiros deverão se sujeitar. Isso é uma resposta à preocupação do investidor em relação à previsibilidade e à estabilidade da moldura legal governando seus investimentos.[140]

Para o autor, essa limitação advinda do regime jurídico disciplinador do investimento estrangeiro advindo dos tratados é natural, quiçá necessária, para a atração de investimentos por um dado Estado:

O impacto sobre o direito doméstico que segue a aceitação de tal regime é hoje normalmente percebido como consequência necessária de um ambiente amigável ao investimento, mais do que um aspecto negativo que devesse, a princípio, ser evitado. Logo, a prioridade dos Estados transladou da soberania para a atração de investimento estrangeiro.[141]

Sornarajah compreende a dualidade exposta, ao observar que, não obstante os Estados serem, de fato, soberanos, os investidores e os seus Estados de origem são focos de poder. E afirma:

É evidente que o Estado possui controle considerável sobre o investimento estrangeiro, o qual emana de sua soberania. O investimento estrangeiro se dá dentro do Estado, e é prerrogativa do Estado controlá-lo como lhe aprouver. Mas isso não é um fato que se encaixa facilmente com a noção de investimento estrangeiro, uma vez que os Estados de origem dos investidores estrangeiros, bem como os próprios investidores estrangeiros, são bases de poder consideráveis e têm interesse em assegurar a proteção do investimento.[142]

José E. Alvarez, por sua vez, entende que a preocupação com a soberania se trata de uma falácia lógica, observando que um Estado, ao firmar um acordo de promoção e proteção de investimentos, o faz exercendo o seu direito de autodeterminação, sendo, portanto, um

---

[140] DOLZER, 2006, p. 953.
[141] Ibid., p. 955.
[142] SORNARAJAH, 2007, p. 167.

exercício de sua soberania, e não uma renúncia a esta.¹⁴³ E ressalta: "nós não podemos esperar que os árbitros em disputas Estado-investidor não façam nada além de interpretar o tratado de investimento que um Estado ratificou de acordo com as regras ordinárias de interpretação dos tratados".¹⁴⁴

Outro ponto de discussão corriqueiramente levantado acerca dos acordos de proteção e promoção recíproca de investimentos se refere ao fato de que, não obstante esses instrumentos se declararem recíprocos, em verdade têm como escopo, meramente, a disciplina da alocação de investimentos de entes oriundos de países mais desenvolvidos em Estados menos desenvolvidos. Em verdade, não se destinariam à promoção recíproca de investimentos estrangeiros, mas apenas garantiriam a proteção do investidor no Estado hospedeiro, sendo, portanto, um instrumento de mão única. Ter-se-ia tão somente uma igualdade formal entre os Estados-partes signatários do tratado, não cumprindo as promessas de seus preâmbulos.

Sornarajah considera ser uma característica dos tratados bilaterais de investimento o fato de eles serem firmados entre parceiros desiguais: são geralmente acordados entre um Estado exportador de capital desenvolvido e um Estado em desenvolvimento que almeja atrair o capital daquele Estado.¹⁴⁵

José E. Alvarez atenta para essa situação. Segundo ele, "a grande maioria dos BITs – certamente aqueles dos primeiros anos – contemplam (apesar de formalmente recíprocos), largamente, um fluxo unidirecional de FDI de um Estado relativamente mais desenvolvido em relação a um país menos desenvolvido".¹⁴⁶ Afirma, ainda, que os ônus regulatórios sob esses tratados recaem quase que inteiramente sobre os Estados-hospedeiros menos desenvolvidos, havendo situações em que Estados tiveram que reformar sua legislação doméstica para satisfazer os padrões requeridos pelos BITs.¹⁴⁷

Entretanto, o autor pondera que essa assimetria nos tratados bilaterais de investimento celebrados com países não desenvolvidos e menos desenvolvidos era, em verdade, intencional. Isso porque essas

---

¹⁴³ ALVAREZ, 2011, p. 368.
¹⁴⁴ Ibid., p. 369.
¹⁴⁵ SORNARAJAH, 2007, p. 207.
¹⁴⁶ ALVAREZ, 2011, p. 104.
¹⁴⁷ Como exemplos tem-se Granada e Bangladesh.

categorias de países foram as que, durante décadas, mais ocasionaram problemas aos investidores estrangeiros neles situados.[148]

O cenário atual, todavia, parece revelar mudanças, com a celebração de diversos tratados entre países em desenvolvimento[149] e com a presença desses na posição de exportadores de capital – inclusive em direção a países mais desenvolvidos. Conforme aduz José E. Alvarez,

> a contenção de que o regime internacional de investimento é comparável aos acordos de capitulação do século XIX ignora o fato de que os fluxos de investimento atuais não mais se dão meramente em uma direção, do norte para o sul. No momento, os Estados Unidos são tanto o maior exportador de fluxo de capital quanto o principal receptor de capital de investimento estrangeiro. Nós dividimos essa dualidade com outros, como o Brasil, a Rússia, Índia e China (abreviadamente, os BRICs), todos sendo líderes em recebimento e exportação de capitais.[150]

Ainda assim, isso não significa que tais instrumentos tenham passado a ser, efetivamente, recíprocos ou tenham colocado ambos os Estados a perceber que eles não costumam conter obrigações firmes em relação ao Estado exportador de capital com vistas a garantir esse fluxo recíproco de investimentos.[151]

Caberia, portanto, ao Estado que atuaria, potencialmente, de modo mais ativo como Estado hospedeiro, e não como exportador de capital, atentar para a redação desses instrumentos, participando dela efetivamente, a fim de que estes também expressassem os seus interesses.

Outro ponto capaz de suscitar polêmicas se refere a, na ocorrência de um conflito entre Estado hospedeiro e investidor originário de outro Estado parte do BIT, haver uma suposta parcialidade pró-investidor por parte dos tribunais arbitrais, no âmbito da Convenção de Washington – em especial ao ter-se em mente o fato de que a maior parte das arbitragens é desencadeada por iniciativa do investidor, e não do Estado.

Os argumentos para essa assertiva são os de que o mecanismo da arbitragem Estado-investidor só é sustentável à medida que os

---

[148] ALVAREZ, 2011, p. 105.
[149] De acordo com Jeswald W. Salacuse, "ao final de 2005, o número de BITs 'Sul – Sul' aumentou para 644, representando 26% do total de BITs. Países não ocidentais com grande escoamento de investimentos, como a China e a República da Coreia, estão entre aqueles com o maior número de BITs. Em 2008, o país em desenvolvimento maior signatário de BITs era a China, com 120 BITs, seguida pelo Egito, com 100, muitos deles firmados com outras economias em desenvolvimento". In: SALACUSE, 2010, p. 427-473, p. 433-434.
[150] ALVAREZ, 2009, p. 832.
[151] ALVAREZ, 2011, p. 105.

requerentes tiverem confiança em lhe submeter as suas demandas e que as autoridades indicadoras de árbitros, como o ICSID, estiverem predispostas a decidir favoravelmente ao investidor.[152]

Porém, o argumento não parece demasiado sólido. Isso porque o árbitro, ao apreciar a situação controvertida e formular sua sentença, deverá se embasar em acordos para a proteção e promoção de investimentos (APPRIs) celebrados entre o Estado hospedeiro e o Estado de origem do investidor, bem como na legislação em matéria de investimentos aplicável, e nos princípios e costumes de Direito Internacional. Nesse esteio é que se mostra de fundamental importância a redação adequada e clara desses acordos e das normas legais. Ademais, os árbitros tendem a proteger a sua reputação quanto a serem justos, não quanto a defenderem os interesses de uma parte em específico.

Ainda, levantamento realizado por Susan D. Franck[153] demonstra não haver evidências empíricas capazes de sustentar o argumento de que os países em desenvolvimento são tratados injustamente em arbitragens de investimentos, ou de que árbitros oriundos de países em desenvolvimento decidem de modo diverso daqueles nacionais de países desenvolvidos. Em pesquisa na qual analisou decisões arbitrais publicadas até meados de 2006, a autora constatou que, em 58% das arbitragens Estado-investidor, o Estado foi exitoso, enquanto o investidor obteve êxito em 39% dos casos. Não obstante, o valor concedido a título de danos aos investidores pelos tribunais arbitrais é bastante inferior àquele por eles pleiteados.[154]

Concerne, ainda, aos acordos de proteção e promoção de investimentos o fato de, potencialmente, carecerem de legitimidade, posto que formatados por sujeitos não representantes dos administrados dos entes signatários – principalmente por ter figurado em um de seus polos Estado terceiro.

Paralelamente, também careceriam de legitimidade as decisões nos conflitos oriundos dos BITs, decididas pelos tribunais arbitrais. Isso porque estes são integrados por árbitros indicados por uma organização internacional, que não representam o Estado-parte e seus cidadãos. Não

---

[152] *Ibid.*, p. 391.
[153] FRANCK, Susan D. International investment arbitration: winning, loosing and why. *Columbia FDI Perspectives*, n. 07, jun., p. 1-3, 2009. p. 2. Disponível em: http://ccsi.columbia.edu/files/2014/01/FDI_7.pdf. Consultado em abril de 2015. Acesso em: 15 abr. 2015.
[154] Enquanto os pleitos são de, em média, US$ 343 milhões, o valor concedido costuma girar em torno de US$ 10 milhões. *In*: FRANCK, 2009, p. 2.

obstante, as decisões por eles proferidas exerceriam impacto sobre estes. Ademais, aplicam um direito diverso do direito interno dos Estados.

Mais uma vez, cabe aqui ressaltar que, não obstante tais críticas, a formalização de um APPRI pelo Estado se dá no exercício de sua autonomia da vontade, estando ele representado por seu chefe de Estado, representante legítimo da população de um dado país.

Outra dificuldade que permeia o Direito do Investimento Estrangeiro se refere à *compliance*, compreendida como cumprimento, em especial por parte dos Estados-hospedeiros, das disposições presentes nos tratados de investimento de que são signatários, bem como – e principalmente – das decisões arbitrais, quando desfavoráveis. Essa dificuldade também se faz evidente em situações em que as disposições presentes num APPRI, por alguma razão, não mais se mostram tão interessantes ao ente estatal, se comparado ao momento da assinatura do acordo.

A Convenção ICSID é clara ao observar que suas decisões são vinculantes às partes e que não estão sujeitas a outros remédios que não aqueles previstos no instrumento, devendo as cortes domésticas respeitá-las. Afirma, ainda, serem exequíveis tal qual as decisões finais de uma corte estatal. Nesse sentido dispõem seus artigos 53[155] e 54.[156]

Entretanto, o sistema arbitral internacional em matéria de investimento carece de poderes para garantir o cumprimento de tais disposições, quando da recusa de um Estado em cumprir sentença que lhe é desfavorável.

---

[155] Artigo 53
(1) To any appeal or to any other remedy except those provided for in this Convention. Each party shall abide by and comply with the terms of the award except to the extent that enforcement shall have been stayed pursuant to the relevant provisions of this Convention.
(2) For the purposes of this Section, "award" shall include any decision interpreting, revising or annulling such award pursuant to Articles 50, 51 or 52.

[156] Artigo 54
(1) Each Contracting State shall recognize an award rendered pursuant to this Convention as binding and enforce the pecuniary obligations imposed by that award within its territories as if it were a final judgment of a court in that State. A Contracting State with a federal constitution may enforce such an award in or through its federal courts and may provide that such courts shall treat the award as if it were a final judgment of the courts of a constituent state.
(2) A party seeking recognition or enforcement in the territories of a Contracting State shall furnish to a competent court or other authority which such State shall have designated for this purpose a copy of the award certified by the Secretary-General. Each Contracting State shall notify the Secretary-General of the designation of the competent court or other authority for this purpose and of any subsequent change in such designation.
(3) Execution of the award shall be governed by the laws concerning the execution of judgments in force in the State in whose territories such execution is sought.

Os árbitros não possuem poderes coercitivos, ou seja, o *ius imperium*.[157] A sentença proferida por um tribunal arbitral possui plena validade no mundo jurídico, porém, em a parte destinatária se recusando ao seu cumprimento, nada poderá fazer a parte adversa. Conforme afirma Jonathan Rozas,[158] como o árbitro não é uma autoridade pública, ele não pode coercitivamente fazer com que respeitem suas decisões – somente o Estado, como depositário do poder público soberano, pode impor, pela força, suas decisões. Portanto, a decisão arbitral necessitaria do organismo estatal para fazer respeitar coercitivamente suas decisões.

Ocorre que pode haver situações nas quais as cortes locais se recusam ao reconhecimento da decisão arbitral contrária ao Estado, como forma de supostamente protegê-lo.

Esses problemas ganham maior dimensão em casos que envolvem Estados pouco receptivos à arbitragem ou politicamente muito instáveis – como em situações em que um governo se mostra afeito ao acordo de promoção e proteção de investimentos, porém governos subsequentes assumem posição contrária.

Observa-se que, ao fim e ao cabo, caberá ao Estado sujeito a uma decisão arbitral que lhe é desfavorável decidir pelo seu cumprimento ou não. Em última análise, isso dependerá dos impactos de ordem econômica e política que o descumprimento de uma decisão poderá lhe acarretar – perda de interesse de outros investidores em potencial, medidas de retaliação adotadas por outros Estados, etc.

A questão atinente à garantia do cumprimento e executoriedade das decisões arbitrais ainda carece de uma solução plenamente eficaz. Entretanto uma resposta é de elevada importância – quiçá, necessária, uma vez ser a confiança no cumprimento das decisões arbitrais de grande importância para a manutenção do sistema de arbitragem de investimento.[159] Entretanto, tem-se que confiar apenas nos acordos de

---

[157] Nesse sentido, afirma Eric Loquin: "juiz privado, o árbitro não possui *imperium*, isto é, (...) ele não possui poder coercitivo em relação às partes na arbitragem e *a fortiori* em relação a terceiros". In: LOQUIN, Eric. Les pouvoirs des arbitres internationaux à la lumière de l'évolution recente du droit de l'arbitrage international. *JDI*, n. 02, p. 293- 345, abril/mai/juin. 1983. p. 306.

[158] ROZAS, Jonathan C. F. Le rôle des jurisdictions étatiques devant l'arbitrage commercial international. In: *Recueil des cours de l'académie de droit international de La Hague*. T. 290, 2001. Haia: Nijhoff publishers, 2002. p. 58-177. p. 146.

[159] Como avaliam Alan S. Alexandroff e Ian A. Laird, "todavia há uma série de exemplos nos quais o responsável resistiu agressivamente a execução nas cortes domésticas. Isso levanta a questão potencialmente séria acerca do futuro da arbitragem Estado-investidor, em particular quanto a se é um sistema de 'justiça' eficaz. (...) Para que a arbitragem de investimento seja um sistema de justiça completo, a executoriedade da vontade dos fazedores da decisão arbitral é um elemento crítico e final daquele sistema". MUCHLINSKI,

proteção e promoção de investimentos, nos princípios informadores do Direito do Investimento, costumes ou princípios gerais de Direito, é, infelizmente, insuficiente para se obter a efetividade almejada quando um Estado-parte resolve ignorar as obrigações previamente assumidas perante outros Estados e investidores no espaço global.

Finalmente, é importante assinalar que a mera existência de um tratado bilateral de investimento celebrado entre dois países não implica, necessariamente, o crescimento do fluxo de investimentos estrangeiros nesses Estados.[160] Isso porque, além da existência de um BIT – ou, talvez, mais relevante do que a existência de um BIT –, é o grau de confiabilidade das instituições de um potencial país hospedeiro, bem como a solidez de seu arcabouço legal.

Esse fato já foi observado por pesquisadores do Banco Mundial,[161] que, em vinte anos de análise referente ao fluxo de investimentos de

---

Peter; ORTINO, Federico; SCHREUER, Christoph (coord.). The Oxford Handbook of International Investment Law. *In*: ALEXANDROFF, Alan S.; LAIRD, Ian A. *Compliance and enforcement*. Oxford: Oxford University Press, 2008. p. 1172-1187, p. 1185.

[160] De acordo com um estudo conduzido por Eric Neumayer e Laura Spess abrangendo 119 países entre os anos de 1970 e 2001, há claras evidências de efeitos positivos de BITs no fluxo de investimento estrangeiro direto para países em desenvolvimento. Além disso, constataram que BITs eram capazes de funcionar como substitutos ou serem complementares ao fortalecimento das instituições políticas locais (NEUMAYER, Eric; SPESS, Laura. Do bilateral investment treaties increase foreign direct investment to developing countries? *World Development*, v. 33, n. 10, p. 1567-1585, 2005.) Em um estudo de 2005, Jeswald W. Salacuse e Nicholas P. Sullivan analisaram os efeitos de BITs no fluxo de investimento estrangeiro direto, particularmente em relação a tratados de investimento assinados com os Estados Unidos. De acordo com o estudo, a ratificação dos tratados com os Estados Unidos levou a um aumento de 85% na quantia de IED em um ano num dado país, enquanto ao firmar um BIT com outro país OCDE não houve aumento significativo na quantia de investimento estrangeiro direto. (SALACUSE, Jeswald W.; SULLIVAN, Nicholas P. Do BITs really work? An evaluation of bilateral investment treaties and their grand bargain, *Harvard International Law Journal*, v. 46, n. 1, p. 67-130, 2005). K.P. Gallagher e M.B.I Birch, todavia, obtiveram conclusões opostas, afirmando não haver aumento em investimento estrangeiro direto em países que ratificaram BITs com os Estados Unidos da América (GALLAGHER; BIRCH, 2006. p. 972). Rashmi Banga, por sua vez, afirma haver uma correlação entre o aumento no fluxo de investimento estrangeiro direto e a celebração de tratados nos quais ao menos uma das partes é um país desenvolvido. Já nos casos de tratados firmados apenas entre países em desenvolvimento não foi constatado o aumento no fluxo de investimentos estrangeiros diretos como decorrência da ratificação de um tratado (BANGA, Rashmi. *Impact of Government Policies and Investment Agreements on FDI Inflows*. 2003. Disponível em: http://dspace.cigilibrary.org/jspui/itstream/123456789/21650/1/Impact%20of%20Government%20Policies%20and%20Investment%20Agreements%20on%20FDI%20Inflows.pdf?. Acesso em: 13 abr. 2014).

[161] HALLWARD-DRIEMEIER, Mary. *Do bilateral investment treaties attract foreign direct investment?* 2013. Disponível em: http://elibrary.worldbank.org/docserver/download/3121.pdf?expires=1372265316&id=id&accname=guest&checksum=CAAB88835825805F1AC0E2258CE63193org/docserver/download/3121.pdf?expires=1372265316&id=id&accname=guest&checksum=CAAB88835825805F1AC0E2258CE63193. Acesso em: 14 mar. 2014.

países membros da OCDE para países em desenvolvimento, constataram que países com instituições frágeis ou que não garantem efetiva proteção da propriedade privada não obtiveram quaisquer benefícios adicionais em decorrência da mera ratificação de um BIT. Ou seja, o BIT não funcionou como um substituto às reformas internas.

Já países com instituições democráticas mais sólidas e que realizaram as necessárias reformas internas tendem a receber investimentos, mesmo não sendo partes de tratados de investimento, necessitando menos da celebração de BITs para estimular a alocação de investimentos. Para Susan D. Franck

> esforços domésticos internos para liberalizar mercados, oferecer incentivos ao investimento, seguir as regras legais, e oferecer métodos de solução de controvérsias confiáveis servem como os incentivos críticos necessários para estimular o investimento estrangeiro. (...) Presumivelmente, essas medidas de boa governança fazem decrescer o risco do investidor e podem levar a resultados positivos.[162]

Paralelamente, a celebração de um BIT não significa, automaticamente e por si só, que um dado país se tornará convidativo ao ingresso de um investidor estrangeiro. O tratado, sozinho, não é capaz de conceder essas garantias ao investidor. Isso porque há situações em que, mesmo sendo parte de um acordo de proteção e promoção recíproca de investimentos, um dado Estado hospedeiro pode não apenas falhar em sua observância, mas também se negar ao cumprimento de uma decisão oriunda de um tribunal arbitral. Tais atitudes criam um cenário que afastará futuros investidores em potencial.

Essa dificuldade no cumprimento dos tratados, conferindo efetividade a suas disposições, é outro obstáculo enfrentado pelos tratados de investimento.

Por outro lado, se o sistema jurídico interno funciona adequadamente e é amigável ao ingresso de investimento estrangeiro, o país não terá, necessariamente, de ser parte de APPRIs para ser um ambiente convidativo ao investimento estrangeiro.

José Augusto Fontoura da Costa ressalta que

> do ponto de vista do investidor, há de se manter em mente que não é necessário incrementar a proteção internacional, sempre que o sistema

---

[162] FRANCK, Susan D. Foreign direct investment, investment treaty arbitration and the rule of law. *McGeorge Global Business and Development Law Journal*, v. 19, p. 337- 373, 2007. p. 363-364.

interno seja ágil e eficiente, sobretudo se o país receptor tem política e economia estáveis. Ao que tudo indica, portanto, o melhor modo para criar um ambiente jurídico adequado para os investidores estrangeiros é a modernização do Direito interno associada a medidas políticas e econômicas que dêem robustez a todo cenário nacional. A proteção internacional, por seu turno, pode servir tanto como um sucedâneo para a falta de confiabilidade das instituições nacionais quanto como um instrumento de homogeneização internacional de padrões de tratamento dos investimentos e de indução da adoção pelos Estados de sistemas internos de proteção.[163]

Considerando que os acordos de proteção e promoção de investimento – não obstante serem o instrumento mais usual, corriqueiramente utilizado e ao qual mais se recorre na ocorrência de um conflito em matéria de investimento – são insuficientes à disciplina da relação Estado hospedeiro – investidor[164] e a não rara dificuldade em fazê-los valer face à legislação local daquele, e que as demais fontes de Direito do Investimento assumem papel secundário, é de grande importância o reconhecimento de princípios norteadores desse Direito, aos quais cabe informar tanto os APPRIs quanto a interpretação da legislação local, bem como, eventualmente, sua formulação, e as decisões arbitrais, ao apreciar e solucionar divergências entre as partes. Nesse esteio, os princípios do Direito do Investimento assumem função unificadora.

2.6 O Direito do Investimento Estrangeiro como Direito Administrativo Global

Ao observar as características do Direito do Investimento Estrangeiro e o modo de sua operacionalização, percebe-se que diversas delas guardam identidade com os caracteres típicos do Direito Administrativo Global: abrange uma multiplicidade de atores, públicos e privados, que atuam na criação de seus regulamentos, e ao mesmo tempo podem ser

---

[163] COSTA, 2010, p. 60.
[164] Conforme afirma José E. Alvarez, "a 'adoção dos tratados' não torna, invariavelmente, a legislação mais completa. A proliferação de BITs e de acordos de livre comércio não torna, necessariamente, o direito do investimento internacional mais claro, mais preciso ou menos sujeito a interpretações variáveis. Se voltar para os tratados como fonte de obrigações não livrou o regime de confiar em normas costumeiras 'vagas' ou princípios gerais de direito. Esses tratados não tornaram as normas subjacentes mais legítimas ou mais democráticas". *In:* ALVAREZ, 2011, p. 407.

seus destinatários; suas fontes são difusas e inexiste uma hierarquia entre elas; sua base é, essencialmente, de ordem principiológica, sendo que tais princípios buscam unificar esse sistema descentralizado; o Direito do Investimento Estrangeiro existe no espaço global, sendo informado por normas nacionais, internacionais e globais, as quais incidem sobre as diversas relações que disciplinam concomitantemente, e suas normatividade e decisões podem exercer impacto em mais de um Estado.

A doutrina em matéria de investimento estrangeiro vem reconhecendo esse fato.[165]

Segundo José E. Alvarez, "o regime de investimento divide muitas características com o direito administrativo global. Ao aceitar as garantias do investidor em BITs e em FTAs, os Estados aceitaram uma forma de supervisão interna. Eles aceitaram que suas próprias leis, cortes e agências administrativas podem ser julgados por padrões objetivos internacionais".[166] Nesse contexto, os tribunais arbitrais intentam apreciar a legalidade de leis, a legalidade de como as leis nacionais são aplicadas e executadas em cada nível de governo, o Direito costumeiro e os princípios gerais de Direito, e, às vezes, a aplicabilidade e interpretação de outros regimes advindos de um tratado, como o comércio.[167]

O autor, ainda, ao qualificar o Direito do Investimento Estrangeiro como Direito Administrativo Global, evidencia uma multiplicidade de atores, com ênfase na participação de atores privados – empresas, ONGs e árbitros e organizações internacionais –, na criação dos regulamentos em matéria de Direito do Investimento Estrangeiro – característica esta típica do último. De acordo com o autor,

> o regime do investimento é um exemplo nítido de como o direito internacional crescentemente abrange atores não-Estatais não apenas como objeto do direito mas como sujeitos criadores de regulamentação e dotados de influência no processo de regulamentação. (...) aquele regime, por si só é, indiscutivelmente, um produto de atores não-Estatais, ao menos à medida que o Estado signatário de um BIT está respondendo a demandas de empreendedores privados insatisfeitos com o afiançamento

---

[165] Para Gus Van Harten e Martin Loughlin, "a arbitragem de investimento internacional – nos termos dos tratados de investimento bilaterais e regionais – oferece o mais claro exemplo de direito administrativo global". *In:* HARTEN, Gus Van; LOUGHLIN, Martin. Investment treaty arbitration as a species of global administrative law. *The European Journal of International Law*, v. 17, n. 1, 2006, p. 121-150, p. 121.

[166] ALVAREZ, 2011, p. 441-442.

[167] *Ibid.*, p. 441-443.

diplomático e buscando mecanismos de proteção internacional. (...) Além disso, o regime transformou ao menos alguns outros *stakeholders* em participantes ativos. Esse é o caso das ONGs que têm sido autorizadas a participar como *amici* em uma série de disputas Estado-investidor, por exemplo.[168]

Rudolf Dolzer e Christoph Schreuer, por sua vez, enfatizam a interpolação de normas de origens diversas que disciplinam o investimento estrangeiro. Constatam eles que

> o direito do investimento estrangeiro consiste de camadas do direito internacional geral, padrões gerais do direito internacional econômico e de regras próprias de seu domínio. (...) Além disso, há muito já se observa que as regras de direito do investimento estrangeiro, por necessidade, incorporam aspectos das normas do Estado hospedeiro.[169]

Ainda, os princípios informadores do Direito do Investimento Estrangeiro em muito se assemelham àqueles que orientam o Direito Administrativo Global.

Gus Van Harten e Martin Loughlin observam o enquadramento do Direito do Investimento Estrangeiro no âmbito do Direito Administrativo Global ao analisarem a arbitragem de investimento – tendo em mente que o caráter adjudicatório é um dos elementos do Direito Administrativo Global. Segundo eles,

> vista como uma espécie de direito administrativo global, o tribunal arbitral em matéria de investimento deve ser tratado como um corpo adjudicatório semi-autônomo que revisa e controla a conduta estatal no espaço público. O tribunal é semi-autônomo porque suas decisões estão isoladas da supervisão de cortes locais. Ele é internacional porque sua autoridade deriva de um tratado. É uma agência revisional administrativa, pois, se não pelo seu estabelecimento na esfera internacional, estaria realizando papel similar àquele de um tribunal doméstico semi-autônomo incumbido da resolução de disputas de ordem regulatória. Estando constituído no nível internacional com o propósito de disciplinar a ação governamental dos Estados, o tribunal arbitral em matéria de

---

[168] ALVAREZ, 2011, p. 410.
[169] DOLZER; SCHREUER, 2008, p. 3. Os autores afirmam, ainda, que "dependendo da configuração do caso individual e da matéria, a ação recíproca entre as normas domésticas relevantes do Estado hospedeiro e as regras de direito internacional aplicáveis pode ser central para a necessária análise do caso".

investimento forma uma nova e única extensão da arquitetura conceitual do direito administrativo.[170]

E ressaltam a amplitude geográfica da atuação dos tribunais arbitrais em matéria de investimento, excedendo as fronteiras do Estado em que são constituídos:

> O que torna os tribunais arbitrais em matéria de investimento exemplos tão potentes do direito administrativo global é o fato de que, devido a sua dimensão internacional, tribunais estabelecidos sob a lei de um Estado são investidos de autoridade para solucionar um conflito regulatório envolvendo outro Estado. Logo, a arbitragem de investimento é tanto exclusivamente removida do sistema de direito doméstico do Estado demandado, quanto exclusivamente integrada nas estruturas de execução de muitos outros Estados.[171]

Rudolf Dolzer reconhece o caráter de Direito Global do Direito do Investimento Estrangeiro sendo categórico ao afirmar que "a jurisprudência dos tribunais de investimento como um todo contém ingredientes de um crescente sistema de direito administrativo internacional para o investimento estrangeiro".[172]

Enquanto espécie do mais abrangente Direito Administrativo Global, o Direito do Investimento Estrangeiro se consolida a partir de uma normatividade difusa, oriunda de uma multiplicidade de atores que lhe garante contornos próprios, sendo informado por uma série de fontes, tanto de Direito Internacional como de Direito interno. Essas fontes se comunicam entre si, incidindo, muitas vezes, concomitantemente sobre uma mesma relação jurídica de investimento.[173] Como fator aglutinador dessa multiplicidade normativa, têm-se os princípios informadores da normatividade em matéria de investimento internacional.

---

[170] HARTEN; LOUGHLIN, 2006, p. 149.
[171] HARTEN; LOUGHLIN, 2006, p. 149.
[172] DOLZER, 2006, p. 970.
[173] Segundo Matthias Herdegen, "como em outras searas do direito internacional, o direito do investimento internacional não deve ser lido isoladamente de outros regimes jurídicos. As normas internacionais de investimento existem em contexto com os direitos humanos, padrões laborais e o direito ambiental internacional. No caso de a incidência de um tratado de investimento afetar a observância de obrigações relacionadas aos direitos humanos ou ao direito ambiental, os princípios gerais de interpretação dos tratados requerem a 'integração sistêmica' de ambas as obrigações, o que significa que um tratado de investimento deve ser interpretado à luz do outro dever". *In:* HERDEGEN, 2013, p. 422.

Ao analisar sua estrutura, Jeswald W. Salacuse[174] observa que o Direito do Investimento Estrangeiro pode ser compreendido como um regime jurídico, uma vez que possui determinadas premissas, engloba normas, princípios e regras, além de possuir procedimentos adjudicatórios próprios, limitar e regular o comportamento dos atores envolvidos, determinando aqueles que são legítimos e os que não o são, e influenciar a forma como são resolvidos os conflitos.

Ante a observância desses caracteres, é possível afirmar que o Direito do Investimento Estrangeiro constitui uma forma de regulamentação transnacional híbrida público/privada[175] e pode ser caracterizado como espécie de Direito Global, apto a disciplinar as relações concernentes a investimentos, especialmente aquelas entre Estado hospedeiro e investidor.

2.7 Síntese parcial

Se à primeira vista é possível pensar que a disciplina do investimento estrangeiro se encontra restrita a um determinado acordo de promoção e proteção de investimento celebrado entre dois ou mais Estados, o qual esgota a sua regulamentação, o exame dos mais de três mil instrumentos dessa espécie vigentes permite-nos perceber a existência de um regime jurídico específico que lhe é subjacente, qual seja, o Direito do Investimento Estrangeiro.

---

[174] Salacuse identifica o direito do investimento estrangeiro a partir da teoria dos regimes internacionais, originária do estudo das relações internacionais. Nesse contexto, princípios são identificados como crenças ou premissas que direcionam o comportamento dos sujeitos a uma atuação coordenada. Já as normas seriam padrões de comportamento em termos de direitos e obrigações. Segundo o autor, "elas possuem uma qualidade de flexibilidade que permite a sua aplicação a uma variedade larga de situações que podem surgir na vigência do tratado e de maneiras que os negociadores sequer teriam contemplado". Na abordagem realizada no presente estudo, essas normas se identificam com a acepção que aqui se faz de princípios do direito do investimento estrangeiro. Já as regras do regime são por ele compreendidas como as prescrições específicas, que conformam o comportamento de seus atores. Aqui se inserem as disposições dos tratados de investimento, bem como as decisões dos tribunais arbitrais que aplicam a norma (ou princípios, na acepção ora adotada) ao caso concreto e devem ser cumpridas. O procedimento adjudicatório próprio, por sua vez, geralmente caracterizado pela atuação dos tribunais arbitrais, não obstante não se caracterizar pela existência de um órgão único e central dotado dessa incumbência, vem garantir a eficácia do sistema, ao impor a observância das normas / princípios e regras (SALACUSE, 2010, p. 431, 448-468).

[175] ALVAREZ, 2011, p. 443.

Trata-se de um direito de caráter difuso e conteúdo fortemente principiológico, cujas fontes são múltiplas, tal qual são os atores que participam de sua produção, os quais podem ser públicos ou privados. A adjudicação dos conflitos advindos das relações que rege, por sua vez, tende a ser realizada de modo privado, ante a sua apreciação por cortes arbitrais internacionais especializadas.

Dentre suas fontes, possível destacar os acordos de promoção e proteção de investimentos, o Direito costumeiro internacional e princípios gerais de Direito, a jurisprudência e interpretação dos tratados de investimento, as diretrizes, orientações e códigos de conduta, as declarações unilaterais dos entes estatais, os contratos de investimento.

A análise dos tratados de investimento, da jurisprudência e da doutrina sobre a matéria permite-nos identificar os seus princípios reitores, os quais possuem caráter aglutinador, orientando a aplicação das regras dos tratados, pautando a atuação do Estado hospedeiro e dos investidores e dos órgãos adjudicatórios na formulação de suas decisões. Dentre estes, é possível elencar: princípio da nação mais favorecida, princípio do tratamento nacional, princípio do tratamento justo e equitativo, princípio da manutenção das expectativas legítimas, princípio dos limites à desapropriação, princípio da observância do procedimento adequado e princípio da motivação das decisões.

As características do Direito do Investimento Estrangeiro nos permite qualificá-lo como espécie de Direito Administrativo Global, posto que transcende as fronteiras estatais, agrega uma multiplicidade de atores, estatais e não estatais, públicos e privados, os quais participam de sua criação, ao mesmo tempo que podem ser seus destinatários, sua normatividade é difusa e não hierarquizada.

A normatividade do Direito do Investimento tem como objetivo garantir maior segurança ao investimento estrangeiro e, desse modo, promovê-lo. Nesse esteio, adquire maior importância quando o Estado receptor do investimento estrangeiro não possui uma normatividade sólida sobre o tema ou carece de instituições confiáveis.

O sistema possui deficiências, todavia, em especial no que se refere à assimetria existente nos acordos firmados entre países desenvolvidos e países em desenvolvimento ou menos desenvolvidos. Os primeiros, que usualmente se encontram na posição de exportadores de investimentos, costumam formatá-los de modo a conceder um grande plexo de garantias aos investidores e impor muitas restrições ao Estado hospedeiro, cabendo aos últimos tão somente aderir a esses instrumentos.

Críticas relacionadas à limitação da soberania dos entes estatais também são usualmente levantadas, bem como a utilização de cortes arbitrais internacionais para a resolução dos conflitos decorrentes das relações de investimentos.

Ademais, são usuais questionamentos quanto a se, efetivamente, os APPRIs são necessários ou relevantes para o fomento do investimento estrangeiro.

Não obstante as dúvidas e ressalvas que permeiam o assunto, é necessário que se reconheça a existência de um Direito do Investimento Estrangeiro e que, a despeito de não ter sua origem dentro do espaço estatal, é autoaplicável, enquanto espécie de Direito Administrativo Global.

CAPÍTULO 3

A BAIXA DENSIDADE NORMATIVA EM MATÉRIA DE INVESTIMENTO ESTRANGEIRO NO DIREITO BRASILEIRO

3.1 A normatividade brasileira incidente sobre os investimentos estrangeiros diretos em território nacional

Nas décadas de 1960, 1970 e 1980, no plano do Direito interno dos países receptores de investimentos estrangeiros, houve uma maior regulação da normatividade pertinente a essa espécie de investimento. No Brasil, foi publicada em 3 de setembro de 1962 a Lei Federal nº 4.131, regulamentada pelo Decreto Federal nº 55.762, de 17 de fevereiro de 1965, disciplinando a matéria.

Não obstante terem transcorrido 50 anos de sua publicação, o referido diploma legal não sofreu alterações em demasiado número,[1] apesar de os objetivos da regulação referente à entrada e saída de capital estrangeiro cambiarem corriqueiramente ao longo do tempo. Nesse cenário, enquanto o Estado se ocupa de legislar sobre aspectos de ordem mais geral, com vistas a manter claros estes objetivos, cabem

---

[1] As alterações advieram das Leis Federais nº 4.390/1964, nº 8.685/1993, nº 9.069/1995 e nº 11.371/2006, dos Decretos-lei nº 37/1966, nº 94/1966 e nº 2073/83 e da Medida Provisória nº 2224/2001.

os ajustes de menor escopo aos órgãos de controle e de fiscalização, que ajustam de modo gradativo a regulamentação.[2]

Ainda assim, o arcabouço regulatório atual parece não se mostrar suficientemente apto a responder aos anseios presentes, especialmente ante a inexistência de um diploma legal moderno, apesar das atualizações pretendidas pelos referidos entes de controle pela via infralegal.

Antecedendo a referida lei e justificando o seu advento, a Comissão Mista do Congresso Nacional, ao examinar o projeto de lei respectivo, elaborou o Parecer nº 236/62, justificando as escolhas do legislador na disciplina do investimento estrangeiro.

Dentre os benefícios mencionados advindos do investimento estrangeiro direto – denominado pelo parecer "investimento de risco" – tem-se o ingresso de recursos e de bens físicos na economia interna brasileira, bem como de tecnologia, expertise e técnicas produtivas mais modernas. Ainda, se comparado com o ingresso de capital financeiro, o investimento estrangeiro direto tem como vantagem condicionar o retorno à lucratividade no Estado hospedeiro – já os juros devidos decorrentes de outras modalidades de investimento o são a seu termo, independentemente do êxito da atividade econômica financiada.

Como desvantagens, fala-se na dependência do capital estrangeiro, a "sangria de divisas" e a remessa ilimitada de lucros para o exterior – em especial em decorrência do pagamento de *royalties* e assistência técnica. Buscou-se vedar tais comportamentos por meio da regulamentação. Outras objeções, observa o parecer, são feitas em relação ao sistema capitalista em geral, possuindo fundo muito mais ideológico do que técnico.

O Parecer reconhece, ainda, que nem todos os investimentos apresentam as mesmas potencialidades ou possuem os mesmos impactos no desenvolvimento estatal, cabendo ao Brasil distingui-los, selecionando, mediante processos adequados de incentivos e desestímulos, o capital estrangeiro e, eventualmente, impondo restrições.

Em suma, reconheceu-se que a legislação deveria garantir segurança ao capital estrangeiro e não lhe ser discriminatória, sendo capaz de atraí-lo, mas sem olvidar os interesses nacionais e reprimindo abusos.

A Lei Federal nº 4.131/62, que em seu artigo 1º traz uma definição de capital estrangeiro:

---

[2] Nesse sentido, Luiz Olavo Baptista. *In:* BAPTISTA, Luiz Olavo. *Investimentos Internacionais no Direito Comparado e Brasileiro.* Porto Alegre: Livraria do Advogado, 1998. p. 17-18.

Art. 1º Consideram-se capitais estrangeiros, para os efeitos desta lei, os bens, máquinas e equipamentos, entrados no Brasil sem dispêndio inicial de divisas, destinados à produção de bens ou serviços, bem como os recursos financeiros ou monetários, introduzidos no país, para aplicação em atividades econômicas desde que, em ambas as hipóteses, pertençam a pessoas físicas ou jurídicas residentes, domiciliadas ou com sede no exterior.

O diploma legal, em seu artigo 2º,[3] impede a concessão de tratamento benéfico ao capital estrangeiro que ingressar no país, afirmando que aos investimentos nacionais e estrangeiros será concedida idêntica atenção. Contudo, isso não significa que, por meio de tratados e acordos internacionais, não se possa criar novas regras e diretrizes, visando atrair o investimento estrangeiro – se tais regulações incidirem também sobre o investidor local, não há o que se falar em tratamento discriminatório.

O Decreto Federal nº 55.762/65 reprisa os dispositivos iniciais da Lei Federal nº 4.131/62, trazendo a mesma definição de investimento estrangeiro em seu artigo 1º e a isonomia de tratamento no artigo 2º. Em seguida, versa sobre o registro dos investimentos junto à Superintendência da Moeda e do Crédito, reinvestimentos, *royalties*, remessas de valores, tributação, operações cambiais e outros temas afins.

A Constituição da República de 1988, por sua vez, trata da matéria atinente ao investimento estrangeiro em seu artigo 172, que dispõe:

Art. 172. A lei disciplinará, com base no interesse nacional, os investimentos de capital estrangeiro, incentivará os reinvestimentos e regulará a remessa de lucros.

Como observa Eros Roberto Grau, com o dispositivo o legislador não buscou obstar ou limitar o ingresso de investimentos estrangeiros, mas tão somente controlá-lo, garantindo a preservação do interesse nacional – o que constitui prerrogativa decorrente de sua soberania econômica.[4] José Afonso da Silva ressalta que "à lei só cabe disciplinar

---

[3] Art. 2º Ao capital estrangeiro que se investir no País será dispensado tratamento jurídico idêntico ao concedido ao capital nacional em igualdade de condições, sendo vedadas quaisquer discriminações não previstas na presente lei.

[4] Para Eros Grau, "a Constituição planta as raízes, neste preceito, de uma regulamentação de controle – e não de regulamentação de dissuasão – dos investimentos de capital estrangeiro. Não os hostiliza. Apenas impõe ao legislador ordinário o dever de privilegiar o interesse nacional e disciplina-lo. Cuida-se aqui, pois, tão somente de submetê-los às limitações correntes que a ordem jurídica opõe ao exercício do poder econômico". *In*: GRAU,

os investimentos, não os pode proibir de todo; mas nessa disciplina se inclui a seletividade – o que decorre da obrigatoriedade de que ele tenha por base o interesse nacional, de sorte que as restrições são admitidas para que tal objetivo se cumpra".[5]

Note-se que o dispositivo faz menção aos investimentos compreendidos em sentido lato – não distinguindo investimentos diretos de financiamentos, cabendo ao legislador ordinário a disciplina da matéria.

Apesar de o dispositivo constitucional, advindo em 1988, demandar lei disciplinando a matéria, o diploma legal que cuida do tema permanece sendo a Lei Federal nº 4.131/62.

O texto constitucional, em sua redação atual, e sua leitura junto à Lei nº 4.131/62 – em especial o seu artigo 2º, é consoante ao princípio do tratamento nacional, princípio este típico do Direito do Investimento Estrangeiro, o qual preconiza a obrigação de tratar o investidor estrangeiro de maneira não menos favorável da forma como é tratado o investidor nacional. É certo, todavia, que tal princípio não é absoluto, inexistindo, portanto, igualdade irrestrita. Cabe ao texto constitucional e à legislação ordinária especificarem as situações em que poderá haver distinção de tratamento entre investidores nacionais e estrangeiros, sendo vedados tratamentos arbitrários.

Ademais, a isonomia que se denota da atual redação do texto constitucional difere daquela de sua redação original: até o advento da Emenda Constitucional nº 6/95 determinadas prerrogativas eram concedidas às denominadas empresas brasileiras de capital nacional – como reserva de mercado, benefícios tributários, creditícios e na aquisição de bens e serviços pelo Poder Público, por exemplo –, na forma do artigo 171 da Constituição da República.[6] O dispositivo foi revogado

---

Eros Roberto. *A ordem econômica na Constituição de 1988*. 16. ed. São Paulo: Malheiros, 2014, p. 275. Na mesma linha é o entendimento de José Afonso da Silva, que afirma: "a Constituição não é contra o capital estrangeiro. Nela nada se encontra que se oponha a ele; ao contrário até prevê a possibilidade de sua participação em instituições financeiras (art. 192), e agora também se admite sua participação até o limite de 30% do capital das empresas de comunicação social (v. art. 222, com a redação da Emenda Constitucional nº 36/2002). *In:* SILVA, José Afonso da. *Comentário contextual da constituição*. 7. ed. São Paulo: Malheiros, 2010. p. 729.

[5] *Ibid.*, p. 730.

[6] O dispositivo trazia a definição de empresa brasileira e de empresa brasileira de capital nacional, concedendo determinadas prerrogativas à segunda espécie. Assim definia o artigo 171:
"Art. 171. São consideradas:
I – empresa brasileira a constituída pelas leis brasileiras e que tenha sua sede e administração no país;

pela referida emenda, no bojo das alterações legislativas ocorridas no âmbito da reforma do Estado.

Para Eros Roberto Grau, o artigo 171 dava concretude aos princípios da soberania econômica nacional e da garantia do desenvolvimento nacional.[7] Segundo ele, sua revogação se deu no bojo da persecução de um programa neoliberal. "Argumentava-se, nessa linha, afirmando que a distinção entre *empresa brasileira* e *empresa brasileira de capital nacional* seria perniciosa ao interesse nacional [suponho se tratasse do *interesse público nacional*], visto que essa distinção criaria obstáculo ao investimento de capitais estrangeiros no Brasil".[8] Mostrando-se contrário à sua exclusão da Carta Magna, afirma:

> Parece-me importante deixar bem vincada a circunstância de a revogação do art. 171 e seus parágrafos atender ao desígnio de impedir-se a concessão de qualquer proteção ou benefício às empresas nacionais Em suma: não se pretende impedir a discriminação contra empresas e capital estrangeiro; o que se quer é impedir o apoio, a proteção, a concessão de benefícios às empresas e ao capital nacional. (...). A revogação, como se pode ver, atende a interesses adversos aos da sociedade brasileira.[9]

Em linha semelhante, José Afonso da Silva entende que o dispositivo instituía um "sistema de defesa da economia nacional, que servia de barreira aos malefícios da globalização – defesa essa que a

---

II – empresa brasileira de capital nacional aquela cujo controle efetivo esteja em caráter permanente sob a titularidade direta ou indireta de pessoas físicas ou domiciliadas e residentes no país ou de entidades de direito público interno, entendendo-se por controle efetivo da empresa a titularidade da maioria de seu capital votante e o exercício, de fato e de direito, do poder decisório para gerir suas atividades.
§1º. A lei poderá, em relação à empresa brasileira de capital nacional:
I – conceder proteção e benefícios especiais temporários para desenvolver atividades consideradas estratégicas para a defesa nacional ou imprescindíveis ao desenvolvimento do país;
II – estabelecer, sempre que considerar um setor imprescindível ao desenvolvimento tecnológico nacional, entre outras considerações e requisitos:
- a exigência que o controle referido no inciso II do caput se estenda às atividades tecnológicas da empresa, assim entendido o exercício, de fato e de direito, do poder decisório para desenvolver ou absorver tecnologia;
- percentuais de participação, no capital, de pessoas físicas domiciliadas e residentes no país ou entidades de direito público interno.
§2º. Na aquisição de bens e serviços, o Poder Público dará tratamento preferencial, nos termos da lei, à empresa brasileira de capital nacional.

[7] GRAU, 2014. p. 261.
[8] *Idem.*
[9] *Ibid.*, p. 262.

mencionada Emenda constitucional retirou, limpando os trilhos por onde a economia globalizada transita sem empecilhos".[10]

Em que pese as críticas às emendas constitucionais de 1995 no que tange à participação do investimento estrangeiro na economia brasileira no contexto de expansão do processo de globalização, como resta constatado no século XXI, a globalização constitui fenômeno inexorável, tendo aderido a ela até mesmo Estados outrora econômica e culturalmente extremamente fechados. Nesse esteio, é necessária a adaptação dos Estados a um novo contexto de arrefecimento das fronteiras, ao mesmo tempo em que se busca a proteção dos interesses nacionais, visando assegurar o tênue equilíbrio entre esses dois cenários.

Ao eliminar a caracterização da empresa brasileira de capital nacional, a mesma emenda alterou o parágrafo primeiro do artigo 176, que impunha que a pesquisa e a lavra de recursos minerais e o aproveitamento dos potenciais de energia hidráulica poderiam ser efetuados tão somente por essa espécie de empresa ou por brasileiros, elastecendo essa possibilidade às empresas constituídas sob as leis brasileiras – mesmo que a maioria de seu capital fosse estrangeiro – e com sede e administração no território nacional.

Ainda em 1995, a Emenda Constitucional nº 05, ao alterar o parágrafo segundo do artigo 25,[11] extinguiu o monopólio dos Estados em relação à distribuição de gás canalizado, permitindo sua concessão a entes privados, sem distinção entre nacionais e estrangeiros. Já a Emenda Constitucional nº 07 aboliu o monopólio das embarcações nacionais para a navegação de cabotagem, permitindo a participação de empresas estrangeiras na exploração dessa atividade. A Emenda Constitucional nº 08, por sua vez, retirou da União a prerrogativa de ser a única e exclusiva exploradora dos serviços de telecomunicações, permitindo a participação da iniciativa privada, mediante autorização, permissão ou concessão. Ainda, a Emenda Constitucional nº 09 extinguiu o monopólio estatal da exploração do petróleo, gás natural e outros hidrocarbonetos fluidos,

---

[10] Ibid., p. 729.
[11] A redação original do dispositivo continha o seguinte texto: "§2º Cabe aos Estados explorar diretamente, ou mediante concessão, a empresa estatal, com exclusividade de distribuição, os serviços locais de gás canalizado". Com o advento da EC 05/95 foi retirada a exclusividade concedida às empresas estatais, passando a versar: "2º Cabe aos Estados explorar diretamente, ou mediante concessão, os serviços locais de gás canalizado, na forma da lei, vedada a edição de medida provisória para a sua regulamentação".

permitindo a contratação de empresas privadas para essa finalidade, na forma da Lei Federal nº 9.478/97, com as alterações subsequentes.[12]

Entretanto, há diferenciações no tratamento das empresas nacionais e estrangeiras que persistem existindo – estando elas, inclusive, discriminadas no texto constitucional – com o escopo de preservar interesses nacionais, tendo como pressuposto a prerrogativa do Estado hospedeiro de selecionar os investimentos que adentrarão seu território, como consequência de sua condição de ente soberano e na busca de obter investimentos estrangeiros que lhe sejam benéficos e capazes de contribuir para o seu desenvolvimento, compreendido em sentido amplo.

Dentre os setores em que a exploração é vedada à participação de investidores estrangeiros, tem-se os serviços de saúde, tal qual dispõe o artigo 199 da Constituição da República, em seu parágrafo terceiro.[13] Os serviços postais, por sua vez, são de competência da União, na forma do artigo 21 do texto constitucional e disciplina da Lei Federal nº 6.538/78, vedada a participação de empresas privadas no setor. É também monopólio da União, proibida a participação da iniciativa privada – nacional ou estrangeira –, a exploração, pesquisa, lavra, enriquecimento, reprocessamento, industrialização e comércio de minérios e minerais nucleares e seus respectivos derivados, na forma do artigo 177, inciso V.

Em outros setores, ocorre a limitação da participação de empresas estrangeiras.

No que tange à aquisição ou arrendamento de propriedade rural por pessoas físicas ou jurídicas estrangeiras, o artigo 190 da Carta Magna determina que tais hipóteses deverão ser regulamentadas e limitadas por lei e estabelecerá os casos que demandarão autorização do Congresso Nacional. A lei em questão é a Lei Federal nº 5.709/71, recepcionada pela Constituição de 1988. Regiões fronteiriças também possuem restrições à instalação de empresas estrangeiras, na forma da Lei Federal nº 6.634/79. Quanto aos terrenos de marinha, restrições são impostas pelo artigo 18 do Decreto-lei nº 3.438/41.

Paralelamente, o controle das empresas jornalísticas e de radiodifusão por investidores estrangeiros é vetado, conforme dispõe o artigo

---

[12] A Lei Federal nº 9.478/97 sofreu alterações diversas desde sua publicação, alterações estas advindas das Leis Federais nºs 9.986/00, 10.261/01, 10.202/01, 10.848/04, 10.871/04, 11.097/05, 11.909/09, 12.490/11, 12.734/12.

[13] A legislação poderá prever exceções, como é o caso concernente aos seguros privados de assistência à saúde, na forma da Lei federal nº 9.656/98 e o disposto em seu art. 1º, §3º.

222[14] da Constituição da República, que limita a participação daqueles em até trinta por cento dos seus capitais total e votante.[15]

A participação de empresas estrangeiras em instituições financeiras também sofre limitações, conforme dispõe o artigo 192.[16] O dispositivo carece da regulamentação por lei complementar demandada por seu *caput*, tendo sido recepcionada pela Constituição para tal fim a Lei Federal nº 4.595/64, que institui o Sistema Financeiro Nacional. Não obstante, a Lei Federal nº 4.131/62, que trata da aplicação do capital estrangeiro em território nacional, também disciplina a matéria.

De acordo com o artigo 4º, inciso XXVIII, da lei de 1964 deverão ser aplicadas aos bancos estrangeiros que funcionam no país as mesmas vedações ou restrições equivalentes às que vigorem nas praças de suas matrizes em relação aos bancos brasileiros lá instalados ou que lá almejam se estabelecer. Institui-se, assim, a reciprocidade do tratamento dado às instituições brasileiras alhures às instituições estrangeiras. Dispositivo análogo se faz presente na Lei Federal nº 4.131/62, em seu artigo 5º. Ademais, aos bancos estrangeiros cujas matrizes tenham sede em países cuja legislação imponha restrições ao funcionamento

---

[14] Art. 222. A propriedade de empresa jornalística e de radiodifusão sonora e de sons e imagens é privativa de brasileiros natos ou naturalizados há mais de dez anos, ou de pessoas jurídicas constituídas sob as leis brasileiras e que tenham sede no País. (Redação dada pela Emenda Constitucional nº 36, de 2002)
§1º Em qualquer caso, pelo menos setenta por cento do capital total e do capital votante das empresas jornalísticas e de radiodifusão sonora e de sons e imagens deverá pertencer, direta ou indiretamente, a brasileiros natos ou naturalizados há mais de dez anos, que exercerão obrigatoriamente a gestão das atividades e estabelecerão o conteúdo da programação. (Redação dada pela Emenda Constitucional nº 36, de 2002)
§2º A responsabilidade editorial e as atividades de seleção e direção da programação veiculada são privativas de brasileiros natos ou naturalizados há mais de dez anos, em qualquer meio de comunicação social. (Redação dada pela Emenda Constitucional nº 36, de 2002)
§3º Os meios de comunicação social eletrônica, independentemente da tecnologia utilizada para a prestação do serviço, deverão observar os princípios enunciados no art. 221, na forma de lei específica, que também garantirá a prioridade de profissionais brasileiros na execução de produções nacionais. (Incluído pela Emenda Constitucional nº 36, de 2002)
§4º Lei disciplinará a participação de capital estrangeiro nas empresas de que trata o § 1º. (Incluído pela Emenda Constitucional nº 36, de 2002)
§5º As alterações de controle societário das empresas de que trata o § 1º serão comunicadas ao Congresso Nacional. (Incluído pela Emenda Constitucional nº 36, de 2002)
[15] O mesmo é válido às empresas controladas por estrangeiros ou brasileiros naturalizados há menos de dez anos, na forma da Lei Federal nº 10.610/02, que regulamenta o dispositivo constitucional.
[16] Art. 192. O sistema financeiro nacional, estruturado de forma a promover o desenvolvimento equilibrado do País e a servir aos interesses da coletividade, em todas as partes que o compõem, abrangendo as cooperativas de crédito, será regulado por leis complementares que disporão, inclusive, sobre a participação do capital estrangeiro nas instituições que o integram.

de bancos brasileiros, é vedada a aquisição de mais de trinta por cento das ações com direito a voto de bancos nacionais. Nesse sentido dispõe o artigo 51 da mesma lei.

O artigo 10, §1º e §2º, da Lei Federal nº 4.595/64, cumulado com o seu artigo 18, por sua vez, condiciona o funcionamento de instituições financeiras estrangeiras em território nacional à autorização do Poder Executivo, por meio de decreto, e mediante apreciação da solicitação pelo Banco Central. Trata-se, portanto, em última análise, de ato discricionário do ente estatal, o qual poderá, eventualmente, excetuar restrições ante a celebração de acordos internacionais nesse sentido ou, mesmo, justificado pelo interesse nacional.

Também sofre limitação a atuação de investidores estrangeiros no serviço público de transporte aéreo doméstico brasileiro, o qual demanda concessão ou autorização da União. De acordo com o disposto no artigo 181 da Lei Federal nº 7.565/86, a concessão será tão somente outorgada a pessoa jurídica brasileira sediada em território nacional e cujo, no mínimo, quatro quintos do capital com direito a voto seja detido por brasileiro. Ainda, a direção da empresa deverá ser confiada a nacionais.

Não obstante, é, também, relevante atentar para a possibilidade de participação de investidores estrangeiros em projetos desenvolvidos por entes estatais, vindo, portanto, a serem partes em contratos com a Administração Pública. Algumas disposições específicas e tratamento diferenciado incidem sobre o investidor estrangeiro, principalmente advindas das leis de licitações (Lei Federal nº 8.666/93), de concessões (Lei Federal nº 8.987/95) e de parcerias público-privadas (Lei Federal nº 11.079/04).

O artigo 3º da Lei Federal nº 8.666/93 afirma, dentre outras coisas, o princípio da isonomia,[17] o qual possui desdobramentos quanto à igualdade de tratamento entre os licitantes no desenrolar do certame licitatório.

---

[17] É certo que a observância do princípio da isonomia não se sobrepõe às limitações e restrições constitucionais à atuação de empresas estrangeiras em determinadas atividades. Como aduz Marçal Justen Filho, "lembre-se de que existem atividades cujo exercício é restrito a brasileiros ou a empresas sob controle de pessoas de nacionalidade brasileira. Admitem-se restrições dessa ordem, desde que previstas em lei e compatíveis com os valores constitucionais fundamentais. Excluídas essas hipóteses, aplica-se o princípio da isonomia, o que significa que será vedado estabelecer preferências em virtude da nacionalidade do licitante". In: JUSTEN FILHO, Marçal. Comentários à lei de licitações e contratos administrativos. 13. ed. São Paulo: Dialética, 2009. p. 90.

Conforme afirma o inciso I do parágrafo primeiro do dispositivo, é vedado aos agentes públicos "estabelecer tratamento diferenciado de natureza comercial, legal, trabalhista, previdenciária ou qualquer outra, entre empresas brasileiras e estrangeiras, inclusive no que se refere a moeda, modalidade e local de pagamentos, mesmo quando envolvidos financiamentos de agências internacionais". Nesse esteio, Marçal Justen Filho observa que

> a garantia da isonomia deve ser interpretada na acepção de que, mesmo em face de estrangeiros não domiciliados no Brasil, somente se admite discriminação compatível com o sistema constitucional. Não se admite que se imponha tratamento mais desvantajoso ao estrangeiro não domiciliado no Brasil simplesmente por esse fundamento. A nacionalidade não brasileira e a ausência de domicílio no Brasil podem conduzir a tratamento discriminatório se houver a configuração dos pressupostos para a diferenciação jurídica. Em outras palavras, incide ao caso o princípio da isonomia em sua integralidade.[18]

Quanto às hipóteses de afastamento da isonomia irrestrita, o artigo 3º, em seu parágrafo primeiro, dispõe que, em caso de empate entre licitantes quanto às propostas para a aquisição de bens ou prestação de serviços, estando eles em igualdade de condições, será dada predileção aos serviços prestados e aos bens produzidos no país.

Também terão preferência na contratação as empresas brasileiras. Por fim, privilegiar-se-ão os serviços prestados e os bens produzidos no país e por empresas que invistam em pesquisa e no desenvolvimento de tecnologia no Brasil.[19] Seu parágrafo quinto, por sua vez, afirma que

---

[18] JUSTEN FILHO, 2009, p. 87-88. O autor observa que, entretanto, "admite-se, por outro lado, a fixação de regra vedando ao estrangeiro participar de licitação se tal for a solução adequada à defesa do interesse da soberania nacional" – está-se aqui a tratar das licitações nacionais. Afirma, ainda, que "reputa-se cabível proibir a participação de empresas estrangeiras somente quando estiver previsto em lei e se configurar como providência necessária e adequada à tutela do interesse nacional. Deve haver uma relação imediata entre a vedação e a proteção do interesse pátrio, apta a justificar inclusive o desembolso de valores superiores àqueles que se obteriam de um fornecedor estrangeiro. Mais ainda, é imperioso evidenciar que essa prática produz resultados satisfatórios para a realização dos encargos impostos ao Estado – e não apenas para beneficiar um grupo privilegiado de empresários (estrangeiros ou brasileiros). Portanto, a vedação à participação de estrangeiros tem de ser interpretada como excepcional, somente sendo admitida mediante satisfatória e exaustiva motivação". *Ibid.*, p. 90-89.

[19] Para Marçal Justen Filho, há uma ordem sucessiva de preferência, do inciso II ao IV. Note-se, ainda, que o último critério de preferência – quanto às empresas que invistam em pesquisa e no desenvolvimento de tecnologia no Brasil – não remonta à distinção entre empresa estrangeira e nacional, uma vez que a empresa estrangeira que decidisse realizar investimentos dessa espécie em território brasileiro "estaria subordinada, então, a

poderá vir a ser estabelecida margem de preferência[20] para produtos manufaturados e para serviços nacionais que atendam a normas técnicas brasileiras. Contudo, essas margens de preferência por produto, serviço, grupos de produtos ou grupos de serviços, a serem definidas pelo Poder Executivo federal, não poderão exceder o montante de vinte e cinco por cento sobre o preço dos produtos e serviços estrangeiros.[21] Ainda, elas não serão aplicáveis aos bens e serviços cuja capacidade de produção ou prestação em território nacional seja inferior ao volume total a ser adquirido ou contratado,[22] conforme dispõe o parágrafo nono. Os países membros do Mercosul, por sua vez, possuem preferência em relação aos demais países estrangeiros no que tange a sua participação nas licitações para aquisição de bens e serviços: poderão ser a eles aplicadas as mesmas margens de preferências que o são aos licitantes nacionais.[23] Por fim, o parágrafo quinze do artigo 3º afirma que os critérios de preferência nele elencados se sobrepõem a outros previstos na legislação quando estes forem aplicados sobre produtos ou serviços estrangeiros.

Na hipótese de o edital permitir a participação de empresas reunidas em consórcio, o artigo 33, em seu parágrafo 1º, impõe que a liderança caberá, obrigatoriamente, a empresa brasileira.[24]

---

promover a regularização de sua situação, o que conduziria à sua configuração como empresa brasileira". *Ibid.*, p. 94-95.

[20] O parágrafo oitavo do mesmo dispositivo afirma que as margens de preferência por produto, serviço, grupos de produtos ou grupos de serviços serão definidas pelo Poder Executivo federal, porém não podem exceder o montante de vinte e cinco por cento sobre o preço dos produtos e serviços estrangeiros.

[21] Nesse sentido dispõe o parágrafo oitavo do mesmo artigo 3º.

[22] Tem-se como exceção aqui situações em que os bens em questão a serem adquiridos são de natureza divisível e a divisão não enseja prejuízo para o conjunto ou complexo – nesse caso é permitida a cotação de quantidade inferior à demandada na licitação, com vistas a ampliação o da competitividade. O edital deverá explicitar tal situação e poderá fixar quantitativo mínimo para preservar a economia de escala. É nesse sentido a inteligência do art. 3º, §9º, II, c/c art. 23, §7º.

[23] Nesse sentido dispõe o parágrafo dez do mesmo artigo 3º.

[24] O dispositivo gera controvérsia. Para Marçal Justen Filho ele é inconstitucional. Segundo ele, "há inconstitucionalidade no §1º, ao impor que, no consórcio entre sociedades nacionais e estrangeiras, será obrigado que a liderança caiba à sociedade nacional. Permitida a participação de empresas estrangeiras e a formação de consórcios, não se pode interferir na liberdade de concorrência e de exercício de profissões. Compete aos particulares decidir a quem incumbirá a liderança. Ou seja, até se admite que o edital imponha a obrigatoriedade de liderança para empresas nacionais. O que se rejeita é a vedação a que, em determinadas hipóteses, admita-se a liderança de empresas estrangeiras. Afinal, se a Administração é autorizada a contratar com empresa estrangeira, nas licitações internacionais, não há fundamento para vedar-se de modo absoluto a liderança de empresas estrangeiras de contratação de consórcios". *In:* JUSTEN FILHO, 2009, p. 480.

Já o parágrafo 4º do artigo 42 dispõe que "para fins de julgamento da licitação, as propostas apresentadas por licitantes estrangeiros serão acrescidas dos gravames consequentes dos mesmos tributos que oneram exclusivamente os licitantes brasileiros quanto à operação final de venda". O dispositivo deve ser lido com parcimônia. Certo é que tributos nacionais incidentes sobre empresas brasileiras não deverão ser adicionados ao valor da proposta do licitante estrangeiro quando tal tributo não incide sobre este. O licitante estrangeiro deverá considerar, ao formular sua proposta e calcular o respectivo valor, todos os impostos que incidirão sobre a realização do objeto.

> Somente se produz a dita equalização quando a proposta do licitante estrangeiro acarretar algum tipo de despesa para a Administração Pública, despesa essa que não haveria no tocante a proposta do licitante nacional. Quanto a todas as demais despesas e encargos tributários, o licitante é responsável por eles. Por outro lado, cada Estado contempla sistema tributário próprio, que contribui para a formação dos custos do licitante. Assim, não teria o menor cabimento aplicar à proposta oriunda do estrangeiro o custo arcado pelo licitante nacional atinente à seguridade social. No exemplo, cogitar-se-ia de verificar as alíquotas das contribuições de seguridade social. Sempre que se apurasse que, no estrangeiro, a tributação fosse menor, promover-se-ia a oneração correspondente. Essa interpretação conduz à inviabilidade do julgamento das propostas e retrata expediente indireto e inválido para beneficiar as empresas nacionais.[25]

As disposições que contemplam as empresas estrangeiras presentes na Lei Federal nº 8.666/93 incidem sobre as licitações em sentido amplo, contemplando, portanto aquelas concernentes às concessões disciplinadas pela Lei Federal nº 8.987/95[26] e às parcerias público-privadas, às quais se refere a Lei Federal nº 11.079/04.

O texto constitucional prevê outras garantias ao investimento estrangeiro, como o direito de propriedade – garantia fundamental conforme insculpido em seu artigo 5º,[27] devendo ela atender a sua função

---

[25] JUSTEN FILHO, 2009, p. 556.
[26] A Lei Federal nº 8.987/95 explicita, em seu artigo 15, parágrafo 4º, que, no julgamento da licitação, havendo igualdade de condições, será dada preferência à proposta apresentada por empresa brasileira.
[27] A garantia direito de propriedade é explicitada tanto no caput do artigo 5º, como em seu inciso XXII, *in verbis*:
Art. 5º Todos são iguais perante a lei, sem distinção de qualquer natureza, garantindo-se aos brasileiros e aos estrangeiros residentes no País a inviolabilidade do direito à vida, à

social.[28] Ressalte-se que o artigo 5º trata indistintamente nacionais e estrangeiros.

Todavia, o interesse social, a necessidade ou utilidade públicas[29] podem ensejar limitações a esse direito – em especial, a desapropriação, conforme dispõe o artigo XXIV do artigo 5º, o qual prevê, para a realização de tal ato, o pagamento de justa e prévia indenização em dinheiro.

Segundo José Afonso da Silva, a desapropriação

> é limitação que afeta o *caráter perpétuo* da propriedade, por que é meio pelo qual o Poder Público determina a transferência compulsória da propriedade particular, especialmente para seu patrimônio ou de seus delegados, o que só pode verificar-se "por necessidade ou utilidade pública, ou por interesse social, mediante justa e prévia indenização em dinheiro, ressalvados os casos previstos nesta Constituição" (art. 5º, XXIV), que são as desapropriações-sanção por não estar a propriedade urbana ou rural cumprindo a sua função social, quando então a indenização se fará mediante título da dívida pública ou da dívida agrária (arts. 182 e 184).[30]

Ressalte-se que, conforme se discorreu no capítulo anterior, a desapropriação (ou expropriação) não ofende o Direito do Investimento Estrangeiro, desde que, justificada por uma finalidade pública, não seja arbitrária ou discriminatória, siga o procedimento adequado e que

---

liberdade, à igualdade, à segurança e à propriedade, nos termos seguintes: XXII - é garantido o direito de propriedade;

[28] A função social da privada é tida como princípio geral da atividade econômica, conforme dispõe o artigo 170, inciso III, da Constituição da República.

[29] As desapropriações por utilidade pública são disciplinadas pelo Decreto-lei nº 3.365/41, cujo artigo 2º afirma que todos os bens poderão ser desapropriados pela União, Estados, Distrito-Federal e Municípios, explicitando o que se considera utilidade pública em seu artigo 5º. A Lei Federal nº 4.132, por sua vez, trata da desapropriação por interesse social, afirmando que esta será decretada para promover a justa distribuição da propriedade ou condicionar o seu uso ao bem-estar social. Em seu artigo 2º explicita o que é considerado interesse social.

[30] SILVA, 2010, p. 125. De modo similar, Celso Antônio Bandeira de Mello afirma ser a desapropriação "o procedimento pelo qual o Poder Público, fundado na necessidade pública, utilidade pública ou interesse social, compulsoriamente, despoja alguém de um bem certo, normalmente adquirindo-o para si, em caráter originário, mediante indenização prévia, justa e pagável em dinheiro, salvo no caso de certos imóveis urbanos e rurais, em que, por estarem em desacordo com a função social legalmente caracterizada para eles, a indenização far-se-á em títulos da dívida pública, resgatáveis em parcelas anuais e sucessivas, preservado seu valor real". *In*: MELLO, Celso Antônio Bandeira de. *Curso de direito administrativo*. 12. ed. São Paulo: Malheiros, 2000, p. 686-687.

haja o cumprimento do dever de compensação – compensação esta que deverá ser prévia, adequada e efetiva.

Luiz Olavo Baptista, ao examinar o princípio, critica o fato de que, apesar de o regramento constitucional demandar que a indenização seja prévia à desapropriação, isso nem sempre figura na prática, afirmando:

> No Brasil, a legislação interna, a partir dos textos constitucionais, tem adotado a posição de exigir o "interesse público", expressão paralela ao *public purpose* dos norte-americanos, de que se desdobrou mais recentemente a noção de "interesse social". Por outro lado, a mesma fonte afirma o princípio de: "prévia e justa indenização", que a prática ignora quanto a primeira parte, pois, em geral, se a indenização vier a ser justa, quase nunca é prévia.[31]

Não obstante, é comum que exista dissenso entre proprietário (investidor) e Estado quanto ao valor da indenização – se é ele justo e adequado, levando a discussão ao Poder Judiciário,[32] o que acaba por retardar a compensação.

Do exposto no presente item é possível constatar que a legislação brasileira que rege os investimentos estrangeiros diretos é carente de uma disciplina específica, dotada de completude e abrangendo aspectos sensíveis que permeiam a relação Estado x investidor. A Lei Federal nº 4.131/62, responsável pela disciplina da aplicação do capital estrangeiro e das remessas de valores para o exterior, se limita a garantir a isonomia de tratamento entre investimentos nacionais e estrangeiros e de questões de caráter formal, como o registro de capitais, remessas e investimentos. Em verdade, tem-se uma normatividade esparsa e escassa. Associada à disciplina da Lei Federal nº 4.131/62, tem-se a inteligência dos dispositivos constitucionais relacionados à matéria e da legislação que disciplina as avenças celebradas entre particulares e poder público para a prestação de serviços e fornecimento de bens. Porém estes carecem de especificidade e se referem muito mais às vedações impostas ao investidor do que à regulamentação de sua conduta ou ao elenco e garantia de seus direitos.

Tal (ausência de) regulamentação é insuficiente para conferir segurança suficiente ao potencial investidor estrangeiro, especialmente em momentos de instabilidade econômica ou política, os quais podem

---

[31] BAPTISTA, 1998, p. 96.
[32] Vale aqui lembrar que a Constituição da República, em seu artigo 5º, LIV, garante que "ninguém será privado da liberdade ou de seus bens sem o devido processo legal".

vir a tornar o cumprimento e a manutenção das condições de compromissos, intenções, avenças e contratos mais sensíveis. Nesse esteio, é premente que os princípios de Direito do Investimento Estrangeiro sejam reconhecidos e aplicados às relações entre Estado hospedeiro e investidor.

3.2 A participação do Brasil em tratados de investimento

Ante a escassa disciplina da legislação brasileira em matéria de investimento estrangeiro, em especial no que tange à garantia de segurança jurídica ao investidor e a resolução de conflitos entre investidores e Estado hospedeiro, poder-se-ia imaginar que o país teria buscado "corrigir" ou "mitigar" esse ambiente de incertezas por meio da participação em acordos de promoção e proteção de investimentos estrangeiros – fosse por instrumentos bilaterais, fosse por instrumentos multilaterais.

Todavia não é essa a realidade.

Em verdade, durante a década de 90, no contexto de abertura da economia e desenvolvimento de políticas liberalizantes, o Brasil chegou a firmar 14 tratados bilaterais de investimento.[33] Entretanto, nenhum deles foi ratificado, carecendo, portanto, de exequibilidade.

Dentre as razões pelas quais tais acordos não foram internalizados na ocasião, segundo relatório da Consultoria Legislativa da Câmara dos Deputados,[34] tem-se:

– a amplitude da definição do termo "investimento", que não diferencia o capital produtivo que atende sua função social, nos termos que prescreve a Constituição Federal (artigo 5º, XXII e XXIII). Nos textos dos acordos, a definição do termo investimento coloca o interesse do investidor acima dos interesses maiores do conjunto dos atores econômicos e da política e prioridades do governo brasileiro;

---

[33] O Brasil firmou, entre 1994 e 1999, tratados bilaterais de investimentos com a Bélgica-Luxemburgo, Chile, Cuba, Dinamarca, Finlândia, Alemanha, Itália, República da Coreia, Holanda, Portugal, Reino Unido e Venezuela.

[34] AZEVEDO, Débora Bithiah de. *Os acordos para a promoção e a proteção recíproca de investimentos assinados pelo Brasil*. Brasília. Câmara dos Deputados, 2001. Disponível em: http://www2.camara.leg.br/documentos-e-pesquisa/publicacoes/estnottec/arquivos-pdf/pdf/102080.pdf. Acesso em: 10 jul. 2015.

- compromete o País por um tempo muito longo, uma vez que a denúncia poderá ocorrer somente após dez anos de vigência do acordo, não levando em consideração eventuais mudanças no cenário internacional;
- os textos acabam por privilegiar o investidor estrangeiro em detrimento do nacional, que não tem acesso ao tipo de proteção acordada. Embora os acordos sejam de "reciprocidade", o fluxo de capital ocorre na direção inversa, como bem expressam as exposições de motivos que acompanham as mensagens presidenciais onde o alvo pretendido é a atração de capital e não a abertura de espaço para o capital nacional no exterior;
- a presença das cláusulas da nação mais favorecida, do tratamento nacional e do tratamento justo e equitativo, ao vedarem tratamento diferenciado em prol do investidor nacional;
- a questão da nacionalização e desapropriação – dependendo do acordo, esses critérios referem-se às hipóteses de utilidade, necessidade ou interesse público, e interesse nacional, devendo ser adotada de maneira não discriminatória, mediante justa e pronta indenização, a qual deverá garantir o valor de mercado dos investimentos, acrescido de remuneração adequada, demandando um pagamento sem demora e numa moeda livremente conversível. Tal compromisso parece colidir principalmente com o artigo 184 da Constituição Federal, que afirma ser de competência da União desapropriar por interesse social imóvel rural para fins de reforma agrária, mediante indenização em títulos da dívida agrária, resgatáveis no prazo de até vinte anos;
- a possibilidade de escolha do foro pelo investidor – tribunais locais ou arbitragem internacional – contraria a lei brasileira. A escolha da arbitragem internacional automaticamente implica o abandono da regra de esgotamento dos recursos internos para a solução da controvérsia. O Estado estaria renunciando a uma parcela de sua soberania e permitindo a internacionalização do regime jurídico dos investimentos. Ademais, a escolha do foro externo coloca em situação de igualdade o investidor e o Estado.
- a possibilidade de mudança de foro durante o processo, como uma decisão unilateral por parte do investidor, constitui um "absurdo jurídico" e desrespeita a justiça brasileira;
- a previsão de livre transferência de capital, sem nenhuma restrição quanto a problemas de balanço de pagamento

(problema previsto em outros acordos internacionais como o da OMC), é, no mínimo, temerária;
- o exemplo da Argentina, que sofreu diversas solicitações de arbitragens por parte de investidores, por conta de o país não ter conseguido cumprir certas provisões dos contratos devido à crise econômica de 2002;
- os acordos bilaterais de investimento não são determinantes para a atração de investimentos, sendo outras razões econômicas mais proeminentes para a atração destes.

A abordagem exarada no parecer da Câmara dos Deputados, em sua contrariedade genérica a acordos de proteção e promoção de investimentos, entretanto, parece ignorar a racionalidade que permeia o Direito do Investimento Estrangeiro e sua existência num espaço global, em que norma nacional e norma extranacional ou global interagem entre si. Adota uma posição isolacionista, na medida em que, mesmo reconhecendo o processo de globalização e a importância de investimentos estrangeiros, busca uma atuação unilateral, olvidando a importância da concertação administrativa para o melhor e mais eficiente atingimento das finalidades estatais e consecução do interesse público.

Ignora também, e em muito, a possibilidade de a Administração Pública ser parte em arbitragens. Ressalte-se que, se tal compreensão já era passível de ser extraída da Lei Federal nº 9.307/96 em sua redação original, numa leitura conjunta com o Código Civil, tal qual já compreendia a doutrina administrativista e arbitralista,[35] ela restou

---

[35] A leitura atenta da Lei nº 9.307/96 já demonstrava a inexistência de vedação quanto à participação do Estado numa arbitragem. O artigo 1º da Lei, em sua redação original, anteriormente às alterações de 2015, delimitava a arbitrabilidade de um dado conflito em seus aspectos subjetivos e objetivos, dispondo que "as pessoas capazes de contratar poderão valer-se da arbitragem para dirimir litígios relativos a direitos patrimoniais disponíveis". Tem-se, portanto, que a os entes integrantes da Administração Pública, posto que dotados de capacidade para figurarem como partes em um contrato, dada sua personalidade jurídica de direito público, cumpririam o requisito da arbitrabilidade subjetiva. O segundo critério, em consonância ao que dispõe o artigo 852 do Código Civil Brasileiro, impõe que a matéria em questão verse sobre direitos patrimoniais disponíveis. Emerge aqui a questão quanto à disponibilidade ou indisponibilidade dos direitos integrantes das relações jurídicas firmadas pelo Estado. Ora, é imperativo reconhecer-se a existência, no âmbito da Administração Pública, de interesses indisponíveis – vinculados diretamente ao interesse público e aos interesses fundamentais da coletividade – e disponíveis, como os de ordem patrimonial, de cunho econômico e financeiro. Como observa Diogo de Figueiredo Moreira Neto, são qualificados como disponíveis "todos os interesses e os direitos deles derivados que tenham expressão patrimonial, ou seja, que possam ser quantificados monetariamente, e estejam no comércio, e que são, por esse motivo e normalmente, objeto de contratação" (In: MOREIRA NETO, Diogo de Figueiredo. Arbitragem nos contratos administrativos. Revista de Direito Administrativo, n. 209, p. 81-90, jul./set. 2007. p. 85). Nesse contexto, Caio Tácito defende a arbitragem em conflitos em que é parte ente integrante da

referendada com as alterações advindas da Lei Federal nº 13.129/15, ao acrescentar o parágrafo primeiro ao seu artigo primeiro.[36] Ademais, outros diplomas legais que versam sobre a matéria de contratos administrativos já admitiam expressamente a utilização da arbitragem como mecanismo para a solução de controvérsias em que a parte é um ente estatal. Nesse sentido versa a lei de concessões – Lei Federal nº 8.987/95, em seu artigo 23-A, inserido no texto legal pela Lei Federal nº 11.196/05.[37] Da mesma forma dispõe a Lei Federal nº 11.079/04 – lei de parcerias público-privadas, tratando do tema em seu artigo 11, inciso III.[38] Ainda, diplomas legais setoriais como a Lei nº 10.233/01, que disciplina os transportes terrestres e aquaviários, a Lei nº 9.478/97, que regula as concessões para exploração de petróleo e gás, e a Lei nº 11.909/09, referente ao transporte de gás natural, trazem previsões expressas permitindo a utilização do mecanismo arbitral para a resolução de litígios oriundos dos contratos por elas regulados.

Desconhece, ainda, a posição das empresas nacionais como investidoras no exterior – fenômeno crescente nos últimos dez anos –, as quais seriam beneficiados pelos APPRIs, ante a maior segurança jurídica conferida por esses instrumentos.

Olvida a existência de limitações de ordem constitucional ao investimento estrangeiro em território nacional, conforme exposto em

---

Administração Pública, afirmando que "na medida em que é permitido à Administração Pública, em seus diversos órgãos e organizações, pactuar relações com terceiros, especialmente mediante a estipulação de cláusulas financeiras, a solução amigável é fórmula substitutiva do dever primário de cumprimento da obrigação assumida. Assim como é lícita, nos termos do contrato, a execução espontânea da obrigação, a negociação – e, por via de consequência, a convenção de arbitragem será meio adequado de tornar efetivo o cumprimento obrigacional quando compatível com a disponibilidade de bens" (*In:* TÁCITO, Caio. Arbitragem e litígios administrativos. *Revista de Direito Administrativo*, n. 210, p. 111-115, out./dez. 1997. p. 114).

[36] Com o advento da Lei Federal nº 13.129, o artigo primeiro passou a ter a seguinte redação, ante a adição dos parágrafos primeiro e segundo:
"Art. 1º As pessoas capazes de contratar poderão valer-se da arbitragem para dirimir litígios relativos a direitos patrimoniais disponíveis.
§1º A administração pública direta e indireta poderá utilizar-se da arbitragem para dirimir conflitos relativos a direitos patrimoniais disponíveis.
§2º A autoridade ou o órgão competente da administração pública direta para a celebração de convenção de arbitragem é a mesma para a realização de acordos ou transações".

[37] O artigo 23-A, afirma que "o contrato de concessão poderá prever o emprego de mecanismos privados para resolução de disputas decorrentes ou relacionadas ao contrato, inclusive a arbitragem, a ser realizada no Brasil, em língua portuguesa, nos termos da Lei nº 9.307, de 23 de setembro de 1996".

[38] O mencionado artigo 11, inciso III, da Lei nº 11.079/04 faculta a previsão na minuta contratual do "emprego dos mecanismos privados de resolução de disputas, inclusive a arbitragem, a ser realizada no Brasil e em língua portuguesa, nos termos da Lei nº 9.307, de 23 de setembro de 1996 para dirimir conflitos decorrentes ou relacionados ao contrato".

item anterior, as quais constituem, em última análise, privilégios em prol dos investidores nacionais.

Além da aversão aos BITs, o Brasil também é avesso a aderir à Convenção de Washington de 1965 – Convenção para Solução das Controvérsias Relativas a Investimentos entre Estados e Nacionais de outros Estados, que instituiu o Centro Internacional para a Solução de Controvérsias entre Estados e Nacionais de Outros Estados – ICSID, ente que tem como escopo facilitar a resolução dos conflitos surgidos entre investidores estrangeiros e Estados hospedeiros no âmbito das relações de investimento entre eles estabelecidas, utilizando-se para tal a mediação e a arbitragem. Disposições remetendo o apaziguamento de tais celeumas ao ICSID costumam estar presentes nos acordos de proteção e promoção de investimentos, que o colocam como uma alternativa à utilização das cortes locais. Em verdade, alguns dos BITs firmados pelo Estado brasileiro, porém não ratificados, trazem a previsão da possibilidade de utilização do ICSID, como, por exemplo, os acordos firmados com o Chile, Bélgica – Luxemburgo, Finlândia, República da Coreia, Portugal e Venezuela (este último, porém, denunciou a Convenção, de modo que o dispositivo não mais lhe seria aplicável).

Dentre os fatores motivadores da postura brasileira de adversidade à adesão / ratificação dos tratados bilaterais de investimento pelo Brasil, bem como de sua adesão à Convenção de Washington, usualmente mencionados[39] está o fato de que seria desnecessário conceder maiores garantias aos investidores estrangeiros, uma vez que a ordem jurídica brasileira já lhes provê algumas garantias – como o dever de indenizar na hipótese de desapropriação. Sem embargo, o país não possui precedentes de nacionalizações sem a compensação indenizatória devida, prevendo sua legislação que esta se dê mediante processos administrativo e judicial, observadas as garantias do devido processo legal. O ordenamento prevê também a não discriminação dos estrangeiros e a igualdade de tratamento em relação a seus nacionais. Ademais, o país é, tradicionalmente, politicamente estável e honrador de seus compromissos – é, em verdade, uma das mais estáveis democracias da América do Sul, dotada de instituições fortes e legítimas. "Essa estabilidade política interna vem sendo esgrimida contra a adesão a acordos bilaterais e regionais de promoção e proteção de investimentos (APPRIs), pois, estável politicamente, o país pouco se beneficiaria

---

[39] Nesse sentido tem-se, por exemplo, a compreensão de Antonio Carlos Magalhães. In: MAGALHÃES, José Carlos de. Acordos bilaterais de promoção e proteção de investimentos. *Revista de arbitragem e mediação*, São Paulo, v. 20, p. 53-65, jan./mar. 2009. p. 59.

dos efeitos de proteção dos investimentos estrangeiros contra riscos políticos".[40]

Sob esse panorama, para José Augusto Fontoura Costa,

> a recuada brasileira seguiu a convicção de que os APPRIs poderiam ter efeitos inesperados, bem além da confirmação de parâmetros jurídicos internos e o efeito de sinalização positivo. Além disso, o fluxo constante de entrada de capitais estrangeiros e o destacado interesse nas privatizações de empresas públicas levaram à convicção de que a adoção de APPRIs não era necessária. Feitas as contas, decidiu-se que a ratificação não valia a pena.
> A mesma resistência à possível mitigação de competências e poderes internos vale para os acordos bilaterais, regionais e multilaterais. O Brasil, à exceção de um curto período dos anos 90, vem resistindo de maneira contínua à inclusão do tema dos investimentos nas negociações econômicas internacionais (...). Raciocínio similar serve para compreender a resistência à adesão ao Cisdi. A preocupação com a ingerência estrangeira em assuntos internos e a convicção de que os investidores estrangeiros, ressalvadas umas poucas exceções, devem se submeter integralmente ao ordenamento interno estão no fundamento da postura brasileira de, em um primeiro momento, não assinar e, mais tarde, aderir à CW, possibilidade que chegou a ser aventada nos anos 90.[41]

Não obstante, há estudos que demonstram que o fato de o Brasil não ter aderido a tais tratados não resultou em repúdio dos atores estrangeiros em investir em território nacional.[42] Para Susan D. Franck isso se deve ao fato de o país ter se modernizado e atuado de modo mais liberal no âmbito econômico desde meados da década de 1990, tendo, por exemplo, realizado privatizações em determinados setores para estimular a competitividade.[43] Segundo a autora,

---

[40] ANDRADE, Thiago P. de; CARREGARO, Ana Carolina C.; COSTA, José Augusto Fontoura. Mecanismo complementar do ICSID: uma alternativa para os investidores brasileiros? *Revista Direito GV*, v. 3, n. 2. p. 59-75, jul./dez. 2007. p. 60.

[41] COSTA, 2010.

[42] Para Thaís Sundfeld Lima, o Brasil permanece afastado dos instrumentos internacionais de regulamentação do investimento estrangeiro, principalmente, devido ao método de solução de conflitos definido nesses acordos. Ademais, pondera que as estruturas internas, como o mercado em expansão, o crescimento da economia, a estabilidade econômica e política, são fatores mais relevantes na formação da decisão do investidor estrangeiro do que a adesão aos BITs, propriamente. *In:* LIMA, Thaís Sundfeld. A posição do Brasil perante a regulamentação internacional de investimentos estrangeiros: estudo de caso da situação da Argentina no ICSID e comparação com a posição brasileira. Âmbito Jurídico, Rio Grande, ano XI, n. 55, jul. 2008.

[43] ANDRADE; CARREGARO *et al.*, 2007, p. 60.

esforços domésticos internos para liberalizar mercados, oferecer incentivos ao investimento, seguir as regras legais, e oferecer métodos de solução de controvérsias confiáveis servem como os incentivos críticos necessários para estimular o investimento estrangeiro. (...) Presumivelmente, essas medidas de boa governança fazem decrescer o risco do investidor e podem levar a resultados positivos.[44]

Ainda assim, a França – quarto maior investidor no Brasil – persiste a recomendar ao país que promulgue regras mais claras e estáveis para estimular o investimento estrangeiro.[45]

Por outro lado, no presente século investimentos realizados por brasileiros no exterior vêm ocorrendo de modo mais expressivo – o que denota a importância de o Estado brasileiro repensar a sua posição diante dos acordos de proteção e promoção de investimentos e se fazer presente nessa espécie de instrumentos, com vistas a não apenas buscar recepcionar investimentos estrangeiros, mas preservar e proteger os investimentos de seus nacionais no exterior.

Nesse novo cenário é possível observar uma busca, pelas empresas brasileiras, por novos mercados, novas fontes de recursos e novos parceiros comerciais, muitas vezes em setores estratégicos. Observa-se, por exemplo, empresas de construção civil e companhias siderúrgicas, internacionalizando suas atividades na expectativa de auferir maiores lucros e maior crescimento. Em 2014, os investimentos estrangeiros diretos no exterior foram no montante de US$ 20 bilhões.[46]

As empresas brasileiras atuantes na posição de investidores estrangeiros têm seus investimentos direcionados, principalmente, a países latino-americanos e africanos – locais em que os riscos políticos são mais elevados e, muitas vezes, os sistemas jurisdicionais são mais frágeis, o que pode ter impactos negativos sobre o investimento e investidor estrangeiro.

Sob essa perspectiva, se faz ainda mais importante a participação do Brasil em APPRIs e sua adesão à Convenção para Solução das Controvérsias Relativas a Investimentos entre Estados e Nacionais de outros Estados.

---

[44] FRANCK, 2007, p. 363-364.
[45] COOKSON, Charles W. Long-term direct investment in Brazil. *Miami Inter-American Law Review*, v. 35, n. 2, p. 345-365, 2004. p. 361.
[46] Dados UNCTAD World Investment Report 2015.

Assevere-se que, ante o exame do arcabouço normativo brasileiro, inexiste óbice real à adesão do Brasil à Convenção de Washington de 1965 e ao sistema do ICSID para a resolução de controvérsias em matéria de investimento. Já restou consignado inequivocamente, na forma da Lei Federal nº 9.307/96 com as alterações inseridas pela Lei Federal nº 13.129/15, que ao ente estatal é permitida a participação de arbitragens para a solução de conflitos versando sobre direitos disponíveis, se assim consignado expressamente pelas partes interessadas, em substituição à via judicial.

Apesar da não adesão brasileira à convenção, é ainda possível que o Brasil faça uso do "Mecanismo Complementar" do ICSID (Additional Facility Rules).

Esse mecanismo foi instituído em 1976[47] com o escopo de permitir que a jurisdição do ICSID abarcasse a resolução de conflitos envolvendo Estados não signatários ou particulares nacionais de Estados não signatários da convenção pela via da mediação ou arbitragem; situações em que, mesmo sendo ao menos uma das partes um Estado signatário ou sujeito nacional de Estado signatário, o conflito em questão não decorre diretamente de um investimento, desde que a transação subjacente não se trate de transação comercial ordinária; situações em que as partes envolvidas buscam averiguar ou esclarecer fatos relativos a uma potencial controvérsia (*factfinding proceedings*). Nesse contexto, tem-se a ampliação subjetiva e material do campo de ação do ICSID,[48] sendo que cada espécie de procedimento possui regras específicas que lhe são aplicáveis.

Para aderir a tal possibilidade, é necessário que o interessado manifeste expressamente a sua aceitação em ser parte no procedimento arbitral,[49] tornando-se, a partir daí, vinculado à decisão que advenha do Centro.

Entretanto, apesar da abertura oferecida pelo Mecanismo Complementar a países não parte da convenção de Washington usufruírem

---

[47] Sua última atualização foi em 2006
[48] Para José Augusto Fontoura Costa, Thiago P. Andrade e Ana Carolina C. Carregaro, "esses alargamentos servem para responder a reclamações contínuas, tanto de investidores quanto de órgãos governamentais ao redor do mundo, que, em busca de proteção de investimentos, mesmo que indiretos, não tinham à disposição o julgamento arbitral do ICSID". *In:* ANDRADE *et al.*, 2007, p. 64.
[49] O Regulamento de Arbitragem levada a cabo por meio do Mecanismo Complementar é integrado por dispositivos constantes da Convenção de Washington, dispositivos constantes do Regulamento de Arbitragem da UNCITRAL e do Regulamento da CCI. A arbitragem, conforme ó art. 20, deverá ser conduzida em países que tenham ratificado a Convenção de Nova York de 1958.

da estrutura e mecanismos de solução de controvérsias oferecidos pelo ICSID, parece pouco provável a adesão do Estado brasileiro, em especial pelo fato de um dos principais fatores contrários à sua adesão a acordos de proteção e promoção de investimentos ser, exatamente, a possibilidade de apaziguamento de conflitos por outro meio que não a ordinária via judicial.[50]

Por outro lado, é possível que investidores brasileiros com investimentos em países signatários da Convenção de Washington façam uso do mecanismo, bastando que estes aceitem a jurisdição do Mecanismo Complementar.

Mesmo no âmbito do Mercosul, o Brasil se mostra resistente à participação em tratados de investimento e formas alternativas à jurisdicional para a resolução de controvérsias.

O Brasil não ratificou o Protocolo de Colônia para a Promoção e Proteção Recíproca de Investimentos no Mercosul (apesar de o ter assinado junto à Argentina, ao Paraguai e ao Uruguai, em 17 de janeiro de 1994).

O documento traz uma definição larga de investimento,[51] o que denota a intenção dos países partes atraírem uma grande diversidade de capitais. No que tange ao tratamento do investimento,[52] abrange o princípio do tratamento justo e equitativo, bem como o do tratamento nacional, em linha semelhante à maioria dos acordos para promoção e proteção de investimentos celebrados. Também trata da desapropriação, admitindo-a em casos de utilidade pública, sobre uma base não

---

[50] Em uníssono, tem-se o entendimento de José Augusto Fontoura Costa, Thiago P. Andrade e Ana Carolina C. Carregaro, *In:* ANDRADE *et al.*, 2007, p.70.

[51] Dispõe o item 1 de seu artigo primeiro:
"1. O termo 'investimento' designa todo tipo de ativo, investido direta ou indiretamente, por investidores de uma das Partes Contratantes no território de outra Parte Contratante, em conformidade com as leis e a regulamentação dessa última. Inclui, em particular, ainda que não exclusivamente:
a) a propriedade de bens móveis e imóveis, assim com os demais direitos reais, tais como hipotecas, cauções e penhoras;
b) ações, quotas societárias e qualquer outro tipo de participação em sociedades;
c) títulos de crédito e direitos sobre obrigações que tenham um valor econômico; os empréstimos estarão incluídos somente quando estiverem diretamente vinculados a um investimento específico;
d) direitos de propriedade intelectual ou imaterial, incluindo direitos de autor e de propriedade industrial, tais como patentes, desenhos industriais, marcas, nomes comerciais, procedimentos técnicos, *know-how* e fundo de comércio;
e) concessões econômicas de direito público conferidas em conformidade com a lei, incluindo as concessões para a pesquisa, cultivo, extração ou exploração de recursos naturais".

[52] Conforme dispõe o artigo 3º do documento.

discriminatória e mediante o devido processo legal, ante compensação prévia, adequada e efetiva. Quanto à solução de controvérsias,[53] o protocolo prevê, inicialmente, uma etapa de consultas amistosas. Restando essas infrutíferas após seis meses, há a possibilidade de submissão da questão ao Poder Judiciário do local onde o investimento se encontra alocado ou à arbitragem, sendo competente para tal o ICSID ou um tribunal de arbitragem *ad-hoc* estabelecido de acordo com as regras da UNCITRAL. As sentenças arbitrais têm caráter definitivo cabendo a cada parte contratante executá-la nos termos de sua legislação doméstica.

O Protocolo de Buenos Aires – Protocolo de Promoção e Proteção Recíproca de Investimentos Provenientes de Estados Não-Partes do MERCOSUL – também não entrou em vigor, ante a resistência de países integrantes do bloco. O documento tem como finalidade criar uma normatividade comum aos países integrantes do bloco, ao serem aplicadas por cada membro, às questões atinentes a investimentos estrangeiros. Em consonância à tendência global, o protocolo prevê a observância, pelos Estados membros, dos princípios do tratamento justo e equitativo e do tratamento nacional, além da concessão de tratamento não mais favorável do que aquele previsto no protocolo. No que tange a controvérsias entre um Estado parte do Mercosul e um Estado terceiro, estas deverão ser solucionadas pela via diplomática. No insucesso desta, o conflito será submetido à arbitragem internacional. Quanto aos conflitos envolvendo um terceiro investidor, originário de Estado não membro do Mercosul, e um Estado parte, na posição de hospedeiro do investimento,[54] estes deverão, a principio, buscar serem solucionados por meio de consultas. Na impossibilidade de serem pacificados por essa via, poderão ser submetidos ao Poder Judiciário local do Estado hospedeiro ou à arbitragem internacional (arbitragem *ad-hoc* ou submissão a uma instituição internacional de arbitragem). Na ocorrência da segunda hipótese, a sentença arbitral será definitiva e obrigatória às partes do litígio, cabendo ao Estado-parte executá-la de acordo com a sua legislação doméstica.

Ante o impasse em que se encontra o Mercosul, dada a inexistência de mecanismos concretos para a solução de controvérsias de modo padronizado entre seus membros, por mecanismos alternativos à via judicial, dado o insucesso em dar-se eficácia aos protocolos supra mencionados, José Augusto Fontoura Costa e Vivian Daniele Rocha

---

[53] Conforme dispõe o artigo 9º do documento.
[54] Sobre o tema, dispõe o artigo 2º do protocolo.

Gabriel[55] sugerem o aproveitamento do Tribunal Permanente de Revisão – TPR, instituído pelo Protocolo de Olivos em 2002, para tal finalidade. Nesse esteio, permitir-se-ia ao tribunal solucionar questões entre investidores e Estados do Mercosul; (2) investidores extrazona e Estados do Mercosul; (3) investidores do Mercosul e Estados não membros do bloco; ou mesmo (4) investidores e Estados não membros do bloco. Segundo eles, a iniciativa seria bastante positiva ao posicionar um tribunal respeitado como ente competente para a adjudicação de conflitos originários de um bloco constituído por países em desenvolvimento, criando uma alternativa aos centros de resolução de controvérsias originários dos países desenvolvidos.[56]

> Assim sendo, não seria necessário criar todo um arcabouço jurídico para originar um novo tribunal que versasse sobre a matéria, mas seria mais prático utilizar o próprio sistema de solução de controvérsias já existente para tanto, redefinindo sua competência material em prol da harmonização do direito e da valorização das instituições do MERCOSUL, que possui vocação regional natural para a solução de disputas envolvendo seus membros.[57]

A proposta parece interessante, em sua tentativa de integrar os países resistentes à adesão a sistemas internacionais de resolução de controvérsias – como é o caso do Brasil – a mecanismos regionais dotados dessa finalidade. Talvez o ambiente regional do Mercosul, no qual cada país sul-americano possui maior voz ativa para a defesa de seus interesses, se mostrasse mais favorável à adoção de vias alternativas à jurisdicional para a resolução de controvérsias. Por outro lado, tal

---

[55] COSTA, José Augusto Fontoura; GABRIEL, Vivian Daniele Rocha. O Mercosul e as controvérsias sobre investimentos. *Revista de la Secretaría del Tribunal Permanente de Revisión*, v. 3, n. 5, p. 267-284, mar. 2015. p. 277.

[56] Para eles, "o mais aconselhável seria que o MERCOSUL definisse sua competência para tratar do tema, para que particulares e Estados-Membros possam acionar seu tribunal caso se sintam lesados em seus direitos. Aliado a isso, o fato de haver maior organização estrutural e tradição em seu sistema de solução de controvérsias faria com que o TPR fosse uma solução regional preferível em comparação às novas iniciativas regionais ainda sequer bem delineadas. (...) Nesse sentido, entende-se que o MERCOSUL deve incorporar o Direito Internacional dos Investimentos aos seus preceitos em definitivo e propiciar tanto aos Estados-Membros quanto aos investidores estrangeiros, de dentro e de fora do bloco, jurisdição regional para decidir acerca de investimentos. Seria uma alternativa pragmática para países como Venezuela, que se retirou do sistema ICSID, e Brasil, que é hesitante ao mesmo organismo, para que deixem suas posições de resistência à arbitragem de investimentos por meio dos esforços empreendidos pelo bloco regional que já fazem parte e que são prioridades em sua política externa". *In:* COSTA; GABRIEL, 2015, p. 281.

[57] COSTA; GABRIEL, 2015, p. 281.

solução em potencial não dá resposta à preocupação brasileira quanto à limitação de sua soberania e independência ao ser afastada a solução de um litígio do Poder Judiciário.

A participação brasileira na celebração de acordos internacionais relacionados a investimentos não é, todavia, completamente ignorada pelo Poder Legislativo nacional. O Projeto de Lei do Senado nº 189/03, com o Substitutivo da Câmara dos Deputados a Projeto de Lei do Senado nº 01/2014,[58] concernente à participação do governo brasileiro em negociações comerciais multilaterais, regionais ou bilaterais, buscando definir os objetivos e balizar os métodos da atuação do Estado brasileiro, por exemplo, não chegou a ser objeto de sanção presidencial.

Segundo o projeto, tal participação deveria ser sempre pautada pela necessidade de utilização do comércio internacional como instrumento básico de desenvolvimento econômico e social do país e consoante o interesse nacional. Dentre seus objetivos deveria constar a expansão dos mercados externos para a colocação de bens e prestação de serviços e a melhoria da competitividade do país, além da ampliação da capacidade de geração de empregos. O PL enfatizava, ainda, a importância de aprofundamento do Mercosul e do desenvolvimento de outros mecanismos de integração com países em desenvolvimento, dando ênfase àqueles do continente africano (artigo 4º). Também ressaltava a necessidade de se buscar preservar, em favor do Brasil, os mecanismos de tratamento especial e diferenciado em relação a países em desenvolvimento advindos de outros acordos internacionais e proteger a indústria nacional – em especial em setores fortemente geradores de empregos e de tecnologia de ponta. O projeto não vedava a solução de controvérsias em foros internacionais, afirmando que a postura governamental nas negociações internacionais, no que tange ao tema, deveria estar direcionada à "adoção de mecanismos de solução de controvérsias que contribuam para a preservação dos compromissos assumidos no âmbito de cada negociação comercial" (art. 4º, XIV).

Da leitura do referido projeto de lei, percebe-se a busca por afirmar a participação brasileira, de modo ativo, nas negociações no âmbito do comércio internacional, ao pautar a forma de sua atuação. Observa-se a intenção de proteger os interesses nacionais e a indústria pátria ao

---

[58] O Projeto de Lei nº 189/03 foi proposto pelo senador Eduardo Suplicy em 2003. Ao tramitar pela Câmara dos Deputados, sofreu algumas alterações em seu texto, na forma do Substitutivo nº 01/2014, encontrando-se atualmente na Comissão de Constituição e Justiça do Senado, desde 23.03.2015, onde aguarda designação de relator. São nesse sentido as informações presentes no *website* do senado federal (www.senado.leg.br), conforme consultado em 06.10.2015.

mesmo tempo em que seja ampliada a competitividade externa e interna do Brasil. Restou, também, evidenciada a preocupação em ser ampliada a participação brasileira nos mercados externos, dando especial atenção às relações estabelecidas com os países em desenvolvimento.

Apesar de não trazer inovações relevantes de grande destaque, o PL se mostrava positivo no sentido de evidenciar a participação brasileira – e o seu *modus operandi* – no espaço global. A não conversão do projeto em lei, contudo, representou um retrocesso no que tange à normatização da participação brasileira nas negociações globais, colaborando para um cenário de menor segurança jurídica.

3.2.1 Os Acordos de Cooperação e Facilitação de Investimentos firmados pelo Brasil

Em oposição à tradicional resistência pátria à participação em acordos para promoção e proteção de investimentos, recentemente o Brasil deu um passo à frente, ao firmar Acordos de Cooperação e Facilitação de Investimentos (ACFI) com Moçambique[59] e Angola[60] e, posteriormente, porém de modo bastante similar, com o México,[61] Malawi[62] e Colômbia.[63]

De acordo com o Ministério das Relações Exteriores,[64] esses instrumentos representam

> um novo modelo de acordo, que busca incentivar o investimento recíproco através de mecanismo de diálogo intergovernamental, apoiando empresas em processo de internacionalização. Por meio do ACFI, haverá maior divulgação de oportunidades de negócios, intercâmbio de informações sobre marcos regulatórios e mecanismo adequado de

---

[59] O Acordo Brasil – Moçambique de Cooperação e Facilitação de Investimentos foi celebrado em 30.03.2015.
[60] O Acordo Brasil – Angola de Cooperação e Facilitação de Investimentos foi celebrado em 01.04.2015.
[61] O Acordo Brasil – México de Cooperação e Facilitação de Investimentos foi celebrado em 26.05.2015.
[62] O Acordo Brasil – Malaui de Cooperação e Facilitação de Investimentos foi celebrado em 25.06.2015.
[63] O Acordo Brasil – Colômbia de Cooperação e Facilitação de Investimentos foi celebrado em 09.10.2015.
[64] www.itamaraty.gov.br

prevenção e, eventualmente, solução de controvérsias. O novo modelo propicia um quadro sólido para os investimentos de parte a parte.

Seus objetivos são:[65]
- harmonizar o ambiente regulatório dos países receptores de investimentos, tendo como base de sustentação: governança institucional, agendas temáticas para cooperação e facilitação dos investimentos e mecanismos para mitigação de riscos e prevenção de controvérsias;
- promover a elaboração e a execução conjunta de ações e de projetos, para apoiar, por meio da promoção mútua de oportunidades de investimento, o crescimento do fluxo bilateral de comércio e investimento, da prestação de serviços e das parcerias em diversos setores da economia.

Segundo a Agência Brasileira de Promoção de Exportações e Investimentos – ApexBrasil, o modelo de acordo de investimentos desenvolvido pelo Brasil traz as seguintes inovações:[66]
- criação de instâncias que busquem oportunidades de negócios, remoção de barreiras regulatórias, acesso do setor privado a informações e organismos responsáveis pela regulação dos investimentos e resolução prévia dos conflitos;
- iniciativas para fortalecer a atuação de investidores brasileiros em PPPs de outro Estado-parte;
- estabelecimento de dispositivos sobre regulação de investimentos e que garantam as transferências bilaterais de divisas.

Não obstante se orientar por várias das diretrizes típicas dos APPRIs, esses acordos celebrados do Brasil possuem peculiaridades.

Analisando o texto dos acordos, observa-se que o conceito de investimento[67] delineado pelo acordo é amplo, qualificando-o em seu artigo primeiro da seguinte forma:

---

[65] De acordo com a Agência Brasileira de Promoção de Exportações e Investimentos – ApexBrasil. In: ApexBrasil. Boletim de facilitação de negócios, ano 2, ed. 3, p. 3, jun. 2015.

[66] ApexBrasil. Boletim de facilitação de negócios, ano 2, ed. 3, p. 3, jun. 2015. Note-se que o texto dos acordos é bastante similar entre si. O instrumento celebrado com o México difere um pouco daqueles celebrados com os países africanos, em especial no atinente à instituição da arbitragem, trazendo, comparativamente, disposições mais detalhadas sobre a matéria.

[67] O acordo celebrado entre Brasil e Angola, entretanto, não traz definições de investimento ou investidor, remetendo à legislação local de cada país a conceituação desses termos. Assim dispõe o artigo 3º do instrumento: "Para efeitos do Presente Acordo, as definições sobre investimento, investidor e outras definições inerentes a esta matéria serão reguladas pelos respectivos ordenamentos jurídicos das Partes".

1. "Investimento" significa qualquer tipo de bem ou direito pertencente ou controlado direta ou indiretamente por um investidor de uma das Partes no território da outra Parte, com o propósito de estabelecer relações econômicas duradouras e destinado à produção de bens e serviços, em particular:
i. uma sociedade, empresa, participação societária ("equity") ou outros tipos de interesses numa sociedade ou empresa;
ii. propriedade móvel e imóvel bem como quaisquer outros direitos de propriedade, tais como hipoteca, penhora, garantia, usufruto e direitos similares;
iii. o valor investido sob os direitos de concessões de negócios conferidas por lei, por decisões administrativas ou sob contrato, incluindo concessões para a procura, desenvolvimento, extração ou exploração de recursos naturais.

O acordo deverá ter a sua implementação e execução monitorada por um Comitê Conjunto, composto por representantes governamentais de ambas as partes, o qual deverá também debater e compartilhar oportunidades para a expansão dos investimentos recíprocos.[68]

O ACFI cria a figura do "*Ombudsman*" ou "ponto focal", sendo um sujeito designado por cada um dos Estados contratantes para o exercício dessa função. Esses entes são dotados das atribuições de facilitador e provedor, além de responsáveis pelo monitoramento do acordo, possuindo as seguintes atribuições, nos termos do artigo 5º do acordo:
 – atender às orientações do Comitê Conjunto e interagir com o Ponto Focal da outra Parte;
 – interagir com as autoridades governamentais competentes para avaliar e recomendar, quando adequado, encaminhamentos para as sugestões e reclamações recebidas dos governos e investidores da outra parte, informando ao governo, ou ao investidor interessado, o resultado das ações realizadas;
 – atuar diretamente para prevenir disputas e facilitar a sua resolução em articulação com as autoridades governamentais competentes e em colaboração com as entidades privadas pertinentes;
 – prestar informações tempestivas e úteis às partes sobre questões normativas relacionadas a investimentos em geral ou projetos específicos acordados.

---

[68] Nesse sentido dispõe o artigo 4º do acordo.

O acordo não olvida os princípios do tratamento nacional e da nação mais favorecida no tratamento do investimento – todavia não se reporta ao princípio do tratamento justo e equitativo, mencionando-o tão somente sob o viés da transparência.

Quanto às hipóteses de expropriação, estas se limitam aos casos de utilidade ou interesse público, não podendo ter caráter discriminatório, devendo ocorrer mediante a adequada e efetiva indenização e em conformidade com o devido processo.

De modo semelhante, a compensação decorrente da perda do investimento ou prejuízos sofridos pelo investidor decorrentes da desapropriação pelo Estado hospedeiroou de guerras, conflitos armados, estado de emergência ou revoltas, deverá ser adequada, respeitando o justo valor de mercado, e ser efetiva, sem demora e em moeda livremente conversível.

O ACFI, além de prever mecanismos de resolução de controvérsias, busca trabalhar para a sua prevenção – situação em que deverão atuar os pontos focais. Na ocorrência de conflito entre Estado hospedeiro e investidor do outro Estado parte, são os Estados (Estado hospedeiro e Estado de origem do investidor) que deverão atuar em prol de sua pacificação, na forma de seu artigo 15. O item 2 do dispositivo prevê que "antes de iniciar eventual procedimento arbitral, qualquer disputa entre as Partes deverá ser avaliada por meio de consultas e negociações, e examinada, preliminarmente, pelo "Comitê Conjunto",[69] que deverá propor solução para a disputa. Nesse contexto, caberá aos pontos focais realizar tratativas junto ao investidor – como a negociação de indenização e compensação, por exemplo – e levar o caso para decisão final ao Comitê Conjunto. Na hipótese de impossibilidade de resolução do conflito por essa via amigável, de acordo com o item 6 do mesmo artigo 15, "as Partes poderão recorrer a mecanismos de arbitragem entre Estados a serem desenvolvidos pelo Comitê Conjunto, quando julgado conveniente entre as partes". Entretanto, o dispositivo não é claro quanto à forma como a arbitragem será operacionalizada.

---

[69] Conforme dispõe o artigo 4º do acordo, o Comitê Conjunto é composto por representantes governamentais de ambas as partes signatárias, designados pelos respectivos governos. Suas atribuições são: (i) monitorar a implementação e execução do acordo; (ii) debater e compartilhar oportunidades para expansão dos investimentos recíprocos; (iii) coordenar a implementação das agendas de cooperação e facilitação mutuamente acordadas; (iv) solicitar e acolher a participação do setor privado e da sociedade civil, quando for o caso, em questões pontuais relacionadas com os trabalhos do Comitê conjunto, e; (v) buscar consensos e resolver amigavelmente quaisquer questões ou conflito sobre os investimentos das Partes.

Note-se que o dispositivo não inovou ao prever uma tentativa de solução amigável da controvérsia previamente à via arbitral. Os tratados bilaterais de investimento celebrados por diversos países desenvolvidos trazem previsão nesse sentido.[70]

Entretanto, inovou ao afastar o investidor do foco da resolução do conflito, trazendo, em seu lugar, o seu Estado de origem. Não há, portanto, a possibilidade de existir uma disputa Estado hospedeiro – Investidor.

A escolha é questionável: nos termos do Acordo, o Estado de origem do investidor estará arcando com o ônus político e econômico da disputa. Essa racionalidade se opõe, inclusive, à própria lógica de instituição do ICSID – um dos fatores relevantes para tal era evitar desgastes nas relações interestatais em decorrência da atuação de investidores privados de um Estado em território de outro. Nesse esteio, dá-se maior importância a soluções de caráter diplomático. Ademais, nesse modelo se observa o Estado de origem do investidor privado a defender os interesses deste diante de outro Estado (hospedeiro) no espaço global. Questiona-se se os interesses da empresa em questão podem ser qualificados como interesse nacional, para serem destinatários de tal proteção pelo ente estatal ou se seria cabível que o Estado se posicionasse em defesa de um investidor privado determinado perante outro Estado: se não estaria ele, ao se posicionar dessa forma, conferindo um tratamento especial a um determinado particular.

Ainda, o acordo busca criar um ambiente de maior proximidade entre os Estados contratantes, que deverão coordenar de modo colaborativo a política de investimentos. Também busca instituir instrumentos de governança, como, por exemplo, por meio dos denominados "pontos focais".[71] Além disso, abre espaço à participação privada, permitindo que o setor privado e a sociedade civil sejam ouvidos em questões pontuais pelo Comitê Conjunto.[72] Nesse sentido, ao analisar o modelo

---

[70] Como é o caso dos BITs celebrados pelo Estados Unidos da América, Alemanha, França, Espanha e Itália, por exemplo, os quais costumam prever uma fase de consultas anteriormente à instituição da arbitragem.

[71] Conforme dispõe o artigo 17, em seu item 1:
"1. Considerando a amplitude temática que as questões relativas a investimentos demandam, as Partes concluem que o propósito maior da criação dos citados Comitê Conjunto e Pontos Focais é o fomento da governança institucional na matéria, através do estabelecimento de foro específico e de canais técnicos que atuem como facilitadores entre os governos e o setor privado".

[72] Artigo 4º, iv.

de acordo, Michelle Ratton Sanchez Badin, Daniel Tavela Luis e Mario Alfredo de Oliveira compreendem que

> o modelo para os ACFIs se propõe *a retirar a noção de proteção do investimento e do investidor do eixo central e articulador dos acordos internacionais de investimento, deslocando esse eixo para os esforços contínuos dos Estados signatários para implementar suas obrigações de facilitação e cooperação no desenvolvimento e manutenção de investimentos.* Para tanto, três tipos de compromissos foram introduzidos pelos ACFIs: (i) os que reconhecem a flexibilidade para aplicação de regras domésticas às principais definições e formas de tratamento do investimento estrangeiro12; (ii) os que definem uma agenda temática de cooperação entre as partes; e, finalmente, (iii) os canais de cooperação e diálogo entre as partes, seus investidores e outros interessados.[73]

Todavia a operacionalização dessa sistemática parece bastante confusa e sua eficácia – a qual somente poderá ser constatada ao longo da vigência do acordo – parece, a princípio, questionável.[74]

Chama atenção, por exemplo, a ausência de um sistema bem definido de solução de controvérsias – elemento típico de APPRIs e BITS, com destaque para a relevância do sistema ICSID.

Para Michelle Badin *et al.*, ao conceber o desenho e operacionalidade dos ACFIs,

> o Brasil enfatizou, fortemente, a prevenção de disputas em seu modelo de ACFI. Os papéis dos dois principais mecanismos institucionais de cooperação do ACFI — o Comitê Conjunto e o Ponto Focal – são, em primeiro lugar, promover o intercâmbio regular de informações e evitar litígios e, em caso de litígio, implementar o mecanismo de resolução de litígios baseado em consultas, negociações e mediação. Esse mecanismo visa dissuadir os investidores de desafiar, judicialmente, as medidas do governo anfitrião. A arbitragem Estado-Estado fica, nessa estrutura, como último recurso para a solução de controvérsias reagindo ao formato

---

[73] BADIN, Michelle Ratton Sanchez; LUIS, Daniel Tavela;OLIVEIRA, Mario Alfredo de. Uma proposta de reflexão sobre os ACFIs: Até que ponto o tratamento de nação mais favorecida pode minar a estratégia política que os embasa? *Revista de Direito Internacional*, Brasília, v. 14, n. 2, 2017, p. 159-177, p. 162.

[74] Nesse mesmo sentido, José Augusto Fontoura Costa considera que "grande parte da retórica oficial no sentido de amplo diálogo com os empresários e objetivo de garantir melhor tratamento no exterior parece bastante opaca sob as luzes de uma análise crítica e técnica rigorosa". In: COSTA, José Augusto Fontoura. *Os ACFIs e (a falta de) proteção dos investidores. Valor*, 30.07.2015. Disponível em: http://www.fiepr.org.br/cinpr/acompanhe/uploadAddress/NAC_30.07.15[63931].pdf. Acesso em: 30 jul. 2015.

tradicional de arbitragem investidor-Estado, nos acordos internacionais de investimento.⁷⁵

A inexistência de um sistema de solução de controvérsias Estado hospedeiro – investidor chama a atenção de José Augusto Fontoura Costa, observando ele que, de fato, tais acordos não têm como finalidade proteger o investidor – o que pode criar situações difíceis quando a legislação do Estado receptor for insuficiente para prover os investidores das garantias necessárias. Na sistemática criada pelos ACFIs, a proteção por eles conferida "depende da capacidade dos investidores de convencer o governo de seu país de origem de que vale a pena dispender recursos financeiros e capital político na defesa de seus interesses".⁷⁶ Assevera, ainda, o autor que

> Na falta de uma sistemática de solução de controvérsias em que o investidor interessado possa iniciar um procedimento arbitral ou judicial os acordos condenam as provisões substantivas à inanição. Estas sequer servem como instrumento de alavancagem da negociação, pois não criam incentivos para tanto, tampouco reduzem custos transacionais ao delimitar um campo de soluções negociadas possíveis.⁷⁷

Inovação interessante se refere ao dever de responsabilidade social corporativa imposto aos investidores – trata-se de medida inovadora, visto que, usualmente, os acordos de proteção e promoção de investimentos se preocupam demasiado com a garantia de direitos dos investidores em comparação com as obrigações que lhes são impostas.⁷⁸ O acordo elenca uma série de princípios e padrões de conduta⁷⁹ que deverão ser voluntariamente observados pelo investidor,

---

[75] BADIN, Michelle Ratton Sanchez; LUIS, Daniel Tavela; OLIVEIRA, Mario Alfredo de. Uma proposta de reflexão sobre os ACFIs: Até que ponto o tratamento de nação mais favorecida pode minar a estratégia política que os embasa? *Revista de Direito Internacional*, Brasília, v. 14, n. 2, p. 159-177, 2017, p. 162.

[76] COSTA, 2015.

[77] COSTA, 2015.

[78] Como observa Nitish Monebhurun, "o Estado brasileiro, que sempre mostrou grande ceticismo em relação ao Direito Internacional dos Investimentos, assina, com esses acordos, a sua entrada nesse universo jurídico, e o faz com laudável arrojo ao conferir – tão esperadas – obrigações aos investidores, pelo princípio da responsabilidade social das empresas". *In*: MONEBHURUN, Nitish. A inclusão da responsabilidade social das empresas nos novos acordos de cooperação e facilitação dos investimentos do Brasil: uma revolução. *Revista de Direito Internacional*, Brasília, v. 12, n. 1, p. 32-38, 2015. p. 34.

[79] Os princípios e padrões a serem observados pelos investidores são os seguintes:
i. Incentivar o progresso econômico, social e ambiental com o propósito de chegar ao desenvolvimento sustentável;

em consonância com as leis do Estado hospedeiro. Dentre estes,[80] tem-se o incentivo do progresso econômico, social e ambiental do país receptor, com o objetivo de chegar ao desenvolvimento sustentável; estímulo ao fortalecimento das capacidades locais, por meio de cooperação estreita com a comunidade local; incentivo à formação de capital humano; respeito aos direitos humanos, dentre outros.

Em que pese as possíveis boas intenções em se confeccionar um modelo de acordo de promoção e proteção de investimentos próprios, com o intuito de fazê-lo mais condizente com os interesses brasileiros, o instrumento aparenta possuir algumas dificuldades. Sua redação carece de clareza, o que pode comprometer a sua implementação prática.

No que tange, por exemplo, ao dispositivo referente à responsabilidade social dos investidores, Nitish Monebhurun esboça crítica ao ressaltar que tais compromissos têm um caráter voluntário, inexistindo cogência em seu cumprimento pelos investidores, não obstante essa ser a postura deles esperadas. Nesse rol é agregado o respeito aos direitos humanos e ao cumprimento da legislação local – deveres estes cujo cumprimento, certamente, não há de ser voluntário. Afirma ele:

---

ii. Respeitar os direitos humanos daqueles envolvidos nas atividades destas empresas, consistentes com as obrigações e os compromissos internacionais da Parte receptora;
iii. Estimular o fortalecimento das capacidades locais, através de uma estreita cooperação com a comunidade local.
iv. Incentivar a formação do capital humano, criando em particular oportunidades de empregos e facilitando o acesso dos trabalhadores à formação profissional;
v. Abster-se de procurar ou aceitar isenções que não estabelecidas na legislação da Parte receptora em relação ao meio ambiente, à saúde, à segurança, ao trabalho, aos incentivos financeiros ou a outras questões;
vi. Apoiar e manter princípios de boa governança corporativa, e desenvolver e aplicar boas práticas de governança corporativa;
vii. Desenvolver e aplicar práticas autorreguladas eficazes e sistemas de gestão que fomentem uma relação de confiança mútua entre as empresas e as sociedades nas quais realizam suas operações;
viii. Promover o conhecimento dos trabalhadores quanto à política empresarial mediante a apropriada difusão desta política, recorrendo inclusive a programas de formação profissional;
ix. Abster-se de ação discriminatória ou disciplinar contra os trabalhadores que fizerem relatórios graves à direção ou, quando apropriado, às autoridades públicas competentes, sobre práticas transgredindo a lei ou violando os padrões de boa governança corporativa aos quais a empresa estiver submetida;
x. Encorajar, quando possível, os sócios empresariais, incluindo provedores e serviços terceirizados, a aplicarem princípios de conduta empresarial consistentes com os princípios previstos neste artigo;
xi. Respeitar os processos e atividades políticas locais.

[80] Os princípios e padrões de responsabilidade social corporativa estão arrolados no Anexo II dos acordos.

Os compromissos revelados pelos ACFI abrem-se à crítica. Dispõe, por exemplo, que os investidores se esforçarão para respeitar os Direitos Humanos, para não buscar ou aceitar isenções ilegais, ou para que as suas atividades estejam em conformidade com a legislação nacional sobre as questões de saúde, do meio ambiente, da segurança ou do Direito Trabalhista. Eis a grande incoerência, pois os ACFI afirmam que o devido respeito ao direito interno dos países anfitriões – o que constitui um princípio que não conhece exceções – é apenas um compromisso voluntário quando se trata dos investidores internacionais. Respeitar o direito nacional consiste em uma opção, uma possibilidade: assim é a mensagem a eles enviada. Juridicamente, essas disposições são simplesmente inadmissíveis, e poderiam até certo ponto ser consideradas inconstitucionais, o que seria óbice – justificado – à ratificação dos acordos.[81]

Chama, também, atenção para a inexistência de disposições, ao discorrer sobre a responsabilidade social dos investidores, versando sobre corrupção[82] – problema cujo reconhecimento é notório tanto no Brasil quanto em países africanos.

Ainda, ironicamente, parece ser aplicável aos ACFIs desenvolvidos pelo Brasil uma das críticas usuais do país em relação aos tratados de investimento propostos por países desenvolvidos – o de que promovem a proteção dos investimentos originários do país mais desenvolvido no país hospedeiro de menor desenvolvimento e de economia mais frágil, muito pouco fazendo pela promoção recíproca efetiva dos investimentos, não estimulando, na prática, a realização de investimentos pelo país menos desenvolvido. É verdade que o Comitê Conjunto deve ter como uma de suas finalidades o debate e o compartilhamento de oportunidades para a expansão dos investimentos recíprocos, porém o acordo não especifica como isso será operacionalizado.

Ademais, não se deve olvidar que o volume de investimentos realizados por empresas brasileiras no Moçambique e em Angola (bem como em outros países africanos) são muito mais vultuosos do que aqueles na direção inversa e realizados, em sua maioria, por grandes empresas ou grupos de empresas. Não se pode ignorar a possibilidade de, ao propor a celebração do ACFI a esses países especificamente – e não a outros, como aos países latino-americanos, por exemplo –, o Estado brasileiro estaria buscando privilegiar e proteger interesses específicos de determinados sujeitos privados.

---

[81] MONEBHURUN, 2015, p. 36.
[82] *Ibid.*, 2015, p. 37.

Necessário questionar a real eficiência do modelo de ACFIs propostos pelo Brasil, à medida que se distanciam das tendências e preocupações de caráter global. É certo que o Brasil não pode ignorar sua relevância e potencial diante das demais nações no comércio internacional e na circulação de investimentos estrangeiros – com destaque para os IEDs em infraestrutura. Necessário reconhecer que o país é um ator relevante junto a vários outros atores relevantes e que a "imposição" de uma prática própria em ambiente normativo e negocial já consolidado – e, não se pode ignorar, adotado por um país com maior poder econômico – se mostra como uma fraca possibilidade. Faz-se coro aqui à observação de José Augusto Fontoura Costa e Vivian Daniele Rocha Gabriel quando afirmam que

> Mesmo que venham a ser avalizados pelo Congresso, tais instrumentos estão a tanta distância das tendências atuais que, dada a importância média do Brasil no cenário econômico internacional, não deverão se tornar uma nova tendência, nem possibilitar ao país, se aferrado a seu esquema, participar efetivamente das discussões em matéria de investimento e, possivelmente, dificultar seu ingresso nos chamados mega-acordos comerciais internacionais.[83]

3.3 Contexto político brasileiro e investimento estrangeiro

A partir da década de 90 do século XX houve uma movimentação do Estado brasileiro no sentido de liberalizar a sua economia, com medidas como a desregulação e a privatização, e inseri-la no cenário internacional, rompendo com medidas protetivas[84] e ampliando a livre concorrência.[85]

---

[83] COSTA, José Augusto Fontoura. GABRIEL, Vivian Daniele Rocha. A proteção dos investidores nos Acordos de Cooperação e Favorecimento de Investimentos: perspectivas e limites. *Revista de Arbitragem e Mediação*, v. 49, abr./jun. 2016.

[84] Uma das formas pelas quais esse fenômeno se evidenciou foi, por exemplo, o advento da Emenda Constitucional nº 06/95, que rompe com a definição de empresa brasileira de capital nacional – a qual era titular de privilégios adicionais – e aproxima empresas estrangeiras de empresas nacionais no que tange a direitos e prerrogativas.

[85] Conforme observa Orozimbo José de Moraes, "a 'reestruturação industrial' e a nova onda de IDE que a acompanhou transformaram o ambiente empresarial na América Latina, por intermédio de uma combinação de:
- abertura comercial;
- estabilização macroeconômica proporcionada pelo 'Plano Real', iniciada em 1994;
- redução da regulação sobre o investimento privado;
- processo de 'integração regional'; e

A estabilidade econômica, política e social, consolidada no bojo da Reforma do Estado, criou uma estrutura atraente para o investimento estrangeiro direto.[86]
Como observa Orozimbo José de Moraes,

> a tendência de crescimento do investimento direto estrangeiro sofreu uma mudança significativa em 1995, em relação aos anos anteriores. De 1995 a 1998 as entradas de IDE constituíram um estoque maior que o acumulado durante toda a existência da econômica brasileira, descontado o expressivo ingresso de capitais para privatizações que também ocorreram no mesmo período.[87]

Entre as décadas 1970 e 1980 o influxo de investimento estrangeiro direto foi de US$ 2,3 bilhões. Já na década seguinte, entre 1982 e 1991, ante a crise da dívida externa e das elevadas taxas de inflação, houve uma queda no volume de IED, que foi para US$ 357 milhões.

Entretanto, a partir de 1994 e 1995, com a estabilização da economia e do valor da moeda e da maior liberalização do mercado, os fluxos de IED se intensificaram, computando ao final de 1995 o volume de US$ 42,5 bilhões. Essa tendência se consolida, com o IED crescendo 63% em apenas dois anos, acumulando entre o final de 1995 e 1997 um acréscimo de US$ 27 bilhões.[88]

Enquanto na primeira metade da década de 1990, os investimentos estrangeiros diretos destinados ao Brasil representavam 1% do fluxo mundial de investimentos, em 1998 já representavam 4,2%. Em 1997 o Brasil já era a oitava maior economia do mundo e mantinha o nono

---

- programas extensos de privatização do setor de serviços e infraestrutura". *In*: MORAES, Orozimbo José de. *Investimento direto estrangeiro no Brasil*. São Paulo: Aduaneiras, 2003, p. 80.

[86] "As políticas monetária, fiscal e cambial determinam o preço do capital utilizado para o IDE. Por outro lado, a taxa de câmbio afeta as transações de capital que a empresa transnacional deve manter com o exterior. Assim, a estabilidade de preços, do câmbio, a dívida pública interna e externa influenciam todos os tipos de investimento. (...) O 'Plano Real' trouxe a estabilização dos preços que permitiu às empresas o planejamento de longo prazo. O regime cambial de taxa fixa ficou conhecido como 'âncora cambial'. Esse regime mantinha "bandas cambiais" administradas pelo Banco Central do Brasil que permitiam o conhecimento antecipado das desvalorizações da taxa de câmbio baseadas nos preços internos e externos (paridade do poder de compra). Assim, a relativa estabilidade dos preços trouxe a relativa estabilidade cambial que permitia às empresas transnacionais melhor conhecimento das estratégias de longo prazo". *In*: MORAES, Orozimbo José. *Investimento direto estrangeiro no Brasil*. São Paulo: Aduaneiras, 2003. p. 82.

[87] *Ibid.*, p. 78.

[88] BANCO CENTRAL DO BRASIL. *Censo de capitais estrangeiros no país*. Disponível em: www.bcb.gov.br. Acesso em: 25 jun. 2015a.

maior estoque de IED, situando-se, dentre os países em desenvolvimento, apenas atrás da China.[89]

O incremento no volume de investimentos estrangeiros diretos no país foi consoante uma tendência mundial observada no período – os fluxos mundiais de IED também cresceram de modo expressivo, em muito impulsionados pela crescente globalização, passando de US$ 2,5 bilhões em 1994 para US$ 18,99 bilhões em 1997 e US$ 32,77 bilhões em 2000.[90]

No ano 2000, o valor registrado de estoque de investimento estrangeiro direto no Brasil foi de US$ 103 bilhões, demonstrando um crescimento substancial em relação ao valor aferido cinco anos antes (147%). Como observou o Banco Central na ocasião, "a obtenção de maior estabilidade econômica e o contínuo processo de reformas estruturais, inclusive com a aprovação da quebra de monopólios estatais, repercutiram decisivamente no aumento de fluxos de capitais para o Brasil".[91]

As reformas ocorridas na segunda metade da década de 1990, embora objeto de críticas em muitas ocasiões, foram de fundamental importância para que os fluxos de investimento estrangeiro direto continuassem a crescer – em 2005 o estoque de IED já computava US$ 177 bilhões.

Em seu primeiro mandato, o governo Luiz Inácio Lula da Silva manteve inalteradas as políticas macroeconômicas introduzidas pelo governo Fernando Henrique Cardoso, entre os anos de 1995 e 2002 e, em especial, após a crise do Real de 1999.

> Essas políticas eram baseadas no paradigma neoliberal e, tipicamente, pela abordagem dos mercados eficientes. Sua ênfase na "competitividade" e na estabilidade monetária substituiu gradualmente, a partir dos anos 1980, o paradigma desenvolvimentista periférico fundado no dirigismo estatal para assegurar o crescimento acelerado.
> As políticas macroeconômicas mantidas por Lula eram fundadas no famoso tripé composto por uma política monetária determinada pelas metas de inflação, câmbio flutuante e uma política fiscal visando manter um superávit primário que compensasse o déficit nominal das

---

[89] COMISSIÓN ECONÓMICA PARA AMÉRICA LATINA Y EL CARIBE – CEPAL. La inversión extranjera en América Latina y el Caribe. *Informe 1998*. Santiago de Chile: Naciones Unidas, 1998.
[90] Dados da UNCTAD.
[91] BANCO CENTRAL DO BRASIL. *Censo 2001 de capitais estrangeiros no país – Ano-base: 2000 – Resultados*. Disponível em: www.bcb.gov.br. Acesso em: 25 jun. 2015b.

contas públicas. (...) Essas políticas são também associadas às reformas institucionais da década de 1990, que resultaram em forte liberalização comercial, desregulamentação financeira, uma crescente abertura da conta de capitais e outras reformas microeconômicas coerentes com o suposto da eficiência intrínseca dos mercados.[92]

A partir de 2006, o governo Lula passa a adotar novas iniciativas, denominadas "neodesenvolvimentistas", mescladas às políticas macroeconômicas neoliberais, que caracterizaram o seu segundo mandato.

Esse "novo desenvolvimentismo" se opõe ao "velho desenvolvimentismo" ou "nacional-desenvolvimentismo", compreendido como a promoção da industrialização por meio do modelo de substituição de importações, de caráter protecionista em relação ao mercado interno e grande intervenção estatal. O protecionismo, entretanto, se mostrou limitador ao desenvolvimento técnico e absorção de tecnologia do setor industrial, que não teve ganhos significativos em sua produtividade, além de não ter associado crescimento a desenvolvimento e maior equidade sociais. Para Luis Carlos Bresser-Pereira,

> o novo desenvolvimentismo é, ao mesmo tempo, um 'terceiro discurso', entre o discurso populista e o da ortodoxia convencional, e o conjunto de diagnósticos e ideias que devem servir de base para a formulação, por cada Estado-Nação da sua estratégia de desenvolvimento. (...) O novo desenvolvimentismo quer Estado e mercados fortes e não vê contradição entre ambos.[93]

Nesse contexto, a presença do Estado na economia – como um ator relevante e não apenas na qualidade de observador – é característica central do novo desenvolvimentismo ou do desenvolvimentismo, e que os diferenciam claramente da política neoliberal.[94] Como observam Maria de Lourdes Rollemberg Mollo e Pedro Cezar Dutra Fonseca,

---

[92] MORAIS, Lecio; SAAD-FILHO, Alfredo. Da economia política à política econômica: o novo-desenvolvimentismo e o governo Lula. *Revista de Economia Política*, v. 34, n. 4 (124), p. 507-527, out./dez. 2011. p. 507-508.

[93] BRESSER-PEREIRA, Luiz Carlos. O novo desenvolvimentismo e a ortodoxia convencional. *São Paulo em Perspectiva*, v. 20, n. 3, p. 5-24, p. 5-24, jul./set. 2006. p. 12, 17.

[94] Reinaldo Gonçalves, por seu turno, realiza uma abordagem bastante original do novo-desenvolvimentismo, demonstrando aproximar-se ele, em verdade, mais do liberalismo do que da original concepção de nacional desenvolvimentismo. Segundo ele "cabe destacar que o novo desenvolvimentismo assenta-se em algumas diretrizes do liberalismo econômico: baixa propensão a políticas setoriais, liberalização comercial, ausência de restrições ao investimento estrangeiro direto, minimização da função alocativa do Estado (investimento, políticas setoriais e planejamento), incorporação da função distributiva do

essa é a diferença fundamental entre os desenvolvimentismos e a ortodoxia neoliberal, em razão dos marcos teóricos distintos que balizam as duas estratégias: a estratégia ortodoxa responsabiliza o mercado pelo desenvolvimento, enquanto a desenvolvimentista vê o estado sempre necessário, embora propondo, regulamentando e intervindo de forma diferente conforme a conjuntura, as necessidades específicas e o projeto nacional desejado pelo país. Os argumentos conjunturais, e de evolução da sociedade – um estágio de desenvolvimento de uma economia recentemente industrializada, diferente de uma economia com indústria consolidada – podem até justificar o título "novo-desenvolvimentismo"

Estado de forma moderada (valoriza a distribuição de renda, mas ignora a distribuição de riqueza), defesa das reformas institucionais orientadas para a correção de falhas de mercado e de governo (função reguladora do Estado) e grande ênfase na estabilização macroeconômica (controle da inflação e equilíbrio fiscal)". *In*: GONÇALVES, Reinaldo. Novo desenvolvimentismo e liberalismo enraizado. *Serviço Social e Sociedade*, São Paulo, n. 112, p. 637-671, out./dez. 2012. p. 661-662. Ao compará-lo com o nacional desenvolvimentismo, afirma: "A ênfase no câmbio competitivo, de um lado, diferencia o novo desenvolvimentismo do nacional-desenvolvimentismo. No primeiro, o câmbio é usado para manter a competitividade internacional dos produtos nacionais, enquanto no segundo o câmbio é uma variável que pode ser usada para diferentes objetivos (estímulo à acumulação de capital, combate à inflação, ajuste das contas externas etc.). Na realidade, no que se refere à taxa de câmbio, o novo desenvolvimentismo aproxima-se do Consenso de Washington, que é particularmente claro sobre essa questão ao recomendar a flutuação administrada segundo o critério da paridade do poder de compra, ou seja, o foco da competitividade internacional. Outro contraste relevante do novo desenvolvimentismo com o nacional-desenvolvimentismo é a liberalização comercial. A abertura comercial é defendida pelo primeiro enquanto o protecionismo é um dos pilares do segundo. A liberalização comercial também é um dos pontos principais do Consenso de Washington e do neoliberalismo. (...) A preferência que é revelada pelo capital nacional, que é parte fundamental do nacional-desenvolvimentismo, desaparece completamente nas formulações do Consenso de Washington e do novo desenvolvimentismo. Na realidade, a convergência dessas duas formulações é no sentido da liberalização da esfera produtivo-real com a livre entrada do investimento estrangeiro direto. Nessas formulações, o princípio do tratamento nacional é predominante e o nacionalismo econômico é um "não tema". A questão da vulnerabilidade externa estrutural – nas esferas comercial (padrão de comércio), produtiva (desnacionalização), tecnológica (dependência tecnológica) e financeira (passivo externo) – é central no nacional-desenvolvimentismo. Em contraste, estes temas não são tratados pelo novo desenvolvimentismo. (...) O papel proativo do Estado, com a política industrial, é um dos aspectos mais relevantes do intervencionismo estatal na concepção nacional-desenvolvimentista. No novo desenvolvimentismo, a política industrial é subsidiária ou secundária. Na realidade, no novo desenvolvimentismo a política macroeconômica é mais importante do que a política industrial e as outras políticas estruturantes. (...) a ênfase na estabilização macroeconômica, principalmente na questão da inflação e no equilíbrio das contas externas, aproxima o novo desenvolvimentismo do Consenso de Washington. A aproximação do novo desenvolvimentismo com a ortodoxia e o liberalismo também ocorre na questão do papel do Estado. A visão é a de um Estado dominador e autônomo que defende interesses coletivos, é complementar ao mercado e promove o bem estar social. Essa concepção de Estado negligencia a influência das classes e setores dominantes, supõe a separação entre rentistas e industriais, e desconhece os conflitos entre classes, grupos e setores da sociedade". *In*: GONÇALVES, 2012, p. 658-661.

e, mais ainda, o fato de ter vindo cronologicamente após o outro. Mas a estratégia desenvolvimentista deve ser única nos dois casos.[95]

Para Sicsú, Paula e Michel,[96] a concepção de novo desenvolvimentismo pode ser resumida segundo o seguinte esquema:

- não há mercado forte sem Estado-forte, compreendido como aquele capaz de regular os mercados, abrigar empresas de maior e menor porte, aberto à concorrência e que assegure igualdade de oportunidades a consumidores e produtores;
- não haverá crescimento sustentado sem o fortalecimento do Estado e do mercado e sem implementação de políticas macroeconômicas adequadas;
- mercados e Estados fortes serão construídos por um projeto nacional de desenvolvimento que associe crescimento e equidade social, conforme uma concepção larga de desenvolvimento;
- a redução da desigualdade está associada ao crescimento econômico a taxas elevadas e constantes.

Busca-se, assim, uma estabilidade macroeconômica, que transcende a estabilidade monetária. Para Alfredo Saad-Filho e Lécio Morais,

este é um conceito mais abrangente de redução de incertezas relativas à demanda futura, criando um ambiente estável para a tomada de decisões de investimento privado. Isso inclui tanto a regulação estatal das taxas de juros, do câmbio e dos salários, quanto a redução da vulnerabilidade externa para defender a economia de choques externos e da volatilidade dos fluxos de capitais estrangeiros mediante uma taxa cambial administrada e a imposição de controles de capitais, caso necessário ("blindagem da conta de capital"). Esses objetivos só podem ser alcançados por políticas com objetivos múltiplos e pela complementaridade entres as políticas monetária, fiscal, cambial e salarial para influenciar os "grandes preços" da economia: as taxas de juros, de câmbio, de salário e de inflação. As novas políticas macroeconômicas restabeleceriam a condição soberana da ação do Estado de controlar sua moeda e sua política fiscal, permitindo a adoção de uma política industrial de defesa da competitividade e da equidade.[97]

---

[95] FONSECA, Pedro Cezar Dutra; MOLLO, Maria de Lourdes Rollemberg. Desenvolvimentismo e novo-desenvolvimentismo: raízes teóricas e precisões conceituais. *Revista de Economia Política*, v. 33, n. 2 (131), p. 222-239, abr./jun. 2013. p. 234.

[96] MICHEL, R.; PAULA L.; SICSÚ, J. *Novo-Desenvolvimentismo*: um projeto nacional de crescimentos com equidade social. Barueri: Manole, 2005. p. XXXV.

[97] MORAIS; SAAD-FILHO, 2011, p. 513-514.

Nesse contexto, Peter Evans observa no Estado desenvolvimentista uma atuação próxima ao mercado, porém autônoma,[98] se mostrando indutor da atividade econômica. Explica que "os Estados desenvolvimentistas têm se beneficiado de extraordinárias capacidades administrativas, mas também restringem suas intervenções às necessidades estratégicas de um projeto transformador, utilizando seu poder para seletivamente impor forças de mercado".[99]

Nessa égide, o segundo mandato do governo Lula adota políticas no seguinte sentido:[100]

- adoção de medidas temporárias de estímulo fiscal e monetário para acelerar o crescimento e elevar o potencial produtivo da economia;
- aceleração do desenvolvimento social por intermédio do aumento nas transferências de renda e elevação do salário mínimo;
- aumento no investimento público, especialmente em infraestrutura, sobretudo na seara dos transportes e energia elétrica,[101] e recuperação do papel do Estado no planejamento de longo prazo.

Tais políticas[102] surtiram impactos positivos no crescimento do país, cujo PIB passou de 3,2%, no período entre 2003 e 2005, para 5,1% entre 2006 e 2008. Ademais, neste último período o Brasil se tornou um

---

[98] Essa autonomia, segundo o autor, "é uma autonomia inserida em um conjunto concreto de laços sociais que amarra o Estado à sociedade e fornece canais institucionalizados para a contínua negociação e renegociação de metas políticas". *In:* EVANS, Peter. O Estado como problema e solução. *Lua Nova: Revista de Cultura e Política*, São Paulo, n. 28-29, p. 107-156, abr. 1993. p. 136.

[99] EVANS, 1993, p. 135.

[100] BARBOSA, Nelson; SOUZA, José Antonio Pereira. A inflexão do governo Lula: política econômica, crescimento e distribuição de renda. *In:* SADER, Emir; GARCIA, Marco Aurélio (org.). *Brasil: entre o passado e o futuro*. São Paulo: Boitempo Editorial, 2010. p. 69-70.

[101] Os autores afirmam que "para os desenvolvimentistas os investimentos em infraestrutura poderiam ser feitos tanto pelo Estado quanto pelo setor privado". *In:* BARBOSA; SOUZA, 2010, p. 71.

[102] Lécio Morais e Alfredo Saad-Filho observam que, em verdade, as políticas adotadas pelo governo Lula associam aspectos neodesenvolvimentistas a outros de ordem neoliberal, constituindo uma política híbrida. Afirmam: "Esse caráter complementar, ou adicional, da inflexão de política econômica no segundo governo Lula não permite considerá-la como uma política novo-desenvolvimentista inteiramente coerente. Apesar dos bons resultados atingidos em termos de crescimento econômico e distribuição de renda, e da melhora do posicionamento do Brasil no sistema capitalista internacional, a inflexão ocorrida a partir de 2006 definiu uma política que pode ser denominada mais apropriadamente como "híbrida", associando políticas macroeconômicas visando à estabilidade monetária e presumindo, implicitamente, o equilíbrio espontâneo dos mercados, com políticas objetivando

grande polo de atração de capitais, dado o forte crescimento econômico, a elevada taxa de juros doméstica e a expectativa de apreciação do real.[103] As políticas federais voltadas para o investimento em infraestrutura se consolidaram em 2007 por meio do Programa de Aceleração do Crescimento.[104] Mesmo em meio à crise econômica de 2008-2009, buscou-se a manutenção das ações previstas para o programa, associada a outras medidas para a superação da crise, como a desoneração tributária visando estimular o consumo, a realização de investimentos e o crescimento.

Ante a crise, todavia, o Produto Interno Bruto sofreu forte decréscimo em 2009, atingindo a marca de 0,2 ponto negativo.

A recuperação da economia se deu no ano seguinte, com o crescimento de 7,5 pontos percentuais no PIB.

Rodrigo Alves Teixeira e Eduardo Costa Pinto observam, no entanto, que

> a conjuntura econômica após a crise também mostrou os limites do modelo de crescimento que associa redistribuição de renda e consumo de massas com ortodoxia da política econômica, a qual perdurou no governo Lula. O resultado dessa combinação foi a expansão do consumo, mas com forte vazamento da demanda para o exterior, com claros limites quanto à sua sustentabilidade ou, ao menos, quanto às taxas de crescimento que dele se pode usufruir, seja pela especialização regressiva das exportações, seja pela desagregação das cadeias produtivas domésticas e a consequente redução dos efeitos multiplicadores das políticas redistributivas que expandem a demanda. Com o aumento da concorrência oferecida pela China, ávida por novos mercados em que possa desovar produtos manufaturados diante da crise nos EUA e Europa, está claro que, além de políticas de demanda, será necessário também ter políticas para ampliar os investimentos, aumentar a competitividade e inovar o setor produtivo brasileiro.[105]

---

a aceleração do desenvolvimento e a equidade social mediante um destacado ativismo estatal". *In:* MORAIS; SAAD-FILHO, 2011, p. 521.

[103] BARBOSA; SOUZA, 2010, p. 80.

[104] "Com o PAC, o país recuperou a capacidade de induzir, por meio da iniciativa governamental, o desenvolvimento de amplo espectro de setores fundamentais para a modernização da economia. A estratégia do governo federal, pela primeira vez em muitas décadas, foi apoiar a formação de capital da parte do setor privado e, simultaneamente, aumentar o investimento público em infraestrutura". *Ibid.*, p. 76.

[105] PINTO, Eduardo Costa; TEIXEIRA, Rodrigo Alves. A economia política dos governos FHC, Lula e Dilma: dominância financeira, bloco no poder e desenvolvimento econômico. *Economia e Sociedade*, v. 21, número especial, p. 909-941, dez. 2012. p. 938.

Nos anos de 2011 e de 2012 – primeiros anos do governo Dilma Rousseff – a economia torna a encolher, com o PIB marcando 2,7 e 1,0 pontos positivos, respectivamente. Já em 2013 constata-se um aumento de 2,3%. Em 2014, todavia, no bojo de um cenário de maior instabilidade política e econômica, há significativa retração, com o crescimento econômico de mero 0,1%.

Esse cenário negativo se intensifica em 2015, dados os seguidos escândalos de corrupção e desajuste nas contas públicas, com seguidas previsões de encolhimento da economia brasileira e previsão de fechamento do ano com um produto interno bruto negativo em 2,4 pontos percentuais.[106]

Paralelamente a esse perceptível encolhimento da atividade econômica, a atuação do Brasil no âmbito de sua política externa – também relevante para a atração de investimentos estrangeiros – foi diminuída, se comparada com aquela exercida no governo anterior.

O governo Lula se caracterizou por um aprimoramento do diálogo com a comunidade internacional – sem, contudo, deixar de afirmar contundentemente a soberania nacional e a defesa dos interesses nacionais –, a tentativa de maior aproximação dos países do sul, buscando a cooperação com os países vizinhos e em desenvolvimento, as potências de tamanho médio, sem, todavia, olvidar as relações com os Estados Unidos da América e a União Europeia e respectivos países membros.

Segundo Paulo Roberto de Almeida,

> muitas dessas novas iniciativas constituem, na verdade, desdobramentos e reforços de ações já em curso na administração anterior, embora com nova roupagem e novas ênfases conceituais, o que as colocaria mais na linha da "continuidade" do que na de "ruptura". Exemplos podem ser citados na opção preferencial pelo Mercosul e pelos acordos no contexto sul-americano, assim como no desenvolvimento de relações mais próximas com aqueles mesmos parceiros identificados no parágrafo

---

[106] De acordo com previsão do FMI, ante o atual quadro de recessão, o Brasil deve encerrar o ano de 2015 como a nona maior economia mundial, sofrendo queda de duas posições. Pelo cálculo do FMI, o PIB brasileiro será de US$ 1,8 trilhão – o menor, em valores correntes, desde 2009. "Como os cálculos do FMI para comparação global são feitos em dólar, variações bruscas na cotação da moeda americana têm impacto na medição do PIB de cada país. Quando o cálculo é feito levando em conta a paridade do poder de compra, o país permanece em sétimo lugar, com 2,84% do PB global, ante 3,01% em 2014". *In*: Brasil passa de 7ª para 9ª economia global. *Folha de São Paulo*. 07.10.2015, p. 1.

anterior (*parceiros em desenvolvimento, com destaque para Índia, África do Sul e China e países da América do Sul*).[107]

Por outro lado, assumiu postura essencialmente crítica ao processo de globalização e à abertura comercial, além de se empenhar no acesso aos mercados dos países desenvolvidos, com a manutenção dos mecanismos que favorecem os países em desenvolvimento, e na rejeição a demandas de liberalização que pudessem representar comprometimento da denominada "capacidade nacional de estabelecer políticas nacionais e setoriais de desenvolvimento e de autonomia tecnológica". Ainda, enquanto no governo anterior se deu maior ênfase à abertura ao investimento estrangeiro direto, no governo Lula esta foi uma pauta secundária – porém não olvidada – ante a afirmada defesa da soberania econômica nacional.[108] Os resultados positivos na economia e a estabilidade política, entretanto, garantiam a manutenção de um ambiente favorável ao IED.

Já a posição do governo Dilma no domínio da política externa se opõe, em parte, àquela do governo antecedente. Enquanto este era afeito ao diálogo e à construção de relações com a comunidade internacional, a atual administração adota postura mais fechada e mais difícil trânsito,[109]

---

[107] ALMEIDA, Paulo Roberto. Uma política externa engajada: a diplomacia do governo Lula. *Revista Brasileira de Política Internacional*, Brasília, v. 47, b. 1, p. 162-184, jan./jun. 2004. p. 163.

[108] ALMEIDA, 2004, p. 165-167.

[109] "A parceria estratégica assinada durante o governo de Lula com a União Europeia (EU) não rendeu frutos significativos durante o período em análise (*governo Dilma*). Incluía o reforço do multilateralismo e a busca de ações conjuntas em temas de direitos humanos, pobreza, questões ambientais. Como razões para esta iniciativa, os formuladores brasileiros identificavam inicialmente a parceria com a UE como instrumento para fortalecer o prestígio internacional do país, junto à ideia de que a UE e seus estados-membros poderiam ser aliados em uma eventual revisão da ordem internacional liderada pelos Estados Unidos. Entretanto, embora tenham se desenvolvido diálogos bilaterais, frente a temas da agenda global, a parceria não proporcionou resultados relevantes. (...) No que diz respeito à relação com os Estados Unidos junto com o estabelecimento da cooperação em vários campos como educação, inclusão social, investimentos e comércio, temas ambientais, energia e ciência e tecnologia. Mas em 2013 as relações azedaram quando veio átona a espionagem da agência norte-americana de segurança que incluía, dentre seus espionados, a própria Presidente e empresas brasileiras. (...) No campo da cooperação com a África, o governo Roussef seguiu a política do governo anterior de dedicar-lhe um papel importante, mas com recuo de novas iniciativas e não implementação de assistências previstas. Houve reduções também nos campos do comércio e de investimentos. (...) Em relação à América do Sul, Dilma Roussef procurou manter as estratégias de política externa então em vigor de manutenção da estrutura de governança regional criada e adaptada durante o mandato do Presidente Lula. (...) Mas a vontade política demonstrada por Lula de articular visões favoráveis à construção de uma liderança regional não foi mais sustentada".

limitando sua proximidade aos países em desenvolvimento, em especial os sul-americanos. Como observa Miriam Gomes Saraiva,

> a vontade política demonstrada pelo Presidente Lula de articular visões favoráveis à projeção global do país e à construção de uma liderança na região não teve continuidade. A Presidente Roussef mostrou sua preferência pela solução dos problemas internos, junto com seu pouco interesse por temas externos, particularmente aqueles que apresentassem ganhos difusos, não tangíveis em curto prazo.[110]

Nesse contexto, poucos foram os esforços no âmbito das relações internacionais no sentido de demonstrar à comunidade internacional a atratividade do Brasil como terreno para a alocação de investimento estrangeiro direto.

Esse estado das coisas, compreendido em sua integralidade, é fator adicional para que o Brasil se torne um local menos atrativo para os potenciais investidores.

Ao final de 2013, o IED no país totalizou o valor de US$ 573,7 bilhões – redução de 3,5% em relação ao ano anterior.

Em 2014, pelo terceiro ano seguido, o Brasil viu cair o fluxo de investimentos estrangeiros diretos em seu território, computando um total de US$ 62 bilhões de dólares, em oposição aos US$ 64 bilhões no ano anterior – uma queda de 2,3%, conforme dados da UNCTAD. Já em 2012, o volume de IED no Brasil fora de US$ 65,3 bilhões, posicionando o país em 4ª posição dentre os países mais atrativos ao investimento estrangeiro direto no mundo. Hoje ele ocupa a 6ª posição.

Possivelmente reconhecendo essa conjuntura um tanto quanto desfavorável e na busca por investidores estrangeiros para aportarem recursos na economia brasileira e colaborarem para o desenvolvimento de projetos junto ao Estado – em especial projetos de infraestrutura, como aqueles do Programa de Aceleração do Crescimento em sua 2ª fase e do Programa de Investimento em Logística –, a Presidente envidou esforços em reverter o quadro de queda dos investimentos. Nesse contexto, celebrou acordos de cooperação com a China e realizou visita aos Estados Unidos da América no final do primeiro semestre de 2015. Todavia, a crise econômica e política ensejava um cenário de

---

In: SARAIVA, Miriam Gomes. Balanço da política externa de Dilma Roussef: perspectivas futuras? *Relações Internacionais*, n. 44, p. 25-35, dez. 2014. p. 31-32.

[110] SARAIVA, 2014, p. 27.

instabilidade, desfavorecendo o investimento. Como observa Marcos Troyjo,

> Hoje, quando avaliamos o nível de interesse de investidores americanos no Brasil para participar, por exemplo, do Programa de Investimentos em Logística ou de outras oportunidades em infraestrutura, percebemos que o Brasil passa por um "rescaldo". De um lado, há a continuação de investimentos por parte de empresas que decidiram estabelecer ou ampliar suas operações no Brasil naquele momento de "brasilmania" entre 2010 e 2011. Muitas delas programaram seus desembolsos numa escala de tempo que em certos casos dura uma década. De outro, o subdesempenho da economia brasileira no último quadriênio e particularmente nos últimos 6 meses tem funcionado como freio a novo fluxo de IEDs (investimentos estrangeiros diretos). Como resultado, os investimentos atraídos a novos programas de infraestrutura se darão de maneira menos impactante, e portanto mais gradual, do que o governo brasileiro supõe. É um erro ver o aporte de capital com as concessões como panaceia. Intervenções recentes em políticas de preço na eletricidade, gasolina; o sucateamento político das agências reguladoras, e a inflexibilidade nas regras de conteúdo local continuam a desestimular investidores norte-americanos. Recuperar a confiança demanda tempo e inflexão de rumo por parte do governo brasileiro.[111]

Ainda nesse cenário, o rebaixamento do grau de investimento do Brasil pela agência Standard & Poor's, em setembro de 2015, de "BBB-" para "BB+",[112] retira-lhe o selo de bom pagador e também não colabora

---

[111] TROYJO, Marcos. O que fica da visita de Dilma aos EUA? *Artigos IBEF-SP*, jul. 2017. Disponível em: http://www.ibefsp.com.br/artigos/o-que-fica-da-visita-de-dilma-aos-eua/. Acesso em: 15 set. 2015.

[112] Segundo a S&P, o rebaixamento reflete os desafios enfrentados pelo Brasil, que pesaram sobre a habilidade do governo de submeter ao Congresso um orçamento para 2016 consistente com a correção da política econômica assinalada pelo governo de Dilma Rousseff. Os analistas da agência avaliaram que o perfil de crédito do país se enfraqueceu mais desde 28 de julho, data em que a S&P colocou as notas do Brasil em perspectiva negativa. "Percebemos agora menos convicção dentro do gabinete da presidente quanto à política fiscal", diz o relatório divulgado nesta noite.
O fato de o governo ter enviado ao Congresso uma proposta orçamentária que considera um déficit primário de 0,3 % do PIB, em vez do superávit de 0,7% anteriormente estimado, "reflete o desacordo interno sobre a composição e a magnitude das medidas exigidas para corrigir a derrapagem das finanças públicas".
A Standard & Poor's espera que o déficit fiscal do governo central brasileiro atinja 8% do PIB em 2015 e em 2016, antes de cair para 5,9% apenas em 2017. Em 2014 o déficit foi de 6,1% do PIB.
A agência não espera superávit primário em 2015 ou em 2016. Segundo a S&P, os gastos maiores com juros, devido ao aumento da Selic e do enfraquecimento do real, contribuem para o aumento do déficit. *In:* S&P TIRA GRAU DE INVESTIMENTO DO BRASIL. Valor,

para a atração de novos investidores ou expansão dos investimentos já alocados no país.

Outra dificuldade enfrentada para a atração do investimento estrangeiro direto, em especial em projetos de infraestrutura, nos quais o Estado atua como contratante, está associada ao projeto propriamente dito, descrito no edital de licitação, o qual, em diversos casos, se mostra pouco atrativo ao investidor ou pouco viável.

Tal constatação foi realizada, inclusive, pelo então Ministro da Fazenda, Joaquim Levy, que afirmou ser necessário aprimorar a segurança jurídica e a qualidade dos projetos para que houvesse aceleração nos investimentos em infraestrutura.[113] Segundo ele, "melhorar projetos é fundamental para ampliar o número de empresas que participam da construção dos ativos. Onde há ambiguidade nos projetos e nos contratos, menos empresas entram".[114]

A ausência de projetos bem estruturados levou algumas licitações de concessões encabeçadas pelo governo a serem desertas, dada a falta de interessados em se engajarem em contratos com o Estado para o seu desenvolvimento.

Esse fato pôde ser constatado na licitação do projeto do "trem-bala", que ligaria o Rio de Janeiro a Campinas. Após a primeira licitação deserta no ano de 2011, após dois adiamentos desde 2010, foi adiada por mais três vezes, e persiste, atualmente, sem continuidade. De acordo com o governo federal, na ocasião da última suspensão, se seguiria trabalhando no remodelamento do edital de licitação, com vistas a torná-lo mais atrativo aos potenciais investidores.[115]

Outro caso de licitação fracassada se refere ao da rodovia BR 262 (Minas Gerais – Espírito Santo), parte do pacote do Programa de Concessões de Rodovias Federais, lançado em agosto de 2012. O certame, realizado em 2013, não recebeu propostas. Analisando o episódio, Delfim

---

09.09.2015. Disponível em: http://www.valor.com.br/finacas/4215984/sp-tira-grau-de-investimento-do-brasil. Acesso em: 15 set. 2015.

[113] LEVY: SEGURANÇA JURÍDICA PRECISA MELHORAR PARA SUCESSO DAS CONCESSÕES. Valor, 05.10.2015. Disponível em: http://www.valor.com.br/brasil/4255750/levy-seguranca-juridica-precisa-melhorar-para-sucesso-das-concessoes. Acesso em: 15 set. 2015.

[114] SEMINÁRIO DA FUNDAÇÃO GETÚLIO VARGAS – FGV. *Sobre os 20 anos da Lei de Concessões, no Rio de Janeiro*. Disponível em: http://agenciabrasil.ebc.com.br/economia/noticia/2015-10/com-estabilidade-fiscal-brasil-voltara-crescer-forte-ja-em-2016-diz-levy. Acesso em: 15 set. 2015.

[115] EXAME.COM. *Licitação de trem de alta velocidade será entre 2014 e 2015.* 12.12.2013. Disponível em: http://exame.abril.com.br/brasil/noticias/licitacao-de-trem-de-alta-velocidade-sera-entre-2014-e-2015. Acesso em: 15 set. 2015a.

Netto considerou que um possível motivo do fracasso do leilão teria sido a má estruturação do edital. Para ele,

> o episódio alertou para a necessidade de evitar a tentação do experimentalismo. Leilões apoiados em editais transparentes que exijam minuciosos planos de negócio são a solução competente. O mercado é o único instrumento que permitirá fazer a melhor escolha possível dos concessionários.
> Para isso acontecer é preciso os investidores, tanto os nacionais quanto os estrangeiros, confiarem que as propostas de concessão permanecerão de pé por causa da rentabilidade intrínseca, apurada com o uso de parâmetros consensuais e não pela manipulação de dados. Em segundo lugar, devem procurar encontrar a necessária tarifa mínima em leiloes que definam claramente a qualidade dos serviços. Em terceiro lugar, quando as tarifas não forem satisfatórias, um subsídio explícito deve ser consignado no Orçamento.[116]

Com o *impeachment* da então presidente Dilma Roussef e assunção de Michel Temer, o novo governo buscou reduzir o ambiente de incertezas na economia, o que, em tese, deveria criar um ambiente mais propício ao ingresso de investimentos estrangeiros.

O governo Temer instituiu o Programa de Parcerias de Investimentos (PPI), elevado à qualidade de secretaria de governo. O órgão era responsável pela gestão de projetos e modelos de vendas de ativos estatais (arrendamentos, autorização para novos investimentos, cessão onerosa, partilhas, concessões comuns, concessões de direito exploratório, subconcessões, desestatização, dissolução com liquidação de ativos, parcerias público-privadas, privatizações). Iniciado em setembro de 2016, o PPI se propôs a transferir para a iniciativa privada 175 ativos públicos em dez setores estratégicos totalizando R$ 287,5 bilhões. As áreas elencadas como prioritárias foram: ferrovias, rodovias, aeroportos, portos, geração hidrelétrica, distribuição de energia, transmissão de energia, mineração, óleo e gás e outros segmentos.

O governo Jair Bolsonaro, por sua vez, deu continuidade a projetos de concessões e privatizações concebidos no governo anterior, com destaque para iniciativas no setor de energia elétrica e aeroportuário, bem como rodovias e ferrovias. Junto ao PPI, instituiu-se a Secretaria de Desestatização e Desinvestimentos, vinculada ao Ministério da

---

[116] NETTO, Delfim. Sem experimentalismos. *Carta Capital*, 02.10.2013. Disponível em: http://www.cartacapital.com.br/revista/768/sem-exerimentalismo-8519.html. Acesso em: 1 set. 2015.

Economia. Entretanto, o diálogo internacional da Administração Pública federal se mostrava pedestre e se observava uma inabilidade para a construção de efetivas parcerias de investimentos, aptas ao desenvolvimento de setores estratégicos da economia e infraestrutura nacionais.

Nos últimos anos vem chamando a atenção para a participação do BNDES na concepção de projetos de parceria público-privadas e condução das respectivas licitações em setores relevantes/estratégicos, como o saneamento básico e iluminação pública, inclusive em municípios de pequeno porte. Os projetos desenvolvidos pelo Banco de Desenvolvimento pretendem prover maior sustentabilidade e segurança jurídica aos projetos.

Contudo, em que pese os esforços ao estímulo da participação privada e de investidores estrangeiros em alocar recursos em projetos de infraestrutura no Brasil, ainda se observa um interesse aquém do esperado – o que pode estar associado a uma diversidade de fatores.

É certo que um fator negativo que incida isoladamente sobre o potencial investimento poderá não ser suficiente para desmotivar o investidor. Todavia, quando aspectos negativos se apresentam concomitantemente – como a falta de uma normatividade sólida, a instabilidade econômica e política e a pouca afeição ao diálogo com a comunidade internacional, cria-se um ambiente de incertezas, capaz de dissuadi-lo de seu propósito de investir em território nacional.

Nesse contexto, são demandadas posturas ativas do ente estatal com vistas a mitigar tais riscos, colaborando para o aumento da confiança de possíveis investidores.

3.4 Síntese parcial

Do exposto no presente capítulo denota-se que o cenário normativo e institucional brasileiro atual, no que se refere à atração do investimento estrangeiro,[117] não se mostra robusto o suficiente.

Associada à instabilidade política e econômica que vigora já há alguns anos, com expectativa de crescimento modesta no curto prazo,

---

[117] De acordo com reportagem no jornal Folha de São Paulo, veiculado em 10 de outubro de 2015, "entre julho e setembro o Brasil amargou proporcionalmente entre os mercados emergentes a maior redução no estoque de investimentos estrangeiros desde a crise global de 2008. A perda atingiu cerca de 30% do total". *In:* País lidera fuga de capital entre emergentes. Folha de São Paulo, 10.10.2015, p. A 17.

tem-se uma normatividade pouco densa, insuficiente para conferir maior segurança ao investidor.[118] Ademais, as iniciativas para atração de investidores no âmbito da política externa no atual governo têm se mostrado acanhadas.

A animosidade do investidor – não apenas do estrangeiro, mas também do nacional – pode, contudo, ser deletéria ao desenvolvimento do país, o qual, muitas vezes, necessita da colaboração da iniciativa privada para levar a cabo projetos em áreas relevantes, como é a infraestrutura, por exemplo.

Nessa égide, mostra-se necessária uma mudança de postura do Estado em frentes diversas – em especial, no que tange à regulamentação do investimento estrangeiro, à política externa, à condução da atividade econômica e à condução reta da Administração Pública no exercício de suas atividades.

Fatores como a abertura econômica por que passou o Brasil no final do século XX, sua inserção num mundo globalizado, a necessidade de promover o desenvolvimento econômico e social diante de uma realidade de escassez de recursos em que o Estado não se mostra capaz de prestar todos os serviços públicos integralmente, o advento das concessões de serviços públicos a particulares, nacionais ou estrangeiros, e as mais recentes parcerias público-privadas demandam um sistema normativo, sólido, organizado e que confira segurança jurídica, transparência e confiança ao investidor estrangeiro que tenha interesse em atuar no território nacional.

Não obstante, bases normativas consistentes podem garantir de modo mais efetivo a competitividade, tanto entre agentes econômicos nacionais quanto estrangeiros. Nessa égide, tem-se, por exemplo, a prevenção e a punição às práticas desleais cometidas no âmbito do comércio internacional.

Como observa Ibraim Shihata, a

> legislação sobre investimentos é questão essencial na decisão de investir, estando no mesmo plano de fatores econômicos e políticos. Os aspectos

---

[118] Como bem asseverou Arnoldo Wald no 5º Congresso Brasileiro de Direito Comercial, realizado na Associação dos Advogados de São Paulo, "sem estabilidade jurídica, não há investimento. E sem investimento, não há aumento da produtividade, crescimento do PIB e melhor distribuição de riqueza. Não há progresso econômico e social possível e não há investimentos que se realizem fora desse contexto da garantia da segurança jurídica". *In*: WALD, Arnoldo. "Tão importante quanto a luta contra a inflação é a segurança jurídica", afirma. Migalhas, 22.04.2015, Disponível em: www.migalhas.com.br. Acesso em: 1 set. 2015.

jurídicos não se limitam a uma legislação favorável a investimentos. Os investidores devem atuar sob ordenamento jurídico positivo na sua atitude em relação ao tratamento do investimento privado, tanto na substância das regras quanto na forma em que essas normas são aplicadas, assim como na solução de controvérsias resultantes de sua aplicação. Proteção inadequada, de direito ou de fato, de direitos reais e contratuais, barreiras processuais, restrições excessivas e atrasos indevidos na adjudicação de direitos são fatores notórios para o desencorajamento de novos investimentos.[119]

Nesse contexto, José Augusto Fontoura Costa compreende que o Brasil demanda uma "juridificação" da disciplina do investimento estrangeiro, compreendida como

> a utilização de instrumentos de Direito Internacional, tanto de ordem normativa quanto jurisdicional, para promover a estabilização de expectativas referentes ao comportamento de Estados e outros atores relevantes para as relações internacionais. Trata-se de um esforço de ocupação de espaços de ação política, tendentes a limitar os custos de oportunismo, particularmente os referentes à ruptura dos acordos estabelecidos.[120]

Para ele, essa juridificação seria capaz de reduzir "incertezas políticas, inclusive na medida em que pode incorporar novos atores além dos tradicionais sujeitos de Direito Internacional, nomeadamente Estados e Organizações Internacionais"[121] e teria como características:[122]

– a obrigatoriedade, compreendida como o compromisso dos Estados e outros atores de atuarem conforme regras;
– a precisão, compreendida como a definição clara e não ambígua das condutas;
– a delegação, mediante a qual se garante autoridade a terceiros para implementar e interpretar as regras e, em alguns casos, até mesmo solucionar controvérsias e criar novas normas.

---

[119] SHIHATA, Ibraim F. I. Promotion of foreign direct investment: a general account with particular reference to the role of the World Bank Group. *ICSID Review – FILJ*, v. 484, p. 490, 1991.
[120] COSTA, José Augusto Fontoura. Proteção e promoção do investimento estrangeiro no Mercosul – uma ferramenta para a implementação de um bom clima de investimento. *Revista de Política Internacional*, v. 42, n. 2, p. 60-77, 2006. p. 65.
[121] *Idem*.
[122] *Ibid.*, p. 66.

A densificação da normatividade em matéria de investimentos estrangeiros – tanto no que tange à regulamentação nacional bem como os instrumentos de Direito Administrativo Global (acordos para promoção e proteção de investimentos e as convenções internacionais que versam sobre a matéria, por exemplo) – pode colaborar para criar um ambiente mais seguro para o investidor, mitigando as incertezas advindas do contexto de instabilidade política e econômica (o qual, certamente, terá impactos negativos – inclusive no que tange à recepção de investimentos – ainda no próximo ano),[123] e assim contribuir para o desenvolvimento nacional com a recepção de investimentos de qualidade. Para tal, faz-se necessária a mobilização dos Poderes Legislativo (trabalhando o ordenamento jurídico doméstico) e Executivo (atuando no espaço global) nesse exercício normativo. Demanda-se, portanto, uma mudança na postura atual de ambos os poderes, que vêm atuando de forma negligente no que tange ao tema.

---

[123] Como observam Thiago P. de Andrade, Ana Carolina C. Carregaro e José Augusto Fontoura Costa, "nos contextos de insegurança política, instrumentos internacionais de proteção do investimento estrangeiro são essenciais para incentivar o fluxo positivo de capitais". In: ANDRADE et al., 2007, p. 60.

CAPÍTULO 4

INVESTIMENTO ESTRANGEIRO DIRETO, DESENVOLVIMENTO E INFRAESTRUTURA

4.1 Concepção de desenvolvimento

Previamente a esboçar uma possível relação entre promoção do desenvolvimento e o influxo de investimentos estrangeiros diretos num dado Estado, bem como a contribuição do investimento em infraestrutura para o desenvolvimento, é relevante delinear o que se entende por "desenvolvimento".

A Assembleia Geral das Nações Unidas, em sua Declaração sobre o Direito ao Desenvolvimento, define desenvolvimento como "um processo social, cultural e político abrangente, que busca a constante melhoria do bem-estar de toda a população e de todos os indivíduos com base em sua participação ativa, livre e relevante no desenvolvimento e na distribuição justa dos benefícios daí resultantes e no qual todos os direitos humanos e liberdades fundamentais possam ser plenamente exercidos".[1]

Note-se que a compreensão aí esboçada em muito extrapola o viés econômico da concepção de desenvolvimento – o desenvolvimento econômico ou crescimento econômico é apenas uma das facetas do desenvolvimento em sentido amplo, não podendo, portanto, serem tomados por sinônimos. Uma compreensão larga de desenvolvimento abarca a ideia de superação ou minimização das desigualdades e

---

[1] Declaração sobre o direito ao desenvolvimento, adotada pela Assembleia Geral da ONU na Resolução 41/128, de 4 de dezembro de 1986 – Preâmbulo e Artigo 1º.

melhoria das condições de vida de uma população, sendo fator necessário à realização do bem-estar social. Vai-se, portanto, muito além da rasa ideia de crescimento do produto nacional bruto ou de outros índices econômicos, os quais podem, por meio de uma imagem de crescimento econômico, mascarar grandes desigualdades e estagnação social.

Sob essa ótica, afirma Gilberto Bercovici que "o crescimento sem desenvolvimento é aquele que ocorre com a modernização, sem qualquer transformação nas estruturas econômicas e sociais. Assim, o conceito de desenvolvimento compreende a ideia de crescimento, superando-a".[2] Nesse contexto, o crescimento possui conotação meramente econômica, enquanto o desenvolvimento possui contornos mais abrangentes, de ordem social e cultural, implicando impactos positivos na condição de vida de parte relevante da população de um dado Estado. Como aduz Fábio Konder Comparato, trata-se de um "processo de longo prazo, induzido por políticas públicas ou programas de ação governamental em três campos interligados: econômico, social e político".[3] O aspecto econômico está associado ao crescimento advindo da produção de bens e serviços decorrente de fatores produtivos internos, do próprio Estado. O social, à redução das desigualdades das condições de vida de sua população, por meio da efetivação dos direitos humanos sociais, econômicos e culturais. Por fim, o aspecto político se relaciona à efetiva democracia, com a atuação dos cidadãos no exercício de seu papel de sujeito político.

Daniel Wunder Hachem observa que, enquanto a noção de crescimento possui caráter quantitativo, essencialmente, a de desenvolvimento possui caráter qualitativo. Para ele,

> a definição contemporânea de desenvolvimento leva em consideração diversas dimensões, não se restringindo à seara econômica. A interdependência desta com a esfera humana e social é justamente um dos pontos cruciais do conceito, que o diferenciam da noção de crescimento. O chamado "crescimento econômico" diz respeito à elevação do produto nacional em um determinado período, notadamente pelo incremento da eficiência no sistema produtivo. Ele se verifica, portanto, em termos meramente quantitativos. O desenvolvimento pressupõe a ocorrência

---

[2] BERCOVICI, Gilberto. Desenvolvimento, Estado e Administração Pública. *In:* CARDOZO, José Eduardo Martins; QUEIROZ, João Eduardo Lopes; SANTOS, Márcia Walquíria Batista dos (org.). *Curso de direito administrativo econômico.* São Paulo: Malheiros, 2006. v. II. p. 19-39. p. 29.

[3] COMPARATO, Fábio Konder. *A afirmação histórica dos direitos humanos.* São Paulo: Saraiva, 1999. p. 363.

de crescimento econômico, mas não se limita a isso. Para ser alcançado, deve-se "ir muito além da acumulação de riqueza e do crescimento do Produto Interno Bruto e de outras variáveis relacionadas à renda". Além do aumento quantitativo do produto nacional, ele reclama transformações estruturais socioeconômicas que importem a melhoria qualitativa dos padrões de vida dos cidadãos, proporcionando a elevação do bem-estar social.[4]

Paralelamente, José Augusto Fontoura Costa observa uma alteração dos referenciais de desenvolvimento em dois eixos: do Estado para os indivíduos e comunidades e dos indicadores econômicos para os indicadores de desenvolvimento humano e de sustentabilidade ambiental.[5]

Amartya Sen, ao discorrer sobre o tema, traz uma larga compreensão de desenvolvimento, associando-o à possibilidade de expansão das liberdades individuais. Para ele,

> O desenvolvimento pode ser visto como um processo de expansão das liberdades reais que as pessoas desfrutam. O enfoque nas liberdades humanas contrasta com visões mais restritas de desenvolvimento, como as que identificam desenvolvimento com crescimento do Produto Nacional Bruto (PNB), aumento de rendas pessoais, industrialização, avanço tecnológico, ou modernização social. O crescimento do PNB ou das rendas individuais obviamente pode ser muito importante como um *meio* de expandir as liberdades desfrutadas pelos membros da sociedade. Mas as liberdades dependem também de outros fatores determinantes, como as disposições sociais e econômicas (por exemplo, os serviços de educação e saúde) e os direitos civis (por exemplo, liberdade de participar de discussões e averiguações públicas). De forma análoga, a industrialização, o progresso tecnológico ou a modernização social

---

[4] HACHEM, Daniel Wunder. Administração pública inclusiva, igualdade e desenvolvimento: o direito administrativo brasileiro rumo à atuação estatal para além do mínimo existencial. In: MARRARA, Thiago (org.). *Direito administrativo*: transformações e tendências. São Paulo: Almedina, 2014. p. 391-460. p. 446.

[5] De acordo com o autor, "essa profunda mudança dos referenciais de desenvolvimento ocorre, portanto, em dois eixos: do Estado para os indivíduos e comunidades, por um lado, e dos indicadores econômicos para os indicadores de desenvolvimento humano e de sustentabilidade ambiental, por outro. Isso reflete, ademais, na própria concepção de soberania permanente sobre os recursos naturais, que foi mitigada pela consciência ambiental e pelos direitos de indivíduos e comunidades a parcela desses recursos. Do mesmo modo, impacta sobre as preocupações referentes às empresas transnacionais ou multinacionais, com o redirecionamento do foco na questão do controle estatal para a da responsabilidade social corporativa". In: COSTA, 2008, p. 91.

podem contribuir substancialmente para expandir a liberdade humana, mas ela depende também de outras influências.[6]

Sob essa conotação, a criação de infraestruturas é relevante, quiçá necessária, para o desenvolvimento, em sua ampla acepção. Elas permitem aos cidadãos desfrutar, efetivamente, de suas liberdades, usualmente garantidas nos textos constitucionais. Ademais, criam bases para o desenvolvimento econômico ao tornar o ambiente de um dado Estado apto à recepção de investimentos privados. Estes, por sua vez, representarão a criação de postos de trabalho e a inserção de mais indivíduos na atividade econômica. Ainda, usualmente implica desenvolvimento tecnológico. A necessidade de capacitação para a assunção de postos de trabalho, por sua vez, estimula o maior desenvolvimento da educação e o aumento da escolaridade. Estrutura-se, assim, um círculo virtuoso.

A sustentabilidade também é aspecto importante do conceito de desenvolvimento: é necessária a manutenção das condições e fatores que promoverão o desenvolvimento, tornando-o perene. Conforme aduz Carla Abrantkoski Rister, "o desenvolvimento consiste num processo de mudança estrutural e qualitativa da realidade socioeconômica, pressupondo alterações de fundo que irão conferir a tal processo a característica da sustentabilidade, entendida esta como a capacidade de manutenção das condições de melhoria econômica e social e de continuidade do processo".[7]

O Estado, no exercício de sua função de planejamento, possui papel relevante na promoção do desenvolvimento.[8] Paralelamente, enquanto titular da responsabilidade constitucional pelo provimento de serviços públicos à população, é de sua incumbência a criação de infraestruturas. Caberá a ele coordenar políticas tanto públicas quanto de estímulo à atuação da iniciativa privada para se chegar a esse fim maior, que é o desenvolvimento.

É a realização dessa concepção larga de desenvolvimento, que extrapola a mera noção de crescimento econômico, e o qual deverá ser autossustentável, que se almeja com o estímulo ao ingresso de

---

[6] SEN, Amartya. *Desenvolvimento como liberdade*. São Paulo: Companhia das Letras, 2010. p. 16.
[7] RISTER, Carla Abrantkoski. *Direito ao desenvolvimento*: antecedentes, significados e consequências. Rio de Janeiro: Renovar, 2007. p. 36.
[8] BERCOVICI, 2006, p. 26.

investimento estrangeiro direto num dado Estado – em especial no investimento em infraestrutura.

4.2 Investimento estrangeiro direto e desenvolvimento

Ao debatermos possibilidades de estímulos ao ingresso de investimentos estrangeiros em países em desenvolvimento, faz-se importante avaliarmos qual é, efetivamente, a relação existente entre a recepção de investimentos estrangeiros por um dado país e os benefícios, em termos de desenvolvimento, que lhe advirão. Historicamente, o objetivo dos BITs tem sido fortalecer a proteção dos investidores estrangeiros, especialmente em países em desenvolvimento e mercados de países em transição, em contrapartida ao crescimento da entrada de fluxos de investimento estrangeiro.[9]

A literatura demonstra que essa é uma relação difícil de ser apreendida. As análises empíricas demonstram resultados díspares,[10] ora mais positivos, ora menos, dependendo do método de avaliação e do universo examinado. Peter Muchlinski pondera que

> isto, talvez, deva ser esperado, já que é difícil de se considerar uma parte de um arcabouço regulatório isoladamente. Igualmente, pode ser difícil excluir outros fatores que podem afetar o tamanho e a origem da entrada de fluxos de IED. Os ambientes político, econômico e institucional domésticos podem ser importantes em determinar a entrada de fluxos de investimento, tal qual BITs isolados, bem como o setor da economia em que o investimento é realizado. Logo, ainda inexiste evidência incontroversa que BITs resultarão num aumento dos fluxos de investimento.[11]

Conforme mencionado brevemente em capítulo anterior, os acordos de promoção e proteção de investimentos costumam mencionar em seus preâmbulos o desenvolvimento econômico como um dos

---

[9] MUCHLINSKI, Peter. Holistic approaches to development and international investment law: the role of international investment agreements. FAUNDEZ, Julio; TAN, Celine (coord.). *International economic law, globalization and developing countries*. Northampton: Edward Elgar Publishing, 2012. p. 180-204. p. 186.
[10] *Idem.*
[11] *Idem.*

objetivos a serem alcançados por meio das relações de investimento formalizadas com esteio no instrumento.

Paralelamente, diversos documentos internacionais enfatizam o desenvolvimento do país hospedeiro como um dos escopos do investimento estrangeiro, ao lado da lucratividade buscada pelo investidor. As Diretrizes da OCDE para Empresas Multinacionais[12] dispõem nesse sentido. Em sua abertura assumem, desde já, que "o investimento internacional é da maior importância para a economia mundial, e contribui consideravelmente para o desenvolvimento de seus países",[13] desempenhando as empresas multinacionais papel relevante nesse processo.[14] Ressalta também a importância da cooperação internacional nesse cenário, afirmando que "a cooperação internacional pode melhorar o investimento estrangeiro, fomentar a contribuição positiva que as empresas multinacionais possam trazer ao progresso econômico, social e ambiental, e minimizar e resolver as dificuldades que possam surgir em decorrência das atividades destas empresas".[15]

A consecução do desenvolvimento econômico do país hospedeiro como objetivo e consequência dos acordos de investimento, a partir da cooperação entre as partes, é evidenciada pelo Comitê de Direito Internacional do Investimento Estrangeiro da Associação de Direito Internacional em seu relatório final,[16] de 2008,

> posto que *o principal objetivo das partes dos contratos de investimento estrangeiro é oferecer desenvolvimento econômico ao país hospedeiro em contrapartida a uma lucratividade razoável para o investidor*, conflitos não devem ser o *'leitmotif'* da matéria. Mais que isso, *cooperação e colaboração a longo prazo devem cumprir esse papel*. De fato, cooperação e colaboração têm sido as principais características da área por muitos anos e é esperado que continue a se operar dessa maneira.[17] (grifo nosso)

Compreende-se aqui, todavia, que o desenvolvimento em questão, a ser estimulado pelos investimentos estrangeiros diretos e tão almejado pelos países ditos periféricos, deve ir além do desenvolvimento

---

[12] OECD GUIDELINES FOR MULTINATIONAL ENTERPRISES. 2000. Disponível em: http://www.oecd.org/corporate/mne/1922428.pdf. Acesso em: 15 set. 2015.
[13] Ibid., p. 2.
[14] Idem.
[15] OECD GUIDELINES FOR MULTINATIONAL ENTERPRISES, 2000.
[16] Final Report of the International Law Association (ILA) Committee on the International Law on Foreign Investment.
[17] International Law Association Committee on the International Law on Foreign Investment, 2008: 799.

econômico. Deve-se ter em mente uma concepção global e abrangente de desenvolvimento, como aquela proposta por Amartya Sen, em que desenvolvimento extrapola o crescimento econômico, abrangendo o desenvolvimento social.

4.2.1 Consequências do investimento estrangeiro direto para o desenvolvimento

O investimento estrangeiro, ao ser alocado num dado Estado, gera contrapartida para o investidor, porém também gera impactos diversos no sítio onde é realizado, transformando a realidade local.

São as chamadas externalidades, que, quando positivas,[18] beneficiam a economia doméstica e as comunidades em seu entorno. As consequências do investimento ultrapassam, portanto, a mera consecução do seu objeto principal. Como observa José E. Alvarez,

> não é apenas o volume de capital cruzando fronteiras que é importante. É o que o investimento faz quando chega no Estado hospedeiro. O impacto do comércio de bens não é o mesmo impacto do IED. Se comparado à importação de mais um produto estrangeiro, *a presença permanente de uma empresa sob controle estrangeiro produz bem mais consequências sociológicas, econômicas e culturais para o país de origem da empresa e, particularmente, para o país hospedeiro em que a empresa estrangeira está situada.* Esses efeitos

---

[18] De acordo com Theodore Moran, Edward M. Graham e Magnus Blomstrom, numa acepção econômica, externalidades positivas podem ser definidas como os benefícios criados a partir de um projeto que não são apropriados pelo investidor estrangeiro realizador deste, nem pelos fatores de produção empregados no projeto, nem pelos seus fornecedores (exceto se esses vierem a expandir suas atividades para além daquelas diretamente vinculadas ao projeto). In: MORAN et al., 2005. p. 3. No mesmo sentido, Beata Smarzynska Javorcik e Mariana Spatareanu afirmam que "*spillovers* decorrentes do IED ocorrem quando a entrada ou a presença de empresas multinacionais eleva a produtividade das empresas domésticas num país hospedeiro e as multinacionais não internalizam por completo os valores desses benefícios". JAVORCIK, Beata Smarzynska; SPATAREANU, Mariana. Disentangling FDI spillover effects: what do firm perceptions tell us? In: MORAN, Theodore H.; GRAHAM, Edward M.; BLOMSTRÖM, Magnus. *Does foreign direct investment promote development?* Washington: Institute for international economics, 2005. p. 45-71. p. 47. Tem-se, portanto, que os beneficiados pelas externalidades positivas são outros sujeitos atuantes no país hospedeiro, que não os investidores estrangeiros. Superando a acepção exclusivamente econômica, além de outras empresas situadas no Estado hospedeiro – especialmente as locais, a própria população local pode se beneficiar desses *spillovers*, bem como o meio ambiente.

podem ser positivos ou negativos, ou, muito provavelmente, ambos, mas são difíceis de serem ignorados.[19]

Sob uma ótica focada nos aspectos de ordem econômica decorrentes de um investimento, algumas possíveis externalidades positivas são:[20]

- o fortalecimento dos elos na cadeia produtiva em decorrência da presença de empresas estrangeiras, com o incremento de importações e exportações;
- o aperfeiçoamento de práticas de governança corporativa, com a introdução de novas tecnologias[21] e maior eficiência, em especial em se tratando de empresas privatizadas cujo controle foi transferido a empresas estrangeiras privadas;
- a produção de externalidades positivas no setor de negócios do país hospedeiro,[22] principalmente em setores que demandam transferência de tecnologia e formação de capital humano, com a transferência de conhecimento de empresas estrangeiras

---

[19] ALVAREZ, 2011, p. 18.

[20] Nesse sentido, Denise Gregory e Maria Fátima Bernardinelli Arraes de Oliveira. In: GREGORY, Denise; OLIVEIRA, Maria Fátima Bernardinelli Arraes de. O desenvolvimento de ambiente favorável no Brasil para a atração de investimento estrangeiro direto. 2005. p. 17. Disponível em: http://www.wilsoncenter.org/sites/default/files/brazil.atracaodeIED. pdf. Acesso em: 5 abr. 2014. Também, Liesbeth Colen, Miet Maertens e Johan Swinnen: COLEN, Liesbeth; MAERTENS, Miet; SWINNEN, Johan. Foreign direct investment as an engine for economic growth and human development: a review of the arguments and empirical evidence. In: SCHUTTER, Olivier de; SWINNEN, Johan; WOUTERS, Jan. Foreign direct investment and human development: the law and economics of international investment agreements. Abingdon: Routledge, 2013. p. 70-115.

[21] Segundo Beata Smarzynska Javorcik e Mariana Spatareanu, "spillovers podem ocorrer quando as empresas locais melhoram sua eficiência ao copiar tecnologias ou técnicas de marketing de suas afiliadas estrangeiras, seja através da observação, seja ao contratar profissionais treinados por essas afiliadas". In: JAVORCIK; SPATAREANU, 2005, p. 45-71, p. 47.

[22] Holger Görg e Eric Strobl observam que, além das externalidades relacionadas à transferência e apreensão de novas tecnologias, existem as denominadas "externalidades pecuniárias", que beneficiam as empresas locais. Segundo eles, "em contraste às externalidades tecnológicas, externalidades pecuniárias não afetam a função produtiva das empresas beneficiadas, mas sim afetam a função de lucratividade, por meio da redução de custos ou do aumento das receitas. Em poucas palavras, o aumento na produção pelas multinacionais leva a uma expansão da demanda por produtos intermediários, fornecidos pelos fornecedores locais. Isso permite os fornecedores domésticos produzirem numa escala mais eficiente, consequentemente reduzindo custos médios, o que, ao final, reduzirá o preço dos produtos adquiridos pelas multinacionais e pelos demais produtores domésticos de bens finais pagos aos produtores intermediários". GÖRG, Holger; STROBL, Eric. Foreign direct investment and local economic development: beyond productivity spillovers. In: MORAN, Theodore H.; GRAHAM, Edward M.; BLOMSTRÖM, Magnus. Does foreign direct investment promote development? Washington: Institute for international economics, 2005. p. 137-157. p.138.

para a comunidade local, vindo a beneficiar, eventualmente, empresas domésticas (tanto a partir da apreensão de novas tecnologias quanto de empregados mais qualificados);
- o desenvolvimento da indústria doméstica produtora de bens intermediários,[23] estimulada pela maior demanda advinda da presença das empresas estrangeiras;
- a queda dos preços dos produtos ao final da cadeia produtiva, quando estes chegam ao consumidor final, ante os menores custos de produção das multinacionais (dadas as tecnologias mais avançadas, produção mais eficiente e maior escala) e a maior concorrência que passa a existir no mercado interno;
- maior qualificação da mão de obra local, para atender as usualmente maiores exigências das empresas multinacionais, muitas vezes associada ao desenvolvimento de centros de formação profissional;
- a elevação dos salários, consequência da maior qualificação profissional;
- influxo de novos investimentos como consequência dos investimentos presentes (efeito "*crowding in*");
- maior arrecadação de tributos pelo Estado hospedeiro, o que pode refletir em maior investimento social pelo país em questão.

Para Liesbeth Colen, Miet Maertens e Johan Swinnen,

acredita-se ser o IED uma fonte mais importante ao crescimento econômico do que outras fontes de capital. Além de prover capital – o qual pode ser investido em tecnologias mais avançadas e em conhecimento – o IED, por si só, geralmente envolve tecnologias mais avançadas e know-how. É descrito como um pacote completo de recursos: capital físico, tecnologia avançada e técnicas de produção, conhecimento gerencial administrativo e de mercado, habilidades empreendedoras e práticas de negócios. Logo, diz-se que o IED contribui diretamente – e mais fortemente que o investimento doméstico – a níveis acelerados de crescimento da economia devido aos mais avançados níveis de tecnologia, capacidade gerencial e know-how, resultando em mais elevados níveis de eficiência e produtividade.[24]

---

[23] "Multinacionais criam demanda adicional para bens intermediários produzidos domesticamente por meio de relações estabelecidas com produtores locais. (...) Isso leva a custos médios mais baixos e ao aumento da lucratividade dos produtores de bens intermediários". *In*: GÖRG; STROBL, 2005, p.143.
[24] COLEN *et al.*, 2013. p. 81.

De modo similar, Rubens Lopes Braga afirma que o IED estimula a transferência de tecnologia para o Estado hospedeiro,[25] expande o comércio, cria postos de trabalho, acelera o desenvolvimento econômico, fortalece as atividades de exportação e a integração no mercado global.[26]

Essas externalidades positivas são mais evidentes quando o investimento em questão se trata do denominado "*greenfield investment*" – o investimento novo, em que são construídas pelo investidor estrangeiro toda a estrutura e facilidades operacionais necessárias ao investimento. Nesse cenário a criação de postos de trabalho é elevada, há a expansão dos parques industriais, além da mobilização da indústria nacional previamente ao início das atividades efetivas do investidor, como para a construção da planta operacional. Já os impactos positivos advindos da aquisição, pelo investidor estrangeiro, de companhias nacionais costumam ser bem mais limitados.

Ademais, o investimento estrangeiro direto é perene, possui pouca volatilidade. Ele é atraído pela perspectiva de lucratividade para o investidor num longo prazo, o que significa que sua permanência no Estado hospedeiro será por um longo período. Consequentemente, as externalidades positivas dele advindas também deverão se perpetuar no tempo.

Holger Görg e Eric Strobl observam, contudo, que nem sempre a presença das empresas multinacionais terá efeitos positivos sobre a economia do país hospedeiro, podendo também lhe ser deletéria. Segundo eles,

---

[25] Acerca da transferência de tecnologia, Denise Gregory e Maria Fatima Bernardinelli Arraes de Oliveira afirmam que "O IED tem sido considerado como um importante canal para a transferência de tecnologia. Esta assertiva baseia-se em fatos que demonstram que as multinacionais podem ser importantes veículos para a transferência direta e indireta de tecnologia entre os países. A utilização de tecnologia mais avançada ou de inovação são características que muitas vezes se destacam nas empresas que realizam investimentos estrangeiros diretos.
O IED é também associado à difusão da tecnologia, que pode ocorrer de forma deliberada, quando a tecnologia é licenciada pela filial a uma empresa local, ou pode ser na forma de *technological spillover*, quando as atividades de uma multinacional geram benefícios para agentes econômicos locais além dos pretendidos pela multinacional. (...). Há estudos empíricos sobre o papel do IED no processo de transferência e difusão da tecnologia demonstrando que os investimentos podem realmente exercer o efeito de melhorar a eficiência das empresas locais. Essas pesquisas revelam que durante os primeiros anos após a sua comercialização, as tecnologias são introduzidas em maior escala através de multinacionais do que pelas exportações. Mais do que isso, há evidências de que, na maioria dos casos, a tecnologia transferida para as filiais é mais recente que a idade média da tecnologia vendida através das licenças ou *joint-ventures*". *In:* GREGORY; OLIVEIRA, 2005, p. 18.

[26] BRAGA, Rubens Lopes. Expandindo as exportações dos países em desenvolvimento numa economia globalizada. *Revista Brasileira de Comércio Exterior – RBCE, FUNCEX*, Rio de Janeiro, ano XIII, n. 60, p. 1-58, 1999. p. 67.

multinacionais produzindo a custos marginais inferiores do que as empresas domésticas têm um estímulo para aumentar a produção, atraindo para si a demanda outrora direcionada a estas. Isso fará com que as concorrentes do país hospedeiro reduzam sua produção, o que, caso possuam custos de produção fixos, elevará o seu custo médio. Ainda, à medida que a presença de multinacionais conduz à demanda por salários mais elevados na economia, isso elevará os custos das empresas.[27]

Tais fatores podem levar, eventualmente, ao fechamento de empresas locais, que se veem incapazes de arcar com os novos e mais elevados custos de produção.

Para José E. Alvarez, apesar de haver a possibilidade de externalidades negativas advirem do investimento estrangeiro direto, sua contribuição para o desenvolvimento econômico é inegável. Afirma ele:

> Até mesmo aqueles que questionam a extensão em que determinadas empresas contribuem ao desenvolvimento econômico de um Estado hospedeiro não negam que o ingresso de fluxos de IED permanece sendo o principal veículo para geração de crescimento em países menos desenvolvimentos ou que a atividade das cerca de 80.000 corporações transnacionais que controlam os ativos no exterior é crucial para a extração de recursos naturais, construção de infraestrutura e produção de bens e serviços – resumidamente, os fatores que fazem economias prosperarem.[28]

Sornarajah, não obstante reconhecer a existência de impactos positivos advindos do investimento estrangeiro, adota uma postura cética, quiçá pessimista, ao enumerar os impactos negativos que este pode ter sobre o país hospedeiro. Segundo ele,

> cada aspecto positivo do investimento estrangeiro possui também um aspecto negativo. Se o investimento estrangeiro proporciona transferência de tecnologia, é possível que essa tecnologia seja inapropriada por ser obsoleta. Ainda, há práticas restritivas que obrigam a compra de provisões do país investidor, restrições de caráter geográfico relacionadas a mercado e limitações à competitividade. Se há a criação de empregos, os salários são mais baixos e segundo um custo que não guarda proporção com o preço dos produtos fabricados. Se há melhoria na infraestrutura, esse é usualmente um custo arcado pelo Estado hospedeiro. A poluição do

---

[27] GÖRG *et al.*, 2005, p. 137-157, p.141-142.
[28] ALVAREZ, 2011, p. 17-18.

meio-ambiente e a tecnologia nociva também implicam custos ao país hospedeiro. (...) Uma premissa de que todo o investimento estrangeiro é uniformemente benéfico não é baseada em fundamentos seguros.[29]

Ao analisar as principais preocupações e fatores potencialmente negativos que permeiam a recepção do IED pelo Estado hospedeiro, Alvarez aponta serem estas, essencialmente, de ordem econômica, política e referentes à segurança nacional.[30]

Dentre as preocupações de ordem econômica enumera: aquela relacionada à importação de funcionários estrangeiros, em detrimento da mão de obra nacional; aquisição de bens por valores inferiores aos de mercado, ante a larga escala de sua produção, muitas vezes destinada ao exterior; a ameaça à indústria local, ante a maior concorrência e, muitas vezes, custo mais elevado de seus produtos, dada a menor escala de produção; o monopólio de determinados setores; a maior importação de insumos produzidos no exterior, influenciando negativamente a balança comercial do país-hospedeiro; e a transferência de valiosa tecnologia nacional para suas filiais no exterior.

No âmbito das preocupações políticas, inclui-se o temor de que as empresas estrangeiras podem vir a corromper políticos locais ou se intrometerem em assuntos nacionais; violar a legislação ou costumes locais; desrespeitar o meio ambiente; e minar certos grupos de interesse nacionais (como os sindicatos trabalhistas).

Quanto à segurança nacional, as apreensões incluem o temor de empresas estrangeiras controlarem ou comprometerem o acesso à tecnologia necessária à defesa nacional ou, ainda, que empresas estrangeiras, especialmente quando de propriedade ou controlada por governos estrangeiros ou fundos soberanos, constituam uma "quinta coluna" desleal ou subversiva no tecido social do país, atuando de modo a contribuir com os objetivos dos seus Estados de origem, ao invés de atuarem, meramente, segundo as regras de mercado.

O autor observa que estas preocupações não concernem a apenas países em desenvolvimento, mas também países desenvolvidos.[31]

Sornarajah, por sua vez, se preocupa, também, com a questão atinente à responsabilidade e práticas de governança corporativa das empresas estrangeiras investidoras em território nacional, relacionando a esse fator o desenvolvimento econômico. Aduz ele que, se uma

---

[29] SORNARAJAH, 2007, p. 263.
[30] ALVAREZ, 2011, p. 22-23.
[31] ALVAREZ, 2011, p. 22.

companhia não atua de modo responsável na condução de seus negócios, também não contribuirá para o desenvolvimento econômico do Estado hospedeiro.[32]

Ademais, note-se que um mesmo investimento pode ocasionar uma externalidade negativa em relação a um grupo de atores na arena econômica, porém externalidades positivas à economia do país hospedeiro como um todo, compreendidas num sentido mais amplo.[33] Nesse sentido, o ingresso de empresas estrangeiras numa determinada área em que venham a concorrer com empresas locais pode, a princípio, representar um risco às empresas domésticas, ante o aumento da competitividade. Todavia, isso pode ser benéfico ao consumidor, que, ante a concorrência, terá seu plexo de escolhas ampliado e poderá obter melhores preços no mercado. Poderá também ser positivo à própria indústria, especialmente no médio ou longo prazo, posto que buscará melhorar seus produtos e modernizar suas técnicas,[34] com vistas a concorrer em igualdade com as companhias estrangeiras.

Se até o momento se tratou, no que tange às externalidades positivas advindas do investimento estrangeiro, principalmente daquelas de ordem econômica, é válido ressaltar que essas são apenas um modo pelo qual o IED influencia a realidade do país hospedeiro, existindo externalidades ou *spillovers* de ordens diversas, como no âmbito social e ambiental, que podem assumir contornos bastante positivos.

Liesbeth Colen, Miet Maertens e Johan Swinnen observam a possibilidade de o IED ter reflexos no âmbito social, contribuindo para a redução de desigualdades sociais. "Desigualdades tendem a ser reduzidas quando o IED emprega abundantemente mão de obra pouco qualificada, como na agricultura, ou quando o impacto positivo no crescimento econômico se espalha por toda a economia".[35] Entretanto, considerando que a maior parte do investimento estrangeiro direto se dá nos centros urbanos, observa-se aí a redução de desigualdades somente quando a mão de obra em potencial possui um nível mínimo

---

[32] SORNARAJAH, 2007, p. 263.
[33] "Logo, mesmo se *spillovers* resultarem em um efeito distribucional negativo em relação a um grupo específico (por exemplo, aos acionistas de empresas locais, nesse caso), a economia local como um todo pode se beneficiar da presença de investidores estrangeiros". *In:* JAVORCIK; SPATAREANU, 2005, p.46.
[34] Segundo Beata Smarzynska Javorcik e Mariana Spatareanu, além dos *spillovers* relacionados à transferência de tecnologias, "outro tipo de *spillover* ocorre se a entrada da multinacional leva à mais severa competição no mercado do país hospedeiro e força as empresas locais a usar os recursos existentes de modo mais eficiente ou buscar novas tecnologias". *In:* JAVORCIK; SPATAREANU, 2005, p.47.
[35] COLEN *et al.*, 2013, p. 105.

de escolaridade, sendo, assim, aproveitada no novel investimento, recebendo melhores salários. Já quando há um grande contingente de trabalhadores sem formação básica, esses não costumam ser absorvidos pelos novos empreendimentos, agravando a distribuição desigual de renda, ao elevar salários num dado setor em relação aos salários de setores tradicionais.[36]

No que tange à relação entre investimento estrangeiro direto e desenvolvimento humano, há duas correntes que realizam análises opostas: uma realiza uma abordagem negativa, aduzindo que o investimento estrangeiro não contribui para o desenvolvimento, podendo, inclusive, lhe ser deletério; outra faz uma abordagem positiva, que compreende que as externalidades provocadas pelo investimento estrangeiro são benéficas ao desenvolvimento humano.

De acordo com a primeira corrente, as empresas estrangeiras tenderiam a alocar sua produção em países ou regiões onde os salários pagos aos empregados são baixos e os tributos e as regulamentações de ordem ambiental e trabalhista são fracos. Para não deixar de serem atrativos aos investidores, esses países em desenvolvimento seriam forçados a baixar seus *standards*. Ainda, muitas vezes governos corruptos seriam financiados por empresas para que estes atendessem os seus interesses.[37]

Já de acordo com a segunda linha, que parece mais condizente com a realidade presente, o investimento estrangeiro seria atraído não para os países nos quais os custos seriam os mais baixos, mas sim onde as possibilidades de lucro seriam maiores. Para tal, alguns fatores são relevantes, como o regime democrático – que costuma dar maior segurança à garantia dos direitos de propriedade do investidor – e mão de obra qualificada, que, não obstante demandar salários mais elevados, resulta em maior produtividade.[38] Ainda, as empresas transnacionais costumam se sentir mais atraídas por países respeitadores dos direitos humanos, posto que a produção em países violadores desses direitos pode vir a afetar negativamente a sua imagem pública e reputação, impactando negativamente as suas transações comerciais.[39]

---

[36] COLEN *et al.*, 2013, p. 105-106.
[37] *Ibid.*, p. 108.
[38] *Ibid.*, p. 109.
[39] "Segundo Spar a relação entre direitos humanos e IED mudou com o passar do tempo de algo mais pessimista para algo mais positivo. Essa mudança poderia, em primeiro lugar, ser associada com uma alteração, em paralelo, nos motivos e composição do IED. Inicialmente, o IED era impulsionado determinantemente pela busca por matérias primas, mão de obra barata e pouco qualificada e legislação em matéria social fraca. Empresas

Quanto ao legado do investimento estrangeiro direto nos países hospedeiros, este costuma ser positivo num sentido amplo, ao instituir uma cultura de governança corporativa, a qual tende a se espalhar às empresas locais, as quais tendem a elevar seus *standards*. Como explicam Lisbeth Colen, Miet Maertens e Johan Swinnen,

> investidores estrangeiros possuem grande interesse em preservar a reputação de sua marca. Especialmente quando empresas comercializam seus produtos em mercados de países desenvolvidos, elas são tidas como responsáveis não apenas pelo comportamento da própria companhia, mas também pelo de seus subcontratados locais. Redes de informação globais têm um papel bastante importante na absorção da ideia de "responsabilidade social corporativa" nas empresas multinacionais. Este 'fenômeno dos holofotes' auxilia ONGs a dirigir a atenção da mídia a malversações de empresas multinacionais, o que pode, assim, influenciar o comportamento do consumidor. Consequentemente, investidores estrangeiros trazem não somente capital e tecnologia, mas também uma cultura corporativa de padrões sociais e ambientais mais elevados para suas operações, em relação aos concorrentes locais. Logo, com o passar do tempo, o IED é uma força para elevar *standards* em países em desenvolvimento e criar uma 'escalada para o topo'.[40]

Outra consequência positiva, nesse mesmo contexto, é a redução da utilização de mão de obra infantil pelos subcontratados das empresas transnacionais, ante a fiscalização por estas realizada.

Quanto à relação com o meio ambiente, há indicadores de que as indústrias estrangeiras costumam, hoje, se preocupar com padrões mais elevados de preservação ambiental, além de serem energeticamente mais eficientes e utilizarem mais energia limpa do que usualmente o fazem as indústrias locais em países menos desenvolvidos e países

---

estrangeiras estavam preocupadas, primordialmente, em garantir acesso a esses recursos, o que seria mais facilmente obtido através de relações com governos (autoritários). Ainda assim, novos tipos de IED nos setores secundário e terciário requerem uma determinada qualidade de mão de obra, estando portanto, preocupadas com a qualidade de sua produção, o que os torna mais preocupadas com o treinamento, salários e condições de saúde de seus trabalhadores com o objetivo de aumentar a qualidade de sua produção. Uma segunda mudança para essa alteração de comportamento entre o investimento estrangeiro e os direitos humanos é atribuída ao impacto da revolução nos fluxos de informação e maiores preocupações de ordem ética e ambiental nos países consumidores. O fácil acesso e difusão da informação permite ONGs a direcionarem a atenção da mídia a práticas negativas em países em desenvolvimento. (...) Por meio do investimento estrangeiro, são promovidos nos países em desenvolvimento padrões éticos e ambientais". COLEN *et al.*, 2013, p. 113.

[40] COLEN *et al.*, 2013, p. 109-110.

em desenvolvimento. "Enquanto multinacionais têm sido acusadas de investirem em países em desenvolvimento para tirar vantagem das regulamentações ambientais mais fracas, mais recentemente têm sido vistas como líderes na introdução de boas práticas ambientais e tecnologias verdes em países em desenvolvimento".[41]

Não obstante, considerando o cenário exposto, faz-se necessário, ainda, ressaltar que as externalidades positivas e negativas decorrentes dos investimentos estrangeiros não se apresentam de modo uniforme nos diversos países, variando de acordo com a realidade específica de cada Estado – especialmente no atinente a recursos humanos, sistemas econômico e financeiro e questões de ordem político-institucional. As benesses que poderão resultar do IES não dependem, portanto, unicamente, do modo de atuação da empresa estrangeira. Como bem ponderam Olivier De Schitter, Johan Swinnen e Jan Wouters, a habilidade dos países hospedeiros para capturarem os benefícios do IED depende de fatores diversos, inclusive endógenos. Segundo eles,

> enquanto IED pode contribuir de modo relevante para o crescimento e redução da pobreza em países em desenvolvimento, é importante ter em mente a complexidade da relação entre investimento estrangeiro direto e desenvolvimento no atinente à atração de investidores. Certos tipos de IED criam empregos para os mais pobres, já outras espécies de investimento podem requerer um nível mínimo de tecnologia ou educação para que se adquira conhecimento das empresas estrangeiras, envolva-se em suas redes e absorva os empregos por elas ofertados.[42]

Outrossim, observa-se que, apesar da possibilidade de externalidades negativas, são muitas as potenciais externalidades positivas que podem advir do IED. Nesse esteio, é importante que o Estado hospedeiro, ao admitir um investidor estrangeiro, seja criterioso, buscando o investimento estrangeiro de qualidade – investimento este capaz de gerar o máximo de benefícios diretos e indiretos e o mínimo de externalidades negativas.

---

[41] *Ibid.*, p. 110.
[42] SCHITTER, Olivier De; SWINNEN, Johan; WOUTERS, Jan. *Foreign direct investment and human development*: the law and economics of international investment agreements. Abingdon: Routledge, 2013. p. 1-24. p. 2.

4.2.2 Os APPRIs e o desenvolvimento advindo do investimento estrangeiro direto

Peter Muchlinski,[43] ao analisar a relação entre investimento estrangeiro e desenvolvimento, compreende decorrerem dessa abordagem duas implicações centrais: (i) o dever de cooperação internacional decorrente do Direito Internacional, nos termos do que preceitua o artigo 56[44] da Carta da ONU, associado ao seu artigo 55;[45] e (ii) a existência de obrigações para os investidores privados.

O autor explica que o dever de cooperação entre os membros da ONU se estende às relações baseadas nos acordos de promoção e proteção recíproca de investimentos, uma vez que estes são documentos fundados no Direito Global[46] e devem refletir as suas políticas, mesmo que isso não esteja mencionado expressamente em muito dos APPRIs existentes. E afirma:

> Dada a lista de assuntos abarcados pelo disposto no Artigo 55, resta claro que países de origem e países hospedeiros podem, e de fato, devem cooperar *para criar um processo de investimento e regime regulatório que busque, tanto o quanto possível, abranger esses objetivos sociais mais largos.* Isso pode requerer o desenvolvimento de determinados *novos deveres de cooperação entre os países de origem junto àqueles dos países hospedeiros para proteger investidores e seus investimentos em novos APPRIs.*[47] (grifo nosso)

Observa-se, portanto, a importância – quiçá, necessidade – de os Estados trabalharem conjuntamente, num esforço cooperativo, na confecção dos acordos de promoção e proteção recíproca de investimentos, buscando beneficiar países desenvolvidos e em desenvolvimento,

---

[43] MUCHLINSKI, 2012, p. 187-188.
[44] Artigo 56. Para a realização dos propósitos enumerados no artigo 55, todos os Membros da Organização se comprometem a agir em cooperação com esta, em conjunto ou separadamente.
[45] Artigo 55. Com o fim de criar condições de estabilidade e bem-estar, necessárias às relações pacíficas e amistosas entre as Nações, baseadas no respeito ao princípio da igualdade de direitos e da autodeterminação dos povos, as Nações Unidas favorecerão:
a) níveis mais altos de vida, trabalho efetivo e condições de progresso e desenvolvimento econômico e social;
b) a solução dos problemas internacionais econômicos, sociais, sanitários e conexos; **a** *cooperação internacional*, de caráter cultural e educacional; e
c) o respeito universal e efetivo raça, sexo, língua ou religião (grifo nosso).
[46] A qual é tratada pelo autor como Direito Internacional, mas que, todavia, no presente trabalho é compreendida, na acepção ora tomada, como Direito Global.
[47] MUCHLINSKI, 2012, p. 188.

países que atuem mais efetivamente na exportação de investimentos e países que figurem mais usualmente no polo oposto, como receptores de investimentos. Essa racionalidade vai de encontro aos usuais modelos de tratados bilaterais de investimento, adotados por muitos Estados. Se por um lado reconhece-se o desenvolvimento como um dos objetivos das regulamentações em matéria de investimento estrangeiro, e que benefícios diversos podem dele advir, por outro lado, na prática, não raro, se observa uma dissociação entre o que consta nas declarações internacionais diversas e nos textos de acordos para proteção e promoção de investimentos: os modelos tradicionais de APPRIs costumam focar demasiadamente na proteção do investidor no território do país hospedeiro, cercando-o de garantias, e nada ou muito pouco dispor acerca de mecanismos que possam, potencialmente, fomentar o desenvolvimento dos Estados hospedeiros ou, mesmo, estimular a dita "reciprocidade" nas relações de investimento. Essa realidade é percebida por José E. Alvarez, ao analisar o modelo de BIT norte-americano:

> Em cada um desses casos, resta claro que os Estados Unidos são, relativamente falando, o exportador de capital e o seu parceiro no APPRI é o potencial receptor de capital norte-americano. Se esses tratados tivessem a real intenção de retificar essa situação – de assegurar maior fluxo de capital recíproco –, esperaríamos nós dispositivos impondo obrigações distintas aos Estados Unidos para 'encorajar' o fluxo de capital para, por exemplo, Granada. (...) nenhum desses tratados impõe qualquer obrigação específica aos Estados Unidos direcionada à promoção de maior cooperação econômica, estimulando o fluxo de capital privado, encorajando o desenvolvimento econômico ou maximizando a efetiva utilização de recursos econômicos.[48]

Ademais, a existência de modelos padrão de APPRIs, geralmente formatados por países desenvolvidos, sem a participação dos países partes em desenvolvimento ou menos desenvolvidos na sua formulação, acabam por replicar uma fórmula única a relações distintas, desconsiderando realidades sociais, econômicas e políticas locais. Assim, países em desenvolvimento acabam por ser, em geral, mais destinatários de normatividade do que agentes ativos na criação normativa. Esse fator é observado por Julio Faundez e Celine Tan, ao afirmarem:

---

[48] ALVAREZ, 2011, p. 96-97.

De fato, alguns argumentam que a maioria das regras contemporâneas de direito econômico internacional não são favoráveis ao desenvolvimento (*development friendly*), uma vez que são muito direcionadas a promover uma visão unilateral da globalização – consubstanciada no denominado Consenso de Washington –, a qual deve ser aplicada a todos os países em desenvolvimento, independentemente das condições econômicas, políticas e sociais locais. Sob essa visão, as regras de direito econômico internacional não conferem maior voz ativa aos Estados do mundo em desenvolvimento em determinar o conteúdo e a orientação do sistema econômico internacional, nem os empoderam para definir a direção de suas políticas econômicas.[49]

Para Julio Faundez, sob a perspectiva dos países em desenvolvimento, o sistema do Direito Internacional Econômico se mostra falho[50] e enumera algumas razões que justificam essa assertiva. No que concerne aos tratados bilaterais de investimento, aponta para a desigualdade real entre as partes celebrantes. Segundo ele,

> mesmo nos casos em que os países em desenvolvimento são formalmente iguais às partes adversas na formulação de normas de direito internacional econômico (como no caso dos tratados bilaterais de investimento entre países desenvolvidos e países em desenvolvimento), as obrigações recíprocas estabelecidas por esses tratados são, em verdade, amplamente desiguais. De fato, quando ambas as partes concordam em proteger o investimento dos nacionais da outra parte em seu território, em verdade, o investimento flui em apenas uma direção – do país desenvolvido para o país em desenvolvimento. Logo, as obrigações definidas pelo tratado, apesar de formalmente simétricas, asseguram que os *standards* de uma das partes sejam respeitados pela outra.[51]

---

[49] FAUNDEZ, Julio; TAN, Celine. *International economic law, globalization and developing countries*. Northampton: Edward Elgar Publishing, 2012. p. 2.

[50] A constatação é endossada por Olivier de Schutter, Johan Swinnen e Jan Wouters, ao afirmarem que os "APPRIs celebrados em grande número no final dos anos 1980 e 1990 nem sempre cumpriram as promessas a que se propuseram. Ao invés, governos podem ter, gradualmente, percebido que os acordos eram severamente desbalanceados em favor dos direitos dos investidores". *In*: SCHUTTER, Olivier de; SWINNEN, Johan; WOUTERS, Jan. Foreign direct investment and human development. *In*: SCHUTTER, Olivier De; SWINNEN, Johan; WOUTERS, Jan. *Foreign direct investment and human development*: the law and economics of international investment agreements. Abingdon: Routledge, 2013. p. 1-24. p. 5.

[51] FAUNDEZ, Julio. International economic law and development: before and after neo-liberalism. *In*: FAUNDEZ, Julio; TAN, Celine (coord.). *International economic law, globalization and developing countries*. Northampton: Edward Elgar Publishing, 2012. p.10-33, p.24.

Nesse contexto, Sornarajah levanta a preocupação quanto ao fato de a ênfase na proteção dos direitos do investidor por meio dos APPRIs ter, possivelmente, despido os Estados hospedeiros de garantias da proteção de interesses que lhes são relevantes, o que minaria, até mesmo, a legitimidade desses tratados e sua longevidade. Segundo ele,

> a questão agora é se tem havido um movimento demasiado rápido em favor da proteção dos direitos do investidor, sem que fossem atendidos os interesses do Estado hospedeiro, suas preocupações ambientais e outros interesses. Uma reação ocorrerá se houver um movimento em favor da proteção sem que sejam violadas as válidas preocupações daqueles que defendem a causa da proteção do meio ambiente, dos direitos humanos e do desenvolvimento econômico. A não ser que os tratados de investimento venham a refletir um balanço entre os direitos dos investidores estrangeiros e as preocupações de caráter regulatório dos Estados hospedeiros, sua viabilidade futura continuará a ser contestada.

Compreendendo a importância dos acordos de proteção e promoção de investimento para os países menos desenvolvidos e em desenvolvimento quando estes tomam em consideração, de modo equilibrado, os interesses de todas as partes signatárias, cabe pensarmos um modelo de instrumento que busque preservar, também, os interesses e aspirações dos Estados hospedeiros, ao lado dos do investidor, para que se possa, de fato, fomentar o almejado desenvolvimento. Cabe a proteção do investimento de qualidade, de modo a obter-se uma configuração em que as duas partes – investidor e Estado hospedeiro – auferem benefícios, atuando como parceiros, e não como antagonistas.

4.2.3 A modulação dos APPRIs e a persecução do investimento estrangeiro de qualidade

É de fundamental importância que, ao admitir o ingresso de investimento estrangeiro em território pátrio, sejam avaliados os efeitos que tal investimento proporcionará, tanto no curto quanto no longo prazo: se ele influencia positivamente na cadeia produtiva, estimulando o desenvolvimento de outros setores da indústria nacional; a criação de postos de trabalho para a população local dele advinda; a arrecadação de tributos decorrentes da instalação da empresa estrangeira em território nacional; a possível transferência de tecnologia da empresa estrangeira para a indústria local; a preservação do meio ambiente e garantia dos direitos humanos no país hospedeiro, dentre outros fatores.

Ademais, não é interessante ao país hospedeiro flexibilizar demasiadamente suas regulamentações locais ou conferir proteções excessivas, até mesmo limitando a concorrência com o mercado interno, para se tornar atrativo ao investidor estrangeiro.[52] Ele deve impor parâmetros ou condições mínimas ao investidor para a admissibilidade do investimento. Tais fatores condicionantes devem ser razoáveis, de modo a não obstar por completo a presença de investidores que poderiam trazer externalidades positivas em território nacional. Ainda assim, trata-se de um juízo discricionário e legítimo do país hospedeiro em potencial, decorrente de sua soberania.

Alvarez observa que

> mesmo cidadãos de nações ricas consideram que as decisões quanto à entrada de empresas estrangeiras e quanto a como tratar tais 'hóspedes' após sua chegada equivalem a, por exemplo, as decisões de permitir ou tratar qualquer sujeito alienígena que almeja adentrar no país, sendo questões que cada nação deveria decidir autonomamente. A maioria dos governos, inclusive aqueles da Europa e dos Estados Unidos, acreditam que é um direito fundamental dos soberanos decidir quem adentra as suas fronteiras e porque motivo – e esse direito básico do ente estatal não é alterado simplesmente porque alguns daqueles buscando adentrar seu território oferecem a perspectiva de trazer capital considerável.[53]

Ademais, os sujeitos que devem ser tidos em consideração ao se decidir pela recepção ou não de investimentos estrangeiros são diversos, não se limitando apenas à figura do ente estatal – seja ele o Estado hospedeiro, seja ele o Estado de origem – e à dos investidores. Não somente esses devem ser considerados *stakeholders*, enquanto titulares de interesse, no processo de investimento, mas também as comunidades locais onde o investimento em questão será realizado.[54] Isso significa

---

[52] Conforme Theodore H. Moran, Edward M. Graham e Magnus Blomström, "não é do interesse dos países em desenvolvimento ter IED que dependa de restrições ao comércio e/ou proteção da competição para sua sobrevivência". MORAN, Theodore H.; GRAHAM, Edward M.; BLOMSTRÖM, Magnus. Conclusions and implications for FDI policy in developing countries, new methods of research, and a future research agenda. *In*: MORAN, Theodore H.; GRAHAM, Edward M.; BLOMSTRÖM, Magnus. *Does foreign direct investment promote development?* Washington D. C.: Institute for international economics, 2005. p. 375-395. p. 383.
[53] ALVAREZ, 2011, p. 22.
[54] MUCHLINSKI, 2012, p. 190.

que as suas singularidades e necessidades devem ser tomadas em consideração quando da realização de um investimento, buscando-se, por meio deste, afetá-la positivamente, criando-se externalidades favoráveis ao seu desenvolvimento. Nesse diapasão, o autor ressalta que o dever de proteger os interesses de comunidades locais é do Estado hospedeiro, o qual poderá consignar obrigações ao Estado de origem e a seus investidores.

De acordo com a Conferência das Nações Unidas sobre Comércio e Desenvolvimento (UNCTAD), para que um país em desenvolvimento, na qualidade de hospedeiro de investimentos estrangeiros, seja capaz, de modo efetivo, de maximizar os benefícios advindos destes, deverá ele criar políticas adicionais àquelas presentes no APPRI, condicionantes do investimento, como, por exemplo, requisitos de performance e incentivos à transferência de tecnologia.

Para tal, faz-se necessária a criação de regulamentos internos disciplinadores de tais condicionamentos, permitindo ao investidor ter pleno conhecimento das condições a que ele e o investimento a ser realizado estarão sujeitos. Podem também estar presentes em contratos celebrados entre Estado e investidor estrangeiro, nas situações em que o primeiro atuar como contratante, além de sua posição de Estado hospedeiro.

A possibilidade de formulação de regulamentações dessa espécie decorre da soberania do Estado. Entretanto, é possível que venham a violar o acordo de proteção e promoção de investimentos subjacente, ante a criação de limitações novas ao investidor, além de, possivelmente, assumirem caráter discriminatório e violarem o princípio do tratamento nacional, dentre outros.

Com o intuito de mitigar tal risco e considerando os diversos fatores envolvidos, Peter Muchlinski sugere que os APPRIs possuam alguma margem de flexibilidade, com o objetivo de poderem ser a eles adaptada essa espécie de regulamentação.

> Tal flexibilidade pode ser introduzida pela forma de determinadas mudanças de abordagem na redação dos APPRIs, incluindo declarações preambulares voltadas ao desenvolvimento, um grau de tratamento especial e diferenciado a países em desenvolvimento partes do acordo, dispositivos substantivos redigidos de modo a permitir o reconhecimento de considerações especiais a países em desenvolvimento, incluindo o uso de cláusulas excepcionais e variações na força normativa de determinadas obrigações, a introdução de mecanismos por meio dos

quais preocupações com o desenvolvimento possam ser articuladas, como comissões intergovernamentais e mecanismos de interpretação.[55]

Nesse esteio, cabe serem fixadas obrigações ao investidor no país hospedeiro, com vistas a colaborar para a promoção do seu desenvolvimento.

Tal preocupação já foi objeto da Organização para Cooperação e Desenvolvimento Econômico, que, em suas diretrizes para empresas multinacionais, enumera uma série de obrigações aplicáveis a estas, dentre as quais:

1. Contribuir para o progresso econômico, social e ambiental com o propósito de chegar ao desenvolvimento sustentável.
2. Respeitar os direitos humanos daqueles envolvidos nas atividades destas empresas, consistentes com as obrigações e os compromissos internacionais do governo hóspede.
3. Estimular o fortalecimento das capacidades locais, através de uma estreita coope ração com a comunidade local, incluindo interesses empresariais, bem como a expansão das atividades da empresa nos mercados doméstico e internacional, compatíveis com a necessidade de boas práticas comerciais.
4. Incentivar a formação do capital humano, criando em particular oportunidades de empregos e facilitando o acesso dos trabalhadores à formação profissional.
5. Abster-se de procurar ou aceitar isenções que não constem do quadro estatutário ou regulamentar em relação ao meio ambiente, à saúde, à segurança, ao trabalho, aos impostos, aos incentivos financeiros ou a outras questões.[56]

O Instituto Internacional para o Desenvolvimento Sustentável, por sua vez, desenvolveu um "Modelo de Acordo Internacional de Investimentos para o Desenvolvimento Sustentável",[57] com vistas a tornar mais factível o desenvolvimento do país hospedeiro como consequência do investimento estrangeiro.[58]

---

[55] MUCHLINSKI, 2012, p. 192.
[56] OECD GUIDELINES FOR MULTINATIONAL ENTERPRISES, 2000, p. 8-9.
[57] IISD Model International Agreement on Investment for Sustainable Development, 2005.
[58] Ao formular tal modelo, o IISD tem como objetivo declarado o desenvolvimento de uma agenda negocial positiva, a qual deverá:
- reconhecer que um acordo de investimento diz respeito, fundamentalmente, a boa governança, aplicando a concepção de boa governança ao próprio acordo;
- garantir que os direitos do investidor e bem públicos serão protegidos de maneira legítima, transparente e responsável;

Para tal, altera o foco dos tradicionais acordos de promoção e proteção do investimento típicos do século XX, que concentram a maior parte dos deveres nos Estados hospedeiros, como forma de prover o investimento e o investidor de maior segurança, e dá ênfase às obrigações do investidor em relação a seu investimento junto ao Estado hospedeiro. Também cria deveres aos Estados de origem do investimento, signatários de APPRIs. Ou seja, não obstante os deveres tradicionais dos Estados hospedeiros, os demais atores são também dotados de incumbências, com o objetivo de fomentar o desenvolvimento dos Estados hospedeiros. É certo que essas obrigações, contudo, não devem alijar as partes de seus direitos, os quais devem ser, paralelamente, preservados. Nesse esteio, a leitura e interpretação do acordo de proteção e promoção do investimento em questão deve se dar à luz dos princípios reitores do Direito do Investimento Estrangeiro.

Dentre as obrigações declaradamente atribuídas ao investidor tem-se aquela do artigo 11 (C), o qual dispõe:

> Artigo 11 (...)
> (C) Investidores e investimento deverão se esforçar, por meio de suas políticas e práticas de gestão, para contribuir aos objetivos de desenvolvimento dos Estados hospedeiros e dos níveis locais de governo onde o investimento está situado.

Ao explicarem o dispositivo e sua motivação, os redatores do modelo de acordo afirmam que

> O parágrafo (C) adiciona um dever geral de os investidores contribuírem para o Estado-hospedeiro e para a comunidade local de modo consoante aos seus objetivos de desenvolvimento. A referência às políticas e práticas de gestão significa ir além da mera criação de empregos, que é, obviamente, importante, considerando o planejamento e os objetivos

---

- estabelecer as aspirações dos países em desenvolvimento e a promoção do desenvolvimento sustentável global como um objetivo claro do acordo internacional;
- conter dispositivos que balanceiem os direitos do investidor com um novo conjunto de responsabilidades voluntárias e vinculantes a ele atribuídas, e com obrigações para ambos Estado hospedeiro e Estado de origem;
- definir propostas específicas para estabelecer um processo de resolução de controvérsias que corrija o que é, atualmente, um processo de arbitragem Estado-investidor falido;
- desenvolver uma compreensão acerca da necessidade de financiamento adequado;
- estabelecer um arcabouço institucional que permita a evolução do regime fundado em seus sucessos e fracassos. (*In:* COSBEY, Aaron *et al. IISD Model International Agreement on Investment for Sustainable Development – Negotiator's Handbook.* 2. ed. Winnipeg: International Institute for Sustainable Development, 2006. p. XI).

de desenvolvimento do Estado hospedeiro, bem como instrumentos potencialmente mais abrangentes, como os Objetivos de Desenvolvimento do Milênio.[59]

Enfatizam, todavia, que não se está ali a tratar da consecução do desenvolvimento como um resultado necessário, mas sim de um esforço nesse sentido – trata-se de um dispositivo "aspiracional". Logo, afasta a possibilidade do surgimento de uma disputa ou controvérsia advinda do tema.[60]

O artigo 12, por sua vez, sugere que sejam fixadas obrigações prévias ao ingresso do investimento estrangeiro no país hospedeiro, dentre as quais a avaliação dos impactos sociais que este terá sobre a comunidade local e o Estado hospedeiro, informando-a deles, previamente à decisão de admissão do investimento. Aaron Cosbey, Howard Mann, Konrad Von Moltke e Luke Eric Peterson[61] explicam que essa obrigação mínima pretende garantir que as comunidades serão devidamente informadas sobre atividades potenciais em sua região, podendo se manifestar a respeito se necessário. Essa divulgação inicial de informação seria um elemento base para a criação de fortes relações entre investidor e comunidade local. Enfatizam que, entretanto, o dever não demanda procedimentos formais, como audiências públicas, não obstante tal prática ser, eventualmente, imposta ao Estado hospedeiro pela sua legislação doméstica.

Dever interessante imposto aos investidores se refere à vedação a práticas corruptas – seja na posição de sujeito ativo, seja enquanto cúmplice –, sendo que, o investidor incorrendo em ato dessa espécie, ser-lhe-á vedada a utilização do sistema de resolução de controvérsias, como dispõe o artigo 18.[62]

Outros deveres se relacionam à proteção do meio ambiente, promoção dos direitos humanos, governança corporativa e responsabilidade social.

---

[59] COSBEY et al., 2006, p. 22.
[60] COSBEY et al., 2006, p. 22.
[61] Ibid., p. 24.
[62] Segundo Aaron Cosbey, Howard Mann, Konrad von Moltke e Luke Eric Peterson, "Para qualquer violação do dever anticorrupção de um investidor ou investimento, o direito de fazer uso do processo de resolução de controvérsias Estado-investidor poderá ser vetado por um tribunal. (...) Nós acreditamos que isso é, hoje, necessário para colaborar para que se elimine o flagelo que se tornou a corrupção (...). Nós acreditamos que qualquer tolerância a essas práticas deve ser claramente eliminada do sistema". Ibid., p. 29.

Já dentre os direitos conferidos aos Estados hospedeiros, o artigo 25 (B) prevê o de o Estado adotar medidas regulatórias para garantir que o desenvolvimento em seu território será consoante aos objetivos e princípios de desenvolvimento sustentável e a outros objetivos sociais e de política econômica.

O artigo seguinte se refere à possibilidade de o Estado hospedeiro estabelecer requisitos de performance ao investidor, almejando a promoção do desenvolvimento em seu território como consequência do investimento. Tais condições devem ser estabelecidas previamente à realização do investimento. Algumas dessas, conforme enumera o dispositivo, de modo não exaustivo, seriam:

– exportar uma determinada quantia ou percentual em bens e serviços;
– atingir uma determinada quantidade ou percentual de conteúdo doméstico;
– adquirir, utilizar ou conceder preferência a bens produzidos ou serviços providos por sujeitos situados no território do Estado hospedeiro;
– relacionar o volume ou valor das importações ao volume e valor das exportações ou ao montante do fluxo de divisas associados ao investimento em questão.

O dispositivo é polêmico,[63] ao sugerir a imposição de uma diversidade de ônus ao investidor, sob o argumento de fomentar o desenvolvimento do país hospedeiro.

Aparentemente, ele violaria o princípio do tratamento nacional e da nação mais favorecida. A inserção de modo expresso de disposição dessa espécie num acordo de investimento parece ter como objetivo autorizar o afastamento de tais princípios. Se por um lado a ideia parece, a partir de um primeiro olhar, violar a lógica que opera sobre o Direito do Investimento Estrangeiro – de ordem principiológica, segundo a qual os princípios aplicáveis devem nortear toda a normatividade concernente à matéria –, por outro, sendo tais requisitos de performance motivados

---

[63] Não obstante a inserção do dispositivo no modelo de tratado de investimento, os seus autores reconhecem as dificuldades que o permeiam, ao afirmarem: "o artigo 26 aborda um tema altamente controverso: se os acordos de investimento poderiam barrar os denominados 'requisitos de performance' criados para promover o desenvolvimento doméstico por meio de relações entre o investimento estrangeiro e a economia do Estado hospedeiro. Por exemplo, poderia um Estado- hospedeiro requerer que um investidor estrangeiro adquirisse XX por cento de seus insumos de fontes domésticas? Muitos acordos de investimento proibiram essas medidas. A maioria não. Esse texto sugere que elas não devem ser vetadas". COSBEY et al., 2006, p. 39.

e razoáveis, é possível compreender a ausência de violação: estariam a prevalecer, no caso, os princípios da razoabilidade e da motivação, com o escopo de se atingir um objetivo de alta relevância – o desenvolvimento do país hospedeiro, um dos escopos dos APPRIs.

Howard Mann, Konrad Von Moltke, Luke Eric Peterson e Aaron Cosbey explicam o conteúdo e a operacionalidade desse artigo:

> a abordagem aqui é de permitir expressamente a adoção de tais medidas, e de isentá-las de caracterizarem violação do Acordo por meio de provisão que considera as mesmas em conformidade com este. Entretanto, isso se aplica apenas às medidas adotadas anteriormente a todas as formalidades ou requisitos ao completo estabelecimento do investimento. Após, as medidas estarão plenamente sujeitas a todas as obrigações do Acordo. A razão para tal é a justiça: anteriormente a um investimento começar a se estabelecer de fato, os investidores possuem opções de mercado para decidir onde alocar o seu investimento. Quando todas as condições forem conhecidas, o investidor fará a sua escolha. Até esse momento, os requisitos de performance e a transformação econômica promovida pelo investidor estrangeiro aos atores econômicos locais serão, então, parte do processo decisório. Esse mesmo processo decisório econômico irá garantir que os Estados hospedeiros atuem com moderação e propósitos claros nessa área.
>
> Uma vez que requisitos de performance podem impactar de modo significativo a economia do investidor, alterá-los após o fato seria alterar a decisão subjacente ao investimento, uma decisão usualmente adotada ante consulta ao Estado hospedeiro. Como os fatores motivadores de tais medidas devem ser conhecidos anteriormente ao investimento, a alteração subsequente na economia de um investimento em relação a outros atores situados no Estado hospedeiro merece a cobertura do Acordo, em justeza ao investidor.[64]

Nesse contexto, busca-se garantir ao Estado hospedeiro o direito de regular o investimento que ingressa em seu território, focando em seus próprios objetivos e prioridades,[65] ao mesmo tempo em que são respeitados os direitos do investidor e lhe provê de garantias capazes

---

[64] COSBEY et al., 2006, p. 39-40.
[65] Como observa Peter Muchlinski, o modelo sugerido pelo International Institute for Sustainable Development leva em consideração o direito de o Estado hospedeiro perseguir seus objetivos e prioridades próprios, associados a seu desenvolvimento, em consonância com o Direito costumeiro e aos princípios de Direito Internacional. In: MUCHLINSKI, 2012, p. 199.

de estimular o ingresso de investimentos, sempre em consonância com os princípios aplicáveis ao Direito do Investimento.

Ademais, os acordos de proteção e promoção recíproca de investimentos devem fazer jus à nomenclatura de sua instituição – ou seja: buscar a promoção de investimentos recíprocos, de modo que não tão somente países que ocupam, tradicionalmente, a posição de investidor – usualmente, países desenvolvidos – venham deles se beneficiar, mas que, também, os países ocupantes do outro polo da relação sejam instigados a, e tenham a possibilidade de, efetivamente, assumirem a posição de investidores, o que pode vir a ser benéfico ao seu desenvolvimento. Nesse esteio é de grande importância a atuação cooperativa dos diversos Estados, propugnada pela ONU e mencionada anteriormente nesse capítulo, na redação desses documentos, com a participação ativa daqueles Estados tidos tradicionalmente como Estados hospedeiros, com vistas à preservação de seus interesses e a criarem bases estimulantes e seguras para se posicionarem também como investidores.

Ante o exposto, podem-se formular algumas sugestões quanto a dispositivos a serem inseridos nos acordos de promoção e proteção recíproca de investimentos, de modo que os Estados hospedeiros, em especial aqueles menos desenvolvidos e em desenvolvimento, possam auferir o máximo de benefícios desses instrumentos, quais sejam:

– disposições concernentes à transferência de tecnologia ao Estado hospedeiro;
– disposições concernentes à aquisição de um determinado percentual de insumos da indústria local do país hospedeiro;
– disposições versando sobre a cooperação econômica entre os signatários do APPRI, com vistas a estimular o fluxo de capitais privados, encorajar o desenvolvimento econômico ou maximizar a efetiva utilização dos recursos econômicos;[66]
– disposições concernentes à proteção do meio ambiente e dos direitos humanos;
– disposições versando sobre o compromisso do investidor com a observância de princípios e diretrizes que busquem promover objetivos ou padrões de desenvolvimento sustentável;
– disposições versando sobre responsabilidade social corporativa;

---

[66] ALVAREZ, 2011, p. 96-97.

- disposições que digam respeito à instituição de políticas e práticas que visem criar estímulos ao investimento estrangeiro direto que contemplem ambos os lados do acordo;
- disposições versando sobre o incentivo à concessão de maiores auxílios financeiros ao Estado parceiro ou o compromisso de se votar favoravelmente quanto a empréstimos do Banco Mundial ao país parceiro;[67]
- tomar em consideração a realidade local em que será realizado o investimento, buscando criar impactos positivos ali;
- inserção de uma cláusula guarda-chuva de "mão dupla", que requeira que tanto o país receptor quanto o investidor observem suas obrigações específicas em relação aos seus investimentos, incluindo qualquer compromisso relacionado com o desenvolvimento sustentável, sob qualquer contrato de investimento concluído entre o investidor e o Estado hospedeiro;[68]
- inserção de uma cláusula que condicione o acesso do investidor aos mecanismos de resolução de conflitos entre Estado e investidor (arbitragem de investimento, por exemplo) ao cumprimento de suas obrigações, na forma do APPRI, e/ou que preveja um mecanismo de reconvenção para o Estado hospedeiro contra um investidor que tenha feito uma reivindicação referente ao investimento internacional, tendo ele anteriormente violado um dever.[69]

Nessa toada, são interessantes os ensinamentos de Peter Muchlinski, ao ponderar que "as novas gerações de APPRIs deverão rever o equilíbrio entre os direitos e responsabilidades dos investidores, paralelamente às já existentes responsabilidades dos Estados hospedeiros. Ademais, os Estados de origem deverão ter responsabilidades para garantir o fluxo adequado de investimentos para os países em desenvolvimento e fiscalizar o comportamento de seus investidores".[70]

---

[67] Idem.
[68] GAFFNEY, John; SARVANANTHAM, Janani. Achieving sustainable development objectives in international investment: Could future IIAs impose sustainable development-related obligations on investors? *Columbia FDI Perspectives*, New York, n. 108, Nov. 2013. Disponível em: www.ccsi.columbia.edu. Acesso em: 15 abr. 2015.
[69] Nesse sentido, John Gaffney e Janani Sarvanantham afirmam que a primeira possibilidade poderia servir para excluir reclamações referentes a investimentos que desrespeitaram obrigações relacionadas ao desenvolvimento sustentável, enquanto a segunda habilitaria o Estado hospedeiro a obter reparação quanto a violações sofridas como o resultado do não cumprimento dessas obrigações pelo investidor. *Idem*.
[70] MUCHLINSKI, 2012, p. 181.

Partindo-se da possibilidade de o Estado hospedeiro fazer uso de seu poder discricionário decorrente de sua condição de soberano para decidir sobre os investimentos que adentrarão seu território, cabe um exame quanto a que investimentos lhe seriam mais benéficos e interessantes. Nessa égide, que se fala em investimento estrangeiro de qualidade.

O IED de qualidade é aquele que, não obstante seu objeto principal, traz a maior quantidade de externalidades positivas ao Estado hospedeiro e o mínimo de externalidades negativas, tendo impacto relevante para o seu desenvolvimento, em sentido amplo.

São características suas, portanto – não necessariamente de modo concomitante – a criação de novos postos de trabalhos, o estímulo da indústria local, a partir da aquisição de insumos e da prestação de serviços, a transferência de novas tecnologias ao Estado hospedeiro, a arrecadação de tributos, dentre outros fatores. Ademais, podem implicar melhorias da condição de vida da população do Estado em que fora alocado, como decorrência de seu objeto propriamente dito. Isso é observável de modo bastante claro no que tange aos investimentos em infraestrutura.

4.3 Investimento em infraestrutura e desenvolvimento

A infraestrutura é um meio para o atingimento de fins diversos, dentre os quais a promoção do desenvolvimento econômico (a partir do crescimento econômico) e social (a partir da construção de bens e possibilidade de prestação de serviços que beneficiam a população de um dado local).[71]

---

[71] Nesse sentido afirmam César Caldeón e Luiz Sérven que "obviamente, a partir da perspectiva do crescimento e desenvolvimento, o gasto em infraestrutura não é um fim em si mesmo; o que importa é a sua tradução em bens e serviços de infraestrutura que fazem expandir o crescimento e o bem-estar social". CALDERÓN. César; SÉRVEN, Luis. Infrastructure in Latin America. *World Bank Policy Research Working Paper n. 5317.* May, p. 1-52, 2010. p. 24. Paralelamente, Amar Bhattacharya, Mattia Romani e Nicholas Stern afirmam que "há grandes evidências de que o desenvolvimento de infraestrutura pode aumentar o crescimento econômico e reduzir os níveis de desigualdade". BHATTACHARYA, Amar; ROMANI, Mattia; STERN, Nicholas. Infrastructure for development: meeting the challenge. *Policy Paper 2012.* Centre for Climate Change, Economics, and Policy; Grantham Research Institute on Climate Change and Environment and Intergovernmental Group of Twenty Four, p. 8.

É certo que a prestação de serviços de saneamento básico à população, uma boa rede logística, capaz de integrar as diversas regiões de um país, redes de energia elétrica e de telecomunicações eficientes trazem benefícios diretos às comunidades locais e à indústria. Não obstante, impulsionam o crescimento econômico, ao tornar o país mais atrativo aos investidores – nacionais e estrangeiros, o que pode implicar outras externalidades positivas sociais, como já debatido no presente capítulo.

De acordo com César Calderón e Luis Sérven,[72] são alguns efeitos do investimento em infraestrutura:
- o volume de infraestrutura existente num dado Estado exerce impacto positivo no seu crescimento a longo prazo;
- as desigualdades tendem a diminuir com a expansão quantitativa e qualitativa da infraestrutura e serviços correlatos;
- o desenvolvimento de infraestrutura pode ser um instrumento para redução da pobreza – além de aumentar o nível de renda da população como um todo, contribui para o crescimento da renda da população pobre mais do que proporcionalmente.[73]

Christine Kessides[74] também reconhece impactos de ordem econômica e social decorrentes.

No âmbito econômico,[75] observa, em primeiro lugar, a redução dos custos de produção. Consequentemente, a infraestrutura afeta a

---

[72] CALDERÓN, César; SERVÉN, Luis. The effects of infrastructure development on growth and income distribution. *Documento de Trabajo*, n. 270, p. 25-26, Sept. 2004. Disponível em: dialnet.unirioja.es/descarga/articulo/964873.pdf. Acesso em: 25 abr. 2015.

[73] Nesse contexto, André Castro Carvalho observa que a redução das desigualdades sociais decorrentes das melhorias em infraestrutura não significa, necessariamente, distribuição de renda. Afirma ele: "É, portanto, factível conceber-se a infraestrutura como um mecanismo redutor das desigualdades sociais, aumentando as oportunidades e mitigando as diferenças entre os estratos sociais – mas não necessariamente se traduzindo em distribuição de renda, relação que nem sempre é consequência natural dos investimentos em infraestrutura". CARVALHO, André Castro. *Direito da infraestrutura*: perspectiva pública. São Paulo: Quartier Latin, 2014. p. 273. Em sentido diverso, afirma relatório do Banco Mundial que "uma expansão nos estoques de infraestrutura pode contribuir para melhores oportunidades econômicas para os pobres e melhor distribuição de renda". *In:* Banco Mundial. *Como revitalizar os investimentos em infraestrutura no Brasil: políticas públicas para uma melhor participação do setor privado.* v. I.: relatório principal. Washington: Banco Mundial, 2007. p. 24.

[74] KESSIDES, Christine. The contributions of infrastructure to economic development: a review of experience and policy implications. *World Bank Discussion Papers*, n, 213. Sept. p. IX-X, 1993.

[75] Conforme explicam Pedro Cavalcanti Ferreira e João Mário Santos de França, "a ligação entre infraestrutura e crescimento econômico, olhando acriticamente a vasta literatura recente sobre o tema, está bem estabelecida tanto a nível empírico quanto teórico. O capital em infraestrutura afeta o retorno dos insumos privados e desta forma estimularia investimento e trabalho. O mecanismo de transmissão é simples. Para uma dada quantidade

lucratividade, os níveis de produção, os rendimentos e o emprego. Também são reduzidos os custos de transação nas relações comerciais. Já no âmbito do comércio internacional, as empresas nacionais passam a ter, consequentemente, a sua competitividade aumentada, à medida que são reduzidos os custos com logística, por exemplo. Em segundo lugar, o investimento em infraestrutura proporciona impacto estrutural na demanda e na oferta, com a facilitação do acesso a um mercado mais vasto, inclusive por meio do uso das telecomunicações e tecnologia da informação.

> Para as empresas, os serviços oriundos do investimento em infraestrutura leva ao crescimento da produção em dois sentidos:
> (i) Serviços de infraestrutura, como transporte, água, eletricidade, são insumos para a produção, e qualquer redução no custo de insumos aumenta a lucratividade da produção, permitindo mais altos níveis de produção, renda e/ou emprego;
> (ii) Serviços de infraestrutura elevam a produtividade de outros fatores (mão de obra e outros capitais) – por exemplo, ao permitir a transição do trabalho manual ao maquinário elétrico, reduzindo o tempo de deslocamento dos trabalhadores e melhorando os fluxos de informação através da troca de informações por meio eletrônico. A existência de infraestrutura numa dada localidade pode atrair fluxos de recursos adicionais (investimento privado "crowding-in"); isso pode levar a custos fatoriais e de transação reduzidos. As resultantes "economias da aglomeração" são a grande vantagem da urbanização. Entretanto, quando a infraestrutura disponível se torna congestionada ou começa a criar impacto predominantemente negativo no meio-ambiente, a qualidade dos serviços declina e a sua contribuição para a produtividade sofre.[76]

Infraestruturas adequadas também têm impactos relevantes na inserção de um país no mercado internacional, bem como na atração de investidores estrangeiros, além do estímulo ao investimento nacional.

---

de fatores privados, melhores estradas, energia e comunicação abundantes e baratas elevam o produto final e consequentemente implicam em maior produtividade dos fatores privados e reduzem o custo por unidade de insumo. A maior produtividade, por sua vez, se traduz em elevação da remuneração dos fatores o que estimula o investimento e o emprego. Infraestrutura pode também provocar um 'crowding in' na medida em que dá condições para o investimento privado se instalar". *In*: FERREIRA, Pedro Cavalcanti; FRANÇA, João Mário Santos de. *Um estudo sobre infraestrutura*: impactos produtivos, cooperação público-privada e desempenho recente na América Latina, 2004, Survey apresentado à CEPAL, p. 5. Disponível em: www.fgv.br/professor/ferreira/InfraAmeLatCepal.pdf. Acesso em: 5 set. 2015.

[76] KESSIDES, 1993, p. 2.

A existência de uma boa rede de logística, dotada de grande eficiência, permite que os bens transitem mais rapidamente de um local para o outro – seja entre indústrias, seja entre indústria e consumidor. Hoje, em decorrência de uma constante busca pela redução de custos, não raro empresas utilizam no processo produtivo componentes fabricados em localidades diversas, tornando necessária uma logística adequada para que sua produção seja viável.

A luta por novos mercados de exportação é ainda mais dependente da infraestrutura. Nas últimas duas décadas, a maior globalização e a intensificada competição no comércio internacional resultou não apenas da liberalização de políticas comerciais em muitos países, mas também de grandes avanços na comunicação, transporte e tecnologias de armazenagem. Esses desenvolvimentos transformaram a tradicional organização da produção e mercado para focar no gerenciamento da logística para se obter economia de custos em estoque e capital de giro e permitir rápida resposta às mudanças nas demandas do consumidor.[77]

Ainda, a eficiência do processo produtivo demanda a existência de uma boa rede elétrica. Cortes de energia implicam perda de produtividade e elevação do custo de produção de bens. Da mesma forma o fazem oscilações na rede elétrica, as quais podem ocasionar danos em equipamentos, implicando prejuízos à empresa e consequente aumento dos custos de produção.

As telecomunicações também têm um papel importante nesse cenário. Ao permitir a comunicação rápida e eficiente, podem reduzir custos logísticos, tornando desnecessários deslocamentos físicos. Permitem a conexão das diferentes unidades produtivas de uma empresa, em nível nacional e internacional, bem como a sua ligação com o mercado – sua proximidade com ele, devido a maior e mais veloz responsividade. Ainda, cada vez mais as telecomunicações – em especial a internet – são utilizadas na atividade comercial. "Sistemas eletrônicos de informação, utilizando a tecnologia e os serviços de telecomunicações estão na base de grande parte das atividades de produção e de distribuição nos setores secundário e terciário da economia moderna, incluindo serviços bancários, governamentais e cultura".[78] Em verdade, a informação pode ser considerada um fator de produção, sendo a infraestrutura em telecomunicações a base para

---

[77] *Ibid.*, p. 13.
[78] KESSIDES, 1993, p. 16.

esta. Nesse esteio, menores custos e maior eficiência providos pelas redes de telecomunicações são fatores que colaboram na criação de um ambiente mais favorável ao investimento.

Todos esses fatores são tidos em consideração pelo investidor – seja ele nacional, seja estrangeiro – no momento de formar sua decisão quanto à alocação de um investimento em um dado Estado, uma vez que têm implicações em sua eficiência e em seus custos. Esses investimentos, por sua vez, são positivos para o desenvolvimento econômico.[79]

Ademais, a infraestrutura tem impactos relevantes também na agricultura. A existência de saneamento, compreendido em sentido amplo, tende a facilitar o uso e reduzir os custos com irrigação; já a energia elétrica permite a utilização de tecnologias capazes de aumentar a produtividade. A logística e as telecomunicações, por sua vez, aproximam o produtor de seu consumidor e fazem expandir o seu mercado e diminuir custos de transação.

Não obstante todos os benefícios extraídos pela atividade econômica da realização de investimentos em infraestrutura, são de grande valor os benefícios sociais que deles se extrai. Serviços como o de saneamento, transporte, energia e telecomunicações têm impacto direto na qualidade de vida da população. Mas também possuem reflexos que são de grande valia.

A logística, e a respectiva disponibilidade de meios de transporte, permite não somente a mobilidade pessoal, mas também o acesso a bens e serviços não disponíveis numa dada localidade. Além disso, amplia as oportunidades de trabalho do cidadão, à medida que lhe permite se deslocar a locais mais distantes, aos quais não teria acesso se inexistente tal infraestrutura. Nesse mesmo contexto, contribui para a educação.[80] Isso é bastante perceptível nas áreas rurais, onde não raro

---

[79] Como bem poderá André Castro Carvalho, a relação entre desenvolvimento econômico e infraestrutura é uma via de mão dupla – ao mesmo tempo em que a infraestrutura cria bases para o desenvolvimento, ao permitir a realização de investimentos, o desenvolvimento econômico permite a realização de maiores investimentos em infraestrutura. Afirma ele: "a própria doutrina demonstra que os estudos ora relacionam que o desenvolvimento econômico conduz à melhoria da infraestrutura, ora que os investimentos em infraestrutura, sobretudo em transportes, levam a um aumento na taxa de desenvolvimento de um país". *In*: CARVALHO, André Castro. *Direito da infraestrutura*: perspectiva pública. São Paulo: Quartier Latin, 2014, p. 255.

[80] Segundo pesquisa do Banco Mundial, "os impactos relacionados ao transporte ocorrem principalmente na diminuição do tempo de viagem até as escolas, na maior facilidade para instalá-las e na queda do índice de desastres ambientais que afetam o desempenho educacional. No Peru, por exemplo, 56% das crianças que moram à distância de uma hora de viagem frequentam a escola, comparadas a 29% daquelas que precisam se deslocar de 2 a 4 horas por dia". *In*: BANCO MUNDIAL. *Como revitalizar os investimentos em*

crianças e adolescentes deixam de estudar quando o acesso à escola é demasiado difícil ou inexistente. A existência de uma boa rede de transportes também aumenta o ingresso das mulheres no mercado de trabalho – estas, por tradicionalmente serem responsáveis pelos afazeres domésticos e cuidados com os filhos – não raro deixam de trabalhar se o tempo despendido com deslocamentos for demasiado grande, impedindo que concilie a atividade profissional com os deveres familiares.

O tempo "economizado" em decorrência da existência de uma rede logística eficiente poderá ser utilizado pelo cidadão em outras atividades que sejam de seu interesse, sejam elas de lazer, descanso, afazeres domésticos ou mesmo o exercício de uma segunda atividade econômica.

A existência de uma rede de saneamento, com esgoto e água tratada, por sua vez, possui impactos grandiosos na saúde da população. Em locais em que esses serviços são disponibilizados à população, há menores índices de mortalidade infantil e menor índice de mortalidade da população como um todo em decorrência de doenças infecciosas parasitárias.[81]

O saneamento adequado também possui impactos ambientais relevantes: a inexistência de redes de esgoto colabora para a poluição de rios e nascentes – o que implicará maiores custos futuros no tratamento da água; o inadequado gerenciamento dos resíduos sólidos também pode poluir rios, lençóis freáticos e o próprio solo, o que pode vir a prejudicar também as atividades agrícolas.

---

infraestrutura no Brasil: políticas públicas para uma melhor participação do setor privado. v. I.: relatório principal. Washington: Banco Mundial, 2007. p. 24.

[81] Nesse sentido indicam os resultados de pesquisa realizada por Renata Lopes Guilhermino e Júlio Cesar Teixeira, analisando o cenário brasileiro. Afirmam eles: "quanto maior a cobertura populacional por serviços adequados de esgotamento sanitário em um estado brasileiro, menor é a mortalidade infantil naquela unidade da federação; quanto maior a cobertura populacional por sistemas de esgotamento sanitário em um estado brasileiro, menor é a mortalidade proporcional por doença diarreica aguda em menores de cinco anos de idade em uma unidade da federação; quanto maior a cobertura populacional por redes de abastecimento de água em um estado brasileiro, menor é a mortalidade proporcional por doenças infecciosas e parasitárias para todas as idades naquele estado". *In:* GUILHERMINO, Renata Lopes; TEIXEIRA, Júlio César. Análise da associação entre saneamento e saúde nos estados brasileiros, empregando dados secundários do banco dedados indicadores e dados básicos para a saúde 2003 – IDB 2003. *Revista Engenharia Sanitária e Ambiental*, v. 11, n. 3, p. 277-282, jul./set. 2006. p. 280-281. De acordo com pesquisa do Banco Mundial "estima-se que a presença de sistemas de esgoto reduz pela metade a probabilidade de mortalidade infantil na Nicarágua e a falta de abastecimento de água diminuiu a frequência escolar entre 2% e 17% na África". *In:* BANCO MUNDIAL, 2007, p. 24.

A energia elétrica, por sua vez, além do conforto dela advindo à população e as oportunidades de entretenimento e de obtenção de informação, associada às telecomunicações, que proporciona, colabora para a educação, à medida que torna possível se estudar à noite.

As telecomunicações também vêm tendo impacto relevante na educação, em especial a partir do uso da internet como instrumento de ensino, seja por meio dos diversos cursos a distância disponíveis nos mais variados graus de aptidão e especialização, seja como uma ferramenta adicional ao ensino tradicional nas escolas.

Note-se que os benefícios sociais advindos dos investimentos em infraestrutura também surtem reflexos econômicos: a melhoria na saúde da população, advinda da existência de saneamento, permite que os trabalhadores faltem menos dias ao trabalho em decorrência de enfermidades; de forma similar, uma rede de transportes eficiente também permite que o trabalhador compareça diariamente ao seu posto de trabalho no horário previsto.

Cabe asseverar, ante o exposto, que, para que os benefícios sociais advindos dos investimentos em infraestrutura sejam maximizados, é necessário que os serviços correlatos disponíveis à população não tenham preços demasiados elevados, tornando-os excludentes, ao consumirem percentual significativo do orçamento domiciliar.[82]

Note-se – e é válido ressaltar – que as implicações positivas decorrentes do investimento infraestrutura, tanto no viés econômico quanto no social, não resultam somente de sua construção física, mas também – e com a mesma importância – de sua adequada operacionalização. De nada adianta uma grande rede elétrica, com usinas dotadas de grande capacidade de produção energética e linhas de transmissão que interligam todo o território de um país se o seu operador é ineficiente, não aproveitando todo o potencial disponível. Ou uma excelente malha ferroviária operada por em ente – seja ele público ou privado – ineficiente. As externalidades positivas advirão dos serviços prestados a partir da

---

[82] No que tange ao transporte, Christina Kessides observa que "quando as tarifas de transporte público são elevadas, a população pobre tende a aumentar o seu gasto ao menos para os deslocamentos ao trabalho ou à escola, reduzindo o consumo de outros bens e serviços que cabiam no seu orçamento fixo. Ao longo prazo, quando o custo do transporte é elevado e nenhuma possibilidade mais barata é disponível, a população pobre teria que reduzir o seu uso, e, consequentemente, são reduzidos os benefícios por meio dele auferidos, o que pode implicar em ter seu emprego sacrificado ou a possibilidade de se utilizar os serviços de educação, saúde e outros importantes serviços". *In:* KESSIDES, 1993, p. 16.

infraestrutura construída, utilizando-se o máximo de sua eficiência possível e adequada.[83]

Amar Bhattacharya, Mattia Romani e Nicholas Stern observam que a necessidade do aumento da infraestrutura disponível atualmente é maior do que no passado.

> Primeiramente, assim como o comércio global tem um papel cada vez mais importante no desenvolvimento dos países, também deve ser no que diz respeito à infraestrutura. Isso inclui a tradicional infraestrutura de transporte, como rodovias, estradas de ferro e portos, e, cada vez, mais a infraestrutura de tecnologia da informação como internet de banda larga para facilitar a melhor integração entre as cadeias de abastecimento e o comércio internacional de serviços (por exemplo, em serviços terceirizados). A média que países em desenvolvimento desenvolvem seus setores manufatureiro e de serviços, a disponibilidade e a qualidade da infraestrutura se tornam muito mais importantes, a fim de explorar as externalidades em rede.
> Em segundo lugar, o acelerado ritmo da urbanização demanda maior infraestrutura do que outrora. Entre 2010 e 2030 a população mundial aumentará em 2 bilhões, de 6.1 para 8.1 bilhões. A maior parte desse contingente será nos países em desenvolvimento, e, virtualmente, em áreas urbanas. Responder a essa pressão por urbanização requererá um grande aumento no gasto em infraestrutura.
> Em terceiro lugar, a necessidade de se garantir a sustentabilidade ambiental de nossas economias demanda um maior papel da infraestrutura e das redes a ela relacionadas. Isso requer limitar os impactos ambientais dos ativos de infraestrutura, adaptando-os a um clima mutável e projetando-os de forma inteligente para promover mais amplamente estilos de vida ambientalmente sustentáveis na economia. Ativos de infraestrutura de longa vida (às vezes até 100 anos) terão um papel determinante na prontidão de nossas sociedades e economias para lidar com esses temas ambientais.
> Finalmente, mercados emergentes e em desenvolvimento têm investido pouco na manutenção da atual infraestrutura nas últimas décadas:

---

[83] Ao falar-se aqui no "máximo de sua eficiência possível e adequada" está-se a ponderar que nem sempre a máxima eficiência possível será a máxima eficiência que pode ser extraída de uma estrutura, bem ou equipamento. Há que se ter em consideração outros fatores, em especial de ordem econômica, por exemplo: a obtenção da eficiência máxima de um equipamento pode ser, eventualmente, demasiado onerosa, tendo impactos financeiros significativos no custeio do serviço em questão, o que poderá implicar tarifas mais elevadas aos usuários, as quais possam, eventualmente, não serem passíveis de custeio. Ou, ainda, pode resultar em impactos nocivos ao meio ambiente, o que pode tornar desinteressante essa utilização máxima. Por isso fala-se aqui em "possível e adequada".

apesar de estimativas serem difíceis, receitas adicionais substanciais serão necessários para elevar os níveis de manutenção.[84]

É possível perceber, portanto, que o investimento em infraestrutura é de grande importância para o desenvolvimento, tanto econômico quanto social. Trata-se, todavia, de investimentos de montantes elevados e de custos irrecuperáveis,[85] de modo que nem sempre o ente estatal, responsável pela sua realização na condição de titular da prestação de serviços públicos, possui capital disponível para fazê-lo ou a expertise necessária – em especial nos setores em que a inovação tecnológica possui papel relevante. Não obstante, a necessidade de investimento em infraestrutura é constante: os investimentos serão necessários seja para construir novas infraestruturas, seja para a manutenção daquelas já existentes.

Nesse contexto, em muitas ocasiões, é possível que o Estado compreenda ser de seu interesse delegar a realização de um investimento em infraestrutura e, eventualmente, a sua operacionalização a um ente privado. Ou atuar em parceria com este para a sua consecução,[86] visando sempre a melhor oferta de uma estrutura e prestação de um serviço público à sua população, junto à observância dos princípios da economicidade e eficiência.

Nessa égide, é que se compreende ser importante criar um ambiente favorável à atuação do investidor privado – seja ele nacional, seja ele estrangeiro.

Ressalte-se que, nos moldes da legislação brasileira,[87] caberá ao ente estatal escolher o delegatário *lato sensu* do serviço ou obra em questão, cabendo fazê-lo segundo critérios objetivos legais e editalícios. A maior competitividade tende a permitir ao Estado fazer uma melhor escolha – seja por ser menos dispendiosa aos cofres públicos, seja por ser qualitativamente superior. Logo, é interessante a possibilidade de participação também de empresas estrangeiras nos certames licitatórios

---

[84] BHATTACHARYA, 2012, p. 9-10.

[85] Os custos irrecuperáveis se referem àqueles ativos que não podem ser reaproveitados em empreendimentos diversos, estando vinculados, de modo indissociável, a uma dada infraestrutura.

[86] Nesse contexto, como observa André Castro Carvalho, "um dos desafios dos Estados modernos, portanto, é viabilizar formas de financiamento desse custo, seja público, privado ou misto". *In:* CARVALHO, 2014, p. 291.

[87] Em especial as Leis Federais nºs 8.666/93, 8.987/95 e 11.079/04.

destinados à contratação daquele a quem será incumbido o investimento em infraestrutura.

Entretanto, as dificuldades para atrair o investidor estrangeiro – seja para a atuação em projetos de infraestrutura, seja para a atuação hodierna na economia – vão além daquelas conhecidas pelo investidor nacional, sendo importante que o Estado as tenha em consideração e busque superá-las, para que não obstaculize a presença desses investidores em seu território.

4.4 Potenciais riscos a que está sujeito o investimento estrangeiro

Ao optar por alocar investimentos num dado país hospedeiro, o investidor toma em consideração determinados fatores, conforme demonstrado, buscando maximizar o retorno dele esperado, bem como protegê-lo de eventuais adversidades e conferir-lhe maior segurança. Nessa empreitada, busca-se um ambiente estável.

Alguns fatores de ordem institucional são, entretanto, dissuasivos à realização de investimentos. Dentre outros, são de relevância e merecedores de análise desde aspectos de ordem política e normativa às dificuldades em o investidor lidar com o sistema judiciário local, na emergência de um conflito, e a corrupção.

4.4.1 Aspectos políticos

De acordo com M. Sornarajah, "os principais riscos do investimento estrangeiro vêm de certas forças uniformes e identificáveis. A presença desses fatores resultará de mudanças no regime ou mudanças nos cenários político e econômico do Estado hospedeiro. Tais alterações são uma ameaça ao investimento estrangeiro".[88]

---

[88] SORNARAJAH, 2007. p. 76. O autor segue, afirmando, ainda, que "o direito de um Estado de alterar sua política econômica é reconhecido pelo direito internacional moderno, todavia esse direito pode agora vir a ser circunscrito pelo crescente número de tratados sobre investimento internacional e comércio de que os Estados façam parte. A não ser que assim circunscrito, o direito de alterar a política econômica e outras políticas é um aspecto da soberania dos Estados".

No que tange aos aspectos políticos o sentimento nacionalista exacerbado é uma ameaça ao investimento estrangeiro, especialmente em situações em que o Estado hospedeiro passa por uma crise econômica e a empreitada do investidor estrangeiro é bem-sucedida e economicamente viável. Esse contexto abre espaço para que sejam cogitadas nacionalizações e expropriações, motivadas por uma suposta proteção de um interesse público maior e de valores patrióticos. Como observa José Augusto Fontoura Costa,

> nacionalizações e renegociações de posições contratuais e acionárias forçadas fazem parte do campo do risco político, o qual pode ser compreendido como o resultante da instabilidade institucional do país receptor dos investimentos. Pelo menos em parte, isto se deve ao fato de que o IED (investimento estrangeiro direto) tende a ser tratado com paixão e incluído nas agendas políticas. Isso ocorre porque, diferentemente da exportação de mercadorias, os IEDs produzem impactos mais visíveis e sensíveis nas economias receptoras, o que implica em sentimentos contraditórios: podem representar a tábua de salvação de economias combalidas, que dependem do aporte de capital, estrutura administrativa e inclusão em cadeias internacionais de circulação de riqueza; mas também podem ser acusados de causar prejuízos aos empresários locais, explorar mão de obra barata e pilhar recursos naturais. Embora a verdade esteja distante destes dois polos, é impossível afastar ideologias e paixões políticas do embate sobre os prós e contras de importar ou exportar investimentos.[89]

Em sentido similar, opera o fundamentalismo religioso.[90]

Mudanças de governo também podem, eventualmente, vir a afetar políticas e contratos firmados com investidores estrangeiros – em especial em Estados em que o arcabouço normativo versando sobre contratos administrativos é fraco e não cria compromissos efetivamente vinculantes aos Estados.

Esse panorama pode ser observável em circunstâncias em que o novo governo possui ideologia contrária ao anterior, sobretudo no que tange à operação do livre mercado e políticas econômicas. Outro cenário diz respeito a circunstâncias em que o novo governo suspeita ter havido corrupção na celebração de contratos entre Estado hospedeiro

---

[89] COSTA, José Augusto Fontoura da. Investidores brasileiros e arbitragem internacional. *Pontes entre o comércio e o desenvolvimento sustentável*, FGV, São Paulo, v. 4, n. 6, p. 127-140, 2008. p.16-17, p. 16.
[90] SORNARAJAH, 2007, p. 79.

e investidor ou quando há dúvidas objetivas acerca da legitimidade do governo anterior e, logo, suspeição quanto aos atos por aquele praticados. Isso é observável, mormente, quando um governo democrático sucede um ditatorial.[91]

Não obstante, quando o novo governo é autoritário e antidemocrático a possibilidade da ocorrência de nacionalizações de empreendimentos estrangeiros e de desapropriações sem a indenização adequada e justa é crescente.

Outro contexto de ordem político-institucional que pode surtir efeito sobre o investimento estrangeiro e afetar a confiança do investidor diz respeito a alterações significativas e repentinas na regulamentação de determinados setores da economia local do Estado hospedeiro.[92] Trata-se aqui de situações em que uma determinada atividade ou o desenvolvimento de uma atividade segundo procedimentos específicos deixa de ser legal, ante o advento de nova regulamentação, tornando o investimento inviável.

Note-se que uma vez efetivamente realizado o investimento no país hospedeiro, o investidor estrangeiro se torna mais sensível a quaisquer alterações unilaterais por parte do país hospedeiro. É válido lembrar, mais uma vez, que os investimentos estrangeiros diretos, em

---

[91] Nesse sentido, M. Sornarajah observa que "quando um investidor estrangeiro faz um investimento com um governo não representativo, o vindouro governo democrático pode clamar o direito de rescindir o contrato firmado pelo governo anterior buscando duvidar da legitimidade tanto do governo anterior quanto do contrato por ele celebrado. Sua credibilidade para tal há de ser maior se os termos do contrato são visivelmente desvantajosos para o Estado". In: Ibid., p. 76.

[92] Sornarajah pontua como aceitáveis as motivações para a alteração de sua política econômica pelo Estado hospedeiro. E pondera que essas motivações devem ser devidamente analisadas para então se ponderar se são, ou não, legítimas. De acordo com ele, "a primeira é a hostilidade política ao investimento estrangeiro, a qual é originária de inclinações ideológicas contra o ingresso de investimento estrangeiro. A segunda é a preocupação nacionalista em relação à dominação da economia por elementos estrangeiros, o que pode resultar numa euforia xenofóbica dirigida aos investidores estrangeiros. A terceira está relacionada às mudanças ocorridas globalmente na indústria. Tais mudanças poderiam ser desvantajosas aos investidores estrangeiros, à medida que teriam de renegociar a proposta outrora feita à luz dessas alterações. A quarta se refere a quando um novo governo decide revisar os contratos firmados pelo regime anterior. A quinta situação seria aquela na qual o Estado entende ser o contrato demasiado oneroso à luz de novas circunstâncias. A sexta seria a deterioração do direito e da ordem no país, o que tornaria o investimento estrangeiro um alvo para o ataque de grupos dissidentes e saqueadores. A sétima seria quando um Estado entende ser necessário intervir num investimento estrangeiro para exercer um poder regulatório como a proteção do investimento ou de algum interesse econômico. Uma oitava seria quando há corrupção interna ou quando um governo corrupto foi substituído por um novo governo. Tais riscos, obviamente, não são excludentes entre si. Eles geralmente ocorrem simultaneamente em um dado Estado e a ameaça resultante ao investimento estrangeiro dessa combinação é enorme". In: SORNARAJAH, 2007, p. 77.

geral, implicam relevante alocação de capital, com pouca mobilidade e retorno esperado em um largo prazo. Ante esse cenário, previamente à realização do investimento, o investidor estrangeiro possui um maior poder de barganha junto ao Estado hospedeiro – interessado no investimento ante os benefícios que dele pode vir a auferir –, porém, uma vez realizado o investimento, as posições se invertem, com o Estado hospedeiro possuindo grande autonomia para a alteração de políticas que podem vir a ser deletérias ao investidor, sem que tivessem sido previstas ou comunicadas anteriormente. Como bem observa Stephan Schill,

> enquanto Estado hospedeiro e investidor inicialmente possuem interesses largamente convergentes em atrair e realizar investimentos, a situação se altera uma vez que o investimento foi realizado. Já que a opção de o investidor simplesmente retirar o seu investimento e realocá-lo em outro local sem grandes perdas financeiras é limitada, o Estado hospedeiro possui um incentivo para alterar unilateralmente as condições originais do investimento alterando o contrato de investimento, emendando a lei que governa o investimento, ou desapropriando o investidor sem compensação. Esse denominado risco político decorrente do comportamento oportunista do Estado hospedeiro não apenas aumenta o custo do investimento para os investidores e consumidores, mas pode também bloquear o fluxo de investimento estrangeiro por completo.[93]

Nessa égide, a existência de instituições sólidas e normatividade disciplinando o investimento estrangeiro e as relações dele decorrentes vem reduzir o risco político e desencoraja que o Estado hospedeiro aja arbitrariamente em prejuízo do investidor.

Diante de tais dificuldades, a existência de acordos de promoção e proteção de investimentos busca criar um ambiente de maior conforto para o investidor, ao protegê-lo de ingerências decorrentes de contingências de ordem política ou garantindo-lhe a compensação pertinente quando obstaculizado o investimento. Esse entendimento é esposado por José E. Alvarez, que, na mesma linha de Stephan Schill, assevera:

> BITs foram desenhados para lidar com um problema em particular: o saliente fato de que um investidor privado possui máxima influência em relação ao Estado hospedeiro somente ao decidir se investirá, mas uma vez que ele o tenha feito, o investimento se torna sujeito a uma

---

[93] SCHILL, Stephan W. *The multilateralization of international investment law*. Cambridge: Cambridge University Press, 2009. p. 3.

"barganha obsolescente". Uma vez que o investidor aloca o seu capital no Estado hospedeiro, o Estado hospedeiro adquire máxima influência sobre o investimento, que agora está sujeito a medidas regulatórias, ou mesmo expropriatórias, do Estado hospedeiro, e frequentemente pouco há que o investidor possa fazer a esse respeito. As assimetrias do BIT típico respondem a assimetrias percebidas que acossam os investidores privados, os quais estão, a não ser pelo BIT, à mercê do Estado que lhes é hospedeiro. Os BITs foram desenhados para compensar pelo fato de que os investidores estrangeiros estão totalmente expostos ao direito nacional e às cortes nacionais, e assim permanecem pela maior parte, mesmo sob os BITs, os quais proveem apenas uma limitada exceção à jurisdição do país hospedeiro. Um BIT é, assim, um "instrumento de controle sobre mudanças abusivas na legislação nacional do Estado hospedeiro".[94]

Kenneth Vandevelde, por sua vez, é enfático ao afirmar ser uma das funções dos BITs afastar questões concernentes a mercados de posturas e interesses de ordem política, despolitizando as questões que versam sobre matéria de investimento, ao alocar a proteção do investimento privado em um regime jurídico apolítico.[95] Essa compreensão é compartilhada por José E. Alvarez, que aduz: "o objetivo era separar 'o mercado' da 'política', ao estabelecer um regime jurídico estável que evitaria deixar investidores à mercê dos braços políticos do Governo hospedeiro".[96]

A existência de APPRIs[97] subjacentes aos investimentos estrangeiros e a contratos celebrados com o Estado hospedeiro relacionados à realização de investimentos permite, ao menos em certo grau, blindar tais relações das variações de humor político locais, ao definir de modo específico a normatividade aplicável, bem como os direitos e garantias do investidor e de seu investimento. Ainda, permite transferir a discussão da matéria e eventuais conflitos de interesse do espaço estatal para o espaço internacional.

Não obstante, a compreensão de que a disciplina do investimento estrangeiro extrapola as fronteiras nacionais, bem como o direito

---

[94] ALVAREZ, 2011, p. 118.
[95] VANDEVELDE, Kenneth. J. Of politics and markets: the shifting ideology of the BITs. *International Tax and Business Law*, v. 11, n. 2, p. 159-186, 1993. p. 160-161. Disponível em: http://scholarship.law.berkeley.edu/bjil/vol11/iss2/2. Acesso em: 18 maio 2015.
[96] ALVAREZ, 2011, p. 113.
[97] A abordagem mais aprofundada dos Acordos de Promoção e Proteção do Investimento Estrangeiro foi realizada no capítulo 2 do presente trabalho, não cabendo repeti-la neste tópico.

aplicável em território nacional, situando-se no espaço global, permite a incidência direta dos princípios de direito do investimento estrangeiro, de caráter global. Estes deverão orientar o tratamento do investimento e a regulamentação – mesmo aquela de ordem nacional – que sobre ele incidirá.

4.4.2 Aspectos normativos

A existência de aspectos macroeconômicos favoráveis ao influxo de investimentos estrangeiros num dado país e aparente estabilidade política não são fatores condicionantes, por si só, para a formulação da decisão do investidor em escolhê-lo como Estado hospedeiro. A existência de um arcabouço normativo sólido e transparente é também de grande importância.

Ao pensarmos no aspecto regulatório no que diz respeito à atração do investimento estrangeiro, é importante notar que este não diz respeito unicamente à existência de leis específicas em matéria de investimento, mas, sim, tanto quanto, à existência de um ambiente normativo sólido e estável no que tange a tudo aquilo que permeará a atividade do investidor – desde aspectos tributários e trabalhistas a normas de licenciamento ambiental e contratos públicos.

As dificuldades do investidor sob o prisma normativo podem ser de duas ordens, podendo estar relacionadas à dificuldade quanto ao conhecimento e à operacionalização da legislação local, bem como à inexistência de um marco regulatório claro que discipline o investimento estrangeiro – tanto de modo geral quanto no âmbito setorial e nas demais áreas que permeiam a relação investidor – Estado hospedeiro (de ordem trabalhista, tributária, ambiental, etc.).

Quanto à primeira questão, esta é mais simples de ser superada. A publicidade ampla dos diversos atos normativos, amplamente celebrada nos textos constitucionais e legislações modernos permite ao investidor – ao menos em tese – ter conhecimento do arcabouço jurídico que incidirá sobre o seu investimento. Ademais, a contratação de assessorias com expertise no tema confere segurança ao investidor no que tange à operacionalização da norma. Já a segunda questão, depende de um esforço dos países hospedeiros em trabalhar a legislação local com vistas a criar um ambiente de investimento mais seguro e confortável para o investidor.

A necessidade de se ter um marco regulatório claro e estável é bem externalizada por José Augusto Fontoura Costa, ao afirmar:

> Os investimentos impulsionados pela busca de eficiência e vantagens estratégicas dependem de fatores mais complexos e, pelo menos em alguma medida, dependentes do estabelecimento de políticas de médio e longo prazo. Nesse sentido, *a construção de um bom marco regulatório, que reúna características como estabilidade, transparência e eficiência, é importante para criar um ambiente adequado para que tanto os investidores estrangeiros como os nacionais possam planejar e implementar suas atividades sem temer sobressaltos ou ficar emperrados nas travas burocráticas.*[98] (grifo nosso)

A consolidação de uma normatividade robusta para a disciplina do investimento estrangeiro não se limita à existência de uma legislação em matéria de investimento estrangeiro. Em verdade, eventuais carências ou a rasa disciplina do tema poderão ser supridas pelos instrumentos de ordem global e pelos princípios do Direito do Investimento Estrangeiro.

É necessário, também, que a normatividade que permeia a realização de um investimento – seja ele estrangeiro ou nacional – seja sólida, clara e estável. Isso confere previsibilidade ao investidor – tanto em relação aos custos de seu investimento quanto ao retorno que pode almejar obter deste. Permite também saber se o investimento intentado é, efetivamente, possível e viável. Nesse diapasão, é importante que o Estado possua regulamentações tributárias,[99] ambientais e trabalhistas adequadas.

No atinente aos investimentos em infraestrutura, os quais, usualmente, pressupõem a existência de uma relação jurídica com o ente estatal, faz-se necessário a existência de legislação subjacente a essas relações, disciplinando os contratos firmados entre investidor e administração pública. Nesse contexto, tem-se as legislações de concessões e de parcerias público-privadas. Tal arcabouço normativo deverá, ao mesmo tempo que prestigiar o interesse público e as prerrogativas da Administração Pública, garantir os direitos do investidor e lhe conferir segurança jurídica para a realização do investimento. Ressalte-se que tais investimentos costumam ter longo prazo de duração, requerendo

---

[98] COSTA, José Augusto Fontoura. *Proteção internacional do investimento estrangeiro no Mercosul*. Florianópolis: GEDAI, 2012. p. 31-32. Disponível em: www.gedai.com.br.

[99] De acordo com reportagem no jornal Folha de São Paulo, de 30 de agosto de 2015, a instabilidade da legislação tributária brasileira, com suas recorrentes alterações, vem freando os investimentos privados em 2015 e para 2016, dada a insegurança advinda da falta de previsibilidade. *In:* Insegurança jurídica trava investimentos. Folha de São Paulo, 30/08/2015, p. A23.

vultuosa imobilização de recursos financeiros, cuja recuperação e auferição de lucros dar-se-á de modo diluído ao longo da realização do contrato. É, portanto, de grande importância a estabilidade da relação firmada. Como assevera Carlos Ari Sundfeld, ao discorrer sobre as PPPs e tratar do advento da legislação sobre o tema no Brasil,

> A característica central das concessões administrativas e patrocinada que motivou a nova disciplina legal é a de gerar compromissos financeiros estatais firmes a longo prazo. Como o concessionário fará investimentos logo no início da execução e será remunerado posteriormente, dois objetivos se põem: tanto impedir que o administrador presente comprometa irresponsavelmente recursos públicos futuros, como oferecer garantias que convençam o particular a investir.[100]

Paralelamente à existência de uma legislação em matéria contratual que confira, tanto quanto possível, segurança e estabilidade ao investidor, é essencial, também, que o projeto subjacente ao investimento seja bem elaborado e adequado, permitindo ao investidor em potencial projetar ao longo do prazo contratual as suas expectativas e dimensionar dispêndios a serem realizados e lucros a serem auferidos.[101] Somente assim, sentir-se-á ele confortável e seguro para firmar um contrato com o ente estatal.

Ainda, no tocante aos investimentos em infraestrutura, é de grande importância que os setores em que será alocado o IED – como os setores energético, de telecomunicações e logística, por exemplo – sejam regulados de modo adequado. Seguindo essa compreensão, Fernando Fróes consigna:

> Dessa forma, tem-se firmado o conceito moderno de regulação. Segundo o mesmo, os segmentos da infraestrutura pública devem estar sujeitos a regras e regulamentos específicos, e os resultados e as atividades das empresas, autorizadas a operar nos diversos segmentos, devem ser acompanhados e fiscalizados, e os seus investimentos direcionados, tendo em vista as prioridades estabelecidas pela política governamental.[102]

---

[100] SUNDFELD, Carlos Ari. Guia jurídico das parcerias público-privadas. In: SUNDFELD, Carlos Ari (org.). Parcerias público-privadas. São Paulo: Malheiros, 2007. p. 15-44. p. 23.
[101] No caso brasileiro, exemplo de projeto malfadado é aquele do "Trem-bala", o qual, em mais de uma ocasião, teve licitações desertas em virtude de um projeto malfeito e pouco atrativo aos potenciais investidores.
[102] FROÉS, Fernando. Infraestrutura e serviços públicos: princípios da regulação geral e econômica. In: CARDOZO, José Eduardo Martins; QUEIROZ, João Eduardo Lopes; SANTOS,

Nessa égide, o completo arcabouço regulamentar a pautar o investimento em infraestrutura deve completar, concomitantemente,[103] (a) as leis, códigos, decretos e regulamentos em geral que integram a legislação específica do setor regulado; (b) os contratos de concessão ou de parceria público-privada subjacentes à realização do investimento; (c) os órgãos responsáveis pela implementação e garantia da efetividade dessa regulação.

A necessidade em se aprimorar a legislação local é reconhecida pela Conferência das Nações Unidas sobre Comércio e Desenvolvimento (UNCTAD – United Nations Council on Trade and Development), que em seus Comentários sobre Política de Investimento[104] sugere alterações na normatividade local com vistas a tornar os Estados hospedeiros mais favoráveis à recepção de investimentos estrangeiros.

Dentre as principais sugestões formuladas pela UNCTAD,[105] tem-se:

- a existência de bases normativas claras, transparentes e estáveis;
- regulamentação da política de investimento, especificamente, com a introdução de mecanismos de resolução de controvérsias;
- no atinente, em especial, aos investimentos em infraestrutura, a existência de uma legislação de concessões e de parcerias público-privadas;

Márcia Walquíria Batista dos (org.). *Curso de direito administrativo econômico*. São Paulo: Malheiros, 2006. v. I. p. 508-640. p. 512

[103] Nesse sentido, Fernando Fróes. *In*: FROÉS, 2006, p. 513.

[104] Os comentários sobre política de investimento são orientações formuladas pela UNCTAD a partir da solicitação de um dado país com vistas a aprimorar o ambiente de investimento local e maximizar os benefícios que podem ser auferidos pelo país hospedeiro do investimento. Nos comentários é realizada uma avaliação objetiva do arcabouço jurídico, regulatório e institucional do país, para ao final dar recomendações relacionadas à entrada, o estabelecimento, o tratamento e proteção do investimento estrangeiro direto. Os comentários são direcionados a cada país solicitante, individualmente, porém lições gerais sobre o aprimoramento do ambiente de investimento podem ser deles extraídas.
Costumam ser analisados os seguintes aspectos: tributação, controles cambiais, licenças comerciais e transferência de capitais; mercado de trabalho, incluindo medidas relacionadas ao emprego de estrangeiros; direitos de propriedade; manejo ambiental; práticas de governança corporativa e contabilidade; o poder judiciário e o Estado de direito; competição; proteção da propriedade intelectual; transferência de tecnologia; regulamentações setoriais específicas (como telecomunicações, energia, mineração ou setor bancário); e acordos e integração regional.

[105] Investment Policy Reviews. p. 12-14. Disponível em: http://unctad.org/en/PublicationsLibrary/diaepcb2011d9_en.pdf. Investment Policy Framework for Sustainable Development, p. 4. Disponível em: http://unctad.org/en/PublicationsLibrary/webdiaepcb-2015d3summary_en.pdf. Acesso em: 15 maio 2015.

- regulamentação da concorrência, lidando com práticas empresariais desleais, com a pertinente fiscalização por uma agência independente;
- regulamentação setorial e fortalecimento das agências reguladoras de setores como energia, telecomunicações, mineração e rodovias;
- superar a morosidade e a ineficiência do poder judiciário;
- normas claras em matéria de meio-ambiente e fortalecimento da respectiva agência;
- proteção da propriedade intelectual;
- redução da burocracia e maior eficiência administrativa;
- garantia do direito de propriedade;
- regulamentação tributária clara, simples e estável e combate à evasão de tributos;
- regulamentação trabalhista versando sobre o empregado estrangeiro;
- a remoção das diferenças entre o tratamento concedido ao investidor estrangeiro e ao investidor nacional, estimulando a atuação do setor privado como um todo, indistintamente.

Além da legislação pátria, adaptada e receptiva ao ingresso de investimentos estrangeiros, em se tratando de investimentos em infraestrutura, é possível que incida concomitantemente sobre determinados setores regulação supranacional, oriunda a partir de blocos econômicos regionais e dos tratados e acordos firmados entre seus integrantes.[106]

Importante observar que o arcabouço normativo deverá sempre garantir um equilíbrio entre a proteção do interesse público do país

---

[106] Conforme afirma Fernando Fróes, "A expansão dos serviços da infraestrutura pública por diversos países transformou muitos deles em bens e serviços comercializáveis (importados e exportados), como ocorre com os transportes, as telecomunicações, a energia elétrica, o gás natural, etc. A França, por exemplo, é grande exportadora de energia elétrica, a partir de suas plantas nucleares. O Brasil já pode realizar importação de energia elétrica para áreas específicas: vinda da Venezuela para a região norte do país e da Argentina para os Estados do Sul. Existem exemplos de gasodutos e oleodutos implantados em projetos multinacionais, em todo o mundo. Cada vez mais se intensifica a exploração de equipamentos de telecomunicações por consórcios de países. Os transportes entre países, nas modalidades rodoviária, aérea, e marítima, além da multimodal, funcionam cada vez mais integrados, perdendo as características de serviços estritamente nacionais. *Sendo assim, é natural o aparecimento de sistemas de regulação que evoluam dos tradicionais acordos binacionais e passem a incorporar a nova realidade determinada pelas áreas de integração econômica e pelos serviços da infraestrutura pública que transpõem as fronteiras de países*" (grifo nosso). In: FRÓES, 2006, p. 533.

hospedeiro, sem onerar excessivamente o investidor.[107] Ainda, deverá ser clara e os procedimentos nela descritos, transparentes.

Assevere-se, todavia, que tão somente a existência de um arcabouço normativo disciplinador de questões caras ao investidor não é suficiente para lhe conferir plena segurança se outras estruturas institucionais forem falhas – como a própria administração estatal, em seu cumprimento da lei ou um poder judiciário parcial em detrimento do investidor no que toca a apreciação de controvérsias advindos da relação estabelecida com o ente estatal.

4.4.3 Poder Judiciário

O *modus operandi* do poder judiciário local pode também representar dificuldades ao investidor estrangeiro, podendo ser, eventualmente, fator dissuasivo à alocação do investimento, principalmente se associado a outros fatores desencorajadores. As preocupações são, em especial, de duas ordens ao investidor: a) parcialidade do poder judiciário; b) morosidade do poder judiciário, dificuldade de operacionalização dos trâmites processuais locais e falta de especialização e conhecimento das cortes locais sobre matéria de investimento estrangeiro.

A primeira situação é mais usualmente observada em países não comprometidos ou pouco comprometidos com o Estado de Direito, a *"rule of law"* e os instrumentos normativos de caráter internacional ou global. Nesse contexto, o Poder Judiciário compreende que a aplicação do Direito oriundo de instrumentos internacionais ou convencionado pelas partes em detrimento do Direito nacional representaria uma violação da soberania estatal, ignorando esses instrumentos ao dizer o Direito. Ou, ainda, atua como uma extensão do Poder Executivo, no ímpeto de proteção de interesses nacionais ou de governo.

Superada a questão de uma potencial parcialidade do órgão judicante nacional, outra dificuldade com que se depara o investidor é o

---

[107] Nesse sentido compreende a UNCTAD, que, em seus Comentários sobre Política de Investimento pondera: "A abordagem adotada no arcabouço de investimento é assegurar que as políticas e regulamentações protejam o interesse público e estimulem o desenvolvimento sem que represente um encargo demasiado aos investidores. Um importante aspecto em recomendar um pacote coerente para atingir esse equilíbrio é levar em consideração a capacidade administrativa do governo em implementar políticas e efetivar regulamentações". *In:* Investment Policy Reviews, p. 7-8. Available in: http://unctad.org/en/PublicationsLibrary/diaepcb2011d9_en.pdf. Access: 15 May. 2015.

funcionamento do sistema judiciário local, que possui códigos próprios e específicos, geralmente por aquele desconhecidos e dotados de maior complexidade do que os instrumentos globais. É comum haver uma multiplicidade de instâncias e de instrumentos recursais, que demandam conhecimento técnico para serem manejados adequadamente. Não obstante, esses fatores costumam tornar a resolução do conflito bastante lenta, fazendo a situação de incerteza dele advinda perdurar no tempo, além de engendrar maiores e não previstos custos ao investimento.

Por fim, outra dificuldade que, não raro, permeia a resolução de conflitos em matéria de investimento estrangeiro pelo Poder Judiciário pátrio está associada à pouca expertise que as cortes locais costumam possuir no tratamento do tema, sobre o qual incide uma normatividade difusa e complexa, que em muito extrapola o Direito doméstico.[108]

Essa realidade é percebida por Carlos Alberto de Salles, ao afirmar:

> A justiça estatal pode não ser a alternativa de maior eficiência, como também pode não se apresentar como a melhor alternativa para efeito de um trato equitativo entre as partes. Ao contrário, pode, por exemplo, apresentar traços de verdadeiro favorecimento à posição da Fazenda Pública. Da mesma maneira que o processo estatal pode durar mais do que o desejado pelas partes, ele pode, também, não apresentar suficiente equidade no trato das partes. É o que teme o investidor estrangeiro, quando julgado por uma corte de país alienígena, na qual pode pesar alguma espécie de preconceito contra empresas alienígenas.[109]

Ante essa realidade, o deslocamento da jurisdição das cortes nacionais a centros especializados de resoluções de controvérsias em matéria de investimento, calcados em acordos de promoção e proteção recíproca de investimentos ou em contratos estabelecidos entre Estado e investidor estrangeiro, com a utilização da arbitragem, é uma solução bem-vinda à superação (ou à tentativa de superação) de problemas dessa ordem.

---

[108] Como observa Luiz Olavo Baptista, "No investimento internacional, a par do duplo regime jurídico, há posições e interesses econômicos e jurídicos, diferentes e por vezes conflitantes, do país importador e do exportador de capitais (o qual pode ter legislação sobre a matéria, o que acrescentaria mais um sistema jurídico influenciando aquela operação). Acrescem a esse relacionamento, complexo, os interesses do investidor e do destinatário do investimento, que podem ou não coincidir, ainda que no seio da mesma empresa". In: BAPTISTA, 1998. p. 36.

[109] SALLES, Carlos Alberto de. *Arbitragem nos contratos administrativos*. Rio de Janeiro: Forense, 2011. p. 54.

Não obstante, ao mesmo tempo está-se, por meio desse sistema, isolando a resolução de controvérsias que dizem respeito a investimento estrangeiro de questões políticas[110] e eventuais pressões da população local, posto que a disputa será solucionada por um ente isento e dissociado do Estado hospedeiro ou do Estado de origem do investidor. Como bem assevera Adriana Noemi Pucci,

> a procura de um foro neutro por parte do investidor estrangeiro responde, também, à necessidade de subtrair o conflito das reclamações e pressões populares às quais possa estar submetido o Estado hospedeiro, permitindo, dessa forma, construir uma atmosfera de conciliação que facilite um acordo e a recondução dos negócios, quando as relações comerciais ou de parceria com o Estado sejam prejudicados pelo conflito. A preferência do investidor estrangeiro pela arbitragem comercial internacional face à justiça local se sustenta, ainda, na possibilidade de desnacionalizar ou internacionalizar o mérito da disputa, mediante a aplicação do direito nacional do Estado receptor do investimento e, também, de princípios gerais de direito internacional, os usos e costumes do comércio internacional e os princípios internacionais relativos à proteção dos investimentos estrangeiros.[111]

Nesse contexto, o ICSID – Centro Internacional para a Resolução de Controvérsias sobre Investimento é foro interessante para o apaziguamento dos conflitos surgidos entre Estado hospedeiro e investidor estrangeiro.[112]

É certo, todavia, que nem sempre esse deslocamento da resolução de controvérsias da via judicial para a arbitral ocorre tranquilamente. Não raro, Estados rechaçam essa possibilidade.[113] Como pondera Sabrina Ribas Bolfer:

> A negação da arbitragem nestes Estados se dá por duas razões: a) Primeiramente, por priorizarem a aplicação de seu direito interno – que muitas vezes proíbe a submissão do Estado à arbitragem – com o fim de contestar a validade da convenção de arbitragem; ou então por subordinarem "... a aceitação da arbitragem a autorizações que não estavam previstas..."

---

[110] VANDEVELDE, 1993, p. 161.
[111] PUCCI, Adriana Noemi. Arbitragem e investimentos estrangeiros no Brasil. *In*: LEMES, Selma Ferreira; BALBINO, Inez (coord.). *Arbitragem*: temas contemporâneos. São Paulo: Quartier Latin, 2012. p. 11-24. p. 11.
[112] Discorreu-se sobre o ICSID no capítulo 2 do presente trabalho.
[113] Paquistão e Líbia possuem um histórico de atuação nesse sentido.

(...)
b) Em segundo lugar, outro motivo para que alguns países se mostrem avessos à arbitragem diz respeito à fragilidade política verificada nesses Estados. Basta a mudança para um governo de oposição ao governo anterior, para que as diferenças políticas aflorem por meio de ataques à administração daquele governo, demonstrados, por exemplo, em rescisões e mudanças de contratos estabelecidos na gestão anterior. Nesses casos, a influência do executivo no judiciário é inevitável.[114]

Ainda assim, é necessário reconhecer que a possibilidade de a resolução de hipotéticas controvérsias entre Estado hospedeiro e investidor advindas de um investimento por órgão especializado e neutro é um fator que confere maior conforto ao investidor, ao optar por alocar seu investimento num determinado país.

4.4.4 Corrupção

Outro fator desencorajador da realização de investimentos pelo investidor estrangeiro é a existência de corrupção endêmica num dado Estado.

A definição mais simples de corrupção é aquela utilizada pelo Banco Mundial, que a descreve como o abuso do poder público em benefício privado. Trata-se de vício que está diretamente ligado à atuação do ente estatal, no bojo do exercício de atribuições de que é titular, por meio de sua estrutura administrativa. Pode-se afirmar que ela opera como uma taxa arbitrária adicional aos tributos oficiais a ser paga pelos sujeitos privados a representantes da Administração Pública, seja a finalidade almejada legal, seja com o intuito de se obter vantagem indevida.

A corrupção enseja diversas consequências deletérias ao Estado. Reduz as receitas públicas e aumenta o gasto público, contribuindo, assim, para um maior déficit fiscal e tornando mais difícil para o governo executar uma política fiscal sólida. Além disso, distorce mercados e a alocação de recursos, diminuindo a confiança do investidor naqueles. Eleva o custo dos investimentos, repelindo-o e obstando que este viesse a contribuir para o desenvolvimento e crescimento econômico.

---

[114] BOLFER, Sabrina Ribas. *Arbitragem comercial internacional e anti-suit injunctions*. Curitiba: Juruá, 2007. p. 89-91.

Não obstante, quando o investimento é realizado, em se tratando de contratos firmados com o ente estatal, estes tendem a ser mais onerosos, posto que absorvem o custo da corrupção. Pode também aumentar a desigualdade de renda, pois permite que determinados indivíduos bem relacionados extraiam vantagens do ente estatal às custas do restante da população. Ainda, distorce o papel do governo, de responsável pela realização do interesse público.

Percebendo o quão nociva é a corrupção, a Organização das Nações Unidas, em sua Convenção das Nações Unidas contra a Corrupção, afirma:

> a corrupção é uma praga insidiosa que possui um amplo espectro de efeitos corrosivos nas sociedades. Ela enfraquece a democracia e o império do direito, leva a violações de direitos humanos, distorce mercados, erode a qualidade de vida e permite que o crime organizado, o terrorismo e outras ameaças à segurança humana floresçam.
> (...)
> A corrupção afeta os pobres desproporcionalmente, ao desviar fundos destinados ao desenvolvimento, minar a capacidade do Governo para prestar serviços básicos, alimentar a desigualdade e a injustiça e desencorajar a ajuda externa e os investimentos. A corrupção é um elemento-chave no mau desempenho econômico e um grande obstáculo para o alívio da pobreza e desenvolvimento.[115]

E observa que o fenômeno é encontrado em todos os países – ricos e pobres, grandes e pequenos –, porém em graus diversos, e que possui efeitos mais destrutivos nos países em desenvolvimento.[116]

Algumas atividades típicas da Administração Pública criam um cenário mais propício à corrupção – especialmente aquelas permeadas por grande discricionariedade na formulação de uma decisão.

Diversos cenários que envolvem a formulação de decisões discricionárias por agentes integrantes da Administração Pública se mostram terrenos férteis à corrupção. Isso é observado na expedição de licenças e autorizações. A competência para conferir a sujeitos privados tais documentos dota de grande poder órgãos e servidores públicos, tornando os primeiros dependentes da atuação dos últimos. Não raro, para deferir determinado pedido formulado por um ente privado ou para agilizar um processo, servidores públicos utilizam-se de seu

---

[115] United Nations Charter Against Corruption, p. iii.
[116] *Ibidem.*

poder para exigir propinas. A prática se torna mais comum quando inexiste uma regulamentação clara e transparente acerca dos requisitos à obtenção de tais licenças ou autorizações, conferindo grande poder decisório às autoridades públicas. É possível vislumbrar a prática no âmbito da permissão para a instalação de uma empresa num dado local; da permissão quanto à utilização e extração de recursos naturais; no âmbito tributário,[117] como na concessão de isenções fiscais e na arrecadação de tributos; em decisões quanto à privatização de empresas estatais e às condições do procedimento em questão, etc. Não raro, para obter uma decisão que lhe seja favorável, o sujeito privado se disporá a pagar propinas.

No âmbito da realização de investimentos num dado Estado, a discricionariedade do ente estatal em definir pela necessidade, bem como os contornos de tais projetos de investimento, por exemplo, também pode vir a criar um terreno propício à corrupção. De acordo com Vito Tanzi,

> *Projetos de investimento* têm se deixado serem objetos de corrupção de alto nível. Devido à discricionariedade que alguns agentes de alto escalão possuem sobre as decisões concernentes a projetos de investimento público, esse tipo de gasto público pode se tornar muito distorcido, tanto em tamanho como em conteúdo, pela corrupção. Projetos públicos têm, não raro, sido levados a cabo especificamente para dar oportunidade a alguns indivíduos e grupos políticos de receberem "comissões" daqueles escolhidos para a execução desses projetos. Isso reduz a eficiência desse gasto e resulta em projetos que não seriam justificáveis sob critérios objetivos de seleção, como a relação custo-benefício.[118]

Com vistas a minimizar as possibilidades de corrupção na contratação de serviços e compras pelo ente estatal, muitas vezes são

---

[117] Vito Tanzi observa que práticas corruptas não são raras no âmbito da arrecadação tributária, em circunstâncias em que há contato entre agentes fiscais e o sujeito pagador de tributos. O autor considera fatores complicadores e que colaboram para a prática (i) a ausência de clareza da legislação tributária, que deixa espaço para interpretações diversas, necessitando o sujeito privado de auxílio para o seu correto cumprimento; (ii) a necessidade de contatos frequentes com os agentes fiscais para o pagamento dos tributos; (iii) ausência de transparência nos procedimentos administrativos; (iv) grande álea discricionária aos administradores e agentes fiscais no que tange importantes decisões, como aquelas relativas à concessão de incentivos fiscais, definição das obrigações tributárias de um dado sujeito em função da atividade que exerce, seleção de auditorias, dentre outras. TANZI, Vito. Corruption around the world: causes, consequences, scope, and cures. *Working Papers of the International Monetary Fund*, v. 45, n. 4, p. 559-594, 1998. p. 567.
[118] TANZI, 1998, p. 568.

criados mecanismos que tornam a celebração de tais contratos menos eficiente, mais complexa e demorada e, até mesmo, mais onerosa à Administração Pública.

De acordo com Vito Tanzi, o crescimento do comércio e negócios internacionais, bem como as transformações econômicas – especialmente nos países em transição, colaborou para o crescimento da corrupção:

> o crescimento do comércio e negócios internacionais criou muitas situações nas quais o pagamento de propinas (usualmente denominadas 'comissões') podem ser altamente benéficas às empresas que as pagam ao lhes proporcionar acesso a contratos lucrativos em detrimento dos demais competidores. (...) Quando os operadores econômicos de alguns países começam a pagar propinas, eles pressionam os de outros países a fazer o mesmo. O custo de não fazê-lo é a perda dos contratos. (...). Dentre as mudanças econômicas ocorridas nos anos recentes, a privatização é a que mais se relaciona à corrupção. Não há dúvida de que empresas estatais têm sido a maior fonte de corrupção e especialmente de corrupção política, pois, ocasionalmente, têm sido utilizadas para financiar atividades de partidos políticos e para proporcionar empregos para a clientela de determinados grupos políticos.[119]

Por certo, tais panoramas podem ser também vislumbrados no âmbito do investimento estrangeiro. A discricionariedade existente quanto à decisão relativa ao ingresso do investimento em território nacional, apesar de ser uma prerrogativa do ente estatal, pode levar a práticas corruptas. Não obstante, as atividades subsequentes à autorização de seu ingresso se mostram sujeitas à corrupção, como no atinente à permissão para instalação da empresa em questão numa determinada área, a imposição de condicionantes excessivas ao exercício de sua atividade – de caráter ambiental ou trabalhista, por exemplo –, ou mesmo no âmbito dos contratos de investimento celebrados com o ente estatal, que costumam ser antecedidos por procedimento licitatório de concorrência e, não raro, propinas e comissões se tornam uma condição à obtenção do contrato.

A presença de tais fatores e circunstâncias num dado Estado desencorajam o investidor estrangeiro em nele alocar seu investimento, posto que elevam o seu custo. Ainda, quando esse investimento está associado à celebração de um contrato com o ente estatal, tais custos

---

[119] TANZI, 1998, p. 563. Disponível em: https://www.imf.org/external/Pubs/FT/staffp/1998/12-98/pdf/tanzi.pdf.

adicionais decorrentes da corrupção serão, certamente, repassados para o Estado, em seu prejuízo, ao tornar o contrato em questão mais oneroso. Nesse contexto, a existência de normas claras referentes ao exercício de atividades privadas no território estatal, como aquelas relativas a zoneamento urbano e meio ambiente, por exemplo, bem como processos administrativos transparentes colaboram para inibir o exercício da corrupção. Tem esse mesmo efeito a existência – associada à respectiva aplicação – de normas rigorosas punitivas de agentes administrativos que pratiquem atos de corrupção[120] – seja na posição de sujeito ativo, seja na posição de sujeito passivo. Controles institucionais também tendem a inibir a prática, com a existência de órgãos específicos destinados a tal função e a realização de auditorias, revisão de procedimentos e de contratos firmados pelo ente estatal. Nesse esteio, a maior possibilidade de punição dos agentes corruptos tenderia a obstaculizar esse tipo de prática.

A existência de controles internos, no âmbito do Estado, e de controles externos, realizados por órgãos dotados de independência e autonomia, por meio de auditorias e outros procedimentos, também contribui para a inibição e punição da corrupção. Da mesma forma, o cumprimento do dever de transparência e de divulgação de informações é positivo nesse sentido, permitindo à sociedade participar do processo de fiscalização da relação existente entre Estados e empresas.

No âmbito do Direito Global, alguns instrumentos regulamentares versam sobre corrupção. Merecem destaque a Convenção das Nações Unidas Contra a Corrupção, a Convenção sobre o Combate ao Suborno de Agentes Públicos em Transações Comerciais Internacionais e as Diretrizes da OCDE para Empresas Multinacionais.

Na condição de *soft law*, esses documentos não criam obrigações de caráter vinculante a seus destinatários, todavia devem ser observadas pelos Estados signatários desses instrumentos, bem como pelos sujeitos que os integram.

A Convenção das Nações Unidas contra a Corrupção,[121] em vigor desde dezembro de 2005, tem como propósito, nos termos de

---

[120] Vito Tanzi observa que "no mundo real poucas pessoas, relativamente, são punidas por atos de corrupção, apesar da extensão do fenômeno. Ademais, com exceção de alguns países, parece haver uma grande lacuna entre as penalidades especificadas nas leis e regulamentos e as penalidades efetivamente impostas. Geralmente, as penalidades efetivas tendem a ser mais lenientes do que as estatutárias". *In:* TANZI, 1998, p. 574.

[121] Elia Armostrong observa que a Convenção das Nações Unidas contra a Corrupção é o primeiro instrumento legalmente vinculante relacionado à corrupção – instrumentos anteriores eram apenas de caráter regional, operando num ambiente mais limitado.

seu artigo 1º, promover e fortalecer medidas para prevenir e combater a corrupção de modo mais eficiente e efetivo; promover, facilitar e apoiar a cooperação internacional e a assistência técnica na prevenção e na luta contra a corrupção, inclusive no atinente à recuperação de ativos; e promover a integridade, *accountability* e a correta gestão dos assuntos públicos.

Da leitura do texto da Convenção depreende-se que o combate à corrupção, segundo o entendimento da Organização das Nações Unidas, trata-se de um esforço conjunto e de cooperação, envolvendo Estados, entes privados e sociedade civil, nos termos do que dispõem seus artigos 12[122] e 13.[123]

In: ARMOSTRONG, Elia. Integrity, transparency and accountability in public administration: recent trends, regional and international developments and emerging issues. *Economic and Social Affairs*, Aug. 2005. p. 1-9. p. 7. Disponível em: http://unpan1.un.org/intradoc/groups/public/documents/un/unpan020955.pdf. Acesso em: 15 maio 2015.

[122] Artigo 12. Setor privado
Cada Estado Parte deverá adotar medidas, em consonância com os seus meios e os princípios fundamentais de seu direito doméstico, para prevenir a corrupção envolvendo o setor privado, fortalecer os padrões de contabilidade e auditoria no setor privado e, quando apropriado, instituir penalidades civis, administrativas e criminais, efetivas e proporcionais, para o descumprimento de tais medidas.
As medidas para alcançar esses fins devem incluir, *inter alia*:
Promoção da cooperação entre os órgãos de execução da lei e as entidades privadas pertinentes;
Promover o desenvolvimento de padrões e procedimentos para Promover o desenvolvimento de normas e procedimentos destinados a salvaguardar a integridade das entidades privadas pertinentes, incluindo códigos de conduta para o desempenho correto, honrado e adequado das atividades de negócios e todas as profissões relevantes e à prevenção de conflitos de interesse, e para a promoção da adoção de boas práticas comerciais entre empresas e nas relações contratuais de empresas com o Estado;
Promover a transparência entre as entidades privadas, incluindo, onde apropriado, medidas concernentes à identidade de pessoas naturais e jurídicas envolvidas no estabelecimento e administração de corporações;
Prevenir o mau uso de procedimentos regulatórios de entidades privadas, inclusive procedimentos referentes a subsídios e licenças concedidos por autoridades públicas para atividades comerciais;
Prevenir conflitos de interesse ao impor restrições, quando apropriado e por período determinado de tempo, às atividades profissionais de agentes públicos ou ao emprego de agentes públicos pelo setor privado após o seu desligamento ou aposentadoria, onde tais atividades ou emprego estejam diretamente relacionados às funções desempenhadas ou supervisionadas por esses funcionários públicos durante a seu mandato;
Garantir que empresas privadas, considerando sua estrutura e tamanho. Possuam controles de auditoria interna suficientes para colaborar na prevenção e detectar atos de corrupção e que as contas e demonstrações financeiras de tais empresas estejam sujeitas à auditoria e procedimentos de certificação adequados.
[123] Artigo 13. Participação da sociedade
Cada Estado Parte deverá adotar medidas, em consonância com os seus meios e os princípios fundamentais de seu direito doméstico, para promover a participação ativa de indivíduos e grupos alheios ao setor público, como a sociedade civil, organizações não governamentais e organizações de base comunitária, a prevenção e luta contra a corrupção e

As medidas preventivas à corrupção são especificadas em seu artigo 5º, que dispõe no seguinte sentido:

> Artigo 5. Políticas e práticas de prevenção à corrupção
> 1. Cada Estado Parte deverá, em consonância com os princípios fundamentais de seu sistema jurídico, desenvolver e implementar ou manter políticas anticorrupção efetivas e coordenadas que promovam a participação da sociedade e reflitam os princípios do império da lei, gestão adequada dos assuntos públicos e propriedade pública, integridade, transparência e *accountability*.
> 2. Cada Estado Parte deverá envidar esforços para estabelecer e promover práticas efetivas voltadas à prevenção da corrupção.
> 3. Cada Estado Parte deverá envidar esforços para, periodicamente, avaliar os instrumentos jurídicos e medidas administrativas com vistas a determinar sua adequação na prevenção e luta contra a corrupção.
> 4. Os Estados Partes deverão, na medida em que for apropriado e em consonância com os princípios de seus sistemas jurídicos, colaborar uns com os outros e com organizações internacionais e regionais relevantes em promover e desenvolver as medidas referidas neste artigo. Essa colaboração deverá incluir a participação em programas e projetos voltados à prevenção da corrupção.

No que tange à organização do setor público, é sugerida a organização de sua carreira e sistemas adequados de recrutamento e contratação, treinamento, promoções e aposentadorias, permeados pelo princípio da eficiência e da transparência e de critérios objetivos e meritórios, além de salários adequados. Quanto aos respectivos servidores, a Convenção propõe a adoção de códigos de conduta, que deverão pautar a atuação destes, bem como de medidas disciplinares adequadas, a serem utilizadas em caso de descumprimento. É nesse sentido o disposto nos artigos 7º e 8º.

---

para sensibilizar o público para a existência, causas e gravidade da ameaça representada pela corrupção. Esta participação deve ser reforçada através de medidas como:
Fortalecimento da transparência e da promoção da contribuição do público no processo decisório
Garantindo que o público possui efetivo acesso à informação;
A realização de atividades de informação públicas que contribuam para a não tolerância da corrupção, bem como programas de educação pública, incluindo escolares e universitários;
Respeitando, promovendo e protegendo a liberdade para buscar, receber, publicar e disseminar informação relativa à corrupção. Essa liberdade pode estar sujeita a certas restrições, mas estas deverão ser previstas em lei, e somente quando necessárias:
Em respeito aos direitos e reputações de terceiros;
Para a proteção da segurança nacional, ordem pública, saúde pública e bons costumes.

Os artigos 15 e 16 do documento tratam da criminalização de atos que caracterizem corrupção, como o pagamento de propina, seja ela em relação a agentes públicos nacionais ou estrangeiros. Determina que os Estados partes adotem as medidas legislativas necessárias à qualificação de tais atos como ofensas criminais, quando cometidos intencionalmente, em especial:

- prometer, oferecer ou conceder a um agente público, direta ou indiretamente, vantagem indevida ao próprio agente ou outra pessoa ou entidade, para que este agente atue ou se abstenha de atuar no exercício de suas funções oficiais;
- a solicitação ou aceitação por um agente público, direta ou indiretamente, de vantagem indevida para o próprio oficial ou outra pessoa ou entidade, para que este agente atue ou se abstenha de atuar no exercício de suas funções oficiais.

Outro dispositivo que merece atenção é o artigo 62, que trata da cooperação e coordenação de ações entre os Estados, bem como desses junto a organizações internacionais, para a articulação de ações voltadas ao combate à corrupção, dando especial atenção à assistência aos países em desenvolvimento. Evidencia-se aqui o fato de que o combate à corrupção e sua prevenção deve ser um esforço conjunto dos diversos Estados para que seja bem-sucedido, sendo pertinente a adoção de ações coordenadas. Ainda, reconhece-se a maior suscetibilidade dos países menos desenvolvidos e em desenvolvimento em incorrerem em atos corruptos e o fato de, muitas vezes, não possuírem os requisitos técnicos e materiais necessários a tal combate. Nesse esteio, a assistência a que se é referida é a mais ampla possível, abrangendo aspectos materiais, técnicos e financeiros.[124]

---

[124] Nesse sentido dispõe o parágrafo 2º do artigo 62:
"2. Os Estados Partes deverão fazer esforços concretos na medida possível e em coordenação uns com os outros, bem como com organizações internacionais e regionais:
- para aumentar sua cooperação em variados níveis com países em desenvolvimento, com vistas a fortalecer a capacidade dos últimos na prevenção e combate à corrupção;
- para aumentar a assistência material e financeira voltada à sustentação dos esforços dos países em desenvolvimento em prevenir e combater a corrupção de modo efetivo e para com eles colaborar na implementação desta Convenção de modo efetivo;
- para prover assistência técnica a países em desenvolvimento e aos países com economia em transição, assistindo-os no atendimento de suas necessidades para a implementação desta Convenção. Para este fim, os Estados Partes poderão conceder contribuições voluntárias regulares e adequadas para uma conta designada para este propósito específico num mecanismo de financiamento das Nações Unidas.
- para encorajar e persuadir outros Estados e instituições financeiras tal qual apropriado para os unir em termos de esforços de acordo com este artigo, em particular ao prover mais programas de treinamento e equipamentos modernos a países em desenvolvimento para ajudá-los a atingir os objetivos desta Convenção".

Não obstante a ação cooperativa e coordenada no desenvolvimento de ações de combate e prevenção da corrupção, a Convenção também prevê a cooperação em matéria criminal, devendo os Estados prestarem assistência uns aos outros em investigações e procedimentos civis e administrativos relacionados à corrupção, naquilo que for consoante à sua legislação doméstica.

É certo, todavia, que, para que sejam alcançados os objetivos a que a Convenção das Nações Unidas contra a Corrupção se propõe, é necessário um compromisso forte assumido pelos Estados Parte e por todos os seus destinatários, tanto no que tange aos atos de cooperação entre Estados quanto no que se refere à sua execução em território estatal. Nessa toada, a inserção na legislação doméstica de normas e dispositivos versando sobre o combate e a prevenção à corrupção, quando inexistentes, pode ser positiva no sentido de dotar de maior densidade normativa e eficácia a Convenção. Não obstante, é necessário que os conceitos, normas e a principiologia advinda da Convenção sejam, efetivamente, aprendidos pelos entes estatais, institucionalmente, para que se obtenha a máxima eficácia a partir de sua adoção. Como afirma Philippa Webb,

> a Convenção pode ser vista como um modelo para a reforma de políticas num nível global, e como qualquer proposta de reforma, há a necessidade de considerar não somente as provisões formais, mas como será os seu impacto nas sociedades. O 'Direito', na acepção de um conjunto de documentos formais escritos, será bastante irrelevante se as normas não forem incorporadas em uma estrutura institucional e organizacional que favoreça o seu cumprimento. A UNCAC deve ser traduzida e, mudanças visíveis, significativas e sustentáveis ao redor do mundo.[125]

Outro documento de ordem global ou internacional que versa sobre corrupção é a Convenção da Organização para a Cooperação e Desenvolvimento Econômico sobre Combate ao Suborno de Agentes Públicos Estrangeiros em Transações Comerciais Internacionais (*Organization for Economic Cooperation and Development Convention on Combating Bribery of Foreign Public Officials in International Business Transactions*), de 1997.[126] Seu objetivo é fazer uso da legislação doméstica para combater

---

[125] WEBB, Philippa. The UN Convention against corruption: global achievent or missed opportunity? *Journal of International Economic Law*, v. 8, n. 1, p. 191-229, 2005. p. 218-219.

[126] No ano de 2009 o documento foi revisado por um Conselho destinado especificamente a essa função, que realizou recomendações, ante a apreciação dos resultados advindos da Convenção, com vistas a atualizá-la e evoluir mais ainda no combate ao suborno. O

a corrupção e suborno de agentes públicos estrangeiros.[127] Nesse esteio, ele possui caráter orientativo, buscando moldar a aplicação da lei local a essa forma específica de delito. Seu artigo 1º, nos parágrafos 1º e 2º, dispõe no seguinte sentido:

> 1. Cada Parte deverá adotar as medidas necessárias para estabelecer que é ofensa criminal, na forma de sua lei, qualquer sujeito intencionalmente oferecer, prometer ou conceder vantagem indevida, pecuniária ou de outra ordem, diretamente ou através de intermediários, a agente público estrangeiro, em benefício próprio ou de terceiros, para que este agente aja ou deixe de agir em relação ao exercício de suas obrigações oficiais para obter ou reter negócios, ou outra vantagem indevida, na condução do comércio internacional.
>
> 2. Cada Parte deverá adotar as medidas necessárias para estabelecer que a cumplicidade, incluída a incitação, colaboração e condescendência, ou autorização de um ato de suborno de um agente público estrangeiro seja qualificada como ofensa criminal. Tentativa e conspiração para subornar um agente público estrangeiros será uma ofensa criminal na mesma medida que a tentativa e conspiração para subornar um agente público da Parte.

No que tange às sanções aplicáveis, a disciplina do artigo 3º busca garantir que estas serão efetivas, proporcionais e capazes de dissuadir a prática do suborno de agentes públicos internacionais, e deverão ser comparáveis às penalidades aplicadas em casos de suborno envolvendo agentes públicos nacionais.[128]

---

instrumento reconhece que a evolução nessa seara é um processo paulatino, que depende de acompanhamento e monitoramento corrente para ser bem-sucedido, bem como da cooperação dos Estados. Nele são reiteradas, de modo detalhado, as disposições e compromissos postos na Convenção.

[127] A definição de "agente público estrangeiro" para os efeitos da Convenção é ampla, abrangendo aqueles sujeitos integrantes dos poderes executivo, legislativo e judiciário ou qualquer sujeito exercendo uma função pública em nome de um país estrangeiro. É nesse sentido o disposto no artigo 1º, §4º, "a", in verbis:
"(a) 'agente público estrangeiro' significa qualquer pessoa investida num cargo legislativo, administrativo ou judicial de um país estrangeiro, indicada ou eleita; qualquer pessoa exercendo uma função pública em nome de um país estrangeiro, inclusive para uma agência pública ou empresa pública; e qualquer oficial ou agente de uma organização pública internacional;".

[128] Dispõe o parágrafo 1º do artigo 3º:
"1. O suborno de um agente público estrangeiro deverá ser punido de modo efetivo, proporcional e dissuasivo. A extensão das penalidades deverá ser comparável àquela aplicável ao suborno de agentes públicos da Parte e deverá, no caso de pessoas naturais, incluir privação de liberdade suficiente para permitir a efetiva assistência jurídica recíproca e extradição".

Outro dispositivo interessante da Convenção sobre Combate ao Suborno é o seu artigo 5º, que trata da sua aplicação. O artigo impõe a efetiva investigação e repressão da corrupção, determinando que nesse exercício inexista influência de considerações acerca de interesses econômicos nacionais, do potencial efeito sobre as relações com outro Estado que a investigação e punição desses atos possa vir a ter ou da identidade das pessoas naturais ou jurídicas envolvidas. Ao dispor nesse sentido, evidencia a inadmissibilidade de serem considerados justificáveis atos de corrupção sob o argumento de que estes seriam um meio necessário à auferição de um bem maior no futuro, como a obtenção de maiores investimentos, ou a manutenção de relações amistosas com outro Estado.

Além da Convenção sobre Combate ao Suborno de Agentes Públicos Estrangeiros em Transações Comerciais Internacionais, outro documento da OCDE que busca desencorajar práticas corruptas são as Diretrizes para as Empresas Multinacionais.[129]

Seu item 7, intitulado, "Combate à Corrupção, à Solicitação de Suborno e à Extorsão", abrange a tanto a prática da corrupção ativa quanto passiva por parte das companhias multinacionais, impondo que "as empresas não deverão, direta ou indiretamente, oferecer, prometer, dar ou solicitar suborno ou outras vantagens indevidas, com vistas a obter ou conservar negócios ou outras vantagens inapropriadas. As empresas deverão, também, resistir à solicitação de suborno e extorsão".[130]

Em seus subitens, são sugeridas práticas de governança, com o desenvolvimento de controles internos e de programas de ética, fiscalização financeira e contábil. Dá-se ênfase também à importância

---

[129] De acordo com o prefácio das Diretrizes da OCDE para as Empresas Multinacionais, estas "são recomendações dirigidas pelos Governos às empresas multinacionais. As *Diretrizes* visam assegurar que as operações dessas empresas estejam em harmonia com as políticas governamentais, fortalecer a base da confiança mútua entre as empresas e as sociedades onde operam, ajudar a melhorar o clima do investimento estrangeiro e aumentar a contribuição das empresas multinacionais para o desenvolvimento sustentável. As *Diretrizes* são parte integrante da *Declaração da OCDE sobre Investimento Internacional e Empresas Multinacionais*, cujos outros elementos são relacionados a tratamento nacional, obrigações conflitantes impostas às empresas e incentivos e desincentivos ao investimento internacional. *As Diretrizes fornecem princípios e padrões voluntários para uma conduta empresarial consistente com as leis adotadas e os padrões reconhecidos internacionalmente. No entanto, os países aderentes às Diretrizes assumem um compromisso vinculante para o implementá-las* em conformidade com a decisão do *Conselho da OCDE sobre as Diretrizes da OCDE para as Empresas Multinacionais*" (grifo nosso). In: Diretrizes da OCDE para as Empresas Multinacionais. Atualizada em 2011, p. 8.

[130] Diretrizes da OCDE para as Empresas Multinacionais. Atualizada em 2011, item VII, *caput*, p. 39.

da transparência nas atividades e procedimentos internos das empresas, com a divulgação de seus sistemas de gestão e controles e das medidas adotadas no combate à corrupção, criando-se, assim, um compromisso público, junto à comunidade, inclusive.[131] Também são expressamente vedadas contribuições ilegais, de acordo com a legislação interna de cada Estado, a candidatos a cargos públicos e partidos políticos.

Busca-se, assim, por meio das orientações, engajar a iniciativa privada de modo direto nas iniciativas de combate à corrupção, ao lado dos Estados e das organizações internacionais. Parte-se do reconhecimento de que este é um problema de ordem global e que abrange uma diversidade de atores, sendo necessária a participação de todos esses atores para o sucesso da diminuição dos atos corruptos.

Da análise de ambos os instrumentos, observa-se que estes possuem características típicas do Direito Administrativo Global. Note-se que se trata de normatividade advinda não apenas de um Estado, mas elaborada de modo conjunto por uma multiplicidade de atores – os diversos entes estatais, bem como aqueles sujeitos privados, como as organizações não governamentais e representantes da sociedade civil. Os documentos pugnam pela colaboração e cooperação entre os diversos sujeitos – sendo todos eles destinatários da norma, concomitantemente – enquanto condição para a maximização dos resultados almejados a partir de sua assinatura. Ademais, tanto a Convenção das Nações Unidas contra a Corrupção quanto a Convenção da OCDE possuem forte caráter principiológico, típico das regulamentações de Direito Administrativo Global, e criam uma zona de intersecção entre o arcabouço jurídico doméstico e o regramento advindo desses instrumentos.

A compreensão ora exposta é endossada por Pascale Hélène Dubois e Aileen Elizabeth Nowlan,[132] que, ao discorrerem sobre as medidas voltadas ao combate à corrupção, analisando o tema sob a perspectiva de aplicação de sanções pelo Banco Mundial – o qual tradicionalmente se lastreava nas legislações domésticas e nos princípios gerais de Direito –, optam por realizar uma abordagem baseada no

---

[131] De acordo com a OCDE, em seu comentário de n. 75, ao realizar a atualização das diretrizes, "Propriedade, integridade e transparência, tanto no domínio público quanto no privado, são conceitos-chave na luta contra a corrupção, solicitação de suborno e extorsão". *In:* Diretrizes da OCDE para as Empresas Multinacionais. Atualizada em 2011, item VII, *caput,* p. 40.

[132] DUBOIS, Pascale Hélène; NOWLAN, Aileen Elizabeth. Global administrative law and the legitimacy of sanctions regimes in international law. *The Yale Journal of International Law Online,* v. 36, p. 15-25. p. 16. Disponível em: http://www.yjil.org/docs/pub/o-36-dubois-nowlan-global-administrative-law-sanctions.pdf. Acesso em: 2 jul. 2015.

Direito Administrativo Global, o que justificam ante a diversidade dos sistemas jurídicos pátrios e a esparsa jurisprudência. Para eles, "tal qual o DAG pode auxiliar o Banco Mundial a preencher as lacunas sem necessitar realizar escolhas impossíveis entre os sistemas nacionais dos países membros, nós esperamos que observar os princípios do DAG possa ajudar outras instituições internacionais e países membros a projetar e construir seus sistemas adjudicatórios".[133] Ressaltam que a aplicação dos princípios típicos do Direito Administrativo Global, como a transparência e a motivação das decisões, colaborariam para dotar de maior legitimidade e força as sanções eventualmente aplicadas, que adviriam de um procedimento adequado, no qual deve ser garantido o direito de manifestação e de defesa. Nesse contexto, tais decisões seriam mais passíveis de um consenso social e mais facilmente acatadas e exequíveis. Ademais, não se teria de confiar exclusivamente em normas advindas dos sistemas jurídicos nacionais para conferir legitimidade.[134]

4.5 A atração do investimento estrangeiro

Reconhecidas as dificuldades a serem superadas pelo potencial Estado hospedeiro que o tornam um terreno menos favorável à alocação de investimentos pelo investidor estrangeiro, cabe pontuar, brevemente, os fatores capazes de torná-lo atraente.

Para tal, primeiramente cabe compreender o que motiva o investidor a realizar investimentos num país estrangeiro.

A taxonomia mais utilizada para compreender as motivações que levam o investidor a realizar um investimento em país estrangeiro é aquela proposta por John H. Dunning. Essa taxonomia é construída sobre o paradigma OLI,[135] que explica por que (vantagem de propriedade –

---

[133] *Ibid.*, p. 17.
[134] *Ibid.*, p. 22-23.
[135] "OLI" é a sigla para *Ownership* (propriedade), *Location* (localização) e *Internalization* (internalização), três potenciais fontes de vantagens que podem ser subjacentes à decisão de uma empresa se tornar uma multinacional. Vantagens de propriedade estão relacionadas à questão de por que algumas empresas e não outras se expandem para o exterior e sugere que uma empresa multinacional de sucesso possui algumas vantagens específicas, as quais lhe permitem superar os custos de operar em um país estrangeiro. Vantagens de localização estão centradas na questão quanto a onde uma empresa multinacional escolhe se localizar. Finalmente, vantagens de internalização influenciam em como uma empresa escolhe operar em um país estrangeiro fazendo o *trade off* das economias em transações, dirigindo e monitorando os custos de uma subsidiária integral, com as vantagens de outras formas de entrada num país estrangeiro, como por meio de exportações,

ownership) e como (vantagem de internalização – *internalization*) uma empresa decide se tornar uma multinacional e onde (vantagem de localização – *location*) é mais provável ela investir.[136] Quatro categorias integram essa taxonomia:
- busca de recursos;
- busca de mercados;
- busca de eficiência;
- busca de ativos estratégicos.

Quanto à busca de recursos, esses compreendem recursos naturais, bem como mão de obra, seja ela barata ou especializada. Nesse cenário, o objetivo da empresa transnacional é adquirir determinadas espécies de recursos não disponíveis em seu território ou que estão disponíveis a um custo inferior.[137]

Em relação à busca de mercados, as empresas buscam explorar no país em questão mercados maiores ou mercados anteriormente servidos por importações ou com altas barreiras à importação.[138] Outras razões são acompanhar fornecedores ou clientes que expandiram sua produção para o exterior, adaptar bens às necessidades locais ou gostos e economizar em custos existentes ao atender um mercado a distância, fazer-se presente num dado mercado para desencorajar potenciais competidores a ocuparem esse mercado.[139]

No tocante à busca de eficiência, os investimentos tendem a ocorrer em duas situações: obter vantagem de diferenças na disponibilidade e os custos de *factor endownments* tradicionais em diferentes países, bem como obter vantagem das economias de escala e de escopo e de diferenças de gostos dos consumidores e capacidades de fornecimento.[140]

Quanto à busca de ativos estratégicos, tem-se como objetivo ter acesso a competências, tecnológicas ou conhecimento que não possui o

---

licenciamentos ou *joint-venture*. Um fator-chave para essa abordagem é que ela foca sobre os incentivos que enfrentam as empresas individuais. Esse é hoje o padrão na teoria do comércio internacional, mas não o era até os anos 1970, quando o IED era tradicionalmente concebido pelas lentes de Heckscher-Ohlin como uma movimentação internacional de capital físico em busca de maiores retornos. *In*: NEARY, J. Peter. *Foreign Direct Investment: The OLI Framework*, University of Oxford e CEPR, p. 1. Disponível em: http://users.ox.ac.uk/~econ0211/papers/pdf/fdiprinceton.pdf. Acesso em: 2 jul. 2015.

[136] FRANCO, Chiara; RENTOCCHINI, Francesco; MARZETTI, Giuseppe Vittucci. *Why do firms invest abroad? Na analysis of the motives underlying foreign direct investment*. 2008, p. 6. Disponível em: http://www.etsg.org/ETSG2008/Papers/Franco.pdf. Acesso em: 2 jul. 2015.

[137] *Ibidem*.

[138] COSTA, 2010, p. 38.

[139] FRANCO *et al.*, 2008, p. 6.

[140] DUNNING, John H.; LUNDAN, Sarianna M. *Multinational enterprises and the global economy*. New York: Cambridge University Press, 2008. p. 72.

investidor.[141] Para tal realiza fusões, aquisições e alianças, com objetivos estratégicos a longo prazo.[142]

Compreendidas as suas potenciais motivações, cabe observar quais fatores são capazes de exercer atração sobre o investidor. De acordo com José Augusto Fontoura Costa,[143] alguns quesitos são usualmente apontados como propícios à criação de um ambiente receptivo ao investimento estrangeiro, os quais podem ser classificados em quatro dimensões, sendo eles:
- estabilidade macroeconômica (preços, câmbio, comércio);
- existência de um sistema jurídico e administrativo desenvolvido e estável;
- infraestrutura;
- estabilidade política.

De modo similar, estudo da UNCTAD[144] consignou como elementos de interesse do investidor estrangeiro na formulação de sua decisão quanto a onde alocá-los os seguintes:
- a disponibilidade de recursos naturais;
- o tamanho do mercado doméstico;
- as perspectivas de crescimento e de incremento na produtividade;
- o ambiente econômico e regulatório estável;
- infraestrutura e capital humano;
- a liberdade para operar e transparência burocrática;
- a disponibilidade de fornecedores locais e bom clima de negócios;
- o risco para o ingresso.

Theodore M. Moran, Edward M. Graham e Magnus Blomström, por sua vez, elencam algumas medidas mais específicas em relação às já mencionadas a serem adotadas pelo ente estatal para que ele se torne mais atrativo aos investidores estrangeiros,[145] quais sejam:
- prover informações ao investidor estrangeiro de modo eficaz, com exatidão, clareza, transparência e em tempo oportuno;
- criação de uma agência de promoção de investimentos, com vista a apoiar os investidores e colaborar na formulação de propostas adequadas e fornecer informações objetivas aos

---

[141] FRANCO et al., 2008, p. 7.
[142] COSTA, 2010. p. 38.
[143] Ibid., p. 40.
[144] UNITED NATIONS CONFERENCE ON TRADE AND DEVELOPMENT – UNCTAD. *FDI determinants and TNC strategies*: the case of Brazil. Geneva: United Nations, 2000.
[145] MORAN et al., 2005. p.378.

interessados em investir no país hospedeiro, bem como atuar como facilitadora na intermediação de contatos com outros investidores estrangeiros já atuantes no país hospedeiro;
– possuir parques industriais modernamente equipados, boa infraestrutura (infraestrutura adequada) e instituições para treinamento de mão de obra para a formação de recursos humanos necessários às empresas estrangeiras.

Quanto às isenções fiscais ou redução de tributos e subsídios, consideram que estes deverão ser, ao menos, equivalentes àqueles concedidos por outros países hospedeiros situados na mesma região.

Interessante estudo conduzido pela Agência Multilateral de Garantia de Investimentos – MIGA no ano de 2002[146] realiza um levantamento quantitativo dos fatores de atração do investidor estrangeiro. De acordo com ele o mais importante objetivo da maioria das empresas transnacionais – 55% (cinquenta e cinco por cento) delas – ao expandirem suas operações para países estrangeiros é obter maior acesso a mercados. Em segundo lugar, de acordo com 17% (dezessete por cento) das empresas, seu objetivo principal é a redução de custos operacionais. Os demais objetivos primários são difusos, não atingindo percentuais expressivos. Como interesse secundário, 16% (dezesseis por cento) delas têm em vista a consolidação se suas operações. Os objetivos secundários e terciários, por sua vez, variam de acordo com o setor de atuação da empresa: de manufaturados ou de serviços.

> Enquanto o acesso a mercados é qualificado como fator fundamental pela maioria das empresas nos setores de manufaturados e de serviços, os dois setores possuem objetivos secundários e terciários diversos. Empresas de manufatura tendem a qualificar a redução de custos operacionais como segundo lugar em importância e citam a procura de matérias primas em terceira posição. Empresas de serviços elencam o desenvolvimento de novos produtos como um importante objetivo em seus investimentos no exterior.

Quanto à origem das empresas, o estudo demonstra que a maior parte das empresas norte-americanas elencam como objetivo primário de sua expansão o melhor acesso a mercados – todavia são menos propensos a fazê-lo do que os países da Europa Ocidental e Ásia e países do Círculo do Pacífico, e são mais propensas a buscar a redução de custos operacionais. Empresas norte-americanas também são mais

---

[146] WORLD BANK/MIGA. *Foreign direct investment survey*. Washington: The World Bank Group/MIGA, 2002. p. 16.

propensas do que seus pares a ver a maior produtividade como um objetivo-chave. Empresas da Europa ocidental são as mais preocupadas em obter melhor acesso a mercados, mas menos propensas a escolher como objetivo primário a redução de custos operacionais. Dentre seus objetivos secundários, essas empresas se mostraram mais interessadas na redução de custos – objetivo este seguido pela consolidação das operações.

Empresas que possuem planos de expansão no mercado doméstico são mais propensas a citar o desenvolvimento de novas linhas de produtos como um objetivo-chave para o investimento no exterior, enquanto companhias com planos de expandir seus negócios para o exterior tendem a mencionar como objetivo primário a redução de custos.

PRINCIPAIS OBJETIVOS AO INVESTIR EM PAÍSES ESTRANGEIROS[147]

Melhor acesso a mercados	55%
Redução de custos operacionais	17%
Outros fatores	8%
Busca por matérias-primas	6%
Consolidar operações	6%
Desenvolver novas linhas de produtos	4%
Maior produtividade	4%
Desenvolver novas tecnologias	2%
Acesso a melhor força de trabalho	2%
Redução de riscos	1%

OBJETIVOS SECUNDÁRIOS AO INVESTIR EM PAÍSES ESTRANGEIROS[148]

Redução de custos operacionais	31%
Consolidar operações	16%
Melhor acesso a mercados	15%
Acesso a melhor força de trabalho	11%
Desenvolver novas linhas de produtos	11%
Outros fatores	11%
Redução de riscos	5%
Maior produtividade	0%
Desenvolver novas tecnologias	0%
Busca por matérias-primas	0%

---

[147] WORLD BANK / MIGA. 2002, p. 16.
[148] Ibid., p. 17.

A pesquisa também buscou conhecer os fatores de maior influência ao investidor escolher o local onde realizar investimentos,[149] uma vez disposto a investir no exterior.

O acesso ao mercado consumidor é tido como o principal fator, sendo qualificado como "muito importante" por 77% (setenta e sete por cento) das empresas entrevistadas. O segundo fator mais mencionado é um ambiente político e social estável, seguido pela facilidade em fazer negócios e confiabilidade e qualidade da infraestrutura e serviços públicos (todos citados pela maioria dos entrevistados).

Nesse quesito, são poucas as diferenças entre as empresas de manufaturados e de serviços no que tange aos critérios referentes à localização para alocação do investimento. A única diferença evidente se refere às empresas de manufaturados darem mais importância para locais com maior disponibilidade de matérias-primas, enquanto aquelas centradas no setor de serviços atribuem maior importância ao quesito da tributação no potencial Estado hospedeiro.

Ao se analisar o critério sob a perspectiva do tamanho das empresas, observa-se que empresas maiores são menos propensas a considerarem os custos trabalhistas e a sindicalização como fatores críticos para a escolha do local de alocação dos seus investimentos do que empresas menores. Por outro lado, conferem maior importância à tributação do país hospedeiro do que as empresas menores. Empresas menores tendem a considerar importantes fatores como a existência de mão de obra especializada, corpo técnico e gerencial mais do que as empresas maiores. Também conferem maior importância à existência de infraestruturas e serviços públicos confiáveis e de qualidade.

PRINCIPAIS 20 FATORES CRÍTICOS QUANTO À LOCALIZAÇÃO[150]
(Percentual mencionado como de grande influência)

(continua)

Acesso ao mercado consumidor	77
Estabilidade social e política	64
Facilidade para fazer negócios	54
Confiabilidade e qualidade da infraestrutura e serviços públicos	50
Possibilidade de contratar profissionais com nível técnico	39
Possibilidade de contratar pessoal para atividades de gerência	38
Nível de corrupção	36
Custo da mão de obra	33

---

[149] WORLD BANK / MIGA. p. 19.
[150] Idem.

	(conclusão)
Criminalidade e segurança	33
Possibilidade de contratar mão de obra especializada	32
Tributação nacional	29
Custo dos serviços públicos	28
Rodovias	26
Acesso a matérias-primas	24
Disponibilidade e qualidade de treinamento técnico e universitário	24
Sítio disponível já dotado de infraestrutura	24
Tributação local	24
Acesso a fornecedores	23
Relações trabalhistas e sindicalização	23
Logística aérea	23

Ao analisar a competição pela atração de investimentos em que se engaja uma diversidade de potenciais Estados hospedeiros, Peter Enderwick observa algumas tendências prevalentes em seu comportamento.

Primeiramente, tem ocorrido a alteração generalizada de regulamentações – mais especificamente, uma tendência marcante rumo à liberalização dos arcabouços regulatórios (UNCTAD, 1999). Em segundo lugar, a competição por IED tem contribuído para a concessão crescente de incentivos (MYTELKA, 1999). Em terceiro lugar, para uma quantia de economias, o desejo de evitar a competição extremada tem encorajado a seletividade. A Irlanda é um exemplo de um país que tem aumentado o seu foco em determinados setores industriais, e mesmo em companhias específicas dentro desses setores.[151]

Observando esse mesmo cenário Theodore M. Moran, Edward M. Graham e Magnis Blömstrom ponderam que seria mais interessante aos Estados – em especial aqueles em desenvolvimento – ávidos por atrair investimentos não simplesmente se espelhar no tratamento concedido ao investimento estrangeiro por seus pares, mas sim corrigir as suas deficiências. Afirmam eles:

> ao invés de competir para igualar o tratamento concedido por outras jurisdições, países em desenvolvimento poderiam direcionar uma maior quantia de seus recursos disponíveis para a promoção de investimentos para a superação de imperfeições na disponibilidade de informações,

---

[151] ENDERWICK, Peter. Attracting desirable FDI: theory and evidence. *Transnational Corporations*, v. 14, n. 2, p. 93-102, 2005. p. 95.

melhoria de infraestruturas, iniciativas para a formação e treinamento de empregados, que poderiam beneficiar tanto empresas estrangeiras quanto domésticas.[152]

Do panorama ora exposto é possível constatar que o ingresso de investimentos estrangeiros num dado Estado – os quais podem ter diversos impactos positivos, como demonstrado – não se trata de uma casualidade, existindo fatores objetivos que norteiam a sua atração e outros que os repelem. Cabe aos Estados reconhecer suas debilidades e corrigi-las, tornando-se assim economias atraentes aos olhos do investidor. A partir daí poderão, então, selecionar os investimentos que mais condizem com os interesses estatais e mais aptos a contribuírem para o seu desenvolvimento.

4.6 Síntese Parcial

Em que pese não haver evidências concretas quanto à relação direta entre investimento estrangeiro direto e desenvolvimento, é inegável a existência de externalidades positivas diversas advindas do IED, que colaboram para o desenvolvimento do Estado hospedeiro.

Dentre essas externalidades podemos mencionar a transferência de tecnologia; formação de capital humano; estímulo à indústria local, ao prover insumos ao investimento estrangeiro; o aperfeiçoamento de práticas de governança corporativa, que são absorvidas pelo investidor nacional; criação de postos de trabalho e movimentação da economia local; maior qualificação da mão de obra local e elevação dos salários; queda dos preços de produtos ao final da cadeia produtiva, ante a maior concorrência e, eventualmente, da maior eficiência e menores custos de produção das multinacionais; maior arrecadação de tributos pelo Estado hospedeiro; colaboração para o crescimento econômico.

No que se refere aos investimentos em infraestrutura, os impactos positivos deles advindos são especialmente nítidos. A disponibilidade de infraestruturas impacta diretamente a qualidade de vida da população e contribui para a redução de desigualdades, além de ser base para o crescimento econômico e estimular a realização de novos investimentos – sejam eles estrangeiros ou nacionais.

---

[152] MORAN et al., 2005, p.382.

Se é, todavia, defensável que nem todo o investimento estrangeiro direto será sempre favorável à promoção do desenvolvimento do país hospedeiro, deverá este adotar medidas capazes de estimular o ingresso em seu território de IED de qualidade – aquele IED que enseja o máximo de consequências positivas e o mínimo de externalidades negativas. Nesse esteio, ao formatar um acordo de promoção e proteção recíproca de investimentos cabe aos Estados signatários inserir compromissos aos investidores, como, por exemplo, a preservação do meio ambiente, o respeito aos direitos humanos, práticas de governança corporativa e de responsabilidade social, transferência de tecnologia, dentre outros. Ademais, é importante que esses instrumentos se destinem também à efetiva promoção recíproca do investimento estrangeiro – e não apenas à sua proteção. Isso significa aventar mecanismos capazes de estimular a realização de investimentos também por sujeitos originários de países em desenvolvimento ou menos desenvolvidos, de modo que estes não figurem tão somente na posição de receptores de investimentos.

Ressalte-se que não se trata de criar restrições excessivas e injustificadas ao ingresso do investimento estrangeiro – considerando todos os benefícios que dele podem advir, deve-se, de fato, estimular a sua entrada. Entretanto, deve se buscar o IED de qualidade.

Alguns fatores locais do Estado hospedeiro são capazes de dissuadir o investidor estrangeiro, à medida que ensejam maiores riscos à sua operação, devendo ser mitigados para que se tenha um ambiente de maior segurança para o investimento. Dentre esses fatores têm-se quadros de instabilidade política, instabilidade econômica, instituições pouco confiáveis, ausência de um marco regulatório específico sobre a matéria ou legislação de difícil operacionalidade, um Poder Judiciário moroso, pouco especializado ou parcial, corrupção.

Tais fatores devem ser mitigados ao máximo possível para que seja criado um ambiente mais favorável ao IED. Nesse sentido, o Direito Administrativo Global se mostra bastante útil, dada a normatividade dele advinda – tanto no que se refere, especificamente, à normatividade sobre IED (e aí tem-se o Direito do Investimento Estrangeiro e toda a sua principiologia) quanto à disciplina advinda dos diversos documentos de caráter global, como a Convenção das Nações Unidas contra a Corrupção, a Convenção da Organização para a Cooperação e Desenvolvimento Econômico sobre Combate ao Suborno de Agentes Públicos Estrangeiros em Transações Comerciais Internacionais, as Diretrizes da OCDE para empresas multinacionais, além da existência do Centro Internacional para a Resolução de Controvérsias Relativas a Investimento – ICSID, que se mostra como foro neutro e especializado para a solução dos eventuais conflitos decorrentes de um investimento.

CAPÍTULO 5

INFRAESTRUTURA NO BRASIL E INVESTIMENTO ESTRANGEIRO

O investimento em infraestrutura reúne duas acepções, uma de caráter público e outra de caráter privado.

Sob a perspectiva pública, pode ser pensado como um mecanismo de realização do interesse público e instrumento propulsor do desenvolvimento econômico e social. Estando a infraestrutura vinculada a atividades caracterizadas como serviços públicos, o seu planejamento e a garantia de sua disponibilidade à população são dever do Estado.

Já sob a perspectiva privada, enxerga-se nela o objeto de uma atividade empresária ou um negócio, destinando-se a prover de lucro o sujeito responsável pela sua construção e operacionalização.

Apesar de o Estado reconhecer a importância da criação e disponibilização de infraestruturas e assumir a titularidade e responsabilidade por tais atividades, a sua execução propriamente dita pode ser considerada atípica e fugir à sua expertise. Nem sempre o Estado possuirá, ele próprio, todos os meios necessários para a sua realização.

Nesse contexto, é de grande coerência que o ente estatal se "associe" a um ente privado para a consecução de obras de infraestrutura, e mesmo para a sua exploração, prestando diretamente os serviços públicos correlatos que são de responsabilidade do primeiro. São observáveis, assim, as duas facetas da execução de infraestruturas – uma de caráter público, enquanto instrumento de realização do interesse público, e outra de caráter privado, como instrumento de uma atividade econômica, mas que, simultaneamente, está a realizar aquele.

Como observa André Castro Carvalho,

> a infraestrutura quando explorada por parceiros privados exibe uma dupla função: além do interesse público subjacente e remanescente,

surge um interesse legítimo privado por parte de quem a explora conjuntamente com a atividade correlata. Isso é devido ao próprio regime de parcerias entre Estado e iniciativa privada, de forma que, por meio da convergência de interesses haja o desenvolvimento de uma determinada atividade que atenda à racionalidade publicista e econômica. (...) Por outro lado, quando a infraestrutura é concebida como uma ação do Estado, o interesse público passa a ser o único fator norteador do seu desenvolvimento, sobressaindo-se a racionalidade publicista. (...) Dessarte, ela passa a ter um valor muito mais estratégico para o Estado, o qual, como ente político, passa a utilizá-la para seus fins.[1]

O caráter estratégico característico da infraestrutura está associado à realização de determinados objetivos do Estado e do cumprimento de deveres seus (como é a promoção do desenvolvimento econômico e social, a melhoria da qualidade de vida da população, mecanismo de planejamento governamental e conexão interfederativa). Nessa égide, sob uma perspectiva publicística, é razoável que o Estado crie, explore e mantenha uma dada infraestrutura, mesmo que economicamente deficitária, ante a grande relevância que ela possui para uma dada comunidade ou para o desenvolvimento de uma determinada região. Sob a ótica estritamente privada, entretanto, esse seria um cenário inimaginável, uma vez que seu objetivo na exploração de uma infraestrutura enquanto negócio é a auferição de lucro. Ainda, o planejamento e a implementação dos projetos de infraestrutura pelo Estado permitem a ele exercer influência sobre a atividade econômica de uma dada região:[2] é certo que, para a alocação de um parque industrial numa dada localidade, é necessário que exista uma rede elétrica confiável, de telecomunicações e o suporte logístico necessário ao escoamento da produção, por exemplo.

A forma como o Estado se desincumbirá de sua obrigação de prover infraestruturas à população – se diretamente ou por meio de um parceiro privado – é uma escolha política, a ser exercida dentro dos parâmetros constitucionais e legais, e demonstra o modelo de

---

[1] CARVALHO, 2014. p. 48.
[2] Nesse sentido, como observa André Castro Carvalho, o Estado, na sua qualidade de ente político, faz uma utilização imprópria da infraestrutura, em oposição à utilização própria realizada pela população – usuários diretos seus. "Essas utilidades impróprias ficam bem ressalvadas nas infraestruturas de transporte (trânsito e transporte), demonstrando como um aeroporto, porto, rodovia ou ferrovia podem, por exemplo, ser utilizados para uma determinada ação do Estado – por exemplo, indutor de desenvolvimento – por exemplo, indutor de desenvolvimento econômico-social de uma determinada região". *In: Ibid.*, p. 49.

Estado perseguido por um determinado governo – se mais ou menos intervencionista. A seguir, examinar-se-á como o Estado brasileiro vem executando esse seu dever.

5.1 Panorama e perspectivas da infraestrutura no Brasil

Durante um largo período de tempo o Brasil foi negligente quanto à expansão de sua infraestrutura, que restou obsoleta e incapaz de fomentar o crescimento econômico nacional e posicioná-lo mais competitivamente no mercado internacional, além de ser insuficiente ao atendimento de necessidades essenciais de sua população.

Desde o final da década de 1980 observa-se uma persistente queda no valor percentual do Produto Interno Bruto – PIB destinado a investimentos em infraestrutura. No período compreendido entre os anos de 1971 e 1980 investiu-se anualmente, em média, 5,42% do PIB na área. Esse número sofreu uma queda de 1,8% na década seguinte, computando uma média de investimento anual de 3,62% do PIB ao longo dos anos 80. Na década seguinte é observada nova queda no volume médio de investimentos anuais – entre 1990 e 2000 o percentual foi de 2,29%. Entre os anos 2001 e 2010, o declínio persistiu, com uma média anual 0,17% inferior, sendo que, no período, houve momentos em que o investimento anual em infraestrutura não chegou a atingir os 2%. No período compreendido entre 2011 e 2014 constatou-se um leve aumento, retornando a média aos 2,29 pontos percentuais.[3]

A queda percebida entre as décadas de 1980 e 1990 reflete a forte diminuição dos gastos do setor público com infraestrutura, observada em praticamente toda a América Latina. Entretanto, essa diminuição não foi compensada por investimentos realizados pelo setor privado – como ocorreu em outros países latino-americanos, como Chile e Colômbia[4] –,

---

[3] DAVIES, Katharina; FRISCHTAK, Cláudio Roberto. O investimento privado em infraestrutura e seu financiamento. *In:* FRISCHTAK, Cláudio Roberto; PINHEIRO, Armando Castelar (org.). *Gargalos e soluções na infraestrutura de transportes.* São Paulo: FGV, 2014. Observe-se que os dados aqui postos como investimentos em infraestrutura não consideram os denominados "investimentos em infraestrutura social" (como os projetos construção de habitações para a população de baixa renda).

[4] WORLD BANK. How to revitalize infrastructures investments in Brazil: public policies for better private participation. V. II World Bank Report, n. 366624-BR, Jan. 2007, Washington, p. 28-30. Se for observado o investimento em infraestrutura nos quinquênios de 1980 a 1985 e 1996 a 2001, tem-se que a queda no valor de investimentos realizados pelo Brasil foi

resultando num significativo encolhimento do investimento em infraestrutura como um todo.

O maior investimento em infraestrutura observável na década 2010–2020, por sua vez, possivelmente, reflete os esforços do Estado brasileiro em retomar o crescimento econômico nacional a partir dos programas de aceleração do crescimento (que teve sua primeira fase iniciada em 2007) e de investimento em logística, os quais preveem vultosos investimentos em infraestrutura. O país fechou 2014 tendo investido 2,37% de seu PIB em infraestrutura. No ano de 2015, por sua vez, o volume de investimento foi inferior ao do ano anterior – sendo estimada uma queda de 19% nos investimentos, em termos nominais, computando apenas 1,79% do valor total do produto interno bruto[5] – explicável pela crise econômica de então.

Note-se que, conforme os dados de 2015, o volume de investimentos em infraestrutura já era então um terço inferior ao necessário para manter o estoque de capital existente, quiçá para fomentar o crescimento econômico e posicionar o Brasil no mesmo patamar de outros países emergentes.[6] Enquanto no ano de 2013 o investimento nacional foi de 2,45% do PIB, no mesmo ano o Chile investiu em infraestrutura 5% do PIB e a Colômbia, 6%. Tailândia, China, Índia e Vietnã, por sua vez, investiram na última década entre 6 e 10% de seus produtos internos brutos.

Seguindo a tendência de queda, em 2020 o volume de investimentos em infraestrutura correspondeu a apenas 1,55% do PIB.

Nos anos seguintes, também não se observou um crescimento relevante no aporte de investimentos no setor: em 2021, conforme a ABDIB, o Brasil investiu 1,71% do valor total de seu PIB em infraestrutura, quando seria necessário um aporte de 4,31% para que houvesse a recomposição do parque nacional.

---

de 2,8% em relação ao seu PIB, enquanto na Argentina foi de 1,5% e no México, de 1,2%. O Chile, por sua vez, teve em verdade uma expansão dos investimentos, com um acréscimo de 2,34 pontos percentuais (INSTITUTO DE PESQUISA ECONÔMICA APLICADA – IPEA. *Infraestrutura e planejamento no Brasil*: coordenação estatal da regulação e dos incentivos em prol do investimento – o caso do setor elétrico. Relatório de Pesquisa. Brasília, 2012).

[5] Dados de InterB – Consultoria Internacional de Negócios, 2015. Por Claúdio Roberto Frischtak.

[6] "O País, de fato, entre os países de maior expressão na América Latina, é o que tem a menor média de investimentos públicos em infraestrutura", afirma André Castro Carvalho. *In*: CARVALHO, 2014, p. 286.

**Realidade e Necessidade de
Investimentos em Infraestrutura
por ano – R$ bilhões**

Fonte: Abdib
Observação: Inclui os setores de Energia Elétrica, Transportes,
Saneamento e Telecomunicações. Não inclui o Setor de Petróleo e Gás.

Setor	Investimentos REALIZADOS (2021) R$ bilhões	Em % PIB	Investimentos NECESSÁRIOS Em % PIB	Investimentos NECESSÁRIOS Em R$ bilhões
Transportes / Logística	R$ 30,1	0,35%	2,26%	R$ 196,2
Energia Elétrica	R$ 67,2	0,77%	0,84%	R$ 72,9
Telecomunicações	R$ 33,8	0,39%	0,76%	R$ 66,0
Saneamento	R$ 17,1	0,20%	0,45%	R$ 39,1
Total	R$ 148,2	1,71%	4,31%	R$ 374,1

Hiato de Investimentos = 2,60% PIB

É "compreensível" o não raro desânimo de administradores na realização de investimentos em infraestrutura quando estes não se mostram demasiado urgentes: trata-se de investimentos de grande vulto, que consomem valores significativos do orçamento e cuja execução é lenta, de modo que sua disponibilização à população dar-se-á somente após um largo período de tempo, muitas vezes já num novo governo – tem-se o clássico cenário da obra ou projeto que "se concebe, se gesta, se cria", mas não entrega "pessoalmente".

Fato é que a responsividade dos administrados em relação ao investimento (projetos e obras) executado tende a não ser imediata, o que pouco colabora para o índice de aprovação e popularidade de uma determinada gestão.

Paralelamente, uma vez construídas, as infraestruturas possuem, em geral, uma vida útil naturalmente longa, o que colabora para que sua manutenção adequada seja, muitas vezes, negligenciada.[7]

---

[7] Por outro lado, um dos problemas do custo elevado da infraestrutura é a não realização de sua manutenção adequada, o que acelera o seu processo de deterioração, reduz a sua via útil e a qualidade dos serviços, além de impor maiores custos aos seus usuários. Os custos para posterior recuperação são sempre bastante mais elevados do que o custo de sua manutenção. Nesse sentido, constata o Banco Mundial, *in*: WORLD BANK. *World development report 1994: infrastructure for development*. Washington, DC: Oxford, 1994. Para André Castro Carvalho, "a infraestrutura é, deveras, uma *necessidade permanente*, ou seja, sempre deve ser objeto de discussões políticas e orçamentárias com as respectivas mudanças de prioridades no decorrer do tempo, visto que as infraestruturas devem ser mantidas

Por outro lado, gastos sociais possuem imediata visibilidade, além de, não raro, atingirem diretamente uma grande quantidade de pessoas sem demandar dispêndio muito elevado de recursos financeiros. Como bem observa André Castro Carvalho, "nos países em desenvolvimento – situação majoritária na América Latina – os investimentos públicos em infraestrutura não costumavam ser considerados prioridades nos anos mais recentes, havendo muito mais preocupação normativa com os gastos sociais".[8]

Entretanto, as consequências da ausência de investimentos em infraestrutura por um largo período de tempo, como se observou no Brasil, tem efeitos bastante nocivos ao país – impede ou freia o crescimento, além de ter impactos muito negativos à qualidade de vida da população.

Os gargalos de infraestrutura que se formaram finalmente receberam a atenção que lhe é devida pelo governo federal, que hoje afirma colocar o investimento em infraestrutura como uma de suas principais prioridades.

Se por um lado essa ampliação do volume de investimentos em infraestrutura se mostra uma evolução ante a realidade vigente nas últimas décadas, por outro o montante não é, ainda, suficiente para promover o crescimento e desenvolvimento almejados. De acordo com Cláudio Frischtak,[9] na esteira de estudo do Banco Mundial, um investimento anual de *3,0% do PIB em infraestrutura é o mínimo necessário para manter o estoque de capital existente* (1%), acompanhar o crescimento e as necessidades da população (1,3%) e progressivamente universalizar os serviços de água/saneamento (0,6% em 20 anos) e eletricidade (0,1% em cinco anos). Já um investimento entre 4 e 6% do PIB, ao longo de 20 anos, permitiria alcançar os níveis de investimento observados atualmente na Coreia do Sul e em outros países industrializados do leste asiático. Para que se impulsionasse o crescimento econômico, aproximando-se, entre 15 e 20 anos, das economias emergentes avançadas, seria necessário um aporte de 5 a 7% do produto interno bruto – cenário muito superior às prospecções atuais possíveis ou razoáveis.

---

até que atinjam certa maturidade e se tornem obsoletas, quando terão que ser substituídas por novas tecnologias ou estruturas. E um dos princípios da manutenção é que não se pode esperar a ocorrência de um evento que traga problemas na infraestrutura: a sua função é justamente evitar isso". *In:* CARVALHO, 2014, p. 291.

[8] *Ibid.*, p. 256.

[9] FRISCHTAK, Cláudio R. O investimento em infraestrutura no Brasil: histórico recente e perspectivas. *Pesquisa e Planejamento Econômico*, Rio de Janeiro, v. 38, n. 2, p. 307-348, ago. 2008. p. 307.

Outro estudo (Pezco Economics) estima em R$ 339 bilhões o valor de investimento anual a ser atingido até 2038 para elevar a qualidade e disponibilidade doméstica da infraestrutura brasileira, colocando-a entre as 20 melhores do mundo no *ranking* de competitividade global do Fórum Econômico Mundial.[10] O relatório técnico aponta que o investimento no setor caiu de R$ 122,4 bilhões para R$ 115,8 bilhões em 2020 devido à pandemia do novo coronavírus (1,55% do PIB nacional). Para atingir o valor médio anual de R$ 339 bilhões até 2038, a taxa de crescimento do investimento em infraestrutura deve ser no mínimo de 5,5% ao ano, segundo o estudo. Mantida a média dos últimos 25 anos (1,6%), o Brasil levaria 64 anos para chegar a tal patamar e a cifra em 2038 ainda estaria em R$ 163 bilhões, ou metade do necessário.

Investimento em infraestrutura no Brasil

Em % do PIB ao longo dos últimos anos e projeções para 2021 e 2022

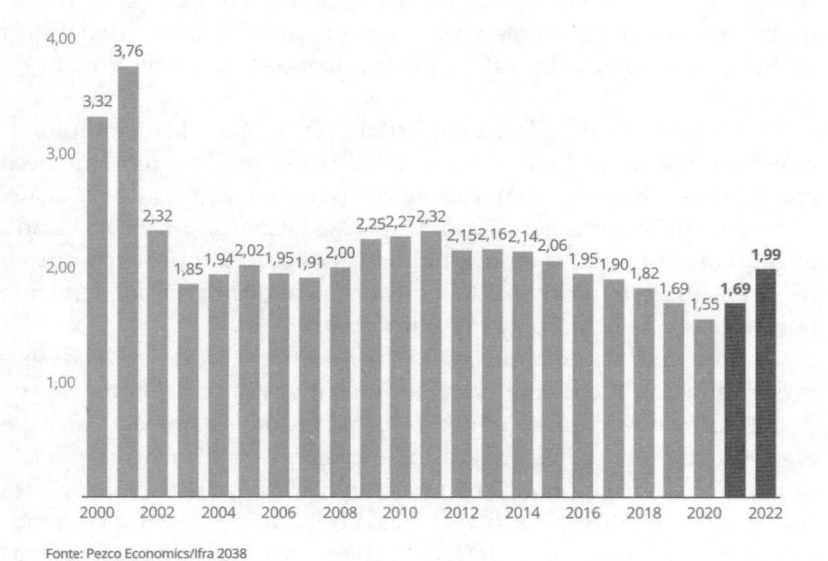

Ano	% do PIB
2000	3,32
2001	3,76
2002	2,32
2003	1,85
2004	1,94
2005	2,02
2006	1,95
2007	1,91
2008	2,00
2009	2,25
2010	2,27
2011	2,32
2012	2,15
2013	2,16
2014	2,14
2015	2,06
2016	1,95
2017	1,90
2018	1,82
2019	1,69
2020	1,55
2021	1,69
2022	1,99

Fonte: Pezco Economics/Ifra 2038

---

[10] Relatório Pezco Economics – Infra 2038. O movimento Infra 2038 atua como um *think tank* para discutir e promover concessões e parcerias público-privadas. O grupo defende o aumento dos investimentos em infraestrutura como caminho para obter ganhos de produtividade, redução dos custos produtivos e logísticos e, por consequência, uma maior competitividade internacional e geração de emprego.

Brasil no ranking de infraestrutura
Posição em lista com 141 países nos últimos anos e estimativas para 2020 e 2021

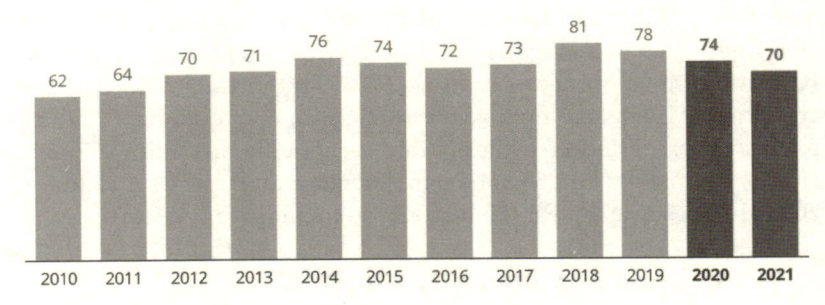

2010	2011	2012	2013	2014	2015	2016	2017	2018	2019	2020	2021
62	64	70	71	76	74	72	73	81	78	74	70

Fonte: Fórum Econômico Mundial e Infra 2038

Num momento de recessão econômica, o enfrentamento da crise pode passar pelo incremento dos investimentos em infraestrutura: ao mesmo tempo em que o crescimento da economia demanda a existência de infraestruturas, o investimento em infraestrutura movimenta a economia.

Certo é que dificilmente o Estado seria capaz de arcar autonomamente com todos os custos envolvidos nos projetos (em que pese sua relevante importância). Assim, bem-vindo o aporte de recursos, bem como de expertise, da iniciativa privada. Contudo, cabe ao Estado encabeçar e orientar a empreitada, desenvolvendo projetos que se mostrem atrativos ao investidor privado, além de prover um ambiente seguro para a realização de investimentos.

Essa vem sendo a racionalidade do Estado brasileiro ao desenvolver projetos que demandam elevados investimentos, como são os de infraestrutura: atrai-se o investidor privado para que ele participe do aporte de capital nos projetos (não obstante, muitas vezes, parcela desse capital vir de financiamentos adquiridos junto ao BNDES). As modelagens financeiras são variadas, podendo significar a cobrança de outorga, leilão de preço mínimo ou compartilhamento das receitas com o poder público, dependendo do perfil do projeto em questão.

Buscando estimular a realização de investimentos em projetos de infraestrutura, a Lei Federal nº 12.431/2011, regulamentada pelo

Decreto Federal nº 8.874/2016,[11] permite a qualificação do projeto como prioritário, o que lhe confere tratamento fiscal diferenciado.[12]

---

[11] Originalmente a regulamentação era dada pelo Decreto Federal nº 7.603/2011, revogado e "substituído" pelo Decreto Federal nº 8.874/2016.
[12] Assim dispõe o artigo 2º da Lei Federal nº 12.431/2011:
"Art. 2º No caso de debêntures emitidas por sociedade de propósito específico, constituída sob a forma de sociedade por ações, dos certificados de recebíveis imobiliários e de cotas de emissão de fundo de investimento em direitos creditórios, constituídos sob a forma de condomínio fechado, relacionados à captação de recursos com vistas em implementar projetos de investimento na área de infraestrutura, ou de produção econômica intensiva em pesquisa, desenvolvimento e inovação, considerados como prioritários na forma regulamentada pelo Poder Executivo federal, os rendimentos auferidos por pessoas físicas ou jurídicas residentes ou domiciliadas no País sujeitam-se à incidência do imposto sobre a renda, exclusivamente na fonte, às seguintes alíquotas:
I – 0% (zero por cento), quando auferidos por pessoa física; e
II – 15% (quinze por cento), quando auferidos por pessoa jurídica tributada com base no lucro real, presumido ou arbitrado, pessoa jurídica isenta ou optante pelo Regime Especial Unificado de Arrecadação de Tributos e Contribuições devidos pelas Microempresas e Empresas de Pequeno Porte (Simples Nacional).
§1º O disposto neste artigo aplica-se somente aos ativos que atendam ao disposto nos §§1º, 1º-A, 1º-B, 1º-C e 2º do art. 1º, emitidos entre a data da publicação da regulamentação mencionada no §2º do art. 1º e 31 de dezembro de 2030.
§1º-A. As debêntures objeto de distribuição pública, emitidas por concessionária, permissionária, autorizatária ou arrendatária, constituídas sob a forma de sociedade por ações, para captar recursos com vistas em implementar projetos de investimento na área de infraestrutura ou de produção econômica intensiva em pesquisa, desenvolvimento e inovação, considerados como prioritários na forma regulamentada pelo Poder Executivo federal também fazem jus aos benefícios dispostos no caput, respeitado o disposto no §1º.
§1º-B. As debêntures mencionadas no caput e no §1º-A poderão ser emitidas por sociedades controladoras das pessoas jurídicas mencionadas neste artigo, desde que constituídas sob a forma de sociedade por ações.
§2º O regime de tributação previsto neste artigo aplica-se inclusive às pessoas jurídicas relacionadas no inciso I do art. 77 da Lei no 8.981, de 20 de janeiro de 1995.
§3º Os rendimentos tributados exclusivamente na fonte poderão ser excluídos na apuração do lucro real.
§4º As perdas apuradas nas operações com os ativos a que se refere este artigo, quando realizadas por pessoa jurídica tributada com base no lucro real, não serão dedutíveis na apuração do lucro real.
§5º Ficam sujeitos à multa equivalente a 20% (vinte por cento) do valor captado na forma deste artigo não alocado no projeto de investimento, a ser aplicada pela Secretaria da Receita Federal do Brasil do Ministério da Fazenda:
I – o emissor dos títulos e valores mobiliários; ou
II – o cedente, no caso de certificados de recebíveis imobiliários e fundos de investimento em direitos creditórios.
§6º O controlador da sociedade de propósito específico criada para implementar o projeto de investimento na forma deste artigo responderá de forma subsidiária com relação ao pagamento da multa estabelecida no §5º.
§7º Os rendimentos produzidos pelos valores mobiliários a que se refere este artigo sujeitam-se à alíquota reduzida de imposto de renda ainda que ocorra a hipótese prevista no §5º, sem prejuízo da multa nele estabelecida.
§8º Para fins do disposto neste artigo, consideram-se rendimentos quaisquer valores que constituam remuneração do capital aplicado, inclusive ganho de capital auferido na alienação."

O artigo 2º do decreto discrimina os setores em que tais projetos podem se enquadrar, cabendo ao ministério correlato conceder a qualificação. Segundo o dispositivo:

> Art. 2º São considerados prioritários os projetos de investimento na área de infraestrutura ou de produção econômica intensiva em pesquisa, desenvolvimento e inovação:
> II – que proporcionem benefícios ambientais ou sociais relevantes; ou
> III – não alcançados pelo disposto nos incisos I e II do *caput*, mas aprovados pelo Ministério setorial responsável e realizados por concessionária, permissionária, autorizatária, arrendatária ou Sociedade de Propósito Específico – SPE.
> §1º Os projetos de investimento devem visar à implantação, ampliação, manutenção, recuperação, adequação ou modernização de empreendimentos em infraestrutura, entre outros, dos seguintes setores:
> I – logística e transporte;
> II – mobilidade urbana;
> III – energia;
> IV – telecomunicações;
> V – radiodifusão;
> VI – saneamento básico; e
> VII – irrigação.
> §2º Os projetos de produção econômica intensiva em pesquisa, desenvolvimento e inovação são aqueles com o propósito de introduzir processos, produtos ou serviços inovadores, conforme os princípios, os conceitos e as diretrizes definidas nas políticas de ciência, tecnologia e inovação e de desenvolvimento industrial.
> §3º As despesas de outorga dos empreendimentos de infraestrutura fazem parte do projeto de investimento.
> §4º Para fins do disposto no inciso II do *caput*, consideram-se projetos que proporcionam benefícios ambientais ou sociais relevantes:
> I – no setor de mobilidade urbana, os seguintes sistemas de transporte público não motorizado e de transporte público de baixo carbono:
> a) sistemas de transporte urbano sobre trilhos:
> 1. monotrilhos;
> 2. metrôs;
> 3. trens urbanos; e
> 4. Veículos Rápidos sobre Trilhos – VLT;
> b) aquisição de ônibus elétricos, inclusive por célula de combustível, e híbridos a biocombustível ou biogás, para sistema de transporte; e
> c) implantação de infraestrutura de *Bus Rapid Transit* – BRT;
> II – no setor de energia, os projetos baseados em:
> a) tecnologias renováveis de geração de energia solar, eólica, de resíduos; e

b) pequenas centrais hidrelétricas com densidade de potência mínima de 4W/m² (quatro watts por metro quadrado) de área alagada;
III – no setor de saneamento básico, os seguintes sistemas:
a) de abastecimento de água;
b) de esgotamento sanitário;
c) de manejo de águas pluviais e drenagem urbana; e
d) de manejo de resíduos sólidos urbanos; ou
IV – os projetos realizados em aglomerados subnormais ou áreas urbanas isoladas, por serem considerados de benefícios sociais, de acordo com a definição estabelecida pelo Instituto Brasileiro de Geografia e Estatística – IBGE.
§5º O disposto no inciso IV do §4º se aplica aos projetos que se enquadrem em um dos setores a que se refere o §1º.
§6º Para fins do disposto no inciso III do §4º, as intervenções propostas deverão ser contempladas no contrato de concessão ou no contrato de programa.

Nos termos da norma, para a execução do projeto a ser qualificado como prioritário, deve ser constituída sociedade de propósito específico, destinada exclusivamente ao desenvolvimento do projeto em questão.

Também buscando estimular investimentos em infraestrutura, a Lei Federal nº 11.478/2007 instituiu o Fundo de Investimento em Participações em Infraestrutura, voltado a fomentar novos projetos em território nacional nos setores energético, logístico, de saneamento básico e irrigação.[13] Já a Lei Federal nº 11.488/2007 instituiu o "Regime Especial

---

[13] Assim dispõe o artigo 1º da Lei:
"Art. 1º As instituições autorizadas pela Comissão de Valores Mobiliários (CVM) para o exercício da administração de carteira de títulos de valores mobiliários poderão constituir Fundo de Investimento em Participações em Infraestrutura (FIP-IE) e Fundo de Investimento em Participação na Produção Econômica Intensiva em Pesquisa, Desenvolvimento e Inovação (FIP-PD&I), sob a forma de condomínio fechado, que terão, respectivamente, por objetivo o investimento no território nacional em novos projetos de infraestrutura e de produção econômica intensiva em pesquisa, desenvolvimento e inovação.
§1º Para os efeitos desta Lei, consideram-se novos os projetos de infraestrutura implementados a partir da vigência desta Lei por sociedades especificamente criadas para tal fim, em:
I – energia;
II – transporte;
III – água e saneamento básico; e
IV – irrigação.
V – outras áreas tidas como prioritárias pelo Poder Executivo Federal
§1º-A. Além dos dispositivos previstos no §1º, consideram-se novos os projetos de produção econômica intensiva em pesquisa, desenvolvimento e inovação implementados a partir da vigência desta Lei por sociedades específicas criadas para tal fim e que atendam à regulamentação do Ministério da Ciência e Tecnologia (MCT)".

de Incentivos para o Desenvolvimento da Infraestrutura – REIDI", uma política de incentivos tributários que permite a suspensão da exigência das contribuições para o Programa de Integração Social (PIS) e para o Financiamento da Seguridade Social (COFINS) que incidem sobre a receita originária das vendas, importações ou locação de maquinários e materiais de construção para serem utilizados ou incorporados às obras de infraestrutura. Os setores contemplados são:[14]

- transportes (alcançando exclusivamente rodovias e hidrovias; portos organizados e instalações portuárias de uso privativo; trens urbanos e ferrovias, inclusive locomotivas e vagões; sistemas aeroportuários e sistemas de proteção ao voo instalados em aeródromos públicos);
- energia (alcançando exclusivamente a geração, cogeração, transmissão e distribuição de energia elétrica; produção e processamento de gás natural em qualquer estado físico);
- saneamento básico (alcançando exclusivamente abastecimento de água potável e esgotamento sanitário);
- irrigação;
- dutovias.

Em junho de 2015 o governo federal anunciou um novo plano concernente aos investimentos em infraestrutura – a segunda etapa do Plano de Investimento em Logística – PIL, que prevê o investimento de R$ 198,4 bilhões[15] em concessões no setor de transportes. O programa se uniu ao Programa de Aceleração do Crescimento – PAC e à primeira etapa do PIL[16] para conformar as iniciativas governamentais de então em matéria de investimento em infraestrutura.

Além dos investimentos em logística, previa-se, também, dar continuidade e ampliar os investimentos em saneamento e energia elétrica.

Nessa toada e ante o cenário ora exposto, passa-se a examinar as perspectivas de investimento em infraestrutura, conforme sinalizações do Poder Executivo federal.

---

[14] Conforme dispõe o artigo 5º do Decreto Federal nº 6.144/2007.
[15] Desse montante, R$ 69,25 bilhões deverão ser investidos entre 2015 e 2018; os R$ 129,2 bilhões restantes serão investidos a partir de 2019, até o final do prazo do contrato de concessão.
[16] A primeira fase do PIL, anunciada em agosto de 2012, previa o investimento de R$ 133 bilhões, concentrados em rodovias e ferrovias. Entretanto, dos nove trechos rodoviários, apenas seis foram leiloados; quanto aos projetos ferroviários, nenhum foi executado.

5.1.1 Rodovias

As rodovias são, no Brasil, um modal de extrema importância. Além de integrarem todo o território nacional, elas são responsáveis pela maior parte do escoamento da produção brasileira. 62% das mercadorias aqui produzidas trafegam por rodovias.[17]

O país possui uma extensa malha rodoviária, com 1,7 milhão de quilômetros de rodovias em seu território. Todavia, sua qualidade é muito inferior à ideal. Os motivos para tal são vários, indo desde os parcos investimentos em manutenção e expansão da malha e má execução das respectivas obras à inexistência de modais alternativos economicamente viáveis aptos a substituir ou a se somar ao rodoviário em grande parte dos trechos. Apenas 12,9% das rodovias brasileiras são pavimentadas e a maior parte delas não são duplicadas (os trechos duplicados somam apenas 13.345 km – 13,3% do total[18]).

Segundo a Confederação Nacional dos Transportes – CNT,[19] 57,3% das estradas pavimentadas do país apresentam deficiências, problemas relacionados à qualidade do pavimento, sinalização ou geometria da via. Os pontos críticos encontrados nas vias, como pontes caídas, erosões, buracos grandes e quedas de barreira na pista, veem aumentando nos últimos anos – em 2013 foram constatadas 250 ocorrências; em 2014, 289 e no ano de 2015, 327. Nos anos de 2020 e de 2021 observou-se movimento crescente.

O mau estado das rodovias implica um aumento significativo dos custos de transporte[20] e, consequentemente, da mercadoria transportada que chegará ao consumidor final. De acordo com pesquisa da Fundação Dom Cabral realizada em 2014, os custos logísticos consomem 11,2% das receitas das empresas situadas no Brasil, custos este considerado alto – nos EUA eles são de 8%.[21] Tal fator pode vir a se mostrar relevante para a formulação da decisão referente a onde alocar um dado investimento.

---

[17] Esse índice chega a 80% se descontados os dois itens que trafegam primordialmente por ferrovias – minério de ferro e produtos siderúrgicos.
[18] CONFEDERAÇÃO NACIONAL DOS TRANSPORTES – CNT. *Pesquisa CNT de rodovias 2015*: relatório gerencial. Brasília: CNT/SEST/SENAT, 2015, p. 67, 76. Disponível em: www.pesquisarodovias.cnt.org.br. Acesso em: 17 out. 2015.
[19] Ibid., 2015, p. 79.
[20] A má condição das rodovias aumenta, em média, em 26% os custos operacionais dos caminhões, chegando a até 40% onde as vias são mais precárias, de acordo com dados da Confederação Nacional dos Transportes.
[21] Valor Setorial. Infraestrutura. Junho, 2015, p. 30.

Em 2014, foram autorizados pelo governo federal investimentos de R$ 12 bilhões em obras rodoviárias. Entretanto, de acordo com a CNT, foram efetivamente pagos apenas R$ 9,05 bilhões – desse valor, R$ 6,11 bilhões eram referentes a obras contratadas em anos pretéritos, inscritas como restos a pagar, e só R$ 2,94 bilhões diziam respeito ao orçamento daquele ano.

Em 2015 a previsão orçamentária originalmente destinada ao Ministério dos Transportes era de R$ 15,9 bilhões, devendo ser direcionados às rodovias investimentos num valor estimado entre R$ 5,5 e 6 bilhões. Todavia, ante o ajuste fiscal anunciado em maio daquele ano, houve redução de 36% desse valor,[22] de modo que, se alterados nessa mesma proporção, os valores investidos em rodovias seriam inferiores a R$ 4 bilhões.

Os números apresentados servem para demonstrar o pouco comprometimento de governos em relação à melhoria da infraestrutura.

Observando esse contexto, não se vislumbra uma melhoria significativa da malha rodoviária brasileira num futuro muito próximo.

De acordo com estudo da Confederação Nacional dos Transportes, para que as rodovias brasileiras se adequassem à demanda a que estão sujeitas, o país deveria investir R$ 293,9 bilhões, distribuídos entre 618 projetos. Todavia, segundo o diretor executivo da CNT, Bruno Batista, na ocasião do estudo, a quantia está muito acima da capacidade orçamentária do Poder Público, sugerindo que fossem criadas condições mais adequadas para atrair investimentos privados no setor.[23]

Em verdade, este vem sendo o propósito do governo federal com a criação, em 2012, do Programa de Investimento em Logística, que previa a concessão de 7.000 km de rodovias, distribuídos em 14 lotes, computando investimentos estimados em R$ 46 bilhões. Porém, três anos após, o objetivo ainda não havia sido atingido em sua plenitude, tendo sido concedidos seis trechos, que somam um total de 4.872 km.

Buscando maior competitividade, quantidade de propostas e uma maior diversidade de contratados, vem se considerando a concessão de trechos menos longos do que se costumava fazer – em média 400 km de extensão (metade do tamanho dos seis lotes concedidos em 2013). Buscou-se privilegiar projetos que sejam capazes de gerar receitas mais rapidamente, o que poderia vir a facilitar o acesso dos investidores ao

---

[22] Valor Setorial. Infraestrutura. Junho, 2015, p. 30.
[23] *Idem.*

mercado de capitais, utilizando-se dos recebíveis dessas obras como uma parte das garantias a serem aportadas.

Ademais, observa-se uma tendência de o governo federal aumentar o número e a periodicidade das licitações e concessões, até que todos os trechos que possuam viabilidade econômica sejam transferidos à iniciativa privada[24] – a título de exemplo, em 2015 9,3% da malha rodoviária pavimentada nacional é gerida pela iniciativa privada.

Buscando uma melhor gestão dos ativos, é usual a celebração de convênios entre a União e os Estados, transferindo aos últimos a responsabilidade pela gestão e conservação das rodovias federais situadas em seu território, os quais podem operá-las diretamente ou mediante concessão a empresas privadas.

Recentemente observou-se o atingimento do termo de diversas concessões rodoviárias celebradas na "primeira rodada", na década de 90. A falta de planejamento dos gestores públicos no encerramento e transição dos contratos ao Poder Público ou a novos investidores se mostrou deletéria à operação das vias de rodagem, prejudicando usuários e comprometendo a segurança das vias.

Inobstante, não se pode olvidar que a política de concessões para a gestão de rodovias é tida como bastante adequada – reduz a dependência do orçamento público para a realização dos investimentos, estabelece critérios contratuais para a melhoria das vias e também gera economia para os usuários. Os modelos contratuais vêm evoluindo ao longo do tempo, assegurando maior qualidade ao serviço prestado, tarifas adequadas e segurança para o investidor. A sistemática de revisões periódicas nos contratos de concessão rodoviária (de longo prazo – vinte a trinta anos, em média) permite ajustes finos, assegurando o equilíbrio econômico-financeiro do instrumento e a garantia de tarifas adequadas aos usuários.

5.1.2 Ferrovias

A malha ferroviária brasileira possui 27.782 quilômetros de extensão. Entretanto, 4.729 quilômetros são ociosos.

No que tange ao modal ferroviário, o Programa de Investimento em Logística prevê investimentos de R$ 86 bilhões em concessões e traz

---

[24] Valor Setorial. Infraestrutura. Junho, 2015, p. 16.

algumas inovações em sua segunda fase, em relação à primeira, que restou infrutífera.

O modelo "*open access*", em que o operador da infraestrutura é diferente daquele que opera o material rodante, pensado em 2012, na primeira versão do PIL (e que não chegou a ser implementado), foi abandonado, tendo sido retomado o modelo da integração vertical, utilizado na ocasião das primeiras privatizações das ferrovias, na década de 1990, e que vinha sendo praticado na maior parte do país. Neste modelo, a concessionária é responsável tanto pela infraestrutura quanto pela operação do material rodante.

Ademais, o governo pretende incentivar e reforçar os mecanismos de compartilhamento de infraestruturas – realizados por meio do direito de passagem e do tráfego mútuo.

A Ferrovia Norte-Sul ganha destaque no atual programa de concessões. Concebida há mais de 27 anos com o objetivo de interligar a malha ferroviária e reduzir custos, ela ligará 9 Estados, passando por 4 regiões. São previstos mais de 4.000 km de extensão. Porém atualmente menos da metade se encontra em operação (apenas1.574 km). Deverão, ainda, ser construídas outras três novas malhas – a Ferrovia da Soja (ligando Lucas do Rio Verde – MT a Miritituba – PR), que deverá demandar investimentos de R$ 9,9 bilhões; a Ferrovia Vitória – Rio, com investimentos de R$ 7,8 bilhões; e o trecho brasileiro da Ferrovia Transoceânica, ligando o Porto do Açu (RJ) ao Litoral do Peru. Nesta são previstos investimentos de R$ 40 bilhões em seus 3.500 km de trilhos, a serem realizados por investidores chineses interessados no escoamento de grãos do Centro-Oeste para a China.[25] Outros R$ 20,5 bilhões deverão ser gastos nas estradas de ferro previstas na versão anterior do programa, cujas obras não foram executadas.

Prevê-se que as concessões se deem por meio de leilões, pelo maior valor de outorga, menor tarifa ou compartilhamento do investimento.

Também se espera que sejam retomados projetos antigos pendentes de conclusão, como é o caso da ferrovia Transnordestina – projeto criado em 2005, que prevê 1.750 quilômetros de trilhos, transitando pelos Estados do Piauí, Pernambuco e Ceará, e chegando aos portos de Suape (PE) e Pecém (CE). As principais dificuldades em torno do projeto – e que veem resultando em permanentes atrasos na realização das obras necessárias, além de dificultarem estimar os custos reais

---

[25] Valor Setorial. Infraestrutura. Junho, 2015, p. 35-36.

dos investimentos necessários – dizem respeito à obtenção de licenças ambientais, desapropriações e fluxo de capital.[26]

Ainda, na última década, o governo federal buscou negociar com as atuais concessionárias estender os contratos cujo vencimento dar-se-ia na década seguinte, sob a condição de elas realizarem investimentos adicionais. Em verdade, o que se pretendeu foi a alteração dos contratos de concessão originais, ampliando o seu objeto e incluindo obras que não haviam sido pensadas ou planejadas na ocasião das licitações da década de 1990, mas que passaram a ter relevância, respeitada a coerência temática e funcional em sua realização pelos atuais concessionários. Ainda, tem-se a pretensão da ampliação de capacidade de tráfego ferroviário, a construção de novos pátios, duplicações das vias, redução de interferências urbanas e construção de novos ramais.

5.1.3 Portos e hidrovias

A movimentação de cargas nos portos brasileiros cresceu 83,74% entre 2001 e 2013 e se espera que entre 2012 e 2030 haja um aumento de 150%. Assim, investimentos no setor portuário são de grande importância.

O Programa de Investimento em Logística contemplou a esfera portuária, projetando investimentos em torno de R$ 37,4 bilhões, os quais estão divididos da seguinte forma:
– licitação de 50 terminais portuários, somando investimentos de, aproximadamente, R$ 12 bilhões (a primeira etapa englobará 29 terminais, localizados em Santos (SP) e no Pará. As licitações podem ocorrer ainda em 2015,[27] com o leilão de 8 terminais, primeiramente – cinco áreas de escoamento de grãos em Belém, Santarém e Barcarena, no Pará – e um terminal de grãos e dois de celulose no Porto de Santos, em São Paulo. Além desses 8 terminais, outros 21 fazem parte da primeira etapa de concessões – com previsão para lançamento dos editais em 2016);

---

[26] A obra foi orçada, inicialmente, em aproximados R$ 4 bilhões. Em setembro de 2013 já se estimava serem gastos R$ 7,5 bilhões e hoje se cogita que serão gastos R$ 9 bilhões, com previsão de conclusão das obras em 2017.
[27] AGÊNCIA BRASIL. *Barbosa diz que leilões de terminais portuários podem começar ainda em 2015*. Disponível em: www.ebc.com.br. Acesso em: 6 out. 2015. A previsão é que devam ocorrer no mês de dezembro.

- construção de 63 novos terminais de uso privado marítimos e fluviais, com investimentos de R$ 14,7 bilhões;
- renovação antecipada[28] de 24 arrendamentos, cujos operadores firmaram contratos com prazos de duração de 25 anos, a partir de 1993, no valor de R$ 10,8 bilhões.

Quanto aos perfis das licitações e contratos firmados, prevalece, com exceções, o modelo de cobrança outorga onerosa, em oposição ao modelo de modicidade tarifária, menos convidativo aos investidores.

Rumando dos portos às hidrovias, de acordo com estudos realizados pela Agência Nacional de Transportes Aquaviários – ANTAQ, a necessidade de investimentos no setor chega ao valor de R$ 7 bilhões. Segundo o diretor da agência, Adalberto Tokarski, "se isso ocorresse, em 2020 o país contaria com 41.912 quilômetros de hidrovias, o dobro do que tem hoje".[29]

Já a Confederação Nacional do Transporte (CNT), em estudo sobre os gargalos logísticos no escoamento nacional de grãos, afirma que, para que o Brasil se torne competitivo na área de navegação interior – de grande importância para o escoamento da safra de grãos –, seriam necessários investimentos da ordem de R$ 34 bilhões, distribuídos entre 46 projetos.[30]

Em que pese a existência de 50.000 quilômetros de rios navegáveis no Brasil, esses são subutilizados para fins logísticos. Em 2014 os rios brasileiros transportaram 25 milhões de toneladas de produção. O número, apesar de soar expressivo, é baixo – representa apenas 5% do volume que transitou pelo rio Mississipi, principal hidrovia norte-americana.

As hidrovias que hoje mais atraem investimentos estão situadas nas regiões Norte e Centro-Oeste. O Arco Norte – Itacoatiara (AM), Santarém (PA), Vila do Conde (PA), Itaqui (MA), Salvador (BA) e Ilhéus (BA) deve receber investimentos privados em torno de R$ 2 bilhões, com a construção de 11 terminais e 270 embarcações. Paralelamente, a Hidrovia Tocantins – Araguaia – estratégica para o escoamento da produção de grãos – deve receber investimentos estimados em R$

---

[28] A renovação antecipada é amparada pela Lei dos Portos – Lei Federal nº 12.815/13, mediante a apresentação pelo concessionário de um plano de investimentos na área por ele ocupada, nos termos do artigo 57 da referida lei. No primeiro semestre deste ano, a Secretaria Especial de Portos autorizou a prorrogação de três contratos, todos no Porto de Santos.
[29] Valor Setorial. Infraestrutura. Junho, 2015, p. 47.
[30] Confederação Nacional dos Transportes. Disponível em: www.cnt.org.br. Acesso em: 6 out. 2015.

500 milhões, destinados a obras de derrocamento num trecho de 43 quilômetros, a serem realizadas em três anos, as quais assegurarão navegabilidade nos períodos do ano em que o nível de água do rio Tocantins fica demasiado baixo. Também são previstos investimentos na Hidrovia Tietê-Paraná. A hidrovia, todavia, se encontra paralisada em virtude da seca, ante o baixo nível da água.

5.1.4 Aeroportos

Após terem sido considerados positivos os resultados das concessões à iniciativa privada da administração de aeroportos – Guarulhos (SP), Viracopos (SP) e Brasília (DF), o governo federal decidiu dar continuidade à iniciativa. Seguiram-se as licitações e concessões de quatro terminais aeroportuários – Fortaleza, Salvador, Florianópolis e Porto Alegre, com investimentos previstos de R$ 8,5 bilhões.

No ano de 2022 foram leiloados e concedidos à iniciativa privada mais 15 (quinze aeroportos), divididos em blocos e liderados pelo aeroporto de Congonhas (SP).[31]

A ampliação da infraestrutura aeroportuária se mostra necessária especialmente ante a estimativa de crescimento do número de usuários, além de prover maior qualidade dos serviços prestados aos usuários.

As mais recentes licitações para concessões de aeroportos buscaram reduzir as barreiras à participação de concorrentes, impostas na primeira rodada dos certames.[32]

---

[31] O Bloco SP-MS-PA-MG, liderado por Congonhas (SP), e composto ainda pelos aeroportos Campo Grande, Corumbá e Ponta Porã, no Mato Grosso do Sul (MS); Santarém, Marabá, Parauapebas e Altamira, no Pará (PA); Uberlândia, Uberaba e Montes Claros, em Minas Gerais (MG), foi arrematado pela Aena Desarollo Internacional SME SA por R$ 2,45 bilhões, com ágio de 231,02% em relação ao lance mínimo inicial de R$ 740,1 milhões. Integrado pelos aeroportos de Campo de Marte, em São Paulo (SP), e Jacarepaguá, no Rio de Janeiro (RJ), o Bloco Aviação Geral teve como vencedor a XP Infra IV FIP EM INFRAESTRUTURA, com ágio de 0,01% em relação ao lance mínimo inicial de R$ 141,3 milhões. O bloco foi arrematado por R$ 141,4 milhões. Já o Bloco Norte II, formado pelos aeroportos de Belém (PA) e Macapá (AP), foi arrematado pelas empresas Dix e Socicam, integrantes do Consórcio Novo Norte. O grupo pagou R$ 125 milhões pelos dois aeroportos do bloco, com ágio de 119,78% em relação ao lance mínimo inicial de R$ 56,9 milhões.

[32] "Na visão do setor público, não há mais necessidade de continuar criando obstáculos à participação de operadores privados, porque foi consolidado um ambiente de concorrência no setor aeroportuário. Nas concessões passadas, o governo ergueu barreiras para impedir que dois aeroportos da mesma região, ou próximos geograficamente, ficassem sob o controle do mesmo consórcio". GARRIDO, Juan. Efeitos positivos da gestão privada. *Valor Setorial Infraestrutura*, p. 50, jun. 2015. p. 52. Não obstante, "o governo pretende seguir

Além dos investimentos em aeroportos, outra preocupação relevante se refere à interligação do modal aeroviário a outros modais de transporte, facilitando o acesso dos passageiros aos centros urbanos.[33]

5.1.5 Saneamento básico

A necessidade de expansão dos serviços de saneamento básico no Brasil é urgente.

Conforme dados de 2015, 120 milhões de brasileiros não possuíam esgoto tratado e 85 milhões não possuem nenhum tipo de coleta de resíduos.

Projetos com o escopo de ampliar a rede de saneamento básico foram previstos no Plano de Aceleração do Crescimento – PAC, entretanto a sua implementação, a princípio, se mostrou pouco eficiente.[34]

Ante a premente necessidade de investimentos, o BNDES aprovou em 2014 o montante de R$ 1,9 bilhão para serem investidos no setor, que devem ser distribuídos entre 13 projetos de saneamento. Trata-se de um valor 118% superior àquele despendido em 2013 e que pretende levar o saneamento básico a localidades, até então, carentes. Cerca de um quinto dos municípios brasileiros – 1.200 deles, aproximadamente – não possui companhias próprias de saneamento, o que pode estimular a participação privada no setor, seja por meio de concessões, seja por meio de parcerias público-privadas.[35]

---

evitando que o mesmo grupo econômico arremate dois terminais em uma única região. Por isso, os aeroportos de Porto Alegre e Florianópolis deverão ter vencedores diferentes". *Ibidem*.

[33] Nesse sentido, afirma Peter Wanke, coordenador do Centro de Estudos de Logística do Coppead da UFRJ: "Tão importante quanto expandir a capacidade é interligar esses complexos aeroportuários com metrô e outros modais de transporte urbano". *Ibid.*, p. 50.

[34] Em relação às obras de saneamento integrantes do PAC, 65% das obras monitoradas até dezembro de 2012 estavam paradas, atrasadas ou ainda não iniciadas. Distribuídas em 18 Estados em 28 maiores cidades, as 138 obras totalizam investimentos de R$ 6,1 bilhões. Ademais, o volume de investimentos em saneamento básico (R$ 10 bilhões anuais) tem sido inferior àquele que seria necessário para a universalização dos serviços até 2033, na forma do Plano Nacional de Saneamento. De acordo com estudo da Confederação Nacional da Indústria, o Brasil teria que investir aproximadamente R$ 275 bilhões até 2033 para solucionar o déficit de saneamento básico. Seguindo o atual ritmo de investimentos, a universalização dar-se-á somente em 50 anos.

[35] Atualmente a participação do setor privado nessa seara é de 10%, sendo estimado um crescimento de até 30% nos próximos dez anos. A implementação de parcerias público-privadas direcionadas ao setor já vem sendo cogitada, principalmente pelos Estados de São Paulo e do Rio de Janeiro. "O governo paulista deverá lançar uma PPP de R$ 1,5 bilhão

A necessidade de melhoria e universalização na prestação dos serviços públicos de saneamento básico, maiores investimentos e observância da modicidade tarifária restaram evidenciadas no novo marco legal do saneamento (Lei Federal nº 14.026/2020, que inovou o texto original da Lei Federal nº 11.445/2007). A nova norma impôs metas de universalização ao serviço público: segundo o novo marco, as metas de universalização deverão ser definidas contratualmente e até o final de 2033, 99% da população deverá ser atendida com o serviço de água potável e 90% deverá ter acesso à coleta e tratamento do esgotamento sanitário.

Para cumprir esse fim, o legislador reconheceu a importância da participação de entes privados não estatais na qualidade de prestadores, disciplinando expressamente sobre a concessão dos serviços públicos, vedando a prorrogação dos contratos de programa vigentes entre companhias estatais de saneamento básico e municípios (legítimos titulares dos serviços) e criando assim um ambiente de competitividade.

Ademais, o novo marco legal do saneamento evidenciou o caráter contratual da prestação dos serviços públicos de saneamento básico, definindo a concessão como forma adequada de prestação, mediante prévia licitação, além de privilegiar a concorrência entre os prestadores.

Nesse cenário, resta evidenciada a necessidade de uma atuação conjugada e harmônica de todos os atores partícipes da execução do serviço público de saneamento básico, o qual abrange o abastecimento de água, o esgotamento sanitário, a coleta de resíduos sólidos e limpeza urbana e a drenagem de águas pluviais.

Projetos inovadores vêm sendo levados a cabo, na forma de concessões comuns e de parcerias público-privadas.[36]

---

para eficiência na rede de abastecimento, de olho em redução de perdas, hoje estimadas em 35%. No Rio de Janeiro, a expectativa é de que possa ser lançada ainda nesse governo estadual uma PPP para ampliar os serviços de água e esgoto na Baixada Fluminense, em São Gonçalo". *In:* GARRIDO, 2015, p. 67.

[36] Destaca-se aqui o modelo do município do Rio de Janeiro e região metropolitana, com a concessão dos serviços de distribuição de água e de esgotamento sanitário divididos em quatro blocos diversos. A licitação chamou a atenção de diversos atores do mercado e vem se mostrando uma experiência interessante. Paralelamente, municípios de pequeno porte – com destaque para diversos municípios da região nordeste – vêm se mostrando capazes de melhorar a qualidade dos serviços públicos de saneamento básico prestados à população a partir da sua concessão à iniciativa privada. O BNDES vem participando ativamente na concepção dos projetos a serem concedidos a empresas privadas.

5.1.6 Energia elétrica

Quanto à infraestrutura energética do país, vem sendo ampliado o interesse na utilização de novas matrizes energéticas, em paralelo à hidrelétrica, em especial ante os sucessivos períodos de estiagem e do alto custo de implementação dessa espécie de usinas.

Em 2002, as usinas hidrelétricas eram responsáveis por 82% da produção de energia no Brasil. Hoje contribuem com dois terços. Já as usinas térmicas participam com 18% e a energia eólica representa aproximadamente 4% do total energético produzido.

Segundo estimativas da Empresa de Pesquisas Energéticas, em 2024 a energia hidrelétrica deverá corresponder apenas a 58% da produção energética total. A energia térmica deverá participar com 14%, seguida da eólica, com 11%, e a energia solar, com 3%.

Dentre os principais projetos já pensados no setor, tem-se a usina hidrelétrica de São Luiz dos Tapajós, no Pará. Trata-se da maior hidrelétrica a ser licitada, com previsão de investimentos de R$ 30 bilhões e produção de 8 mil MW de potência. O certame chegou a ser anunciado no final de 2014, mas foi cancelado pelo governo federal, ante a identificação de 14 impactos negativos sobre povos indígenas, alguns deles irreversíveis – especialmente decorrente dos alagamentos de terras.

A questão ambiental é um fator limitador relevante em relação aos investimentos no setor, em especial nos projetos de hidrelétricas, que demandam o alagamento de grandes áreas. Ainda, em muitos casos essas áreas integram reservas indígenas.[37]

Outro problema que afeta o setor é a falta de planejamento integrado – há situações nas quais, não obstante a construção da usina, inexistem linhas de transmissão, impedindo o seu funcionamento. É o caso de alguns parques eólicos na Bahia, que poderiam ter gerado energia em julho de 2012, mas somente conseguiram adicionar potência ao sistema mais de 2 anos depois, devido à demora na instalação de linhas de transmissão.[38]

---

[37] Entre 2017 e 2021, dos cerca de 20 mil MW de potência adicional prevista para entrar em operação no setor elétrico, 80% estão em terras indígenas.
[38] Valor Setorial. Infraestrutura, 2015, p. 26.

5.2 Modalidades contratuais para a execução dos projetos de infraestrutura no Brasil

Essencialmente, os projetos para construção e operação de infraestruturas podem ser conduzidos pela Administração Pública de duas maneiras – de modo direto, com a atuação do ente estatal em sua execução propriamente dita, ou de modo indireto, situação em que são levados a cabo pela iniciativa privada, enquanto delegatária da atividade de titularidade do Estado. Nessa segunda hipótese, a execução se dá, em geral, no bojo de duas espécies contratuais: as concessões e as parcerias público-privadas celebradas com a Administração Pública – sendo que a última pode ser considerada uma espécie da primeira.

A opção pela prestação de serviços públicos e realização de obras de infraestrutura por meio de terceiros não integrantes da Administração Pública, no Brasil ganha especial relevo no bojo da Reforma do Estado, a partir da década de 1990,[39] sob um contexto de incapacidade financeira de o Estado, diretamente, realizar todas as incumbências que lhe são constitucionalmente atribuídas e realizar todos os investimentos necessários ao desenvolvimento social e econômico do país, associado à maior expertise e eficiência dos entes privados para a execução de tais finalidades.

Ao observar as duas últimas décadas, especialmente, é possível constatar uma nítida preocupação, principalmente dos países emergentes – e aí incluímos o Brasil, em superar um cenário de instabilidade econômica, atingindo-se o crescimento da sua economia, bem como o desenvolvimento social, de modo sustentável. Para tal a Administração Pública vem buscando eliminar ou reduzir déficits orçamentários e manter uma estabilidade cambial mínima, ao mesmo tempo em que deve se preocupar com a realização de investimentos em infraestrutura, com vistas à sua modernização e expansão, na prestação adequada

---

[39] Como observa Carlos Ari Sundfeld, "Nos cerca de 70 anos que se passaram entre o final da I Guerra Mundial e o início da Reforma do Estado vigorou a crença de que não só o interesse geral era preocupação do Estado, como devia ser alcançado preferencialmente pela ação da máquina pública: empresas, hospitais e universidades do próprio Estado deviam fazer os investimentos necessários e prestar os serviços públicos e sociais. Os particulares participariam como simples fornecedores de bens, serviços e capitais ao Estado, sem assumir maior responsabilidade quanto aos objetivos finais. Mas a orientação se inverteria a partir da década de 90 do século passado, com o início da Reforma do Estado, que diminuiu significativamente o tamanho deste, mas sem que renunciasse à realização dos objetivos que até então vinham sendo buscados. A alternativa foi, então, recuperar ou criar mecanismos para a assunção de responsabilidades públicas por particulares, em substituição ao modelo anterior, de gestão estatal". *In*: SUNDFELD, p. 18-19.

e universal de serviços públicos a seus administrados e estímulo ao desenvolvimento econômico e social.

Foi nesse cenário que figurou, na década de 90, a tendência da "privatização", compreendida num sentido lato como a redistribuição de diversas atividades, dantes realizadas unicamente pelo setor público, ao setor privado. De acordo com a professora Odete Medauar, o fenômeno abrange

> as medidas pelas quais ocorreu a redução do espaço do Estado na sociedade, com a transferência, total ou parcial, de atividades ao setor privado e com a menor ascendência do Estado em vários âmbitos da sociedade, como por exemplo: venda de estatais, quebra de monopólios públicos, forte utilização das concessões e permissões de serviço público, aumento das parcerias público-privado, suavização das formas de intervenção estatal na economia, incentivo à auto regulação, estímulo à maior atuação dos particulares na área social (grande desenvolvimento do chamado terceiro setor).[40]

Emergem, assim, as concessões, com a nítida assunção da posição outrora ocupada por empresas estatais pelas concessionárias privadas de serviços públicos, que passaram a atuar em setores estratégicos, tais como, a título exemplificativo, telecomunicações, energia, transporte ferroviário de cargas e rodovias.

As concessionárias passam a atuar como parceiras do ente estatal na realização dos objetivos deste e do interesse público, ao mesmo tempo em que perseguem seus interesses próprios, num ambiente de concertação entre sujeitos públicos e privados. Como observa Marçal Justen Filho,

> a democratização do exercício do poder estatal conduz o Estado a realizar acordos com particulares, travando relações em níveis de colaboração. Em contrapartida, a natureza pública dos interesses assumidos constrange os particulares a vincular seus intentos egoísticos à satisfação da função social da propriedade e do lucro privado. A consequência reside em que o relacionamento entre Administração Pública e iniciativa privada adquire

---

[40] MEDAUAR, Odete. *O direito administrativo em evolução*. 2. ed. São Paulo: Revista dos Tribunais, 2003. p. 97. Referente ao fenômeno das privatizações, a professora, na mesma obra, assevera que "vários fatores explicariam a privatização de empresas estatais e a transferência de serviços públicos à execução de particulares: financeiros, para conter o déficit público e reduzir despesas; jurídicos, ante o peso dos controles centrais; políticos – nos governos de inspiração neoliberal, para reforçar o setor privado, e nos de inspiração socialista, como revisão de dogmas políticos. De modo mais amplo, menciona-se a privatização como uma das respostas à crise do *Welfare State*" (p. 249).

contornos de equivalência entre si, todos assumindo a subordinação em face do interesse público.

O instituto da concessão é instrumento jurídico adequado para formalizar essa via de colaboração entre Estado e iniciativa privada. O modelo político prevalente exclui a viabilidade de recursos públicos serem utilizados para financiamento de grandes obras. Os investimentos realizados com a enorme demanda por serviços públicos terão de ser arcados diretamente pela iniciativa privada.[41]

A disciplina legal das concessões e respectivos contratos vem com o advento da Lei Federal nº 8.987, em 13 de fevereiro de 1995.[42]

Conforme a referida lei, a concessão de serviços públicos pode ser compreendida como a delegação contratual e remunerada da execução de serviço público a particular para, por sua conta e risco, explorá-lo de acordo com as disposições contratuais e regulamentares pertinentes, por determinado prazo, findo o qual os bens afetados à prestação do serviço, com os investimentos realizados devidamente amortizados, voltam ou passam a integrar o patrimônio público. O seu exercício é transferido a um agente privado que será remunerado, em geral, pelas tarifas que os usuários de tal serviço lhe pagarão. A titularidade do referido serviço, contudo, permanece sendo do Estado, que também é responsável pelo seu controle, fiscalização, definição das condições de sua prestação e até mesmo do controle das tarifas cobradas pela concessionária. Dessa forma, os serviços públicos concedidos aos entes

---

[41] JUSTEN FILHO, Marçal. *Teoria geral das concessões de serviço público*. São Paulo: Dialética, 2003. p. 59.

[42] Não obstante a lei trazer em seu texto (art. 2º) uma definição de concessão de serviço público, Marçal Justen Filho atenta para o fato de não ser possível uma definição exata de "concessão", uma vez que o instituto abarca uma pluralidade de arranjos distintos entre si. Afirma ele: "Defende-se que a concessão comporta uma pluralidade de configurações, o que impede inclusive aludir 'à' concessão, tal como se houvesse conceito único, determinado e padronizado para o instituto. Talvez se pudesse afirmar que a expressão indica um gênero, que contempla inúmeras espécies. A tentativa de produzir uma solução única para a concessão não encontra respaldo na ordem jurídica e acaba causando resultados extremamente negativos. (...) Com todas essas reservas, poderia formular-se um esboço de definição, no sentido de que concessão de serviço público é um contrato plurilateral, por meio do qual a prestação de um serviço público é temporariamente delegada pelo Estado a um sujeito privado que assume seu desempenho diretamente em face dos usuários, mas sob controle estatal e da sociedade civil, mediante remuneração extraída do empreendimento, ainda que custeada parcialmente por recursos públicos". Dentre os vários possíveis objetos da concessão, o autor menciona a concessão apenas de serviço público, a concessão de serviço público antecedida da execução de obra pública, a concessão de exploração de obra pública a ser edificada e a concessão de obras já existentes. *In:* JUSTEN FILHO, 2003, p. 96-99.

privados não perdem a sua natureza pública: à iniciativa privada cabe a mera delegação de seu exercício.

Paralelamente, a lei disciplina a concessão de serviço público precedida de obra pública – modalidade em que o concessionário compromete-se a executar determinada obra pública sem ser remunerado pelo Poder Público. Sua remuneração dar-se-á pelos pagamentos efetuados pelos usuários da obra pública após sua conclusão. Exemplo típico são os pedágios das estradas construídas por concessionários.

Através dessa forma de parceria, o Poder Público se desonera da prestação de serviços públicos de sua titularidade e criação de infraestruturas em relação aos quais não tem condições financeiras ou não entende ser conveniente a sua prestação direta.[43]

Conforme Marcos Augusto Perez,

> a concessão acaba por ser uma saída institucional, em sentido amplo, para os impasses vividos pela gestão pública direta dos serviços públicos. Uma saída política, pois se afastam as decisões de gestão de um dado serviço dos interesses eleitorais dos grupos políticos reunidos no Legislativo, conservando-se, ao mesmo tempo, a essência pública do serviço por meio da definição de suas diretrizes gerais pelo processo político. Uma saída gerencial, pois se reduz o papel da administração pública à regulação, controle e fiscalização da atividade concedida, aliviando-a dos encargos de execução e, ao mesmo tempo, permitindo-lhe aproveitar-se indiretamente das formas de gestão privadas, que tendem a ser mais eficientes. Uma saída, enfim, econômico-financeira, pois a concessão permite a articulação de múltiplos e variados projetos financeiros para sua implementação, de modo a não se endividar diretamente a administração pública, mas, sim, seu parceiro privado.[44]

Nesse modelo, a assunção dos riscos decorrentes do empreendimento é responsabilidade do concessionário, não integrando estes a álea estatal. Uma vez anuindo o parceiro privado com as condições contratuais postas pelo Estado, assume ele os riscos do projeto em questão. Esses riscos – os quais representam um custo para o concessionário – não devem ser demasiado elevados a ponto de dissuadir o interesse privado no empreendimento ou que o leve a propor tarifas demasiadamente

---

[43] Nesse sentido, ARAGÃO, Alexandre Santos de. *Direito dos Serviços Públicos*. 2. ed. Rio de Janeiro: Forense, 2008. p. 568.
[44] PEREZ, Marcos Augusto. *O risco no contrato de concessão de serviços públicos*. São Paulo. 2005. 245 f. Tese (Doutorado em Direito do Estado) – Faculdade de Direito, Universidade de São Paulo, São Paulo: Faculdade de Direito, Universidade de São Paulo, 2005.

elevadas, com vistas a mitigá-los. Nesse contexto, a redução dos riscos a serem assumidos pelo sujeito privado na qualidade de concessionário amplia a gama de interessados no projeto a ser desenvolvido, o que é benéfico ao ente estatal e aos futuros usuários do serviço e infraestrutura em questão.[45] Para projetos financeiramente autossustentáveis, o modelo de concessão de serviço público disciplinado pela Lei Federal nº 8.987/95 se mostra adequado: não obstante o ente privado assumir todos os riscos do empreendimento, só o fará se vislumbrar com clareza a rentabilidade do projeto ao longo da execução do contrato.

Contudo, tal arquétipo foi incapaz de atender suficientemente todas as demandas da Administração Pública brasileira, tanto no atinente à consolidação das infraestruturas necessárias quanto à prestação de serviços públicos à população.

Nem sempre a iniciativa privada se mostrou interessada em atuar como concessionária do Poder Público, nos moldes da Lei Federal nº 8.987/95. Em situações diversas, desempenhar determinadas atividades por sua conta e risco significava uma contingencialidade demasiado elevada para concessionário, resultando em ganhos incertos e eventuais prejuízos. A título exemplificativo, conforme assevera Carlos Ari Sundfeld, mesmo ante a previsão da Lei Federal nº 8.987/95 da possibilidade de o concessionário ter outras fontes de receita além da tarifa, não se falava de forma expressa em adicionais de tarifa a serem pagos pela Administração Pública. Também não fora criado pela lei um sistema de garantias adequado, capaz de proteger o concessionário contra um possível inadimplemento – total ou parcial – do poder concedente.[46] A motivação, legítima, do particular em obter lucros a partir da realização de seus empreendimentos acabava por obstaculizá-lo de se lograr parceiro do agente estatal.

---

[45] Nesse contexto, Marçal Justen Filho afirma: "a decisão empresarial reflete uma avaliação sobre todos os custos – diretos e indiretos – necessários à obtenção da vantagem econômica buscada. Isso significa que o preço praticado por um empresário traduz não apenas o custo de insumos, mão de obra e outros fatores da produção. Também abrange verbas destinadas a compensar eventos futuros e previsíveis. Mais ainda, a própria insegurança sobre a evolução dos fatos futuros traduz-se nos preços. Daí se segue que a ampliação dos riscos de um empreendimento qualquer se traduz na ampliação de seus custos. Até se poderia dizer que o empresário realiza uma espécie de *seguro informal*, em que o aumento dos preços reflete a elevação dos riscos.
No entanto, esse processo somente se desenvolve até certo ponto. A ampliação indeterminada de riscos ilimitados conduz à decisão negativa quanto a um empreendimento". *In*: JUSTEN FILHO, 2003, p. 334.

[46] SUNDFELD, 2007, p. 21.

Sob esse panorama é que surge a concepção de "Parceria-Público Privada" no Direito Administrativo brasileiro, bem como sua disciplina legal geral advinda da Lei Federal nº 11.079/04. De acordo com Alexandre Santos de Aragão,

> a conjuntura que ensejou o surgimento da ideia de parcerias público-privadas no Brasil pode, então, ser assim sintetizada: 1) gargalos de infraestrutura impeditivos do crescimento e necessidade de melhorar a situação fiscal do Estado; 2) existência de uma série de atividades de relevância coletiva, muitas delas envolvendo as referidas infraestruturas, não autossustentáveis financeiramente e sem que o Estado tenha condições de financiá-las sozinho.[47]

Gustavo Binenbojm, por sua vez, ao tratar do advento da lei das PPPs, afirma:

> Em um contexto de contingenciamento brutal de investimentos públicos e de exaurimento progressivo dos serviços públicos econômicos ditos autossustentáveis, a Lei nº 11.079/2004 parece oferecer aos gestores públicos brasileiros mecanismos criativos e inovadores para o financiamento, a execução e a gestão de obras, equipamentos e operação de serviços públicos.[48]

As parcerias público-privadas emergem como uma tentativa de o Estado e a iniciativa privada repartirem as despesas com a implantação de infraestruturas, uma vez que nenhum deles seria capaz de com elas arcar individualmente – o Estado, por não ter condições financeiras, e a iniciativa privada porque a tarifa razoável a ser pagas pelos usuários potenciais seria insuficiente (ou, em alguns casos, inexistente) para cobrir todos os custos e garantir o lucro inerente ao negócio, ou porque o risco envolvido no investimento seria elevado o bastante a ponto de desencorajar a realização de investimento pelo ente privado, face a ausência de garantias estatais adequadas ou confiáveis.

Nesse esteio, a Lei Federal nº 11.079/04 instituiu as concessões patrocinadas – concessões de serviço público e de exploração de obra pública em que se prevê o pagamento de um adicional de tarifa ao parceiro privado pela Administração Pública, viabilizando assim o

---

[47] ARAGÃO, 2008, p. 664.
[48] BINENBOJM, Gustavo. As parcerias público-privadas e a constituição. In: BINENBOJM, Gustavo. Temas de direito administrativo e constitucional. Rio de Janeiro: Renovar, 2008, p. 121-141.

empreendimento. Criou também a figura da concessão administrativa, buscando viabilizar a celebração de contratos sob os quais os entes privados assumem os encargos de criar infraestruturas e posteriormente mantê-las, fazendo-as cumprirem seus fins, sendo remunerados a longo prazo unicamente pelo ente estatal – contratos esses cujos objetos não se enquadram nos serviços públicos econômicos, em que é viável a cobrança de tarifa, mas que podem abranger até mesmo serviços administrativos.[49] O diploma legal criou, ainda, um sistema de garantias com o escopo de assegurar maior proteção ao concessionário.

As parcerias público-privadas, como outras figuras jurídicas criadas sob o manto do princípio da eficiência, denotam o reconhecimento de que o Estado já não é mais capaz de atender a todas as demandas sociais que lhe são apresentadas sem comprometer o seu orçamento e incorrer em déficit público. No Brasil, esse panorama se torna ainda mais complexo se considerarmos o comprometimento preexistente com sua reduzida capacidade de investimento, dados seus endividamentos interno e externo.[50]

---

[49] A doutrina costuma trazer como exemplo a criação de infraestrutura, e respectiva prestação de serviços, nos setores penitenciário, educacional e até mesmo na seara da saúde.

[50] Ademais, vale ressaltar que a experiência das parcerias público-privadas não é uma novidade nacional, mas um modelo consagrado no continente europeu (sob a mesma sigla PPP – *Public-Private Partnership*), no Direito anglo-saxão (denominada *Private Finance Initiative* – PFI) e, na América Latina, no Chile. Aliás, o arquétipo nacional em muito se assemelha à inglesa PFI, a qual, conforme se extrai dos ensinamentos de Vital Moreira, "vista à luz do Direito Administrativo europeu continental, não passa de uma modalidade da clássica concessão de obras ou de serviços públicos (...). Existe, porém, uma novidade substancial na figura da PFI. É que o mecanismo clássico de concessão tinha a ver somente com obras ou serviços onerosos (ou seja, pagos pelos utentes mediante taxas ou tarifas de utilização), sendo o investimento do concessionário amortizado e remunerado pelos rendimentos da sua exploração. Mediante a concessão o Poder Público dispensava-se de qualquer envolvimento financeiro, recebendo no final da concessão a obra ou serviço em funcionamento, livre de encargos (em princípio). O mecanismo da concessão não era, por isso, aplicável às obras e serviços públicos gratuitos (ou quase gratuitos) para os utentes, como hospitais e escolas. O que há de novo na PFI é justamente a utilização da iniciativa privada para a construção e gestão de serviços públicos não onerosos (ou seja, não pagos pelos utentes), tradicionalmente montados e geridos diretamente pelo poder público (ensino, saúde etc.). O esquema é formalmente o mesmo da concessão clássica. O capital privado é chamado a construir e explorar durante um certo período, mais ou menos longo (25, 30 anos), um estabelecimento público (hospital, escola, biblioteca, teatro, estabelecimento prisional etc.), revertendo ele no final para o Estado. A diferença está em que, como o serviço público em causa não é pago pelos utentes (ou só em pequena parte o é), a amortização e remuneração do capital privado têm de ser asseguradas pelo próprio poder público, mediante pagamentos regulares feitos pelo Estado durante o período do contrato, de acordo com a 'produção' do serviço concessionado". MOREIRA, Vital. A tentação da Private Finance Initiative – PFI. *In:* MARQUES, Maria Manuel Leitão; MOREIRA, Vital. *A Mão invisível*: mercado e regulação. Coimbra: Almedina, 2003. p. 187-188.

Se para os países desenvolvidos as parcerias público-privadas constituem uma possibilidade interessante e, possivelmente, eficaz de solução de problemas infraestruturais, o modelo é alternativa ainda mais atraente para os países em desenvolvimento ou menos desenvolvidos, cujos orçamentos costumam ser mais deficitários.

Possibilita-se, com esse modelo, a atração pela Administração Pública de parceiros para a consecução de projetos de financiamento que viabilizem a implantação, manutenção, ampliação e modernização de serviços públicos e infraestruturas, sem que o Estado tenha que despender vultoso volume de recursos num intervalo temporal curto. Ainda assim, mantém-se a concessão no centro epistemológico do constante processo de modernização do Estado, que não poderia – e nem lhe seria interessante – desincumbir-se da titularidade de determinadas atividades.

É certo, todavia, que as parcerias público-privadas não devem ser consideradas a solução para a atração de investimentos, devendo a modelagem ser pensada caso a caso e utilizada quando se compreender que este é, de fato, o formato mais adequado a ser desenvolvido pelo Estado. Assim, previamente à opção pela adoção do modelo de PPP para a realização de determinado investimento, alguns fatores devem ser analisados, como observa Marcos Nóbrega:[51]

- se as PPPs promovem um acréscimo aos investimentos que tradicionalmente seriam efetuados pelo setor público;
- considerar os elevados custos financeiros implícitos nas PPPs;
- se a transferência de riscos e o *value of money* das PPPs supera os custos financeiros;
- avaliar adequadamente as economias de escala;
- considerar os benefícios em comparação aos custos de manutenção;
- o valor adicionado pela utilização de práticas privadas de gestão;
- se as PPPs são, de fato, catalisadoras de um mais amplo processo de reforma do Estado;
- considerar o elevado grau de complexidade *vis-à-vis* a capacidade técnica do Estado de prover regulação adequada;
- perspectivas econômicas e políticas e o impacto nos investimentos de longo prazo.

---

[51] NÓBREGA, Marcos. *Direito da infraestrutura*. São Paulo: Quartier Latin, 2011. p. 64-65.

A opção pelo modelo de parceria público-privada para o desenvolvimento de um projeto deverá ser motivada pelo ente estatal.

Caso o poder público opte pela modelagem PPP em detrimento das demais modalidades de parceria, deverá provar a superioridade de tal opção. E terá que fazê-lo, em primeiro momento, mostrando a vantajosidade econômica da opção, demonstrando os ganhos de escala e atentando para o princípio da eficiência. Além do parâ20etro eminentemente econômico, temos que considerar fatores sociais, como possibilidade de controle social e participação social. Assim, um ponto relevante na opção será uma adequada avaliação do *value of money* do projeto de PPP.[52]

A relação constituída entre Estado e concessionário privado por meio dos contratos de parceria público-privada denota a concepção de Administração Pública prevalente no século XXI, em que há maior horizontalidade na relação entre o ente estatal e os sujeitos privados com os quais celebra avenças e em que ganham relevo os conceitos de governança, parceria, transparência e eficiência.[53] Nesse sentido, diferem dos contratos de concessão clássicos disciplinados pela Lei Federal nº 8.987/95 ou dos contratos administrativos regidos pela Lei Federal nº 8.666/93, dando um passo à frente em relação a estes no que se refere à maior igualdade entre as partes signatárias, ao preverem a repartição de riscos entre parceiro público e privado e a prestação de garantias firmes pelo ente estatal ao concessionário.

É certo que todo projeto possui riscos que lhe são inerentes, especialmente considerando o largo prazo de sua execução – não se busca, portanto, uma extinção dos riscos por meio das PPPs, mas sim o reconhecimento dos riscos aferíveis, junto à sua alocação adequada, de

---

[52] NÓBREGA, 2011, p. 61. O autor ressalta ainda o significado da expressão "*value of money*", a qual caracteriza o benefício global do projeto executado, considerando o seu custo durante toda a sua vida útil, a qualidade do bem ou do serviço prestado e as externalidades dele advindas – como crescimento econômico, impacto ambiental, mobilização de recursos, impacto social e governança.

[53] Nessa égide, Marcos Nóbrega observa que "no típico contrato administrativo, a concepção é do poder público, ao passo que no projeto de PPP, o parceiro privado tem um papel importante na modelagem do projeto. Além disso, no contrato administrativo, o pagamento se dará após a simples liquidação da despesa, ou seja, o adimplemento por parte do contratado no estabelecido na avença. No contrato de PPP, pela consideração de aspectos de *value of money*, fatores como eficiência, retorno social e adequação devem ser analisados com mais acuidade. Dessa forma, a ideia de PPP bem reflete a nova concepção da administração pública, voltada para a eficiência, governança e transparência". *Ibid.*, p. 62-63.

modo que estes não se tornem um fator repelente da iniciativa privada à adesão de projetos pensados pelo Poder Público.

Nesse sentido, a lei das parcerias público-privadas representou um passo à frente em relação à lei das concessões de 1995.

Outro diferencial presente nos contratos de parceria público-privadas em relação aos contratos administrativos anteriores à sua legislação disciplinadora diz respeito à utilização de mecanismos de resolução de controvérsias alternativos ao Poder Judiciário como forma de apaziguamento dos conflitos decorrentes de tais avenças. A Lei Federal nº 11.079/04 prevê, expressamente, a arbitragem para tal finalidade, como dispõe o seu artigo 11, inciso III, o qual remete à lei brasileira de arbitragem – Lei Federal nº 9.307/96 – para a disciplina da matéria.

Tal mecanismo representa uma inovação significativa, ao considerar que o investidor – especialmente o estrangeiro – não terá de lidar com os meandros do Poder Judiciário brasileiro para a resolução de eventuais controvérsias advindas da celebração de avenças entre este e o poder estatal.

Não obstante as parcerias público-privadas terem representado uma evolução em relação às concessões comuns disciplinadas pela Lei Federal nº 8.987/95, ao criar uma nova possibilidade contratual à Administração Pública para o desenvolvimento de obras de infraestrutura e prestação de serviços públicos, persistiu-se estudando novos modelos para a o desenvolvimento e disciplina de projetos dessa espécie.

Nessa égide, surgiu o projeto PPPMAIS, desenvolvido por um grupo de juristas junto ao Ministério da Fazenda, no bojo da Agenda Brasil,[54] que buscou analisar os caminhos possíveis para obter

---

[54] A Agenda Brasil trata-se de uma iniciativa do Senado Federal junto aos Ministros da Fazenda e do Planejamento, apresentando propostas com o objetivo de retomar o crescimento econômico e de realizar reformas necessárias para a superação da crise. Visando a melhora do ambiente de investimentos e negócios, a agenda propõe:
"- Aperfeiçoar a segurança jurídica dos contratos: blindar as legislações de contratos contra surpresas e mudanças repentinas. Essa blindagem colabora para proteger a legislação das PPPs, por exemplo, item relevante nestes tempos em que o país necessita de mais investimentos privados.
- Aperfeiçoar marco regulatório das concessões, para ampliar investimentos em infraestrutura e favorecer os investimentos do Programa de Investimentos em Logística do Governo (PIL).
- Implantar a Avaliação de Impacto Regulatório para que o Senado possa aferir as reais consequências das normas produzidas pelas agências reguladoras sobre o segmento de infraestrutura e logística.
- Regulamentar o ambiente institucional dos trabalhadores terceirizados, melhorando a segurança jurídica face ao passivo trabalhista potencial existente e a necessidade de regras claras para o setor.

maior eficiência nas contratações públicas, além de criar um caminho alternativo àquele da lei de licitações e contratos administrativos.

O projeto tem como objetivo melhorar o ambiente de negócios, tornando-o mais favorável à atração do investimento privado para obras consideradas estratégicas pelo país, que devam ter impacto relevante para o desenvolvimento nacional e ao mesmo tempo seguro, tanto para a Administração Pública quanto para o ente privado que atua como seu parceiro. Destina-se, portanto, a projetos determinados, de interesse nacional mais amplo.

As alterações propugnadas buscam imprimir a estas contratações menores exigências burocráticas em relação àquelas tipicamente realizadas no seio da Administração Pública brasileira, ao mesmo tempo em que aprimoram as vedações à possibilidade de alteração unilateral do contrato pelo Poder Público. Nesse esteio, pretende-se ampliar a possibilidade de participação de empresas estrangeiras em licitações (por exemplo, com o afastamento do usual requisito prévio de comprovação de realização anterior de obra de grande porte em território nacional), permitindo, inclusive, que essas possam figurar como líderes em consórcios de empresas. Paralelamente, de acordo com a minuta do anteprojeto de lei, "o contratante público não poderá, por razões de interesse público, impedir, adiar ou reduzir unilateralmente a cobrança ou o reajuste de tarifas ou preços pelo contratado". Eventual alteração dessa espécie só poderá ser realizada ante prévia autorização

---

- Revisar e implementar marco jurídico do setor de mineração como forma de atrair investimentos produtivos.
- Revisar os marcos jurídicos que regulam áreas indígena, como forma de compatibilizá-las com atividades produtivas.
- Revisar a legislação de licenciamento de investimentos na zona costeira, áreas naturais protegidas e cidades históricas como forma de incentivar novos investimentos produtivos.
- Eliminar vistos turísticos para mercados estratégicos (como estímulo ao desenvolvimento turístico aproveitando o câmbio favorável e a realização de megaeventos).
- Simplificar o licenciamento para construção de equipamentos e infraestrutura turística em cidades históricas, orla marítima e unidades de conservação, melhorando a atração de investimentos.
- PEC das Obras Estruturantes - estabelecer processo de celeridade com segurança jurídica para o licenciamento ambiental de obras estruturantes do PAC e dos programas de concessão, com prazos máximos para a emissão de licenças.
- Simplificar procedimentos de licenciamento ambiental, com a consolidação ou codificação da legislação do setor, que é complexa e muito esparsa.
- Estimular as exportações, incluindo antecipação das alíquotas do Reintegra prevista no Plano Nacional de Exportações, celeridade nas liberações aduaneiras, e funcionamento dos portos (particularmente dos serviços aduaneiros) 24 horas por dia.
- Acabar com a união aduaneira do Mercosul, a fim de possibilitar que o Brasil possa firmar acordos bilaterais ou multilaterais sem necessariamente depender do apoio dos demais membros do Mercosul." *In*: http://www12.senado.leg.br/noticias/materias/2015/08/12/agenda-brasil. Consultado em: 25.10.2015.

de tribunal arbitral, em decisão cuja vigência ficará sempre vinculada ao pagamento de compensação mensal em dinheiro pela perda de receita decorrente. Pretende-se, assim, criar uma espécie de blindagem aos contratos de concessão e proteger a rentabilidade do projeto em questão, da forma em que este foi originalmente negociado. Dessa maneira, busca-se fortalecer a segurança jurídica, criando um ambiente mais confortável para os investidores.

A análise quanto a quais projetos serão passíveis de usufruírem desse regime diferenciado será realizada por uma comissão técnica, de composição mista, denominada Comissão Administrativa do Conselho Nacional de PPPMAIS,[55] que irá, espontaneamente ou por provocação de agentes de mercado ou de órgãos e entidades da União, dos Estados e dos Municípios, avaliar e definir os projetos prioritários. As empresas deverão indicar como pretendem atingir os resultados para implementar as respectivas obras, devendo o governo admitir apenas projetos nos quais os benefícios econômicos sejam superiores aos custos. Não obstante a nomenclatura "PPPMAIS", o regime deverá abranger não apenas os contratos de concessão previstos na Lei Federal nº 11.079/04 – concessões administrativas e patrocinadas, mas também os contratos público-privados em sentido amplo, as concessões comuns e aquelas disciplinadas pela legislação setorial. Visa-se, assim, a melhor seleção de projetos, os quais deverão ser mais específicos do que o que se observa hoje (ante não rara publicação de editais mais genéricos, que abrangem uma maior quantidade e diversidade de projetos), o que permitirá a celebração de contratos menos genéricos e mais adequadamente adaptados ao projeto em questão, evitando-se, assim, renegociações futuras. Nessa égide, prevê-se, também, uma fase de negociações mais intensa previamente à realização do leilão respectivo.

Conforme explica Egon Bockmann Moreira,[56] um dos integrantes do grupo de trabalho[57] dedicado ao desenvolvimento do anteprojeto, a concepção das PPPMAIS abarca seis pontos-chave, quais sejam:

---

[55] O Conselho Nacional do PPPMAIS será composto pelo Ministro da Fazenda, na qualidade de presidente, o Chefe da Casa Civil, o Ministro do Planejamento e 4 conselheiros independentes (técnicos) indicados, em conjunto, pelos ministros e nomeados pelo Presidente da República.

[56] MOREIRA, Egon Bockmann. PPPMAIS: Seis pontos-chave para dar início ao debate. *Gazeta do Povo*, 19 out. 2015. Disponível em: http://www.gazetadopovo.com.br/vida-publica/justica-e-direito/colunistas/egon-bockmann-moreira/ppp-mais-seis-pontos-chave-para-dar-inicio-ao-debate-6qt61z58aek1hpm2s2d138sm8. Acesso em: 20 out. 2015.

[57] Junto a ele, integram o referido grupo de trabalho Carlos Ari Sundfeld, Fabrício Dantas, Flávio Amaral Garcia, Paulo Farah Correa, Rafael Valim, Valter Shuenquener de Araújo e Floriano Marques Neto.

- criação do Conselho Nacional do PPPMAIS, que deteria competências para definir e gerenciar os contratos avençados. Este conselho, à semelhança do CNJ e do CNMP, funcionaria com composição público-privada (agentes públicos em número certo e pessoas de notória reputação e idoneidade, com dedicação exclusiva). O Conselho poderá ter sua atuação instalada de ofício – ou através da iniciativa de quaisquer pessoas, públicas ou privadas, que demonstrem a utilidade nacional de determinado projeto de infraestrutura;
- a estruturação e a seleção especial de projetos de interesse nacional prioritário, conferindo eficiência à atuação de todos os órgãos e entidades que deles participarão. A proposta é a de ampliar o interesse de investidores, por meio da definição de empreendimentos estratégicos. O escopo desse item é o de permitir que determinados projetos contemplem um rito acelerado e bem mais estável;
- contratação diferenciada de projetos, seja por meio de Procedimento de Manifestação de Interesse (e também de Procedimento Preliminar de Manifestação de Interesse), seja atenuando as exigências burocrático-formais para a seleção do contratado (com a respectiva compensação pelo incremento de exigências e garantias na fase de execução). Aqui, a abertura para investidores internacionais é marcante. De igual modo, pretende-se instalar o dever de interação com o CADE, caso haja indício de situações que possam configurar condutas anticoncorrenciais;
- criação de contratos público-privados avançados, qualificados pela mínima intervenção do Poder Público em sua execução, ao lado de garantias para a aplicabilidade dos preços e tarifas contratualmente definidos. O recurso a tribunais arbitrais será cogente em qualquer hipótese de conflito. As regras de eventual alteração contratual serão explícitas e limitadas, com restrição à celebração de termos aditivos (além da prévia divulgação pública dos documentos, com acesso irrestrito). Será também importante a constituição de Sociedades de Propósito Específico para a celebração de contratos, conferindo segregação e autonomia ao respectivo projeto;
- criação de uma sociedade anônima estatal, com o escopo de estruturar projetos nacionais, detentora de competência para desenvolver todos os estudos necessários aos empreendimentos. O seu objetivo é o de congregar capacidades que permitam a criação de modelagens – jurídica, de engenharia e econômica –

consistentes para contratos público-privados avançados. Esta sociedade estatal poderá ser contratada com dispensa de licitação pelos respectivos poderes públicos;
– a diretriz de convivência e interação cooperativa entre os órgãos e entidades que desenvolverão as PPPMAIS. O trabalho será desenvolvido de modo republicano e transparente, integrando os órgãos e entidades federais, estaduais, distritais e federais (desde que conjuguem os efeitos do projeto), lado a lado com os órgãos regulatórios e de proteção à concorrência. Aqui, haverá a imputação de deveres aos agentes competentes, que deverão priorizar o respectivo processo de contratação estratégica. O processo terá tempo certo, com prazos prescricionais fechados. Isso com acesso irrestrito de todas as informações aos órgãos de controle.

A iniciativa do PPPMAIS se mostra interessante, à medida que confere maior agilidade ao processo de contratação de empreendimentos pelo Estado e estabilidade aos contratos. Nesse sentido, torna mais convidativa a adesão de investidores privados – nacionais ou estrangeiros – aos projetos.

5.3 A atração do investimento estrangeiro no Brasil – dificuldades e potenciais soluções

Não obstante uma diversidade de fatores que tornam o Brasil um terreno atrativo à alocação do investimento estrangeiro, como o tamanho do mercado interno e de sua força de trabalho, além da grande necessidade de realização de obras de infraestrutura, a atração do IED direcionado à infraestrutura em território nacional perpassa pelo reconhecimento e superação de algumas dificuldades que permeiam o cenário doméstico e são capazes de dissuadir o investidor. Como observa Marcos Nóbrega, "o grande desafio, diante da incapacidade do Estado em prover isoladamente infraestrutura, é estabelecer arranjos que permitam que o empresário privado participe de projetos de grande envergadura financeira".[58]

---

[58] NÓBREGA, 2011, p. 25. Em sentido semelhante, em entrevista do jornal Folha de São Paulo, o economista José Alexandre Scheinkman, professor da Universidade de Columbia, em Nova York, ao criticar o modo como o Estado intervém na economia, afirma: "Tivemos um aumento na participação do Estado na economia, mas muito pouco reflexo na

De acordo com relatório do Banco Mundial,[59] o Brasil se situava na posição nº 116 no que se refere à facilidade de realizar negócios no país, num cenário de 189 economias avaliadas ao redor do mundo. As dificuldades caracterizadas são de ordem legal, política, econômica e institucional, dentre as quais podemos mencionar:
– a ausência de um marco normativo específico sobre a matéria;
– instabilidade econômica;
– instabilidade política;
– burocracia excessiva;
– corrupção;
– carência de infraestrutura;
– falta de integração com a economia mundial;[60]
– alta carga tributária e a respectiva regulamentação.

Nesse contexto, ao analisar relatório da UNCTAD sobre os fatores determinantes do IED e as estratégias das empresas transnacionais,[61] Denise Gregory e Maria Fátima Bernardinelli Arraes de Oliveira aduzem que

> as visões pessimistas compreenderam diversos aspectos, mas estiveram de acordo ao reconhecer a importância da economia brasileira. Muitos se disseram atraídos pelo tamanho do mercado e força de trabalho, mas com preocupações sobre a estabilidade econômica e a volatilidade da moeda. Outros se referiram a questões de capacidade energética, qualidade da infraestrutura, inflexibilidade das leis trabalhistas e a burocracia excessiva. Foram ainda mencionados a instabilidade dos regulamentos, que mudam continuamente, e o receio de que as mudanças políticas pudessem trazer de volta antigos dogmas protecionistas. Provavelmente, as preocupações externadas não levariam à decisão de deixar o País,

---

infraestrutura, por exemplo. E não é que o governo tenha que prover infraestrutura, mas é preciso criar um arcabouço que permita o investimento privado – qualquer país do mundo faz isso". *In:* Folha de São Paulo. 'Maior ameaça à economia são os problemas internos', diz economista. Caderno Mercado. 05.11.2015.

[59] WORLD BANK. *Doing business 2016*: measuring regulatory quality and efficiency. Washington: World Bank Group, 2015. A título de comparação, observando outros países latino-americanos, o México se encontra na 28ª posição, o Chile na 48ª e a Colômbia, na 54ª.

[60] Nesse sentido, afirmam Otaviano Canuto, Cornelius Fleischhacker e Phillip Schelleckens, pesquisadores do Banco Mundial. Ponderam ainda que a falta de integração da economia brasileira à economia mundial e as medidas protecionistas tornam o país menos produtivo e limita os potenciais ganhos de eficiência que a integração poderia proporcionar. *In:* CANUTO, Otaviano; FLEISCHHACKER, Cornelius; SCHELLECKENS, Phillip. The curious case of Brazil's closedness to trade. *Policy Research Working Paper*, n. 7228, p. 2-14, abr. 2015. No mesmo sentido, WORLD BANK, *The business environment in Brazil*: Results from a private sector survey. Washington: FIAS / World Bank, 2000.

[61] *Idem.*

mas poderiam dificultar novos investimentos em sequência e deter investidores prospectivos.[62]

De acordo com relatório do Banco Mundial,[63] os principais fatores considerados pelo investidor ao decidir realizar investimentos no Brasil são, nesta ordem: i) infraestrutura (telecomunicações, transporte e energia elétrica); ii) acesso à propriedade; iii) qualificação da mão de obra; iv) criminalidade; v) corrupção; vi) custo de financiamentos; vii) acesso a financiamentos; e viii) carga tributária. Já ao apreciar os mesmos fatores enquanto obstáculos à realização de negócios e empreendimentos, tem-se a carga tributária como principal empecilho, seguida do custo de financiamentos, corrupção, acesso a financiamentos, criminalidade, qualificação da mão de obra, acesso à propriedade, energia elétrica, transporte e telecomunicações.

Andrew Beath, Quimiao Fan, Kathrin Frauscher, Michael Jarvis e José Guilherme Reis[64] acrescentam a esses fatores a regulação estatal, associada à burocracia excessiva e à corrupção, a regulamentação trabalhista e a dificuldade na execução dos contratos, ante a morosidade do Poder Judiciário em impor o seu cumprimento em caso de inadimplemento.

Ainda, é de grande importância a existência de um ambiente de confiança para o investidor. Nesse sentido, instabilidades políticas e econômicas, como aquelas pelas quais passa o Brasil no presente momento, se mostram deletérias ao ingresso do investimento, uma vez que o investidor passa a ter maiores dificuldades em mensurar o retorno de seu investimento.

A decisão de investir em um ambiente de incerteza deve ser prescindida de uma ainda mais cuidadosa avaliação quanto ao custo de oportunidade do investimento e os seus retornos, a partir das informações disponíveis naquele momento, posto que, uma vez realizado o investimento, este é irreversível. Tal fator possui um especial peso em se tratando de investimentos de caráter vultoso, cujo retorno esperado deverá se dar num longo intervalo de tempo e envolve custos irrecuperáveis – como são os investimentos em infraestrutura.

---

[62] GREGORY, 2005. p. 28-29.
[63] WORLD BANK. 2005. No mesmo sentido: BEATH, Andrew; FAN, Qimiao; JARVIS, Michael; REIS, José Guilherme. *The investment climate in Brazil, India and South Africa*: a comparison of approaches for sustaining economic growth in the emerging economies. Washington: World Bank, 2008. p. 49.
[64] BEATH, 2008.

Como analisam Joana Duarte Ouro Alves e Viviane Luporini, partindo do exame da literatura do economista Ben Bernanke, Klaus Schmidt-Hebbel, Luis Servén e Andrés Solimano:

> Bernanke (1983), por exemplo, afirma que em projetos individuais irreversíveis, os agentes devem tomar decisões de investimento que levem em conta o "trade-off" entre retornos extras por assumir o compromisso cedo e o ganho pela espera de maiores informações. Assim, o investidor deve decidir não apenas em qual projeto investir, mas também qual o melhor momento no tempo para assumir o compromisso do investimento. Como a decisão de investimento é irreversível, esta só será tomada, segundo o autor, com a redução da incerteza de que as circunstâncias possam mudar em seguida à realização do mesmo.
> Uma importante implicação dessa visão é *que a estabilidade do ambiente econômico é fundamental para os investimentos privados, e na medida em que as crises políticas e econômicas geram incerteza, podem levar à redução dos investimentos privados* dependendo do grau de aversão ao risco das empresas e da maior ou menor discrepância nos lucros esperados. Além disso, para Schmidt-Hebbel, Servén e Solimano (1994), a instabilidade política pode afetar negativamente o investimento, pois mudanças políticas podem envolver alterações no sistema de incentivos com uma redefinição das "regras do jogo" (legislação e direitos de propriedade, por exemplo), que podem exercer um impacto adverso sobre o investimento. Uma estrutura de incentivos estável, por outro lado, associada a um ambiente macroeconômico propício podem ser tão relevantes para as decisões de investimento quanto as variáveis convencionais. Nesse contexto, a credibilidade de reformas políticas é importante na medida em que, nessas circunstâncias, o investimento só é realizado se os investidores encararem políticas de ajuste como internamente consistentes e estarem convencidos de que o governo dará continuidade às mesmas.[65] (grifo nosso)

No âmbito dos contratos celebrados com entes administrativos – como são os contratos de infraestrutura, esse problema se agrava, surgindo a temeridade de alterações unilaterais da avença celebrada com a Administração Pública, dificuldades no recebimento de pagamentos ou, até mesmo, uma ruptura contratual.

---

[65] ALVES, Joana Duarte Ouro; LUPORINI, Viviane. Evolução da teoria do investimento e análise empírica para o Brasil. *Anais...* Recife: Encontro de Economia da Associação Nacional dos Centros de Pós-graduação em Economia – ANPEC. ANPEC, 2007, p. 7. Disponível em: http://www.anpec.org.br/encontro2007/artigos/A07A172.pdf. Acesso em: 22 out. 2015.

Dificuldade usualmente levantada pelos investidores estrangeiros em território brasileiro se refere à regulamentação da matéria e dos demais temas que permeiam uma relação de investimento.

Conforme mencionado no capítulo 3, não obstante a legislação brasileira carecer de um diploma legal específico e completo sobre investimento estrangeiro e as regras que incidem sobre o tema terem de ser buscadas em diplomas normativos diversos, num emaranhado de regras – o que, por si só, representa percalços para o investidor –, as legislações em matéria tributária e trabalhista, em especial, são consideradas demasiado complexas e pouco claras, além de o seu cumprimento, muitas vezes, representar custos adicionais significativos para o investimento. Ademais, a regulamentação concernente à obtenção de licenças e autorizações costuma ser bastante difusa e esparsa, o que dificulta a atuação do investidor. Ainda, em muitas situações se têm normas federais, estaduais e municipais que se sobrepõem, incidindo todas simultaneamente sobre uma mesma situação.

Regulamentações excessivamente complexas, lacunosas ou pouco acessíveis abrem um espaço significativo para o exercício da discricionariedade pelos servidores públicos, o que pode deixar o investidor estrangeiro – muitas vezes desconhecedor dos procedimentos internos da Administração Pública nacional – numa posição desconfortável. "Isso inevitavelmente eleva os custos de se fazer negócios, tanto indiretamente, em termos de se preparar para múltiplas eventualidades relacionadas à interpretação e aplicação da lei, quanto diretamente, em termos de pagamentos irregulares a servidores inescrupulosos buscando tirar proveito próprio".[66]

Em levantamento realizado por Andrew Beath, Quimiao Fan, Kathrin Frauscher, Michael Jarvis e José Guilherme Reis constatou-se que dois terços das empresas brasileiras consideram ser a corrupção um impedimento significativo ou grave para a operacionalização de seus negócios e que a proporção de empresas no Brasil que consideram a interpretação das normas e regulamentos por servidores públicos consistente e confiável é de apenas 35%.[67]

Isso demonstra a necessidade de regulamentos claros, que permitam o seu cumprimento pelos investidores com segurança e evite

---

[66] BEATH et al., 2008, p. 42. Segundo os autores, o Brasil possui um sistema regulatório relativamente complexo, que tende a encorajar a solicitação do pagamento de propina por servidores públicos e implicam custos administrativos adicionais para assegurar a sua observância.

[67] BEATH et al., 2008, p. 42-43.

a discricionariedade ampla dos agentes administrativos – especialmente no que tange à concessão de licenças e alvarás e a imposição de penalidades. Ainda, faz-se necessária a ampla publicidade dos regulamentos, permitindo, assim, o seu pronto e adequado cumprimento. Isso inibiria – ou, ao menos, diminuiria – a corrupção. A transparência, tanto no que se refere às regulamentações quanto no atinente à atuação da Administração Pública, também colaboraria para a diminuição de práticas corruptas.

Quanto à legislação trabalhista brasileira, de acordo com relatório do Banco Mundial, o Brasil possui a 11ª legislação mais restritiva no mundo, ponderando que regulamentações excepcionalmente complexas obstaculizam a contratação de trabalhadores no mercado formal e criam problemas para empresas que desejam flexibilizar os horários de trabalho de seus funcionários. Afirma ainda que uma grande maioria das empresas contrataria um maior número de funcionários se os custos demissionais, indenizações e outros custos trabalhistas não fossem tão elevados e que há indicativos de que empregadores sentem-se reticentes quanto à contratação de mão de obra mais qualificada e mais cara, uma vez que os custos da legislação trabalhista superariam os benefícios dos ganhos em produtividade.[68]

Ressalte-se que não se está aqui a defender uma liberalização regulatória em prol do investimento estrangeiro. É certo que são necessários regramentos disciplinando a atuação de investidores – sejam eles estrangeiros ou nacionais –, inclusive impondo limitações, para que se garanta e proteja o interesse público, todavia tais regulações não devem trazer restrições vazias e injustificadas, tornando-se um obstáculo à realização de investimentos que poderiam trazer benefícios à comunidade. Nessa égide, normas protecionistas em relação ao mercado e investidores internos podem vir, de fato, a se mostrarem dissuasivas ao investimento estrangeiro, porém serem legítimas e justificáveis à medida que preservam interesses nacionais, como o estímulo ao desenvolvimento da indústria nacional e à preservação de mercados.[69]

---

[68] *Ibid.*, p. 33-34.

[69] Normas privilegiando o conteúdo nacional são um exemplo disso. Nesse sentido, durante o governo Lula foi instituída política de conteúdo local para a indústria de petróleo e gás, com vistas a incentivar o desenvolvimento da cadeia produtiva dos fornecedores da Petrobrás. A cláusula de conteúdo local dos contratos de concessão celebrados com as operadoras para a realização de investimentos nas fases de exploração e desenvolvimento da produção de petróleo e gás natural estabelece que seja observado um percentual mínimo de equipamentos e serviços adquiridos no país, sob pena de aplicação de multa. A obediência à regra é comprovada a partir da certificação emitida por instituições credenciadas na Agência Nacional de Petróleo (ANP). A regra está em vias de ser alterada, todavia, com

Paralelamente, é fundamental a existência de normas capazes de proteger os trabalhadores, garantir os seus direitos fundamentais e a atuação responsável do empregador. Porém essas normas não devem chegar ao ponto de desencorajar a contratação de trabalhadores pelo empregador ou dissuadir a atividade empresarial ante o custo delas decorrente.

Outro problema apontado por investidores no Brasil se refere ao cumprimento dos contratos e, no caso de inadimplemento, ao longo período para finalmente obtê-lo pela via judicial – uma média de 731 dias[70] situando o Brasil na 45ª posição do *ranking* de 189 países no que tange à facilidade de se impor o cumprimento de contratos.[71] Segundo pesquisa do Banco Mundial, isso se deve, especialmente, à quantidade excessiva de recursos previstos legalmente, bem como à falta de especialização das cortes locais para lidar com determinados temas.[72] Ademais o nível de confiança dos investidores no Poder Judiciário para proteger seus direitos de propriedade e julgar suas disputas contratuais não é muito elevado – em média 60% deles confiam plenamente no Poder Judiciário.[73]

Também é fator relevante para a formação da decisão quanto à alocação de um negócio em um dado país a existência de infraestrutura.[74] No caso brasileiro, chama a atenção, principalmente, a má qualidade em logística e transporte e no fornecimento de energia elétrica. Os prejuízos decorrentes da fraca ou falta de infraestrutura variam de acordo com a região examinada.[75] Entretanto, mensura-se que as empresas situadas no

---

o objetivo de se tornar menos restritiva, dada a dificuldade de as companhias cumprirem os requisitos. Segundo reportagem do jornal Folha de São Paulo, a minuta do novo decreto inclui entre os itens que podem ser computados como de conteúdo local os contratos e investimentos que promovam a instalação de novos fornecedores, a expansão de fábricas já instaladas, o desenvolvimento de novas tecnologias e a exportação de equipamentos brasileiros. *In:* FOLHA DE SÃO PAULO. Governo prepara decreto para facilitar regra de conteúdo local. *Caderno mercado*, 27.10.2015. Disponível em: http://www1.folha.uol.com.br/mercado/2015/10/1698918-governo-prepara-decreto-para-facilitar-regra-de-conteudo-local.shtml. Acesso em: 22 out. 2015.

[70] WORLD BANK, 2015a, p. 107.
[71] *Ibid.*, p. 104.
[72] BEATH *et al.*, 2008, p. 39.
[73] *Ibid.*, p. 40.
[74] Segundo pesquisa realizada pelo Banco Mundial junto a empresas brasileiras, a infraestrutura é o fator que possui maior impacto na sua decisão quanto à localização de seus negócios. WORLD BANK. *São Paulo: Inputs for a Sustainable Competitive City Strategy*. Washington: World Bank, 2007.
[75] Segundo o Banco Mundial, as empresas situadas nas regiões norte (especialmente no Amazonas) e nordeste (especialmente no Ceará) do país são as que mais têm sua produção negativamente impactada em decorrência de interrupções no fornecimento de energia elétrica. Para mitigar o problema, 17% das empresas brasileiras possuem geradores

Brasil perdem anualmente 3,5% de suas vendas anuais em decorrência de serviços de má qualidade associados a infraestrutura.[76]

A criminalidade é outro fator de preocupação dos investidores em relação à alocação de investimentos no Brasil, ao implicar gastos adicionais com segurança e reparação de danos decorrentes de vandalismo,[77] que implicam um custo mais elevado do produto final das empresas.

No que se refere aos investimentos relacionados a contratos firmados com o ente estatal, como são os contratos de infraestrutura, outra dificuldade muitas vezes encontrada pelos investidores se refere à má qualidade dos projetos e respectivos editais de licitação e minutas contratuais. Os problemas vão desde estes instrumentos não trazerem o detalhamento necessário para conferir segurança ao investidor quanto à alocação de recursos num dado projeto, a difícil mensuração dos efetivos riscos ou riscos demasiadamente elevados para o investidor às baixas taxas internas de retorno previstas para o investimento.

Note-se que essas questões, de ordem nacional, em muito, se assemelham àquelas expostas no capítulo anterior, referentes às inseguranças do investidor estrangeiro ao buscar um *locus* confortável e seguro para o seu investimento.

É fato que, não obstante a existência de aspectos negativos no que tange à recepção do investimento estrangeiro, capazes de, eventualmente, dissuadirem potenciais investidores, o Brasil também possui mecanismos que buscam prover-lhe de um grau de segurança capaz de criar um ambiente mais confortável à alocação dessa espécie de investimento.[78]

Apesar da inexistência de uma legislação atual em matéria de investimento estrangeiro, que celebre a realidade presente e as preocupações pertinentes com os dias de hoje, o Brasil possui uma regulamentação capaz de – se não o atrair veementemente – evitar que o investimento seja repelido, conforme previstas, por exemplo,

---

próprios. Nos Estados do Mato Grosso e do Amazonas esse número ultrapassa os 35%. Quanto aos gastos em logística, estima-se que estes representam um terço dos custos operacionais das empresas situadas em território brasileiro, em virtude do mau estado de conservação das rodovias, responsáveis pelo transporte de 70% da produção. Mais uma vez, a magnitude do problema varia de acordo com a região do país, sendo ele mais grave nas regiões norte e centro-oeste.

[76] BEATH *et al.*, 2008, p. 53.
[77] WORLD BANK, 2007.
[78] O que não significa dizer que não há a necessidade de mudanças de ordem político-institucional e regulamentares a serem realizadas com vistas à criação de um ambiente mais favorável ao investimento.

na Constituição da República, nos diplomas que regem os contratos administrativos ou nas legislações setoriais, e que não devem ser olvidadas. Ainda, fatores como o histórico de o Brasil ser responsivo, genericamente, aos compromissos que assume perante a comunidade global, associado à existência de um Poder Judiciário independente e autônomo, que garante o cumprimento da lei, e à disciplina constitucional, bem como aquela advinda da legislação ordinária em matéria de investimento, apesar de suas deficiências, tal qual demonstrado em capítulo pretérito, colaborarem para demonstrar o comprometimento do país no que se refere às obrigações assumidas nas relações firmadas com investidores estrangeiros e associadas a seus investimentos. Ademais, não obstante situações pontuais referentes à estabilidade política – como a vislumbrada no curso do ano de 2015, o país é politicamente estável, arraigado a seus valores republicanos e democráticos, os quais são garantidos pelo texto constitucional e reconhecidos e valorizados por seus cidadãos, bem como pelos demais poderes da República.

Quanto às preocupações concernentes a práticas corruptas, o país – a despeito dos escândalos observados – já há algum tempo vem buscando o seu combate por meio de legislações que buscam punir tais ações. Nessa égide tem-se a Lei de Improbidade Administrativa – Lei Federal nº 8.429/92 e a, mais recente, Lei Federal nº 12.846/13 – "Lei Anticorrupção".

A Lei Federal nº 8.429/92 impede os agentes administrativos,[79] de qualquer nível ou hierarquia e em todos os níveis da federação, de receberem algum tipo de vantagem patrimonial indevida em razão do exercício de cargo, mandato ou função. Ela é também aplicável àqueles sujeitos que, mesmo não sendo agentes públicos, induzam ou concorram para a prática do ato de improbidade ou sejam por ele beneficiados, direta e indiretamente. Abrange, portanto, sujeitos não integrantes da Administração Pública, mas que com ela se relacionam.

Ao definir ato de improbidade administrativa, a lei elenca dentre esses o recebimento, para si ou para outrem, de dinheiro, bem móvel

---

[79] A lei qualifica "agente público" em seu artigo 2º, ao dispor:
"Art. 2º Reputa-se agente público, para os efeitos desta lei, todo aquele que exerce, ainda que transitoriamente ou sem remuneração, por eleição, nomeação, designação, contratação ou qualquer outra forma de investidura ou vínculo, mandato, cargo, emprego ou função nas entidades mencionadas no artigo anterior."
Em seu artigo 3º esclarece que as disposições da lei "são aplicáveis, no que couber, àquele que, mesmo não sendo agente público, induza ou concorra para a prática do ato de improbidade ou dele se beneficie sob qualquer forma direta ou indireta".

ou imóvel, ou qualquer outra vantagem econômica, direta ou indireta, a título de comissão, porcentagem, gratificação ou presente de quem tenha interesse, direto ou indireto, que possa ser atingido ou amparado por ação ou omissão decorrente das atribuições do agente público (art. 9º, I), bem como perceber vantagem econômica, direta ou indireta, para facilitar a aquisição, permuta ou locação de bem móvel ou imóvel, ou a contratação de serviços pelas entidades integrantes da Administração Pública por preço superior ao valor de mercado (art. 9º, II). Também é ato de improbidade "permitir ou facilitar a aquisição, permuta ou locação de bem ou serviço por preço superior ao de mercado" (art. 10, V). Caso incorram em prática dessa natureza, as penalidades aplicáveis vão desde o ressarcimento integral do dano, com a restituição dos valores em que o ente administrativo foi lesado, o pagamento de multa, até a perda da função pública e suspensão dos direitos políticos e, no que tange aos sujeitos privados, a proibição de contratar com o Poder Público por um período determinado.

Enquanto a lei de improbidade administrativa tem seu foco maior na figura dos agentes públicos (não obstante também mencionar os sujeitos privados), a Lei Federal nº 12.846/13 dá destaque às pessoas jurídicas de direito privado que cometem atos lesivos à Administração Pública – em especial àquelas que com esta contratam. A lei prevê sua responsabilização objetiva, no âmbito civil e administrativo, sem, contudo, excluir a responsabilização pessoal de seus dirigentes.

De acordo com o diploma legal, em seu artigo 5º, constituem atos lesivos à Administração Pública, nacional ou estrangeira, todos aqueles praticados por pessoas jurídicas[80] que atentem contra o patrimônio público nacional ou estrangeiro, contra princípios da Administração Pública ou contra os compromissos internacionais assumidos pelo Brasil. Especificamente, o dispositivo menciona:

- prometer, oferecer ou dar, direta ou indiretamente, vantagem indevida a agente público, ou a terceira pessoa a ele relacionada;
- comprovadamente, financiar, custear, patrocinar ou de qualquer modo subvencionar a prática dos atos ilícitos previstos nesta Lei;

---

[80] A compreensão de "pessoas jurídicas" para os efeitos da lei, conforme dispõe o parágrafo único de seu artigo 1º, abrange as sociedades empresárias e sociedades simples, personificadas ou não, independentemente da forma de organização ou modelo societário adotado, fundações, associações de entidades ou pessoas, sociedades estrangeiras que tenham sede, filial ou representação em território brasileiro, constituídas de fato ou de direito, ainda que temporariamente.

– comprovadamente, utilizar-se de interposta pessoa física ou jurídica para ocultar ou dissimular seus reais interesses ou a identidade dos beneficiários dos atos praticados;
– no tocante a licitações e contratos:
a) frustrar ou fraudar, mediante ajuste, combinação ou qualquer outro expediente, o caráter competitivo de procedimento licitatório público;
b) impedir, perturbar ou fraudar a realização de qualquer ato de procedimento licitatório público;
c) afastar ou procurar afastar licitante, por meio de fraude ou oferecimento de vantagem de qualquer tipo;
d) fraudar licitação pública ou contrato dela decorrente;
e) criar, de modo fraudulento ou irregular, pessoa jurídica para participar de licitação pública ou celebrar contrato administrativo;
f) obter vantagem ou benefício indevido, de modo fraudulento, de modificações ou prorrogações de contratos celebrados com a Administração Pública, sem autorização em lei, no ato convocatório da licitação pública ou nos respectivos instrumentos contratuais; ou
g) manipular ou fraudar o equilíbrio econômico-financeiro dos contratos celebrados com a Administração Pública;
– dificultar atividade de investigação ou fiscalização de órgãos, entidades ou agentes públicos, ou intervir em sua atuação, inclusive no âmbito das agências reguladoras e dos órgãos de fiscalização do sistema financeiro nacional.

Quanto às sanções administrativas impostas ao delito, são previstas a aplicação de multa, além de publicação extraordinária da decisão condenatória, na forma do artigo 6º da lei, que corrobora:

> Art. 6º Na esfera administrativa, serão aplicadas às pessoas jurídicas consideradas responsáveis pelos atos lesivos previstos nesta Lei as seguintes sanções:
> I – multa, no valor de 0,1% (um décimo por cento) a 20% (vinte por cento) do faturamento bruto do último exercício anterior ao da instauração do processo administrativo, excluídos os tributos, a qual nunca será inferior à vantagem auferida, quando for possível sua estimação; e
> II – publicação extraordinária da decisão condenatória.
> §1º As sanções serão aplicadas fundamentalmente, isolada ou cumulativamente, de acordo com as peculiaridades do caso concreto e com a gravidade e natureza das infrações.

§2º A aplicação das sanções previstas neste artigo será precedida da manifestação jurídica elaborada pela Advocacia Pública ou pelo órgão de assistência jurídica, ou equivalente, do ente público.

§3º A aplicação das sanções previstas neste artigo não exclui, em qualquer hipótese, a obrigação da reparação integral do dano causado.

§4º Na hipótese do inciso I do caput, caso não seja possível utilizar o critério do valor do faturamento bruto da pessoa jurídica, a multa será de R$ 6.000,00 (seis mil reais) a R$ 60.000.000,00 (sessenta milhões de reais).

§5º A publicação extraordinária da decisão condenatória ocorrerá na forma de extrato de sentença, a expensas da pessoa jurídica, em meios de comunicação de grande circulação na área da prática da infração e de atuação da pessoa jurídica ou, na sua falta, em publicação de circulação nacional, bem como por meio de afixação de edital, pelo prazo mínimo de 30 (trinta) dias, no próprio estabelecimento ou no local de exercício da atividade, de modo visível ao público, e no sítio eletrônico na rede mundial de computadores.

A Lei Federal nº 12.846/13 vem complementar a disciplina advinda da lei de improbidade administrativa ao tratar direta e especificamente da conduta dos corruptores, fechando uma suposta lacuna no ordenamento jurídico pátrio no que se refere ao tema.

Note-se que a própria lei abre espaço à recepção, em certa medida, da normatividade de Direito Administrativo Global em matéria de corrupção, ao mencionar de modo expresso em seu artigo 5º constituírem atos lesivos à Administração Pública, nacional ou estrangeira, aqueles que atentem contra os compromissos internacionais assumidos pelo Brasil. Nesse esteio, ressalte-se que o Brasil é signatário da Convenção sobre o Combate da Corrupção de Funcionários Públicos Estrangeiros em Transações Comerciais Internacionais, da OCDE, tendo ratificado o instrumento e o recepcionado por meio do Decreto Federal nº 3.678/00, bem como da Convenção Interamericana contra a Corrupção, recepcionada pelo Decreto Federal nº 4.410/02, e da Convenção das Nações Unidas contra a Corrupção, recepcionada pelo Decreto Federal nº 3.687/06. Note-se que tais instrumentos precedem a lei anticorrupção.

É possível afirmar, portanto, que os recentes escândalos de corrupção e a ausência de investigações rigorosas e punição dos envolvidos nos mesmos não está associada a uma ausência de normatividade, posto que, desde 1992 vigora a Lei de Improbidade Administrativa e que as diretrizes normativas concernentes, especificamente, ao combate à corrupção têm aplicabilidade desde o ano 2000.

Ainda, a Lei Federal nº 12.527/11 – lei de acesso à informação, ao impor deveres à Administração Pública no que toca à transparência,[81] efetivando o dever de publicidade constitucionalmente garantido, conforme impõe o artigo 37 da Carta Magna,[82] e estimulando a governança, também colabora para a inibição de atos de corrupção e para a criação de um ambiente mais confortável para o investidor.

Atendo-se ainda ao texto constitucional, note-se que este impõe o dever de moralidade e, desde o advento da Emenda Constitucional nº 19/98, acrescenta aos princípios a serem observados pela Administração Pública o dever de eficiência – ambos opostos a práticas que caracterizem a corrupção, bem como à sua "aceitação" como *modus operandi* usual, além de ilegal e imoral – na esfera administrativa.

No que tange à eficiência administrativa, essa é de grande importância para a atratividade do investidor. A redução da burocracia exagerada e injustificada, em especial no que se refere à obtenção de licenças e autorizações para a realização do investimento, associada à simplificação e clareza nos procedimentos, é fator importante para a criação de um ambiente mais convidativo para o investidor. A transparência nesses procedimentos é também fator relevante para elevar o nível de confiança do investidor.

Além de uma legislação que condena práticas corruptas, é necessária a existência de um corpo investigatório e destinado a obter

---

[81] O artigo 7º da lei elenca situações compreendidas pelo direito à informação, dispondo no seguinte sentido:
"Art. 7º O acesso à informação de que trata esta Lei compreende, entre outros, os direitos de obter:
I – orientação sobre os procedimentos para a consecução de acesso, bem como sobre o local onde poderá ser encontrada ou obtida a informação almejada;
II – informação contida em registros ou documentos, produzidos ou acumulados por seus órgãos ou entidades, recolhidos ou não a arquivos públicos;
III – informação produzida ou custodiada por pessoa física ou entidade privada decorrente de qualquer vínculo com seus órgãos ou entidades, mesmo que esse vínculo já tenha cessado;
IV – informação primária, íntegra, autêntica e atualizada;
V – informação sobre atividades exercidas pelos órgãos e entidades, inclusive as relativas à sua política, organização e serviços;
VI – informação pertinente à administração do patrimônio público, utilização de recursos públicos, licitação, contratos administrativos; e
VII – informação relativa:
a) à implementação, acompanhamento e resultados dos programas, projetos e ações dos órgãos e entidades públicas, bem como metas e indicadores propostos;
b) ao resultado de inspeções, auditorias, prestações e tomadas de contas realizadas pelos órgãos de controle interno e externo, incluindo prestações de contas relativas a exercícios anteriores".

[82] Nesse esteio, desde o advento da Constituição vigente é mandatório o dever de publicidade.

a punição de tais práticas – o que foge à existência de bases legais. Nesse sentido, a existência de um Ministério Público bem organizado e comprometido com a preservação da lei e do interesse público, bem como de um Poder Judiciário imparcial e sério, afeto à preservação da Constituição da República e da legislação pátria como um todo, é essencial para o banimento de desvios dessa espécie.

Ainda, é premente que seja superada a instabilidade político-institucional e econômica[83] atual.

Conforme mencionado anteriormente, outro fator relevante que influencia a atração do investidor e, consequentemente, do ingresso de um maior volume de investimentos estrangeiros em território nacional diz respeito ao procedimento licitatório e à sua condução[84] – procedimento esse necessário às contratações a serem realizadas pela Administração Pública.

Não raro são publicados editais que se mostram pouco atraentes ao investidor – seja ele estrangeiro ou nacional, o que culmina em

---

[83] Segundo Mohamed Amal e Fernando Seabra, "A relação entre o ambiente institucional e a decisão de investir da EMN foi originalmente proposta por Basi (1963) a partir do argumento de que a qualidade das instituições políticas influencia o IDE. Os resultados destes estudos apontam que, juntamente com a variável mercado potencial, a instabilidade política é a variável mais importante em termos de influência sobre a decisão de investimento externo". Afirmam, ainda, que "Considerando a dimensão institucional, as variáveis de risco político, de liberdade econômica e de integração regional mostraram-se estatisticamente significativas, o que confirma as hipóteses inicias de que os processos de reformas econômicas e de celebração de acordos de livre comércio e integração regional (na forma de acordos de livre comercio, o caso do NAFTA, ou de união aduaneiras, como o caso do Mercosul e da Turquia com a União Europeia) tiveram um impacto significativo sobre os padrões de IDE nas economias emergentes". In: MOHAMED, Amal; SEABRA, Fernando. Determinantes do investimento externo direto (IDE) na América Latina: uma perspective institucional. *Revista Economia*, Brasília, v. 8, n. 2 p. 231-247, maio/ago. 2007. p. 236; p. 243. De acordo com o analista-chefe Moody's para projetos de infraestrutura na América Latina da agência de *rating* Moody's Paco Debonnaire, conforme o site da revista Veja, a instabilidade política no Brasil e os escândalos de corrupção, como o evidenciado da Operação Lava Jato, prejudicam investimentos estrangeiros em projetos de infraestrutura no país. Ele cita como exemplo a volta das especulações em torno do *impeachment* da presidente Dilma Rousseff, afirmando que "o apetite do investidor é prejudicado por essa instabilidade política". In: VEJA.COM. Moody's: instabilidade política afeta investimentos no Brasil. *Economia*, 14.07.2015. Disponível em: www.veja.com. Acesso em: 18 jul. 2015.

[84] Como observam Mozart Mascarenhas Alemão e Denílson Duarte, ao analisar, especificamente, o setor aeroportuário, "não há agilidade suficiente para que as ações sejam efetivadas a tempo de atender as necessidades do mercado. Muito tempo é decorrido nos processos licitatórios, nos estudos de viabilidade, na elaboração de projetos básicos e executivos e na contratação de obras. Os processos truncados e a legislação confusa permitem infindáveis discussões jurídicas, em cada passo do processo licitatório, demandando anos entre a decisão de se realizar uma obra e a efetiva contratação dessas obras". ALEMÃO, Mozart Mascarenhas; DUARTE, Denílson. Infraestrutura Aeroportuária atual e necessidades para um futuro próximo. In: AIETA, Vânia Siciliano *et al*. *Infraestrutura e o futuro do Brasil no séc. XXI*. Rio de Janeiro: Lumen Juris, 2015. p. 195.

licitações com poucos interessados ou, até mesmo, desertas. Isso é deletério ao interesse público, uma vez que se pode estar deixando de contratar o particular que seria mais apto para a consecução da obra ou prestação do serviço em questão.

Nesse sentido, a realização de Procedimento de Manifestação de Interesse – PMI[85] previamente à confecção do edital e realização do certame é mecanismo interessante, uma vez que, por meio dele, permite-se à Administração Pública conhecer os anseios e potenciais de que são detentores os interessados em se engajarem no projeto divulgado pelo ente estatal, tornando-a capaz de deixar os certames mais condizentes com as necessidades da iniciativa privada e com a realidade mercadológica, sem se descolar da realização do interesse público. Além disso, possibilita o esboço de projetos de maior qualidade, ante a expertise dos envolvidos em sua criação.

É válido ressaltar que os projetos de infraestrutura costumam envolver arranjos complexos e ter sua execução estendida por longos períodos, demandando, portanto, um grande cuidado na sua formulação, de modo a torná-los capazes de se mostrarem atraentes aos investidores privados, estimulando o seu engajamento. A estruturação e modelagem dos instrumentos contratuais subjacentes a esses projetos prescindem de um cuidadoso e aprofundado trabalho referente à sua viabilidade, aos investimentos financeiros necessários e perspectivas e prazo de retorno do investimento realizado, envolvendo uma análise interdisciplinar – de engenharia, econômico-financeira, ambiental e jurídica.

Nem sempre – muitas vezes por falta de profissionais dotados da expertise necessária na matéria – a Administração Pública é capaz de dimensionar de modo adequado todas as variáveis que permeiam um determinado projeto no momento da confecção do respectivo edital, o que pode resultar em instrumentos de concorrência dissociados da realidade e pouco atraentes aos potenciais parceiros privados.

É diante desse cenário que se apresentam os procedimentos de manifestação de interesse – PMI. A prática permite institucionalizar o diálogo entre Administração Pública e sujeitos privados em torno de um determinado projeto de interesse público de titularidade estatal, mas cuja consecução dependerá da participação de entes privados.

---

[85] Ressalte-se que o Procedimento de Manifestação de Interesse, na forma da legislação atual, lastreada no Decreto Federal nº 8.428/15 é facultativa e, paralelamente, sua realização não obriga o ente administrativo à realização da licitação.

O procedimento já fora mencionado na Lei Federal nº 8.987/95 (Lei de Concessões), em seu artigo 21,[86] ao prever a possibilidade da realização de estudos, investigações, levantamentos e projetos vinculados à concessão, previamente à realização da respectiva licitação, os quais deverão ser disponibilizados a todos os interessados (o que vem assegurar a transparência e a publicidade no procedimento licitatório, ao oportunizar a todos os interessados maior conhecimento acerca do projeto em questão). Note-se que o dispositivo permite ao Poder Público, tendo ele compreendido ser necessário ou mais eficiente que ente privado realize os estudos importantes à estruturação da modelagem de investimento em infraestrutura, delegar tal atividade à iniciativa privada.[87] Tais estudos devem se dar às custas do ente privado interessado e podem não ser aceitos pelo Poder Público – não obstante deverão ser ressarcidos *a posteriori*, tendo sido o procedimento licitatório levado a cabo.

A realização de Procedimento de Manifestação de Interesse foi recentemente regulamentada por meio do Decreto Federal nº 8.428, de 2 de abril de 2015.[88] O decreto ressalta ser a realização do PMI, como procedimento anterior a uma licitação e de uma contratação pública, uma faculdade do ente administrativo, sendo o respectivo projeto passível de eventual ressarcimento. A lei dispõe que o procedimento não confere exclusividade a quaisquer dos interessados e não enseja preferência no procedimento licitatório.[89]

---

[86] Art. 21. Os estudos, investigações, levantamentos, projetos, obras e despesas ou investimentos já efetuados, vinculados à concessão, de utilidade para a licitação, realizados pelo poder concedente ou com a sua autorização, estarão à disposição dos interessados, devendo o vencedor da licitação ressarcir os dispêndios correspondentes, especificados no edital.

[87] Ressalte-se que a realização de estudos e projetos básicos relativo a um determinado projeto por um ente privado não enseja conflito de interesse no que tange a sua participação no certame licitatório. A Lei Federal nº 9.074/95 é bastante clara ao dispor, em seu artigo 31, que "nas licitações para concessão e permissão de serviços públicos ou uso de bem público, os autores ou responsáveis economicamente pelos projetos básicos ou executivo podem participar, direta ou indiretamente, da licitação ou da execução de obras ou serviços".

[88] Conforme dispõe o artigo 1º do Decreto Federal nº 8.428/15: "Art. 1º Este Decreto estabelece o Procedimento de Manifestação de Interesse – PMI a ser observado na apresentação de projetos, levantamentos, investigações ou estudos, por pessoa física ou jurídica de direito privado, com a finalidade de subsidiar a administração pública na estruturação de empreendimentos objeto de concessão ou permissão de serviços públicos, de parceria público-privada, de arrendamento de bens públicos ou de concessão de direito real de uso".

[89] Nesse sentido dispõe o artigo 6º do Decreto Federal nº 8.428/15:
"Art. 6º A autorização para apresentação de projetos, levantamentos, investigações e estudos:
I – será conferida sem exclusividade;

A realização de estudos e levantamentos detalhados referentes ao projeto de infraestrutura que o ente estatal almeja levar a cabo em conjunto com um parceiro privado previamente à confecção do edital de licitação e minuta do respectivo contrato permite a elaboração de melhores instrumentos, mais específicos, que retratem de modo mais fiel a empreitada a ser desenvolvida, além de colaborar para a redução de assimetria de informação entre Administração Pública e potenciais investidores. Ademais, contratos melhores e menos genéricos tendem a resultar num menor número de renegociações futuras – as quais costumam gerar instabilidade tanto para o ente estatal quanto para o seu parceiro privado. O procedimento de manifestação de interesse colabora, portanto, para a criação de um ambiente mais confortável e seguro para o investidor – seja ele nacional ou estrangeiro.

Ainda, para conferir maior estabilidade aos contratos de investimento em infraestrutura, é importante que estes antevejam a repartição dos riscos do projeto entre o ente estatal e seu parceiro privado, como já prevê a lei de parcerias público-privadas. O PMI pode se mostrar bastante útil nesse sentido.

É importante que haja a análise racional dos riscos envolvidos no projeto, com atribuição da responsabilidade pela sua eventual ocorrência à parte mais capaz de gerenciá-los – seja ela o ente estatal, seja ela o parceiro privado. "Cada risco deve ser alocado de acordo com o direito de tomar decisões de forma a maximizar o valor total do projeto (*total project value*) considerando a capacidade de cada parte para: a) influenciar o correspondente fator de risco; b) influenciar a sensibilidade do valor total do projeto em relação ao risco – antecipando ou respondendo ao fator de risco e; c) absorvendo o risco".[90]

Nesse esteio, na realização de um projeto de infraestrutura mostrar-se-ia mais coerente a assunção dos riscos relativos à escolha dos materiais adequados a serem utilizados na execução de uma obra pelo responsável por sua realização; já os riscos referentes à entrega da área onde ela deverá ser executada caberiam ao ente estatal, uma vez que ele é o sujeito mais apto a realizar desapropriações que venham a ser necessárias, utilizando-se do seu poder de império; o risco referente

---

II – não gerará direito de preferência no processo licitatório do empreendimento;
III – não obrigará o Poder Público a realizar licitação;
IV – não implicará, por si só, direito a ressarcimento de valores envolvidos em sua elaboração; e
V – será pessoal e intransferível."

[90] NÓBREGA, 2011, p. 129.

à possibilidade de o projeto em questão ser, efetivamente, executado em determinada localidade, face a existência de regulamentações e eventuais limitações de ordem ambiental, por exemplo, também caberia ao ente estatal, o qual deve aferir eventuais restrições previamente à publicação do edital – paralelamente, é responsabilidade do empreendedor privado o cumprimento dos requisitos necessários à obtenção das licenças em questão.

Ademais, se uma parte possui maior capacidade de antever um dado risco, deverá incluir os custos potenciais decorrentes deste na previsão de suas despesas. Já na hipótese em que nenhuma das partes é capaz de antecipar, influenciar, prever ou responder ao risco, este deverá ser alocado à parte que melhor terá capacidade de absorvê-lo, caso este venha a figurar, a um menor custo.[91]

Outro fator relevante – quiçá imperativo – ao investidor na formação de sua decisão quanto à alocação de um investimento diz respeito à existência de regulamentações setoriais sólidas e claras, para conferirem confiança ao investidor, à medida que garantem maior previsibilidade ao negócio e tendo em mente que os projetos de infraestrutura se dão num longo período de tempo e possuem elevados custos fixos. O mesmo é válido para a política tarifária adotada.[92] Isso tudo permite que seja mais bem estimado o prazo de retorno da empreitada em questão e provê de maior segurança o potencial investidor.

Se o Brasil carece de uma lei específica e atual que discipline o investimento estrangeiro, conforme demonstrado no capítulo 3 do presente trabalho, essa deficiência, na ausência de uma nova norma, pode ser suprida pelo Direito Administrativo Global em matéria de

---

[91] Marcos Nóbrega explica como poderá se dar essa alocação de riscos, ponderando: "Consumidores, por exemplo, podem assumir o risco da inflação porque, teoricamente, os meus rendimentos também sofrem reajustes. O governo e a firma, por outro lado, também podem assumir esse risco porque podem adquirir derivativos ou comprar seguros. Os acionistas (*shareholders*) podem absorver o risco porque possuem diversificados *portfolios*. Logo uma minuciosa análise deverá ser levada a termo para definir aquele que suportará o risco a um menor custo". Explica, ainda, que "o risco do preço do serviço, por exemplo, geralmente é controlado pelo governo, se ele pode regulá-lo, caso contrário, deverá ser alocado para a firma. Nesses casos a atenção deve ser dada a controlar o risco, sendo de menor importância o aspecto de antecipá-lo, reagir a ele ou mesmo absorvê-lo. No caso de riscos gerais, as coisas são diferentes porque os vários *stakeholders* não podem influenciar o fator de risco isoladamente. Nesse caso, a melhor opção será antecipar ou absorver o risco". *In*: NÓBREGA, 2011, p. 130, 135.

[92] Como observa Marcos Nóbrega, "a existência de elevados custos fixos (*sunk cost*) levará à necessidade de maior cautela do investidor privado quando da negociação dos contratos. Para induzir o investidor privado a participar desses investimentos, o governo terá que, entre outras coisas, se comprometer com o estabelecimento de uma política regulatória e tarifária consistente". *Ibid.*, p. 28.

investimento estrangeiro ou Direito do Investimento Estrangeiro, sobre o qual se discorreu no capítulo 2 desta tese. Aliás, é possível que seja mais interessante a adoção do Direito do Investimento Estrangeiro como disciplinador do tema do que um diploma legal demasiado engessado e incapaz de absorver as mudanças por que passa a sua compreensão, ante o desenvolvimento da jurisprudência e de novos modelos de acordos para promoção e proteção recíproca de investimentos, buscando adaptar o regramento do investimento estrangeiro às demandas do investidor e interesses estatais num dado momento. Sob essa ótica, uma nova legislação em matéria de investimento deve denotar a receptividade do país ao investimento estrangeiro, garantir um ambiente de estabilidade e segurança para o investimento, porém, ter um caráter aberto, alicerçando-se nas bases principiológicas advindas do Direito do Investimento Estrangeiro e delegando a regulamentação mais minuciosa e específica da matéria para os acordos de proteção e promoção recíproca do investimento estrangeiro. Deve, ainda, ser permeável aos instrumentos advindos do Direito Administrativo Global sobre a matéria.

Nesse contexto – e independentemente de uma legislação específica sobre a matéria, visando a criação e manutenção de um ambiente favorável ao investimento estrangeiro, é importante que o Brasil *reconheça e se comprometa* com a normatividade sobre investimento estrangeiro oriunda do Direito Administrativo Global – em especial com o Direito do Investimento Estrangeiro, bem como os diversos documentos e convenções de ordem global de que é signatário e permeiam o tema. Essa atitude colaboraria para melhor posicionar o país no cenário internacional, ao se mostrar como terreno mais confiável para a alocação de investimentos. Ressalte-se que é de interesse nacional a proteção e preservação do investimento estrangeiro em território brasileiro: em se tratando do investimento em infraestrutura, por meio dele permite-se o desenvolvimento de projetos de grande valia para o país, sendo uma alternativa adicional às propostas dos investidores locais; ademais, as externalidades positivas advindas do investimento estrangeiro direto – como a criação de empregos, arrecadação de tributos, movimentação da economia local, transferência de tecnologia, dentre outros – trazem incontáveis benefícios.

O compromisso em questão demanda algumas mudanças na posição brasileira em relação ao investimento estrangeiro – que durante muito tempo foi de caráter negligente, em certo grau (à medida que carecia de regulamentação e ignorava os tratados de investimento), possivelmente motivada pelo fato de, ainda assim, seguir recepcionando investimentos.

A começar, tem-se a abordagem brasileira em relação aos acordos de promoção e proteção do investimento estrangeiro. Conforme já mencionado em capítulo anterior, os poucos tratados bilaterais de investimento de que o Brasil é signatário[93] jamais foram ratificados,[94] o que denota uma pouca integração com a comunidade internacional no que diz respeito a investimentos.

Note-se que, mesmo no âmbito do Mercosul, o Brasil adota uma posição de distanciamento no que se refere à proteção do investimento estrangeiro. O Brasil nunca ratificou o Protocolo de Colônia para a Promoção e Proteção Recíproca de Investimentos no Mercosul, assinado em 1994. O bloco também foi incapaz de implementar o Protocolo de Buenos Aires – Protocolo de Promoção e Proteção Recíproca de Investimentos Provenientes de Estados Não-Partes do MERCOSUL, dada a resistência do Brasil e de outros integrantes do bloco, de modo que inexiste no Mercosul uma política coordenada em relação a investimentos.[95]

Tal postura de não aproximação de outros países no que concerne a sua participação na economia global,[96] em especial no atinente à

---

[93] O Brasil firmou, entre 1994 e 1999, tratados bilaterais de investimentos com a Bélgica-Luxemburgo, Chile, Cuba, Dinamarca, Finlândia, Alemanha, Itália, República da Coreia, Holanda, Portugal, Reino Unido e Venezuela.

[94] Não se está aqui a tratar dos recentes Acordos de Cooperação e Facilitação de Investimentos (ACFIs) celebrados com Angola, Moçambique, Malawi, México e Colômbia, os quais ainda são muito recentes e devem ser ratificados num futuro próximo. Estes, não obstante se tratar de instrumentos bilaterais, têm racionalidade bastante diversa daquela dos Tratados Bilaterais de Investimento – BITs tradicionais, tais como aqueles firmados pelo Brasil na década de 1990. É a essa modalidade de tratado bilateral de investimento que se faz referência aqui ao utilizar tal nomenclatura e a sigla "BIT".

[95] Como observa José Augusto Fontoura Costa, "À exceção de um acordo entre Paraguai e Uruguai, o fracasso dos Protocolos de Colônia e de Buenos Aires, alimentado pela ojeriza brasileira a estes acordos, faz com que as redes internacionais de Appri's e, particularmente, TBIs, não se estenda para dentro da sub-região. Por outro lado, entrementes, esses instrumentos não foram substituídos por nenhuma estratégia conjunta para o estabelecimento de um sistema sub-regional de promoção, proteção e regulação de investimentos. Isso, pelo menos em alguma medida, deve ser atribuído à percepção liberal do Tratado de Assunção, que põe bastante ênfase nos aspectos comerciais, deixando de lado as necessidades de políticas e estratégias regulatórias concertadas. (...) é possível afirmar que os padrões de acordos em matéria de investimento indicam a ausência de uma estratégia sub-regional concertada no âmbito do Mercosul para a utilização da juridificação internacional como um instrumento de regulação e harmonização em matéria de liberalização, padrões mínimos e, até mesmo, proteção internacional do investimento estrangeiro". In: COSTA, 2006. p. 76.

[96] O isolamento do Brasil é observado pelo economista José Alexandre Scheinkman, que afirma: "Há falta de integração do país com o resto do mundo. Estamos ficando de fora de

disciplina das relações de investimento, contraria as mais recentes iniciativas internacionais, no sentido de se criar novos acordos regionais e multilaterais com vistas a estimular o comércio internacional e o investimento, objetivando que as várias partes signatárias, apesar de suas realidades díspares, venham por meio deles auferir benefícios.

Essa movimentação voltada para a implementação de instrumentos de ordem global se vislumbra, por exemplo, por meio do recentemente firmado Tratado Transpacífico ou Acordo de Parceria Transpacífica (*Trans-pacific Partnership Agreement*) – TPP, firmado em outubro de 2015[97] e que tem como partes Estados Unidos, Canadá, México, Chile, Peru, Japão, Vietnã, Brunei, Cingapura, Austrália e Nova Zelândia. O TPP já vem sendo reconhecido como o maior acordo comercial regional da história,[98] ao abranger 40% da economia global.

---

muitos dos acordos importantes do comércio internacional e fora das cadeias integradas de produção, por causa da dificuldade de se importar. Isso tem um efeito grande na produtividade, porque os insumos que poderiam aumentá-la são muito caros para o empresário". FOLHA DE SÃO PAULO. "Maior Ameaça à economia são os problemas internos", diz economista. *Caderno Mercado*, 05.11.2015. Disponível em: www.folha.com. Br. Acesso em: 5 nov. 2015b.

[97] Para entrar em vigor, todavia, o acordo ainda precisa ser aprovado pelas casas legislativas dos países signatários.

[98] FOLHA DE SÃO PAULO. EUA, Japão e mais 10 países fecham acordo comercial histórico. *Caderno Mercado*, 06.10.2015. Disponível em: www.folha.com.br. Acesso em: 6 out. 2015c. Conforme vem divulgando a imprensa, analistas vêm considerando o Tratado Transpacífico negativo em relação ao Brasil. Artigo publicado no jornal Folha de São Paulo menciona estudo realizado pelos economistas Vera Thorstensen e Lucas Ferraz, da Escola de Economia da FGV, afirmando que o instrumento pode encolher as exportações brasileiras em até 2,7%. As exportações brasileiras deverão ser afetadas, de acordo com o estudo, porque os produtos vendidos entre os países envolvidos no tratado ficarão comparativamente mais baratos. (*In*: FOLHA DE SÃO PAULO. Tratado Transpacífico pode reduzir exportação do Brasil em até 2,7%. 06.10.2015. *Caderno Mercado*. Disponível em: www.folha.com.br. Acesso em: 15 out. 2015d). Em reportagem publicada no site da revista Exame é colocada a opinião de Marcos Troyjo, diretor do BRIClab da Universidade de Columbia, que afirma que "O TPP mostra que a abordagem adotada nestes últimos 13 anos de privilegiar a negociação multilateral via OMC e o caráter 'político' do Mercosul mostra-se ainda mais equivocada". Também é mencionada a conclusão de um estudo de Flavio Lyrio Carneiro, do Ipea, *publicado no final do ano passado*, que afirma: "O acordo pode ter efeitos profundos sobre o próprio funcionamento do sistema multilateral, caso venha a enfraquecer o papel da OMC de principal *locus* de criação do arcabouço normativo. Este quadro pode ser particularmente nefasto para o Brasil, que está de fora da negociação não apenas do TPP mas de todas as iniciativas megarregionais" (*In*: EXAME.COM. *O que o Brasil tem a perder com a Parceria Transpacífica*. 06.10.2015. Disponível em: www.exame. com. Acesso em: 15 out. 2015b). Em artigo publicado no jornal *O Estado de São Paulo*, por sua vez, é colocado que "para a economista Mônica de Bolle, pesquisadora do Instituto Peterson de Economia Internacional, com sede em Washington, o tratado representa uma mudança completa no tabuleiro das negociações comerciais e dá sentido de urgência às discussões do setor privado brasileiro sobre a necessidade de maior integração do país à economia global. "A nova realidade mundial são os mega-acordos comerciais. Ficar de fora não é a solução, porque todos os países estão caminhando nessa direção", disse. (O

Outros países, como Coreia do Sul, Taiwan, Filipinas e Colômbia, já demonstram interesse em aderir ao novo bloco.

O escopo do tratado é bastante amplo, prevendo a integração das áreas de serviços, proteção a investimentos, compras governamentais, comércio eletrônico, telecomunicações, propriedade intelectual, concorrência, sanidade animal e vegetal, facilitação de comércio e regras trabalhistas e ambientais, além de almejar reduzir a zero 90% das tarifas dos bens comercializados entre os seus membros em 2017.

O capítulo 9 do acordo versa sobre investimentos, celebrando a principiologia do Direito do Investimento Estrangeiro. É mencionada expressamente a aplicabilidade dos princípios do tratamento nacional, da nação mais favorecida, do tratamento justo e equitativo, dos limites à expropriação, além da observância dos padrões mínimos de tratamento do investimento, em consonância com os princípios do Direito Internacional costumeiro e da proteção integral e segurança do investimento. Também determina que as transferências relativas a um investimento deverão ser feitas livremente, além de serem impostas limitações a requisitos e exigências de performance do investimento e do investidor (como a exigência quanto à exportação de um determinado bem ou serviço, a imposição de utilização de conteúdo doméstico mínimo, aquisição ou utilização obrigatória de bens produzidos em território nacional, condicionamento do volume de importações ao de exportações, dentre outros requisitos). Por outro lado, o princípio da manutenção das expectativas legítimas não foi contemplado. O capítulo também prevê exceções à proteção do investimento. É feita, ainda, alusão à importância da responsabilidade social corporativa, a ser observada pelo investidor. Quanto à forma de resolução de controvérsias, o capítulo 9 prevê a arbitragem, a qual deverá ser precedida de tentativa amigável – fase de consultas e negociação, sugerindo-se a conciliação e a mediação. Em ocorrendo arbitragem, aplicar-se-á a Convenção de Washington, devendo-se seguir o procedimento do ICSID ou as regras de arbitragem da UNCITRAL. É admitido o uso de qualquer

---

ESTADO DE SÃO PAULO. Acordo do pacífico deve isolar ainda mais o Brasil. Caderno Economia e Negócios, 05.10.2015. Disponível em: www.estadao.com.br. Acesso em: 15 out. 2015a). O economista norte-americano Peter Petri, por sua vez, em entrevista ao jornal Folha de São, ao analisar os efeitos do Tratado Transpacífico, observa que "o maior efeito está no fato de que esses países estão fazendo regras melhores, que aprofundarão a integração e promoverão o fluxo de investimentos e tecnologia. E o Brasil não fará parte disso". *In:* O ESTADO DE SÃO PAULO. A TPP vai mudar o sistema mundial de comércio. *Caderno Economia e Negócios*, 14.10.2015. Disponível em: www.estadão.com.br. Acesso em: 20 out. 2015b.

outra instituição arbitral ou de outras regras de arbitragem, se assim concordarem as partes envolvidas.

Interessante pontuar que, além de conferir proteção ao investimento realizado por investidores oriundos dos Estados-parte, o TPP traz também guarida a investimentos originários de Estados não parte do acordo.

Assevere-se que as regras jurídicas, comuns aos Estados-partes aderentes ao acordo, oriundas desse tipo de instrumento tendem a conferir maior previsibilidade para negócios de longo prazo, facilitando o investimento. É certo, todavia, que os resultados do Tratado Transpacífico – se positivos ou negativos, e para quem – só poderão ser aferidos em alguns anos.[99]

Quanto ao Brasil, é verdade que o país deu um passo à frente ao firmar os Acordos de Cooperação e Facilitação de Investimentos (ACFIs) com Moçambique, Angola, Malawi, México e Colômbia, instituindo um novo modelo de acordo.

Esses acordos, contudo, se mostram muito mais como um protocolo que firma o compromisso de os países signatários estimularem a realização de investimentos no Estado parceiro do que um instrumento destinado à proteção dos investimentos estrangeiros realizados em seu território. É verdade que princípios do Direito do Investimento Estrangeiro são contemplados por esses acordos – como o princípio do tratamento nacional e a limitação à expropriação, porém outros princípios típicos do Direito do Investimento Estrangeiro (e de grande importância) não são contemplados pelo texto dos acordos, como o princípio do tratamento justo e equitativo, da nação mais favorecida e da manutenção das expectativas legítimas, bem como padrões mínimos de tratamento do investimento.

Ainda, não obstante a evolução que esses instrumentos representam no tratamento conferido pelo Brasil ao investimento estrangeiro, eles olvidam temas importantes ao Direito do Investimento Estrangeiro – como a forma de resolução dos conflitos advindos da relação de investimento. Como já fora debatido em capítulo anterior, o modelo para o apaziguamento de controvérsias criado pelos ACFIs contempla a atuação direta do Estado-hospedeiro do investimento e do Estado de origem do investidor, ao invés do usual binômio Estado-hospedeiro – investidor. Essa metodologia parece ser de mais difícil operacionalização,

---

[99] Portanto não se deve enxergar no acordo uma panaceia para o crescimento econômico e desenvolvimento dos países signatários.

uma vez que depende do interesse em o Estado de origem do investidor representá-lo contra o Estado-hospedeiro – o que pode nem sempre existir, face a questões políticas e diplomáticas. Nesse modelo o investidor participa como coadjuvante, ao invés de ser um ator central do procedimento – papel exercido pelos Estados. Note-se que a solução da disputa passa pela atuação dos denominados "pontos focais" e do "Comitê Conjunto", em diálogos e consultas bilaterais. No insucesso desses mecanismos amigáveis, é que a celeuma poderá ser levada à arbitragem, se assim os Estados entenderem conveniente, a qual será realizada pelo mesmo Comitê Conjunto. Tal *modus operandi* pode vir a ignorar os interesses do investidor. Outrossim, seria de maior interesse que o conflito em questão fosse solucionado por um tribunal arbitral internacional, imparcial e não vinculado diretamente (ou, ao menos, não de modo tão direto) às partes envolvidas no conflito.

Sob esse contexto, seria uma forma de prover de maior confiança o investidor estrangeiro à adesão do Brasil à Convenção para Resolução de Controvérsias Relativas a Investimentos entre Estados e Nacionais de outros Estados (Convenção de Washington), que instituiu o Centro Internacional para a Resolução de Controvérsias entre Estados e Nacionais de Outros Estados – ICSID. Conforme já explanado em capítulo anterior, o Centro viabiliza a resolução de conflitos oriundos da relação Estado-hospedeiro – investidor pela via da arbitragem internacional, alternativamente ao Poder Judiciário doméstico.

O mecanismo agrada aos investidores estrangeiros à medida que oferece um foro altamente especializado em matéria de investimentos estrangeiros para a discussão da controvérsia e obtenção de uma solução. Ainda, se mostra como uma alternativa ao acesso a um sistema judicial que usualmente lhe é desconhecido e de difícil operacionalidade, além de, não raro, demasiadamente moroso, e permite a aplicação do Direito do Investimento Estrangeiro, afastando eventuais normas domésticas atentatórias aos princípios que regem o investimento internacional.

Tal qual se demonstrou no capítulo 3 do presente trabalho, inexistem impedimentos de ordem legal à adesão do Brasil à Convenção de Washington de 1965 – instrumento típico de Direito Administrativo Global e do Direito do Investimento Estrangeiro. A recusa é de caráter eminentemente político, demonstrando um ímpeto protecionista na condução do Estado brasileiro no que diz respeito às questões em matéria de investimento estrangeiro. É válido ressaltar que a não adesão do Brasil ao sistema ICSID tem também como consequência deixar os investidores brasileiros no exterior despidos das proteções que dele podem advir, contrariando assim os seus interesses.

É importante que o Brasil se torne um ator mais ativo e presente no que tange a sua participação em tratados de investimento. É verdade que a recente sinalização de uma maior preocupação com o tema, observada a partir da assinatura e ratificação dos ACFIs, é bastante positiva, porém é importante que essa forma relacional se expanda, abrangendo um maior número de países parceiros e formulando instrumentos que sejam, efetivamente, capazes de conceder maior segurança ao investimento e permitir ao investidor ter maior confiança.

Ademais, o Brasil não deve limitar a sua participação em APPRIs que tenham como a outra parte signatária tão somente países em desenvolvimento. Em geral, o Brasil tem firmado acordos comerciais com mercados menores, como Colômbia e México, com os instrumentos focando principalmente na derrubada de barreiras comerciais, em detrimento da adoção de normas comuns. Os países da OCDE não devem ser olvidados, posto que o seu potencial para a realização de investimentos de grande monta em território nacional – como são os investimentos em infraestrutura – é elevado. É certo que os ACFIs celebrados no presente ano de 2015 são de grande relevância, porém têm chances de disciplinar um número muito maior de relações em que o lado brasileiro se posiciona como exportador de investimentos, e não como receptor. No âmbito da recepção de investimentos estrangeiros voltados à construção de infraestruturas, são grandes as chances de que a maior parte desses não sejam originários dos países com os quais o Brasil celebrou os ACFIs, mas de países desenvolvidos.

Compreendendo a possível preocupação de o Brasil simplesmente aderir a modelos de tratados de investimento já formatados, usualmente por países desenvolvidos e que tendem a proteger em maior monta os interesses destes (e não necessariamente estimular a promoção do investimento estrangeiro em uma via de mão dupla), seria conveniente que o país desenvolvesse um modelo próprio de acordo para promoção e proteção recíproca de investimentos ou tratado bilateral de investimento, que melhor contemplasse os seus anseios e objetivos.

Disposições que criam o compromisso de desenvolver estímulos à realização de investimentos, numa relação de reciprocidade, e de impor o dever de responsabilidade social corporativa, como buscam fazer os ACFIs, são bem-vindas. Mas também é necessária a ampliação da segurança do investidor – o que pode se obter, ao menos em parte, através do alinhamento do instrumento com o Direito do Investimento Estrangeiro, tomando em consideração os seus princípios informadores. Nessa égide, contemplar os princípios do tratamento nacional, do tratamento justo e equitativo, da nação mais favorecida, da manutenção das expectativas legítimas, dos limites à expropriação, da observância do procedimento adequado e da motivação das decisões é fator fundamental. É, ainda, de grande relevância a previsão de um mecanismo de solução de controvérsias eficiente, alternativo ao Poder Judiciário local, e imparcial – possivelmente a arbitragem internacional. Isso não implica, necessariamente, a adesão ao sistema ICSID, apesar de esta parecer uma opção interessante. As divergências podem ser submetidas a outras cortes arbitrais internacionais, porém o ICSID se mostra como uma boa alternativa, além de coerente, dada a sua especialização na matéria.

Se, eventualmente, o modelo criado pelo Brasil não vier a ser adotado ou não for adotado em sua integralidade, serviria ele, ao menos, como uma base para o início de uma discussão com o outro Estado-parte quanto a quais regras deverão disciplinar as relações de investimento entre estes e os investidores da parte adversa, buscando-se chegar a um denominador comum no atinente aos interesses dos signatários. Buscar-se-ia, assim, afastar a postura de, simplesmente, se aderir a um modelo pronto, o qual nem sempre é apto a satisfazer os anseios das partes.

O comprometimento do Brasil em relação ao Direito do Investimento Estrangeiro e ao Direito Administrativo Global também demanda a participação e adesão do país aos instrumentos de Direito Global relacionados à temática do investimento estrangeiro. Exige também – e principalmente – a efetiva observância e cumprimento de tais instrumentos. Está-se aqui a falar das diversas convenções, diretrizes e protocolos internacionais, como, por exemplo, a Convenção Interamericana contra a Corrupção, a Convenção das Nações Unidas contra a Corrupção, a Convenção sobre o Combate da Corrupção de Funcionários Públicos Estrangeiros em Transações Comerciais Internacionais, da OCDE, as Diretrizes da OCDE para Empresas Multinacionais e a Declaração da OCDE sobre Investimento Internacional e Empresas Multinacionais.

Outrossim, o reconhecimento do Brasil quanto à incidência do Direito do Investimento Estrangeiro sobre as relações de investimento de que o país é parte perpassa pelo reconhecimento da matéria por parte do Poder Judiciário. Cabe ao Poder Judiciário, ao apreciar um litígio em matéria de investimento entre o Brasil, na qualidade de Estado-hospedeiro, e um investidor, aplicar a legislação nacional à luz dos princípios do investimento estrangeiro, enquanto princípios compreendidos pelo Direito Administrativo Global – especialmente na inexistência de um tratado que abarque a relação em questão.

Vê-se, portanto, que, ante a baixa densidade normativa da legislação nacional em material de investimento estrangeiro e os receios do investidor em alocar investimentos em território nacional, a adesão ao Direito do Investimento Estrangeiro, à sua principiologia e aos mecanismos de que dispõe, é de grande relevância. Tal escolha possui um forte caráter político, associado ao tipo de postura e à espécie de comportamento que o Brasil deseja adotar perante a economia global.

5.4 Síntese parcial

A realização de investimentos em infraestrutura em território nacional é urgente, sendo necessário fomentar o desenvolvimento, tanto econômico quanto social, ante os diversos benefícios auferidos pela sociedade ao se possuir infraestrutura de qualidade.

Essa espécie de investimento tem como uma de suas características serem de grande vulto e levar um grande período de tempo para sua amortização e percepção de lucros. Nesse contexto, é de fundamental importância que se crie um ambiente estável e seguro para o investidor alocar seu capital. Isso passa pela existência de uma normatividade sólida e instituições confiáveis. Isso tem uma relevância adicional no caso do investidor estrangeiro, que está a lidar com normas e procedimentos diversos daqueles com que está habituado, o que o coloca numa posição de maior vulnerabilidade.

Nesse contexto, a recepção e aplicação do Direito do Investimento Estrangeiro, enquanto direito de caráter global, é de grande importância para a criação de um *locus* mais favorável à recepção de investimentos estrangeiros, em especial ante a baixa densidade da regulamentação nacional em matéria de investimento estrangeiro.

Ressalte-se que tornar o país mais atrativo ao investidor estrangeiro que pretende desenvolver projetos de infraestrutura é de interesse nacional, à medida que traz mais atores para o mercado e aumenta a competitividade, permite a transferência de tecnologia, inovação e o desenvolvimento de melhores projetos, além de todas as externalidades positivas que podem advir do investimento.

CONCLUSÃO

1. A realidade da globalização enseja transformações que extrapolam o domínio econômico, abrangendo aspectos culturais, sociais, políticos. As relações entre os Estados são reformuladas, as fronteiras que os separam se tornam menos rígidas, as interações entre eles se intensificam e se aprofundam e tem-se o surgimento de um cenário de governança global. Uma diversidade de relações e atividades sociais e econômicas emana sem que tenham que, necessariamente, ter qualquer vínculo territorial formal. Ainda, atores privados passam a ter ação mais destacada no espaço público internacional, muitas vezes, extrapolando as fronteiras de seu Estado de origem.

Essas mudanças todas são absorvidas pelo mundo do Direito, que vê suas estruturas serem também modificadas. A dicotomia Direito Nacional x Direito Internacional se torna insuficiente à apreensão de todo um novo plexo de relações que vêm surgindo a partir do fenômeno da globalização. Nesse panorama se observa o surgimento de um "novo" Direito, qual seja o Direito Administrativo Global.

2. Esse Direito se realiza num espaço que excede os limites dos Estados, mas que não guarda identidade com aquele de realização do Direito Internacional, por onde transitam apenas entes estatais. Porém, congrega e se comunica com ambas as esferas, constituindo o denominado "espaço global".

Apesar de não ser passível de localização geográfica, no espaço global transita uma diversidade de atores, estatais e não estatais, públicos e privados, e das suas variadas formas de interação emerge o Direito Administrativo Global. Trata-se de "um espaço onde a estrita dicotomia entre direito interno e internacional está em amplo declínio, no qual as funções administrativas são realizadas em variadas interações complexas, entre representantes dos governos e instituições de diferentes níveis, e onde a regulação pode ser amplamente efetiva, desprezando suas preponderantes formas não obrigatórias".[1]

3. Essa normatividade novidadeira extrapola diversos paradigmas tradicionais do Direito.

Ao mesmo tempo em que o Direito Global é informado por direitos nacionais diversos, ele exerce sua normatividade sobre o Direito interno dos Estados.

Não obstante não ser Direito nacional, também não pode ser qualificado como Direito Internacional, posto que reconhece a existência de atores não estatais que participam da ação normativa – como organizações não governamentais, empresas multinacionais, indivíduos.

Ao mesmo tempo em que é um Direito externo ao Estado, o Direito Administrativo Global, muitas vezes, depende do Estado para se realizar em sua plenitude e para que a sua normatividade adquira efetividade.

Se é verdade que é global, também é altamente especializado.

Ao passo que deve ser reconhecido como "Direito", sua normatividade é difusa, descentralizada e carece de uma hierarquia.

Possui caráter fortemente principiológico, sendo que os seus princípios informadores lhe conferem coesão e identidade. Dentre os princípios fundantes desse sistema, tem-se a legalidade, a participação, o direito à informação, transparência, a motivação das decisões, proporcionalidade e razoabilidade, e *accountability* (responsividade), e a revisão das decisões.

4. Reconhecer o Direito Administrativo Global significa sairmos de uma zona de conforto, na qual estamos acostumados a lidar com o que é estatal e o que é não estatal, o que é nacional e o que é internacional, o que é público e o que é privado, e admitirmos a existência de uma zona cinzenta em que esses espaços se comunicam entre si. Trata-se de permitir ao Direito absorver novos fenômenos e relações que se desenvolvem no mundo real e, portanto, não podem ser ignoradas. Como observa Jean-Bernard Auby,

> para que se determine como o Direito é transformado no mundo, o sujeito deve considerar a pressão que o último exerce sobre o primeiro, e ela parece ser tripla. Quanto mais atividades são transnacionais, e mesmo desespacializadas, mais elas clamam por regras, por dispositivos

---

[1] KINGSBURY, Benedict; KRISCH, Nico. Introduction: global governance and global administrative law in the international legal order. *The European Journal of International Law*, v. 17, n. 1, p. 1-13, Feb. 2006. p. 1.

normativos que seriam indiferentes a localidades. Quanto mais variados atores extrapolam jurisdições, mais eles buscarão promover um determinado nível de harmonização jurídica, para reduzir custos de transação. É imediatamente compreensível que alguma redução no alcance da lei dos Estados deriva naturalmente desses fatores.

De fato, o que está profundamente em operação é uma múltipla transformação da normatividade na qual a produção normativa é fortemente afetada, mas que também influencia o conteúdo das normas, bem como os seus efeitos. O espectro de legisladores está aumentando, já que reguladores privados passam a interferir crescentemente, produzindo, logo, autorregulação ou regulação descentralizada, enquanto, correspondentemente, decresce a influência dos Estados.[2]

    5. Resumidamente, é possível compreender o Direito Administrativo Global como aquele Direito advindo da interação entre uma diversidade de atores, estatais e não estatais, públicos e privados, que operam no espaço global sob arranjos diversos – mais ou menos formais –, tanto como criadores quanto como receptores da norma. Trata-se de um Direito difuso, dotado de forte caráter principiológico e alto grau de especialização, dedicado à disciplina de situações e relações jurídicas que fogem ao espectro do Direito interno dos Estados, mas que também não se identificam com as relações disciplinadas tipicamente pelo Direito Internacional. Tem como fundamento os princípios da legalidade, participação, direito à informação, transparência, motivação das decisões, proporcionalidade, razoabilidade, *accountability* e revisão das decisões.

    6. Nesse diapasão, o Direito do Investimento Estrangeiro se identifica com o Direito Administrativo Global, podendo ele ser considerado uma expressão ou espécie deste, à medida que sua normatividade possui caráter difuso, sua produção normativa, incidência e procedimentos de adjudicação perpassam por uma diversidade de atores, não se limitando aos entes estatais, além de estar profundamente lastreado em princípios.

    7. É verdade que a disciplina do tratamento do investimento estrangeiro tem como uma de suas principais fontes os tratados. Mas, apesar de os mais de três mil instrumentos que versam sobre a promoção e proteção de investimentos estrangeiros atualmente vigentes constituírem instrumentos dotados de autonomia e serem independentes entre si, é possível extrair deles um conjunto de normas que lhes é comum, especialmente no que se refere aos princípios que

---

[2] AUBY, 2008. p. 211.

os regem, aos direitos dos investidores, deveres e prerrogativas do Estado hospedeiro. Estas, associadas à interpretação de que é feita dos tratados pelos órgãos adjudicatórios responsáveis pela resolução dos conflitos advindos das relações de investimento por eles disciplinadas e a respectiva jurisprudência, às diversas diretrizes, orientações e códigos de conduta oriundos de organizações globais, públicas e privadas, as declarações unilaterais dos entes estatais e os contratos de investimento, vêm conformar a normatividade própria do Direito do Investimento Estrangeiro, não obstante não guardar identidade com as leis tradicionais nacionais, que nascem a partir da ação do Poder Legislativo estatal. Nesse esteio, o Direito do Investimento Estrangeiro constitui um sistema.

Sua normatividade é aberta, dotada de maior plasticidade, sendo capaz de se moldar às diferentes espécies de relações de investimento e às necessidades de seu tempo.

8. Compreendendo-se o Direito do Investimento Estrangeiro como um regime jurídico, é factível pensarmos em sua aplicação em território nacional, mesmo considerando-se que o Brasil não está engajado em acordos de promoção e proteção recíproca de investimentos, não havendo ratificado os tratados bilaterais de investimento da década de 1990 e somente recentemente ter firmado os acordos de cooperação e facilitação de investimentos com países sul-americanos e africanos (os quais, todavia, dão pouca ênfase à proteção do investidor), e independentemente da existência de uma legislação específica em matéria de investimento que, eventualmente, reproduzisse a normatividade global sobre a disciplina do investimento estrangeiro.

É possível ao Estado, ao formular editais de licitação e minutas de contratos de investimentos, incluir nesses instrumentos dispositivos que demonstram o seu alinhamento com o Direito do Investimento Estrangeiro, remetendo-se de modo expresso aos seus princípios. Por exemplo, sendo claro em relação aos limites à expropriação e comprometendo-se com a indenização pronta e justa dos investimentos em questão ou afirmando o compromisso quanto à concessão de tratamento nacional, na forma da legislação pátria e dos compromissos internacionalmente assumidos.

Paralelamente, uma vez reconhecendo-se o Direito do Investimento Estrangeiro como Direito autoaplicável, o qual não pende de regulamentação por parte da legislação interna estatal para a sua incidência, poderia o Poder Judiciário, ao se deparar com um litígio envolvendo Estado e investidor estrangeiro e concernente a investimentos realizados pelo último em território nacional, decidir em consonância com esse Direito, fazendo incidir no caso concreto os princípios de Direito Global do Investimento Estrangeiro que permeiem a relação em questão.

9. Note-se que, ao se defender a incidência do Direito do Investimento Estrangeiro numa dada relação, não se está buscando conceder um tratamento privilegiado ao investidor estrangeiro em relação ao investidor nacional ou atuando de modo favorável ao investidor estrangeiro em detrimento do Estado, mas sim aplicando-se o Direito especial adequado ao caso, sobretudo na ausência de legislação nacional versando sobre o assunto. Afinal, a incidência do Direito do Investimento Estrangeiro num caso concreto não significa fazer prevalecer o pleito formulado por um investidor – é certo que a corte, ao analisar uma demanda formulada contra o Estado, na qual é aduzida alguma violação por parte deste contra investimento realizado pelo primeiro, pode compreender pela sua não ocorrência aplicando o Direito do Investimento Estrangeiro (por exemplo, compreendendo que o Estado realizou uma expropriação do modo adequado, com o pagamento de indenização acertada e na forma apropriada ou que não violou o princípio da nação mais favorecida ou, ainda, que determinado privilégio concedido a investidores nacionais não tem caráter discriminatório ou viola o princípio do tratamento nacional).

10. Outrossim, ao se aplicar o Direito do Investimento Estrangeiro no caso concreto, não se estará a violar, ignorar ou rechaçar o Direito Interno Nacional. Conforme se discorreu, enquanto espécie de Direito Administrativo Global, ambos os blocos normativos se conectam e dialogam entre si. O Direito do Investimento Estrangeiro não deve ser aplicado em detrimento do Direito Nacional. Da mesma forma, a norma nacional não deve ser distorcida para afastar a incidência do Direito do Investimento Estrangeiro quando este for, de fato, o Direito aplicável.

11. Nesse contexto, ao sinalizar um alinhamento ao Direito do Investimento Estrangeiro, reconhecendo o seu cabimento nas relações Estado hospedeiro – investidor, estar-se-ia criando um ambiente de maior segurança jurídica ao investimento, ao dotá-lo de normatividade e torná-lo menos nebuloso.

12. A adesão brasileira à Convenção de Washington de 1965 (Convenção para Resolução de Disputas sobre Investimentos entre Estados e nacionais de outros Estados), anuindo a submissão de conflitos em matéria de investimento estrangeiro ao Centro Internacional para a Solução de Disputas sobre Investimentos (ICSID), representaria também uma maior segurança aos investimentos estrangeiros situados em território nacional – em especial, por se tratar de um foro altamente especializado na matéria, além de possibilitar o apaziguamento de

conflitos pela via arbitral, a qual, muitas vezes se mostra mais célere do que a judicial, por um tribunal não vinculado a nenhuma das partes envolvidas e mediante procedimentos cuja operacionalização já é, previamente, conhecida pelos globais. Entretanto, observando-se a postura nacional sobre o tema prevalente durante os últimos anos, esse parece ser um caminho um tanto quanto improvável, apesar de inexistirem óbices na legislação nacional à eventual adesão. Isso, contudo, não se equivale à negação do Estado brasileiro ao Direito Administrativo Global.

13. Para manejar o Direito do Investimento Estrangeiro de modo favorável a seus interesses (e evitar eventual captura da disciplina nacional incidente sobre o investimento estrangeiro) e buscando melhor proteção de seus investidores nacionais alhures,[3] cabe ao país adotar uma postura mais ativa no espaço global – atuação esta durante muito tempo negligenciada – engajando-se na formatação de acordos de promoção e proteção recíproca de investimentos e se esforçando para moldá-los de modo a se mostrarem consoantes com os seus objetivos.

14. É verdade que a recente iniciativa brasileira em celebrar os acordos de cooperação e facilitação de investimentos com Moçambique, Angola, Malawi, Colômbia, Chile e México demonstra uma evolução na posição brasileira, no sentido de se tornar mais atuante no cenário global e não ignorar a importância de acordos de investimento. Contudo, a real efetividade desses instrumentos só poderá ser constatada dentro de alguns anos, uma vez ratificados pelos órgãos legislativos dos países partícipes.

15. A usual justificativa brasileira de que o país segue a receber montante significativo de investimentos estrangeiros, mesmo não havendo ratificado nenhum de seus tratados bilaterais de investimento, não deve ser utilizada como escusa para a não participação do país em instrumentos que buscam assegurar a proteção dos investimentos em território nacional. Ora, o fato de o Brasil ser um país de dimensões continentais, dotado de um grande mercado consumidor e de mão de obra, além de detentor de muitos recursos naturais, torna, por si só, o

---

[3] É fato que hoje o Brasil vem ocupando com destaque crescente a posição de exportador de investimentos. Essa novel configuração torna ainda mais relevante a participação do país em APPRIs, compreendidos em sentido lato, para que os investimentos de seus investidores em território estrangeiro sejam também objeto de proteção. Note-se que grande parte dos investimentos realizados por companhias brasileiras no exterior se dá em países africanos e latino-americanos, muitas vezes menos estáveis politicamente ou democráticos, o que pode representar um maior risco ao investimento, especialmente no que se refere a expropriações. É, portanto, de interesse nacional a proteção recíproca de investimentos.

país atraente ao investidor estrangeiro. Isso não significa, entretanto, que um ambiente mais seguro ao investidor não atrairia um maior número de potenciais investidores.

16. No que tange aos projetos desenvolvidos pelo ente estatal junto à iniciativa privada – especialmente por meio de concessões e parcerias público-privadas –, como são os projetos destinados à construção de infraestruturas, a atração de uma maior quantidade de interessados possui grande importância. Isso porque a maior concorrência, dado o maior número de interessados, para a realização de um projeto permite à Administração Pública escolher melhores projetos e/ou dispender uma menor quantia de recursos públicos em seu financiamento. Não obstante, um ambiente normativo mais seguro ao investidor estrangeiro faz com que os seus custos projetados sejam inferiores, dada a expectativa de retorno mais certa, o que resulta num projeto menos oneroso ao ente estatal e, consequentemente, a todos os administrados.

17. De fato não se deve olvidar que, não obstante as diversas externalidades positivas advindas do investimento estrangeiro, nem sempre ele será benéfico ao país ou consoante ao interesse nacional.

A ideia de se conceder maior segurança ao investimento estrangeiro, com vistas a estimular o seu ingresso, não pretende tornar o país um terreno cujos portões estão abertos a todo e qualquer investimento, independentemente de suas pretensões.

É importante o país associar o ingresso destes à promoção do desenvolvimento nacional, ao respeito aos direitos humanos, à responsabilidade social corporativa e à preservação do meio ambiente. O investidor estrangeiro é – e deve ser – detentor de obrigações. Para concretizar esse ideal, pode o Estado inserir cláusulas nesse sentido nos APPRIs que venha a celebrar, bem como nos editais de licitação e minutas contratuais. Cabe também estruturar bons projetos, que sejam atraentes a investidores comprometidos com tais padrões.

18. É certo, contudo, que a existência de uma melhor normatividade em matéria de investimento estrangeiro pode atrair um maior número de potenciais investidores, permitindo, consequentemente, ao Estado selecionar o investimento estrangeiro de qualidade – aquele que é capaz de proporcionar a maior quantidade de externalidades positivas e colaborar efetivamente para o desenvolvimento nacional.

19. Espécie de IED que usualmente pode ser caracterizada como investimentos de qualidade são aqueles realizados na seara da infraestrutura, essenciais à qualidade de vida da população. A disponibilidade de uma rede de saneamento básico e de água tratada está diretamente associada às melhores condições de saúde de uma comunidade, por

exemplo. Bons serviços de energia elétrica, mobilidade urbana e redes de telecomunicações, por sua vez, permitem aos cidadãos melhor usufruírem de suas liberdades.

Paralelamente, o crescimento econômico se encontra fortemente vinculado à existência de uma rede de infraestrutura adequada. Ao diminuir os custos de transação advindos de dificuldades logísticas e de falhas no fornecimento de energia elétrica, por exemplo, dentre outros fatores, as empresas privadas se tornam mais competitivas no mercado interno e externo. Elas passam a poder fornecer produtos por valores mais baixos – o que é benéfico ao consumidor. Ainda, a disponibilidade de mobilidade urbana adequada facilita o acesso da mão de obra às empresas – nesse esteio, é possível que estas tenham disponíveis maior contingente de mão de obra melhor qualificada, o que é benéfico para a atividade produtiva. Ademais, a disponibilidade de infraestruturas torna uma dada localidade mais atrativa ao empresariado. A atividade empresária, por sua vez, cria empregos e movimenta a economia local.

Vê-se, portanto, que são diversos os benefícios que podem ser auferidos a partir dos investimentos em infraestrutura.

20. Em que pese sua realização estar fortemente vinculada à atuação estatal, uma vez que costumam estar intrinsecamente associados à prestação de serviços públicos, não raro o Estado carece dos recursos necessários à sua construção. Muitas vezes, também não possui a expertise técnica necessária para tal, o que o leva a se engajar em avenças com o setor privado para que este se responsabilize por sua execução. Nesse contexto, têm-se os contratos de concessão e de parcerias público-privadas, não obstante a eventual possibilidade de outras modalidades de arranjos serem firmadas entre entes estatais e a iniciativa privada.

Ao contratar com uma pessoa jurídica de direito privado, cabe ao ente estatal escolher aquele que é mais apto a se desincumbir de seus desideratos no que se refere à atividade em questão – seja ele um sujeito nacional ou não nacional. Nesse contexto, caberia associar o maior grau de expertise ao menor dispêndio de recursos possível. A maior competitividade se mostra sempre benéfica, à medida que permite se optar pelo melhor arranjo possível.

21. Sob a perspectiva do parceiro privado, em se tratando de investimentos cujo período de maturação e lucratividade são longos, o investidor busca determinadas seguranças, as quais devem advir da normatividade vigente – sejam elas dispositivos presentes num contrato, tratado ou diretrizes de ordem global.

22. O Brasil possui urgente necessidade de realização de investimentos em infraestrutura. O investimento realizado no setor nos últimos trinta anos se deu na contramão do crescimento econômico do país e do de sua população, de modo que hoje o que se observa é a falta de estruturas necessárias à continuidade de seu crescimento. Não obstante, grande parte da infraestrutura existente se encontra obsoleta ou danificada devido à falta de manutenção adequada.

O debate quanto ao motivo do baixo investimento em infraestrutura pelo Estado nos últimos anos não coube ser trazido no presente trabalho. É fato que o investimento em infraestrutura consome recursos vultosos e seu retorno não é observável no curto prazo, o que pode desmotivar governos a atuar de modo negligente em relação a estes, preferindo alocar verbas orçamentárias em programas cuja visibilidade perante os administrados é imediata.

23. Entretanto, ante a indiscutível necessidade de realização de investimentos dessa espécie, com vistas à promoção do desenvolvimento do país, é importante que pensemos em formas de estimular a atuação do investidor privado.

Considerando os benefícios que podem advir do ingresso do investimento estrangeiro no setor, cabe criar um ambiente de maior confiabilidade para o potencial investidor, conferindo maior segurança jurídica ao investimento.

Isso passa pela consolidação de uma normatividade mais robusta em matéria de investimento estrangeiro, a qual podemos extrair do Direito Administrativo Global e Direito do Investimento Estrangeiro, fazendo incidir os seus princípios sobre as relações de investimento e por meio da celebração de acordos destinados à sua promoção e proteção.

24. É verdade que o atual regime hegemônico de proteção e promoção de investimentos estrangeiros possui deficiências, especialmente por ter se voltado durante muito tempo mais à proteção do investimento estrangeiro no Estado hospedeiro do que à sua promoção recíproca e de ter servido à manutenção de relações de poder entre países desenvolvidos e países em desenvolvimento ou menos desenvolvidos. De modo que em muitos momentos se mostrou frustrante, em certo grau, aos últimos.

Todavia, um maior protagonismo destes no espaço global pode vir a alterar esse cenário.

25. O caráter aberto da normatividade do investimento estrangeiro, de ordem fortemente principiológica, confere-lhe plasticidade suficiente para que Estados, ao celebrarem tratados de investimento e contratos, conformem esses instrumentos às suas necessidades e moldem

relações que lhes sejam benéficas, menos desiguais e mais favoráveis a fomentar o seu desenvolvimento.

Sob essa perspectiva, o Direito do Investimento Estrangeiro permanentemente se renova, mantendo-se fiel aos seus princípios e racionalidade originais, mas trazendo para dentro de si novos instrumentos que o tornem responsivo à realidade e necessidades presentes.

Cabe aos países periféricos utilizá-lo em seu favor, visando estimular o ingresso do investimento estrangeiro de qualidade para fomentar o seu desenvolvimento.

Nesse sentido, o Brasil, ao reconhecer e adotar a normatividade global, em especial aquela do Direito do Investimento Estrangeiro, e criar um ambiente de maior segurança para o investidor, será capaz de melhor auferir os benefícios decorrentes do IED.

REFERÊNCIAS

AGÊNCIA BRASIL. *Barbosa diz que leiloes de terminais portuários podem começar ainda em 2015*. Disponível em: www.ebc.com.br. Acesso em: 6 out. 2015.

ALEMÃO, Mozart Mascarenhas; DUARTE, Denílson. Infraestrutura aeroportuária atual e necessidades para um futuro próximo. *In:* AIETA, Vânia Siciliano *et al. Infraestrutura e o futuro do Brasil no séc. XXI*. Rio de Janeiro: Lumen Juris, 2015. p. 195.

ALMEIDA, Paulo Roberto. Uma política externa engajada: a diplomacia do governo Lula. *Revista Brasileira de Política Internacional*, Brasília, v. 47, b. 1, p. 162-184, jan./jun. 2004.

ALVAREZ, José E. *The public international law regime governing international investment*. Hague: Hague Academy of International Law, 2011.

ALVAREZ, José E. Contermporary international law: an 'empire of law' or the "law of empire". *American University International Review*, v. 24, n. 5, p. 811-842, 2009.

ALVES, Joana Duarte Ouro; LUPORINI, Viviane. Evolução da teoria do investimento e análise empírica para o Brasil. *Anais...* Recife: Encontro de Economia da Associação Nacional dos Centros de Pós-graduação em Economia – ANPEC. Recife: ANPEC, 2007. p. 3-19. Disponível em: http://www.anpec.org.br/encontro2007/artigos/A07A172.pdf. Acesso em: 22 out. 2015.

ANDRADE, Gustavo Fernandes de; OLIVEIRA, Gustavo Justino. Investment treaties, foreign investment and the Brazilian law: the magic of reality. *In:* BORJA, Ana Gerdau de; LEVY, Daniel de Andrade; PUCCI, Adriana Noemi. *Investment Protection in Brazil*. Netherlands: Klwer Law International, 2013, p. 71-106.

ANDRADE, Thiago P. de; CARREGARO, Ana Carolina C.; COSTA, José Augusto Fontoura. Mecanismo complementar do ICSID: uma alternativa para os investidores brasileiros? *Revista Direito GV*, v. 3, n. 2, p. 59-75, jul./dez. 2007.

ANTUNES. Luís Filipe Colaço. *O direito administrativo sem Estado*: crise ou fim de um paradigma? Coimbra: Coimbra Editora, 2008.

ARAGÃO, Alexandre Santos de. *Direito dos Serviços Públicos*. 2. ed. Rio de Janeiro: Forense, 2008.

ARMOSTRONG, Elia. Integrity, transparency and accountability in public administration: recent trends, regional and international developments and emerging issues. *Economic and Social Affairs*. Aug. 2005. p. 1-9. Disponível em: http://unpan1.un.org/intradoc/groups/public/documents/un/unpan020955.pdf. Acesso em: 15 maio 2015.

AUBY, Jean-Bernard. Is legal globalization regulated? *Utrecht Law Review*, v. 4, n. 3, p. 210-217, 2008.

AZEVEDO, Débora Bithiah de. *Os acordos para a promoção e a proteção recíproca de investimentos assinados pelo Brasil*. Brasília. Câmara dos Deputados, 2001. Disponível em: http://www2.camara.leg.br/documentos-e-pesquisa/publicacoes/estnottec/arquivos-pdf/pdf/102080.pdf. Acesso em: 10 jul. 2015.

BADIN, Michelle Ratton Sanchez; LUIS, Daniel Tavela; OLIVEIRA, Mario Alfredo de. Uma proposta de reflexão sobre os ACFIs: até que ponto o tratamento de nação mais favorecida pode minar a estratégia política que os embasa? *Revista de Direito Internacional*, Brasília, v. 14, n. 2, p. 159-177, 2017.

BANCO CENTRAL DO BRASIL. *Censo 2001 de capitais estrangeiros no país – Ano-base: 2000 – Resultados*. Disponível em: www.bcb.gov.br. Acesso em: 25 jun. 2015.

BANCO CENTRAL DO BRASIL. *Censo de capitais estrangeiros no país*. Disponível em: www.bcb.gov.br. Acesso em: 25 jun. 2015.

BANCO MUNDIAL. *Como revitalizar os investimentos em infraestrutura no Brasil*: políticas públicas para uma melhor participação do setor privado. v. I.: relatório principal. Washington: Banco Mundial, 2007. p. 24.

BANGA, Rashmi. *Impact of Government Policies and Investment Agreements on FDI Inflows*. 2003. Disponível em: http://dspace.cigilibrary.org/jspui/itstream/123456789/21650/1/ Impact%20of%20Government%20Policies%20and%20Investment%20Agreements%20 on%20FDI%20Inflows.pdf? Acesso em: 13 abr. 2014.

BANNOCK, Graham; BAXTER, Ron E.; REES, Ray. *The penguin dictionary of economics*. Middlesex: Penguin Books, 2. ed., 1979, p. 189.

BAPTISTA, Luiz Olavo. *Investimentos internacionais no direito comparado e brasileiro*. Porto Alegre: Livraria do Advogado, 1998.

BARBOSA, Nelson; SOUZA, José Antonio Pereira. A inflexão do governo Lula: política econômica, crescimento e distribuição de renda. *In*: SADER, Emir; GARCIA, Marco Aurélio (Org.). *Brasil*: entre o passado e o futuro. São Paulo: Boitempo Editorial, 2010. p. 69-70.

BEATH, Andrew; FAN, Qimiao; JARVIS, Michael; REIS, José Guilherme. *The investment climate in Brazil, India and South Africa*: a comparison of approaches for sustaining economic growth in the emerging economies. Washington: World Bank, 2008.

BERCOVICI, Gilberto. Desenvolvimento, Estado e Administração Pública. *In*: CARDOZO, José Eduardo Martins; QUEIROZ, João Eduardo Lopes; SANTOS, Márcia Walquíria Batista dos (org.). *Curso de direito administrativo econômico*. São Paulo: Malheiros, 2006. v. II. p. 19-39.

BERNSTORFF, Jochen von. *The Public International Law Theory of Hans Kelsen*: Believing in Universal Law. Cambridge: Cambridge Studiens in International and Comparative Law, 2010.

BHATTACHARYA, Amar; ROMANI, Mattia; STERN, Nicholas. Infrastructure for development: meeting the challenge. *Policy Paper*, p. 1-26, June, 2012. Available in: http:// www.lse.ac.uk/GranthamInstitute/wp-content/uploads/2014/03/PP-infrastructure-for-development-meeting-the-challenge.pdf. Access: 15 July. 2015.

BINENBOJM, Gustavo. As parcerias público-privadas e a constituição. *In*: BINENBOJM, Gustavo. *Temas de direito administrativo e constitucional*. Rio de Janeiro: Renovar, 2008, p. 121-141.

BLACKBY, Nigel; PAULSSON, Jan; REED, Lucy. *Guide do ICSID Arbitration*. Walters Klwer: Netherlands, 2011.

BOLFER, Sabrina Ribas. *Arbitragem comercial internacional e anti-suit injunctions*. Curitiba: Juruá, 2007.

BRAGA, Rubens Lopes. Expandindo as exportações dos países em desenvolvimento numa economia globalizada. *Revista Brasileira de Comércio Exterior – RBCE, FUNCEX*, Rio de Janeiro, ano XIII, n. 60, p. 65-82, 1999.

BRAUN, Tilmann Rudolph. Globalization: the driving force in international investment law. *In:* KAUSHAL, Asha *et al.* (ed.). *The backlash against investment arbitration*. The Netherlands: Klwer Law International, 2010. p. 491-506.

BRAUN, Tilmann Rudolph. Presidência da República. Decreto Federal nº 3.365/41, de 21 de junho de 1941. Dispõe sobre desapropriações por utilidade pública. *Diário Oficial [da] República Federativa do Brasil*, Poder Legislativo, Brasília, DF, 21 jun. 1941. Disponível em: http://www.planalto.gov.br/ccivil_03/decreto-lei/Del3365.htm. Acesso em: 23 dez. 2015.

BRASIL. Presidência da República. Lei nº 4.131/62, de 3 de setembro de 1962. Disciplina a aplicação do capital estrangeiro e as remessas de valores para o exterior e dá outras providências. *Diário Oficial [da] República Federativa do Brasil*, Poder Legislativo, Brasília, DF, 3 set. 1962. Disponível em: http://www.planalto.gov.br/ccivil_03/LEIS/L4131.htm. Acesso em: 23 dez. 2015.

BRASIL. Presidência da República. Lei nº 4.390/1964, de 29 de agosto de 1964. Altera a Lei nº 4.131, de 3 de setembro de 1962, e dá outras providências. *Diário Oficial [da] República Federativa do Brasil*, Poder Legislativo, Brasília, DF, 29 ago. 1964. Disponível em: http://www.planalto.gov.br/ccivil_03/leis/L4390.htm. Acesso em: 23 dez. 2015.

BRASIL. Presidência da República. Lei nº 4.595/64, de 31 de dezembro de 1964. Dispõe sobre a Política e as Instituições Monetárias, Bancárias e Creditícias, Cria o Conselho Monetário Nacional e dá outras providências. *Diário Oficial [da] República Federativa do Brasil*, Poder Legislativo, Brasília, DF, 31 dez. 1964. Disponível em: http://www.planalto.gov.br/ccivil_03/leis/L4595.htm. Acesso em: 23 dez. 2015.

BRASIL. Presidência da República. Decreto federal n. 55.762/65, de 17 de fevereiro de 1965. Regulamenta a Lei nº 4.131, de 3 de setembro de 1962. modificada pela Lei nº 4.390, de 29 de agosto de 1964. *Diário Oficial [da] República Federativa do Brasil*, Poder Legislativo, Brasília, DF, 17 fev. 1965. Disponível em: http://www.planalto.gov.br/ccivil_03/decreto/Antigos/D55762.htm. Acesso em: 23 dez. 2015.

BRASIL. Presidência da República. Decreto-Lei nº 37/1966, de 18 de novembro de 1966. Dispõe sobre o imposto de importação, reorganiza os serviços aduaneiros e dá outras providências. *Diário Oficial [da] República Federativa do Brasil*, Poder Legislativo, Brasília, DF, 18 nov. 1966. Disponível em: http://www.planalto.gov.br/ccivil_03/decreto-lei/Del0037.htm. Acesso em: 23 dez. 2015

BRASIL. Presidência da República. Decreto-Lei nº 94/1966, de 30 de dezembro de 1966. Altera a legislação do Imposto de Renda e dá outras providências. *Diário Oficial [da] República Federativa do Brasil*, Poder Legislativo, Brasília, DF, 30 dez. 1966. Disponível em: http://www.planalto.gov.br/ccivil_03/decreto-lei/1965-1988/Del0094.htm. Acesso em: 23 dez. 2015.

BRASIL. Presidência da República. Decreto-Lei nº 6.634/79, de 2 de maio de 1979. Dispõe sobre a Faixa de Fronteira, altera o Decreto-lei nº 1.135, de 3 de dezembro de 1970, e dá outras providências. *Diário Oficial [da] República Federativa do Brasil*, Poder Legislativo, Brasília, DF, 2 maio 1979. Disponível em: http://www.planalto.gov.br/ccivil_03/LEIS/L6634.htm. Acesso em: 23 dez. 2015.

BRASIL. Presidência da República. Decreto-Lei nº 2073/83, de 20 de dezembro de 1983. Altera a legislação do imposto suplementar de renda. *Diário Oficial [da] República Federativa do Brasil*, Poder Legislativo, Brasília, DF, 20 dez. 1983. Disponível em: http://www.lexml. gov.br/urn/urn:lex:br:federal:decreto.lei:1983-12-20;2073. Acesso em: 23 dez. 2015.

BRASIL. Presidência da República. Lei nº 7.565/86 de 19 de dezembro de 1986. Dispõe sobre o Código Brasileiro de Aeronáutica. *Diário Oficial [da] República Federativa do Brasil*, Poder Legislativo, Brasília, DF, 19 de dezembro de 1986. Disponível em: http://www.planalto.gov.br/ccivil_03/Leis/L7565.htm. Acesso em: 23 dez. 2015.

BRASIL. Presidência da República. Lei Federal nº 8.429/92, de 2 de julho de 1992. Dispõe sobre as sanções aplicáveis aos agentes públicos nos casos de enriquecimento ilícito no exercício de mandato, cargo, emprego ou função na administração pública direta, indireta ou fundacional e dá outras providências. *Diário Oficial [da] República Federativa do Brasil*, Poder Legislativo, Brasília, DF, 3 jul. 1992. Disponível em: http://www.planalto.gov.br/ccivil_03/LEIS/L8429.htm. Acesso em: 23 dez. 2015.

BRASIL. Presidência da República. Lei nº 8.666/93, de 21 de junho de 1993. Regulamenta o art. 37, inciso XXI, da Constituição Federal, institui normas para licitações e contratos da Administração Pública e dá outras providências. *Diário Oficial [da] República Federativa do Brasil*, Poder Legislativo, Brasília, DF, 21 junho 1993. Disponível em: http://www.planalto.gov.br/ccivil_03/Leis/L8666cons.htm. Acesso em: 23 dez. 2015.

BRASIL. Presidência da República. Lei nº 8.685/1993, de 20 de julho de 1993.

Cria mecanismos de fomento à atividade audiovisual e dá outras providências. *Diário Oficial [da] República Federativa do Brasil*, Poder Legislativo, Brasília, DF, 20 de julho de 1993. Disponível em: http://www.planalto.gov.br/ccivil_03/LEIS/L8685.htm. Acesso em: 23 dez. 2015.

BRASIL. Presidência da República. Lei nº 8.987/95, de 13 de fevereiro de 1995. Dispõe sobre o regime de concessão e permissão da prestação de serviços públicos previsto no art. 175 da Constituição Federal, e dá outras providências. *Diário Oficial [da] República Federativa do Brasil*, Poder Legislativo, Brasília, DF, 13 de fevereiro de 1995. Disponível em: http://www.planalto.gov.br/ccivil_03/Leis/L8987cons.htm. Acesso em: 23 dez. 2015.

BRASIL. Presidência da República. Lei nº 9.069/1995, de 29 de julho de 1995. Dispõe sobre o Plano Real, o Sistema Monetário Nacional, estabelece as regras e condições de emissão do REAL e os critérios para conversão das obrigações para o REAL, e dá outras providências. *Diário Oficial [da] República Federativa do Brasil*, Poder Legislativo, Brasília, DF, 29 jul. 1995. Disponível em: http://www.planalto.gov.br/ccivil_03/LEIS/L9069.htm. Acesso em: 23 dez. 2015.

BRASIL. Presidência da República. Lei nº 9.307/96, de 23 de setembro de 1996.

Dispõe sobre a arbitragem. *Diário Oficial [da] República Federativa do Brasil*, Poder Legislativo, Brasília, DF, 23 set. 1996. Disponível em: http://www.planalto.gov.br/ccivil_03/leis/L9307. htm. Acesso em: 23 dez. 2015.

BRASIL. Presidência da República. Lei nº 9.478/97, de 6 de agosto de 1997. Dispõe sobre a política energética nacional, as atividades relativas ao monopólio do petróleo, institui o Conselho Nacional de Política Energética e a Agência Nacional do Petróleo e dá outras providências. *Diário Oficial [da] República Federativa do Brasil*, Poder Legislativo, Brasília, DF, 6 ago. 1997. Disponível em: http://www.planalto.gov.br/ccivil_03/LEIS/L9478.htm. Acesso em: 23 dez. 2015.

BRASIL. Presidência da República. Lei nº 9.656/98, de 13 de julho de 1998. Dispõe sobre os planos e seguros privados de assistência à saúde. *Diário Oficial [da] República Federativa do Brasil*, Poder Legislativo, Brasília, DF, 13 de julho de 1998. Disponível em: http://www.planalto.gov.br/ccivil_03/Leis/L9656.htm. Acesso em: 23 dez. 2015.

BRASIL. Presidência da República. Lei nº 9.478/97, de 18 de julho de 2000. Dispõe sobre a gestão de recursos humanos das Agências Reguladoras e dá outras providências. *Diário Oficial [da] República Federativa do Brasil*, Poder Legislativo, Brasília, DF, 6 de agosto de 1997. Disponível em: http://www.planalto.gov.br/ccivil_03/LEIS/L9478.htm. Acesso em: 23 dez. 2015.

BRASIL. Presidência da República. Lei nº 9.986/2000, de 18 de julho de 2000. Dispõe sobre a política energética nacional, as atividades relativas ao monopólio do petróleo, institui o Conselho Nacional de Política Energética e a Agência Nacional do Petróleo e dá outras providências. *Diário Oficial [da] República Federativa do Brasil*, Poder Legislativo, Brasília, DF, 8 jul. 2000. Disponível em: http://www.tc.df.gov.br/SINJ/BaixarArquivoDiario.aspx?id_file=a7756ef7-b5c8-3a86-9a5d-0bc100f36f84. Acesso em: 23 dez. 2015.

BRASIL. Presidência da República. Lei nº 10.202/01, de 10 de julho de 2001. Regulamenta os arts. 182 e 183 da Constituição Federal, estabelece diretrizes gerais da política urbana e dá outras providências. *Diário Oficial [da] República Federativa do Brasil*, Poder Legislativo, Brasília, DF, 12 jul. 2001. Disponível em: http://www.planalto.gov.br/ccivil_03/leis/LEIS_2001/L10257.htm. Acesso em: 23 dez. 2015.

BRASIL. Presidência da República. Lei nº 10.261/01, de 12 de julho de 2001. Desvincula, parcialmente, no exercício de 2001, a aplicação dos recursos de que tratam os arts. 48, 49 e 50 da Lei nº 9.478, de 12 de julho de 2001, pertencentes à União. *Diário Oficial [da] República Federativa do Brasil*, Poder Legislativo, Brasília, DF, 12 jul. 2001. Disponível em: http://www.planalto.gov.br/ccivil_03/leis/LEIS_2001/L10261.htm. Acesso em: 23 dez. 2015.

BRASIL. Presidência da República. Lei nº 10.610/02, de 20 de dezembro de 2002. Dispõe sobre a participação de capital estrangeiro nas empresas jornalísticas e de radiodifusão sonora e de sons e imagens, conforme o §4º do art. 222 da Constituição, altera os arts. 38 e 64 da Lei nº 4.117, de 27 de agosto de 1962, o §3º do art. 12 do Decreto-Lei nº 236, de 28 de fevereiro de 1967, e dá outras providências. *Diário Oficial [da] República Federativa do Brasil*, Poder Legislativo, Brasília, DF, 20 dez. 2002. Disponível em: http://www.planalto.gov.br/ccivil_03/leis/2002/L10610.htm. Acesso em: 23 dez. 2015.

BRASIL. Presidência da República. Decreto Federal nº 4.410/02, de 7 de outubro de 2002. Promulga a Convenção Interamericana contra a Corrupção, de 29 de março de 1996, com reserva para o art. XI, parágrafo 1º, inciso "c". *Diário Oficial [da] República Federativa do Brasil*, Poder Legislativo, Brasília, DF, 7 out. 2002. Disponível em: http://www.planalto.gov.br/ccivil_03/decreto/2002/D4410.htm. Acesso em: 23 dez. 2015.

BRASIL. Presidência da República. Lei nº 10.848/04, de 15 de março de 2004. Dispõe sobre a comercialização de energia elétrica, altera as Leis nºs 5.655, de 20 de maio de 1971, 8.631, de 4 de março de 1993, 9.074, de 7 de julho de 1995, 9.427, de 26 de dezembro de 1996, 9.478, de 6 de agosto de 1997, 9.648, de 27 de maio de 1998, 9.991, de 24 de julho de 2000, 10.438, de 26 de abril de 2002, e dá outras providências. *Diário Oficial [da] República Federativa do Brasil*, Poder Legislativo, Brasília, DF, 15 mar. 2004. Disponível em: http://www.planalto.gov.br/ccivil_03/_ato2004-2006/2004/lei/l10.848.htm. Acesso em: 23 dez. 2015.

BRASIL. Presidência da República. Lei nº 10.871/04, de 20 de maio de 2004. Dispõe sobre a criação de carreiras e organização de cargos efetivos das autarquias especiais denominadas Agências Reguladoras, e dá outras providências. *Diário Oficial [da] República Federativa do Brasil*, Poder Legislativo, Brasília, DF, 20 maio 2004. Disponível em: http://www.planalto.gov.br/ccivil_03/_ato2004-2006/2004/lei/l10.871.htm. Acesso em: 23 dez. 2015.

BRASIL. Presidência da República. Lei nº 11.079/04, de 30 de dezembro de 2004. Institui normas gerais para licitação e contratação de parceria público-privada no âmbito da administração pública. *Diário Oficial [da] República Federativa do Brasil*, Poder Legislativo, Brasília, DF, 30 dez. 2004. Disponível em: http://www.planalto.gov.br/ccivil_03/leis/2002/L10610.htm. Acesso em: 23 dez. 2015.

BRASIL. Presidência da República. Lei nº 11.097/05, de 13 de janeiro de 2004. Dispõe sobre a introdução do biodiesel na matriz energética brasileira; altera as Leis nºs 9.478, de 6 de agosto de 1997, 9.847, de 26 de outubro de 1999 e 10.636, de 30 de dezembro de 2002; e dá outras providências. *Diário Oficial [da] República Federativa do Brasil*, Poder Legislativo, Brasília, DF, 13 jan. 2004. Disponível em: http://www.planalto.gov.br/ccivil_03/_ato2004-2006/2005/Lei/L11097.htm. Acesso em: 23 dez. 2015.

BRASIL. Presidência da República. Lei nº 11.371/2006 (Lei ordinária), de 28 de novembro de 2006. Dispõe sobre operações de câmbio, sobre registro de capitais estrangeiros, sobre o pagamento em lojas francas localizadas em zona primária de porto ou aeroporto, sobre a tributação do arrendamento mercantil de aeronaves, sobre a novação dos contratos celebrados nos termos do §1º do art. 26 da Lei nº 9.491, de 9 de setembro de 1997; altera o Decreto nº 23.258, de 19 de outubro de 1933, a Lei nº 4.131, de 3 de setembro de 1962, o Decreto-Lei nº 1.455, de 7 de abril de 1976; e revoga dispositivo da Medida Provisória nº 303, de 29 de junho de 2006. *Diário Oficial [da] República Federativa do Brasil*, Poder Legislativo, Brasília, DF, 28 nov. 2006. Disponível em: http://legislacao.planalto.gov.br/legisla/legislacao.nsf/8b6939f8b38f377a03256ca200686171/5b838af08c4cbb02832572350037e-94a?OpenDocument. Acesso em: 23 dez. 2015.

BRASIL. Presidência da República. Decreto-Lei nº 6.144/2007, de 3 de julho de 2007. Regulamenta a forma de habilitação e co-habilitação ao Regime Especial de Incentivos para o Desenvolvimento da Infraestrutura – REIDI, instituído pelos arts. 1º a 5º da Lei nº 11.488, de 15 de junho de 2007. *Diário Oficial [da] República Federativa do Brasil*, Poder Legislativo, Brasília, DF, 3 jul. 2007. Disponível em: http://www.planalto.gov.br/ccivil_03/_ato2007-2010/2007/Decreto/D6144.htm. Acesso em: 23 dez. 2015.

BRASIL. Presidência da República. Lei nº 11.909/09, de 4 de março de 2009.

Dispõe sobre as atividades relativas ao transporte de gás natural, de que trata o art. 177 da Constituição Federal, bem como sobre as atividades de tratamento, processamento, estocagem, liquefação, regaseificação e comercialização de gás natural; altera a Lei nº 9.478, de 6 de agosto de 1997; e dá outras providências. *Diário Oficial [da] República Federativa do Brasil*, Poder Legislativo, Brasília, DF, 4 mar. 2009. Disponível em: http://www.planalto.gov.br/ccivil_03/_ato2007-2010/2009/lei/l11909.htm. Acesso em: 23 dez. 2015.

BRASIL. Presidência da República. Lei nº 12.490/11, de 16 de setembro de 2011. Altera as Leis nºs 9.478, de 6 de agosto de 1997, e 9.847, de 26 de outubro de 1999, que dispõem sobre a política e a fiscalização das atividades relativas ao abastecimento nacional de combustíveis; o §1º do art. 9º da Lei nº 8.723, de 28 de outubro de 1993, que dispõe sobre a redução de emissão de poluentes por veículos automotores; as Leis nºs 10.336, de 19 de dezembro de 2001, e 12.249, de 11 de junho de 2010; o Decreto-Lei nº 509, de 20 de março de 1969, que dispõe sobre a transformação do Departamento dos Correios e Telégrafos em empresa pública; a Lei nº 10.683, de 28 de maio de 2003, que dispõe sobre a organização da Presidência da República e dos Ministérios; revoga a Lei nº 7.029, de 13 de setembro de 1982; e dá outras providências. *Diário Oficial [da] República Federativa do Brasil*, Poder Legislativo, Brasília, DF, 16 set. 2011. Disponível em: http://www.planalto.gov.br/ccivil_03/_Ato2011-2014/2011/Lei/L12490.htm. Acesso em: 23 dez. 2015.

BRASIL. Presidência da República. Lei nº 12.527/11, de 18 de novembro de 2011. Regula o acesso a informações previsto no inciso XXXIII do art. 5º, no inciso II do §3º do art. 37

e no §2º do art. 216 da Constituição Federal; altera a Lei nº 8.112, de 11 de dezembro de 1990; revoga a Lei nº 11.111, de 5 de maio de 2005, e dispositivos da Lei nº 8.159, de 8 de janeiro de 1991; e dá outras providências. *Diário Oficial [da] República Federativa do Brasil*, Poder Legislativo, Brasília, DF, 18 nov. 2011. Disponível em: http://www.planalto.gov.br/ccivil_03/_ato2011-2014/2011/lei/l12527.htm. Acesso em: 23 dez. 2015.

BRASIL. Presidência da República. Lei nº 12/734/12, de 30 de novembro de 2012. Modifica as Leis nº 9.478, de 6 de agosto de 1997, e nº 12.351, de 22 de dezembro de 2010, para determinar novas regras de distribuição entre os entes da Federação dos royalties e da participação especial devidos em função da exploração de petróleo, gás natural e outros hidrocarbonetos fluidos, e para aprimorar o marco regulatório sobre a exploração desses recursos no regime de partilha. *Diário Oficial [da] República Federativa do Brasil*, Poder Legislativo, Brasília, DF, 30 nov. 2012. Disponível em: http://www.planalto.gov.br/ccivil_03/_ato2011-2014/2012/lei/l12734.htm. Acesso em: 23 dez. 2015.

BRASIL. Presidência da República. Lei nº 12.815/13, de 5 de julho de 2013. Dispõe sobre a exploração direta e indireta pela União de portos e instalações portuárias e sobre as atividades desempenhadas pelos operadores portuários; altera as Leis nºs 5.025, de 10 de junho de 1966, 10.233, de 5 de junho de 2001, 10.683, de 28 de maio de 2003, 9.719, de 27 de novembro de 1998, e 8.213, de 24 de julho de 1991; revoga as Leis nºs 8.630, de 25 de fevereiro de 1993, e 11.610, de 12 de dezembro de 2007, e dispositivos das Leis nºs 11.314, de 3 de julho de 2006, e 11.518, de 5 de setembro de 2007; e dá outras providências. *Diário Oficial [da] República Federativa do Brasil*, Poder Legislativo, Brasília, DF, 5 jul. 2013. Disponível em: http://www.planalto.gov.br/ccivil_03/_ato2011-2014/2013/Lei/L12815.htm. Acesso em: 23 dez. 2015.

BRASIL. Presidência da República. Lei nº 12.846/13, de 1º de agosto de 2013. Dispõe sobre a responsabilização administrativa e civil de pessoas jurídicas pela prática de atos contra a administração pública, nacional ou estrangeira, e dá outras providências. *Diário Oficial [da] República Federativa do Brasil*, Poder Legislativo, Brasília, DF, 1 ago. 2013. Disponível em: http://www.planalto.gov.br/ccivil_03/_ato2011-2014/2013/lei/l12846.htm. Acesso em: 23 dez. 2015.

BRASIL. Presidência da República. Lei nº 13.129/15, de 26 de maio de 2015. Altera a Lei nº 9.307, de 23 de setembro de 1996, e a Lei nº 6.404, de 15 de dezembro de 1976, para ampliar o âmbito de aplicação da arbitragem e dispor sobre a escolha dos árbitros quando as partes recorrem a órgão arbitral, a interrupção da prescrição pela instituição da arbitragem, a concessão de tutelas cautelares e de urgência nos casos de arbitragem, a carta arbitral e a sentença arbitral, e revoga dispositivos da Lei nº 9.307, de 23 de setembro de 1996. *Diário Oficial [da] República Federativa do Brasil*, Poder Legislativo, Brasília, DF, 26 maio 2015. Disponível em: http://www.planalto.gov.br/ccivil_03/_Ato2015-2018/2015/Lei/L13129.htm. Acesso em: 23 dez. 2015.

BRESSER-PEREIRA, Luiz Carlos. O novo desenvolvimentismo e a ortodoxia convencional. *São Paulo em Perspectiva*, v. 20, n. 3, p. 5-24, p. 5-24, jul./set. 2006.

CALDERÓN, César; SERVÉN, Luis. The effects of infrastructure development on growth and income distribution. *Documento de Trabajo*, n. 270, p. 25-26. Sept. 2004. Available in: dialnet.unirioja.es/descarga/articulo/964873.pdf. Access: 25 Abr. 2015.

CALDERÓN, César; SERVÉN, Luis. Infrastructure in Latin America. *World Bank Policy Research Working Paper*, n. 5317, p. 1-52, May 2010.

CANUTO, Otaviano; FLEISCHHACKER, Cornelius; SCHELLECKENS, Phillip. The curious case of Brazil's closedness to trade. *Policy Research Working Paper*, n. 7228, p. 2-14, abr. 2015.

CARREAU, D.; FLORY, T.; JULLIARD, P. *Droit international économique*. Paris: LGDJ, 1990. p. 570.

CARVALHO, André Castro. *Direito da infraestrutura*: perspectiva pública. São Paulo: Quartier Latin, 2014.

CASSESE, Sabino. *Global administrative law*: an introduction. 2005. p. 21. Disponível em: http://www.iilj.org/oldbak/global_adlaw/documents/Cassesepaper.pdf. Acesso em: 16 dez. 2015.

CHIMNI, B. S. Co-option and resistance: two faces of global administrative law. *N.Y.U. journal of International law and Politics*, New York, v. 37, n. 4, p.799-827, 2006.

COLEN, Liesbeth; MAERTENS, Miet; SWINNEN, Johan. Foreign direct investment as an engine for economic growth and human development: a review of the arguments and empirical evidence. *In:* SCHUTTER, Olivier de; SWINNEN, Johan; WOUTERS, Jan. *Foreign direct investment and human development*: the law and economics of international investment agreements. Abingdon: Routledge, 2013. p. 70-115.

COMISSIÓN ECONÓMICA PARA AMÉRICA LATINA Y EL CARIBE – CEPAL. La inversión extranjera en América Latina y el Caribe. *Informe 1998*. Santiago de Chile: Naciones Unidas, 1998.

COMPARATO, Fábio Konder. *A afirmação histórica dos direitos humanos*. São Paulo: Saraiva, 1999.

CONFEDERAÇÃO NACIONAL DOS TRANSPORTES – CNT. *Pesquisa CNT de rodovias 2015*: relatório gerencial. Brasília: CNT/SEST/SENAT, 2015, p. 67, 76. Disponível em: www.pesquisarodovias.cnt.org.br. Acesso em: 17 out. 2015.

COOKSON, Charles W. Long-term direct investment in Brazil. *Miami Inter-American Law Review*, 2004, v. 35, n. 2, p. 345-365, 2004.

COSBEY, Aaron et al. *IISD Model International Agreement on Investment for Sustainable Development*: Negotiator's Handbook. 2. ed. Winnipeg: International Institute for Sustainable Development, 2006.

COSTA, José Augusto Fontoura da. Direito internacional do investimento estrangeiro. 290 f. 2008. Tese (Livre-Docência – Direito Internacional) – Faculdade de Direito da Universidade de São Paulo. São Paulo. 2008a.

COSTA, José Augusto Fontoura da. Investidores brasileiros e arbitragem internacional. *Pontes entre o comércio e o desenvolvimento sustentável*, FGV, São Paulo, v. 4, n. 6, p. 127-140, 2008b.

COSTA, José Augusto Fontoura da. *Direito internacional do investimento estrangeiro*. Curitiba: Juruá, 2010.

COSTA, José Augusto Fontoura da. Os ACFIs e (a falta de) proteção dos investidores. *Valor*, 30.07.2015. Disponível em: http://www.fiepr.org.br/cinpr/acompanhe/uploadAddress/NAC_30.07.15[63931].pdf. Acesso em: 30 jul. 2015.

COSTA, José Augusto Fontoura da. Proteção e promoção do investimento estrangeiro no Mercosul – uma ferramenta para a implementação de um bom clima de investimento. *Revista de Política Internacional*, v. 42, n. 2, p. 60-77, 2006.

COSTA, José Augusto Fontoura da. *Proteção internacional do investimento estrangeiro no Mercosul*. Florianópolis: GEDAI, 2012.

COSTA, José Augusto Fontoura da; GABRIEL, Vivian Daniele Rocha. O Mercosul e as controvérsias sobre investimentos. *Revista de la Secretaria del Tribunal Permanente de Revisión*. v. 3, n. 5, p. 267-284, mar. 2015.

COSTA, José Augusto Fontoura da. A proteção dos investidores nos Acordos de Cooperação e Favorecimento de Investimentos: perspectivas e limites. *Revista de Arbitragem e Mediação*, v. 49, abr./jun. 2016.

CRETELLA JÚNIOR, José. *Tratado de direito administrativo*. Vol. I. Rio de Janeiro: Forense, 1966.

CRETELLA NETO, José. *Curso de direito internacional econômico*. São Paulo: Saraiva, 2012.

DAVIES, Katharina; FRISCHTAK, Cláudio Roberto. O investimento privado em infraestrutura e seu financiamento. In: FRISCHTAK, Cláudio Roberto; PINHEIRO, Armando Castelar (org.). *Gargalos e soluções na infraestrutura de transportes*. São Paulo: FGV, 2014.

DELAUME, G. Le centre international pour le règlement de differénds relatif aux investissements (CIRDI). *Journal de droit international*, v. 5, p. 775-843, 1982.

DOLZER, Rudolph. The impact of international investment treaties on domestic administrative law. *New York University Journal of International Law and Politics*, New York, v. 37, n. 4, p. 953-972, 2006.

DOLZER, Rudolph; SCHEURER, Christoph. *Principles of international investment law*. New York: Oxford University Press, 2008.

DUBOIS, Pascale Hélène; NOWLAN, Aileen Elizabeth. Global administrative law and the legitimacy of sanctions regimes in international law. *The Yale Journal of International Law Online*, v. 36, p. 15-25, p. 16. Available in: http://www.yjil.org/docs/pub/o-36-dubois-nowlan-global-administrative-law-sanctions.pdf. Access: 2 July. 2015.

DUNNING, John H.; LUNDAN, Sarianna M. *Multinational enterprises and the global economy*. New York: Cambridge University Press, 2008.

ENDERWICK, Peter. Attracting desirable FDI: theory and evidence. *Transnational Corporations*, v. 14, n. 2, p. 93-102, 2005.

EVANS, Peter. O Estado como problema e solução. *Lua Nova: Revista de Cultura e Política*, São Paulo, n. 28-29, p. 107-156, abr. 1993.

EXAME.COM. *Licitação de trem de alta velocidade será entre 2014 e 2015*. 12.12.2013. Disponível em: http://exame.abril.com.br/brasil/noticias/licitacao-de-trem-de-alta-velocidade-sera-entre-2014-e-2015. Acesso em: 15 set. 2015.

EXAME.COM. *O que o Brasil tem a perder com a Parceria Transpacífica*. 06.10.2015. Disponível em: www.exame.com. Acesso em: 15 out. 2015.

FARIA, José Eduardo (org.). *Direito e globalização econômica*. São Paulo: Malheiros, 2010.

FAUNDEZ, Julio; TAN, Celine. *International economic law, globalization and developing countries*. Northampton: Edward Elgar Publishing, 2012.

FERREIRA, Pedro Cavalcanti; FRANÇA, João Mário Santos de. *Um estudo sobre infraestrutura*: impactos produtivos, cooperação público-privada e desempenho recente na América Latina. Survey apresentado à CEPAL, 2004. p. 5. Disponível em: www.fgv.br/professor/ferreira/InfraAmeLatCepal.pdf. Acesso em: 5 set. 2015.

FOLHA DE SÃO PAULO. "Maior Ameaça à economia são os problemas internos", diz economista. *Caderno Mercado*, 05.11.2015. Disponível em: www.folha.com. Br. Acesso em: 5 nov. 2015b.

FOLHA DE SÃO PAULO. EUA, Japão e mais 10 países fecham acordo comercial histórico. Caderno Mercado, 06.10.2015. Disponível em: www.folha.com.br. Acesso em: 6 out. 2015c.

FOLHA DE SÃO PAULO. Tratado Transpacífico pode reduzir exportação do Brasil em até 2,7%. 06.10.2015. *Caderno Mercado*. Disponível em: www.folha.com.br. Acesso em: 15 out. 2015d.

FOLHA DE SÃO PAULO. Governo prepara decreto para facilitar regra de conteúdo local. *Caderno Mercado*, 27.10.2015. Disponível em: http://www1.folha.uol.com.br/mercado/2015/10/1698918-governo-prepara-decreto-para-facilitar-regra-de-conteudo-local.shtml. Acesso em: 22 out. 2015.

FONSECA, Pedro Cezar Dutra; MOLLO, Maria de Lourdes Rollemberg. Desenvolvimentismo e novo-desenvolvimentismo: raízes teóricas e precisões conceituais. *Revista de Economia Política*, v. 33, n. 2 (131), p. 222-239, abr./jun. 2013.

FRANCK, Susan D. Foreign direct investment, investment treaty arbitration and the rule of law. *McGeorge Global Business and Development Law Journal*, v. 19, p. 337- 373, 2007.

FRANCK, Susan D. International investment arbitration: winning, loosing and why. *Columbia FDI Perspectives*, n. 7, p. 1-3, jun. 2009. Available in: http://ccsi.columbia.edu/files/2014/01/FDI_7.pdf. Consultado em abril de 2015. Access: 15 Apr. 2015.

FRANCO, Chiara; RENTOCCHINI, Francesco; MARZETTI, Giuseppe Vittucci. *Why do firms invest abroad? An analysis of the motives underlying foreign direct investment*. 2008, p. 6. Available in: http://www.etsg.org/ETSG2008/Papers/Franco.pdf. Access: 2 July. 2015.

FRISCHTAK, Cláudio R. O investimento em infraestrutura no Brasil: histórico recente e perspectivas. *Pesquisa e Planejamento Econômico*, Rio de Janeiro, v. 38, n. 2, p. 307-348, ago. 2008.

FROÉS, Fernando. Infraestrutura e serviços públicos: princípios da regulação geral e econômica. *In:* CARDOZO, José Eduardo Martins; QUEIROZ, João Eduardo Lopes; SANTOS, Márcia Walquíria Batista dos (org.). *Curso de direito administrativo econômico*. São Paulo: Malheiros, 2006. v. I. p. 508-640.

FROTA, Hidemberg Alves da. A norma de reconhecimento e o caráter publicístico do direito administrativo global. *In:* MARRARA, Thiago (org.) *Direito administrativo*: transformações e tendências. São Paulo: Almedina, 2014. p. 165-203.

GAFFNEY, John; SARVANANTHAM, Janani. Achieving sustainable development objectives in international investment: Could future IIAs impose sustainable development-related obligations on investors? *Columbia FDI Perspectives*, New York, n. 108, Nov. 2013. Available in: http://ccsi.columbia.edu/files/2013/10/No_108_-_Gaffney_and_Sarvanantham_-_FINAL.pdf. Access: 15 Apr. 2015.

GAILLARD, Emmanuel. Identify or define? Reflections on the evolution of the concept of investment in ICSID practice. *In:* BINDER, Christina; KRIEBAUM, Ursula; REINISCH, August; WITTICH, Stephan. *International investment law for the 21st century*: essays in honour of Christoph Schreuer. New York: Oxford University Press, 2009. p. 403-416.

GALLAGHER, K. P.; BIRCH, M. B. Do investment agreements attract investment? Evidence from Latin America, *Journal of World Investment & Trade*, v. 7, n. 6, p. 961-974, 2006.

GARRIDO, Juan. Efeitos positivos da gestão privada. *Valor Setorial Infraestrutura*, jun. p. 50, 2015.

GOLDSMITH, Jack; POSNER, Eric. *The limits of international law*. Oxford University Press, 2005.

GONÇALVES, Reinaldo. Novo desenvolvimentismo e liberalismo enraizado. *Serviço Social e Sociedade*, São Paulo, n. 112, p. 637-671, out./dez. 2012.

GORDILLO, Agustín. *Tratado de derecho administrativo*. t. 1. 10. ed. Buenos Aires: Fundación de Derecho Administrativo, 2009.

GÖRG, Holger; STROBL, Eric. Foreign direct investment and local economic development: beyond productivity spillovers. *In:* MORAN, Theodore H.; GRAHAM, Edward M.; BLOMSTRÖM, Magnus. *Does foreign direct investment promote development?* Washington: Institute for international economics, 2005. p. 137-157.

GRAU, Eros Roberto. *A ordem econômica na Constituição de 1988*. 16. ed. São Paulo: Malheiros, 2014.

GREGORY, Denise; OLIVEIRA, Maria Fátima Bernardinelli Arraes de. *O desenvolvimento de ambiente favorável no Brasil para a atração de investimento estrangeiro direto*. 2005. p. 17. Disponível em: http://www.wilsoncenter.org/sites/default/files/brazil.atracaodeIED.pdf. Acesso em: 5 abr. 2014.

GUALAZZI, Eduardo Lobo Botelho. *Direito internacional administrativo*. São Paulo: Edições Inteligentes, 2005.

GUILHERMINO, Renata Lopes; TEIXEIRA, Júlio César. Análise da associação entre saneamento e saúde nos estados brasileiros, empregando dados secundários do banco dedados indicadores e dados básicos para a saúde 2003 – IDB 2003. *Revista Engenharia Sanitária e Ambiental*, v. 11, n. 3, p. 277-282, jul./set. 2006.

HACHEM, Daniel Wunder. Administração pública inclusiva, igualdade e desenvolvimento: o direito administrativo brasileiro rumo à atuação estatal para além do mínimo existencial. *In:* MARRARA, Thiago (org.). *Direito administrativo*: transformações e tendências. São Paulo: Almedina, 2014. p. 391-460.

HALABI, Sam Foster. Efficient contracting between foreign investors and host states: evidence from stabilization clauses. *Northwestern Journal of International Law and Business*, p. 261-312, Spring 2011.

HALLWARD-DRIEMEIER, Mary. *Do bilateral investment treaties attract foreign direct investment?* 2013. Available in: http://elibrary.worldbank.org/docserver/download/3121. pdf?expires=1372265316&id=id&accname=guest&checksum=CAAB88835825805F1AC0E-2258CE63193org/docserver/download/3121.pdf?expires=1372265316&id=id&accname= guest&checksum=CAAB88835825805F1AC0E2258CE63193. Access: 14 Mar. 2014.

HARTEN, Gus Van; LOUGHLIN, Martin. Investment treaty arbitration as a species of global administrative law. *The European Journal of International Law*, v. 17, n. 1, p. 121-150, 2006.

HERDEGEN, Matthias. *Principles of international economic law*. Oxford: Oxford University Press, 2013.

HIRSCH, Moshe. Fontes do direito do investimento internacional. *International Law Forum of the Hebrew University of Jerusalem Law Faculty*, n. 5, p. 1-29, jul. 2011. Disponível em: http://ssrn.com/abstract=1892564. Acesso em: 5 abr. 2015

INTERNATIONAL CENTRE FOR SETTLEMENT OF INVESTIMENTE DISPUTES – ICSID. *Case n. ARB/01/8*. Decisão: 25.09.2007. Available in: http://www.worldbank.org/icsid. Access: 25 Sep. 2015.

INTERNATIONAL MONETARY FUND, BALANCE OF PAYMENTS MANUAL. Washington: FMI, 1993. parágrafo 359.

JAVORCIK, Beata Smarzynska; SPATAREANU, Mariana. Disentangling FDI spillover effects: what do firm perceptions tell us? *In:* MORAN, Theodore H.; GRAHAM, Edward M.; BLOMSTRÖM, Magnus. *Does foreign direct investment promote development?* Washington: Institute for International Economics, 2005. p. 45-71.

JUSTEN FILHO, Marçal. *Comentários à lei de licitações e contratos administrativos*. 13. ed. São Paulo: Dialética, 2009.

JUSTEN FILHO, Marçal. *Teoria geral das concessões de serviço público*. São Paulo: Dialética, 2003.

KESSIDES, Christine. The contributions of infrastructure to economic development: a review of experience and policy implications. *World Bank Discussion Papers*, n. 213, p. IX-X, Sept. 1993.

KINGSBURY, Benedict. The concept of Law in global administrative law. *European Journal of International Law*, Oxford, v. 20, n. 1, p. 23-57, 2009.

KINGSBURY, Benedict *et al*. Foreword: Global governance as administration – national and transnational approaches to global administrative law. *Law and Contemporary Problems*, Durham, v. 68; n. 3-4, p. 3, sum./aut. 2005b.

KINGSBURY, Benedict; KRISCH, Nico. Introduction: global governance and global administrative law in the international legal order. *The European Journal of International Law*, v. 17, n. 1, p. 1-13, Feb. 2006.

KINGSBURY, Benedict; KRISCH, Nico; STEWART, Richard. The emergence of global administrative law. *Law and Contemporary Problems*, v. 68, n. 15, p. 26, 2005a.

KRIEBAUM, Ursula; REINISCH, August; WITTICH, Stephan. *International investment law for the 21st century*: essays in honour of Christoph Schreuer. New York: Oxford University Press, 2009. p. 403-416.

KRISCH, Nico; KINGSBURY, Benedict. Introduction: Global Governance and Global Administrative Law in the International Legal Order. *The European Journal of International Law*, v. 17, n. 1, p. 1-13, 2006, p. 4.

LEVY: SEGURANÇA JURÍDICA PRECISA MELHORAR PARA SUCESSO DAS CONCESSÕES. *Valor*, 05.10.2015. Disponível em: http://www.valor.com.br/brasil/4255750/levy-seguranca-juridica-precisa-melhorar-para-sucesso-das-concessoes. Acesso em: 15 set. 2015.

LIMA, Thaís Sundfeld. A posição do Brasil perante a regulamentação internacional de investimentos estrangeiros: estudo de caso da situação da Argentina no ICSID e comparação com a posição brasileira. *Âmbito Jurídico*, Rio Grande, v. 11, n. 55, jul. 2008. Disponível em: http://www.ambito-juridico.com.br/site/index.php?n_link=revista_artigos_leitura&artigo_id=4874. Acesso em: 15 set. 2015.

LOQUIN, Eric. Les pouvoirs des arbitres internationaux à la lumière de l'évolution recente du droit de l'arbitrage international. *JDI*, n. 02, p. 293- 345, avril/mai/juin. 1983.

MACDONALD, Kate; MACDONALD, Terry. Non-Electoral Accountability in Global Politics: Strengthening Democratic Control within the Global Garment Industry. *European Journal of International Law*, v. 17, n. 1, p. 89-119, 2006.

MAGALHÃES, José Carlos de. Acordos bilaterais de promoção e proteção de investimentos. *Revista de arbitragem e mediação*, São Paulo, v. 20, p. 53-65, jan./mar. 2009.

MEDAUAR, Odete. *O direito administrativo em evolução*. 2. ed. São Paulo: Revista dos Tribunais, 2003.

MELLO, Celso Antônio Bandeira de. *Curso de Direito Administrativo*. 8. ed. São Paulo: Malheiros, 1996.

MICHEL, R.; PAULA L.; SICSÚ, J. *Novo-Desenvolvimentismo*: um projeto nacional de crescimentos com equidade social. Barueri: Manole, 2005.

MOHAMED, Amal; SEABRA, Fernando. Determinantes do investimento externo direto (IDE) na América Latina: Uma perspective institucional. *Revista Economia*, Brasília, v. 8, n. 2 p. 231-247, maio/ago. 2007.

MONEBHURUN, Nitish. A inclusão da responsabilidade social das empresas nos novos acordos de cooperação e facilitação dos investimentos do Brasil: uma revolução. *Revista de Direito Internacional*, Brasília, v. 12, n. 1, p. 32-38, 2015.

MORAES, Orozimbo José. *Investimento direto estrangeiro no Brasil*. São Paulo: Aduaneiras, 2003.

MORAIS, Lecio; SAAD-FILHO, Alfredo. Da economia política à política econômica: o novo-desenvolvimentismo e o governo Lula. *Revista de Economia Política*, v. 34, n. 4 (124), p. 507-527, out./dez. 2011.

MORAN, Theodore H.; GRAHAM, Edward M.; BLOMSTRÖM, Magnus. Conclusions and implications for FDI policy in developing countries, new methods of research, and a future research agenda. *In*: MORAN, Theodore H.; GRAHAM, Edward M.; BLOMSTRÖM, Magnus. *Does foreign direct investment promote development?* Washington D. C.: Institute for international economics, 2005. p. 375-395.

MORAN, Theodore H.; GRAHAM, Edward M.; BLOMSTRÖM, Magnus. *Does foreign direct investment promote development?* Washington: Institute for international economics, 2005.

MOREIRA NETO, Diogo de Figueiredo. Arbitragem nos contratos administrativos. *Revista de Direito Administrativo*, n. 209, p. 81-90, jul./set. 2007.

MOREIRA, Egon Bockmann. PPPMAIS: Seis pontos-chaves para dar início ao debate. *Gazeta do Povo*, 19 out. 2015. Disponível em: http://www.gazetadopovo.com.br/vida-publica/justica-e-direito/colunistas/egon-bockmann-moreira/ppp-mais-seis-pontos-chave-para-dar-inicio-ao-debate-6qt61z58aek1hpm2s2d138sm8. Acesso em: 20 out. 2015.

MOREIRA, Vital. A tentação da Private Finance Initiative – PFI. *In*: MARQUES, Maria Manuel Leitão; MOREIRA, Vital. *A Mão invisível*: mercado e regulação. Coimbra: Almedina, 2003. p. 187-188.

MOURA, Alexandre C. F. Elementos de direito do investimento estrangeiro e as cláusulas de estabilização. *Revista Eletrônica de Direito Internacional*, Belo Horizonte, v. 12, p. 52-91, 2º sem. 2013. p. 76. Disponível em: http://www.cedin.com.br/static/revistaeletronica/volume12. Acesso em: 18 maio 2015.

MUCHLINSKI, Peter. Holistic approaches to development and international investment law: the role of international investment agreements. *In:* FAUNDEZ, Julio; TAN, Celine (coord.). *International economic law, globalization and developing countries.* Northampton: Edward Elgar Publishing, 2012. p. 180-204.

MUCHLINSKI, Peter; ORTINO, Federico; SCHREUER, Christoph (coord.). The Oxford Handbook of International Investment Law. *In:* ALEXANDROFF, Alan S.; LAIRD, Ian A. *Compliance and enforcement.* Oxford: Oxford University Press, 2008. p. 1172-1187, p. 1185.

NEARY, J. Peter. *Foreign Direct Investment:* The OLI Framework, University of Oxford: CEPR, p. 1. Available in: http://users.ox.ac.uk/~econ0211/papers/pdf/fdiprinceton.pdf. Access: 2 July. 2015.

NETTO, Delfim. Sem experimentalismos. *Carta Capital,* 02.10.2013. Disponível em: http://www.cartacapital.com.br/revista/768/sem-exerimentalismo-8519.html. Acesso em: 1 set. 2015.

NEUMAYER, Eric; SPESS, Laura. Do bilateral investment treaties increase foreign direct investment to developing countries? *World Development,* v. 33, n. 10, p. 1567-1585, 2005.

NÓBREGA, Marcos. *Direito da infraestrutura.* São Paulo: Quartier Latin, 2011.

ORGANISATION FOR ECONOMIC CO-OPERATION AND DEVELOPMENT – OECD. *Foreign direct investment for development*: maximizing benefits, minimizing costs. Paris: OECD, 2002.

ORGANISATION FOR ECONOMIC CO-OPERATION AND DEVELOPMENT – OECD. *International Investment Law*: a changing landscape. Paris: OECD, 2005.

ORGANISATION FOR ECONOMIC CO-OPERATION AND DEVELOPMENT – OECD. *OECD Benchmark definition of foreign direct investment.* 4. ed. Paris: OECD, 2008.

O ESTADO DE SÃO PAULO. A TPP vai mudar o sistema mundial de comércio. *Caderno Economia e Negócios,* 14.10.2015. Disponível em: www.estadão.com.br. Acesso em: 20 out. 2015b.

O ESTADO DE SÃO PAULO. Acordo do Pacífico deve isolar ainda mais o Brasil. *Caderno Economia e Negócios,* 05.10.2015. Disponível em: www.estadao.com.br. Acesso em: 15 out. 2015a.

PEREZ, Marcos Augusto. *O risco no contrato de concessão de serviços públicos.* São Paulo. 2005. 245 f. Tese (Doutorado em Direito do Estado) – Faculdade de Direito, Universidade de São Paulo, São Paulo: Faculdade de Direito, Universidade de São Paulo, 2005.

PINTO, Eduardo Costa; TEIXEIRA, Rodrigo Alves. A economia política dos governos FHC, Lula e Dilma: dominância financeira, bloco no poder e desenvolvimento econômico. *Economia e Sociedade,* v. 21, número especial, p. 909-941, dez. 2012.

PUCCI, Adriana Noemi. Arbitragem e investimentos estrangeiros no Brasil. *In:* LEMES, Selma Ferreira; BALBINO, Inez (coord.) *Arbitragem*: temas contemporâneos. São Paulo: Quartier Latin, 2012, p. 11-24.

REINSCH, Paul. International Administrative Law and National Sovereignty. *The American Journal of International Law,* v. 3, n. 1, p. 1-45, p. 5, Jan. 1990.

RISTER, Carla Abrantkoski. *Direito ao desenvolvimento*: antecedentes, significados e consequências. Rio de Janeiro: Renovar, 2007.

ROZAS, Jonathan C. F. Le rôle des jurisdictions étatiques devant l'arbitrage commercial international. *Recueil des cours de l'académie de droit international de La Hague*, Haia, v. 290, p. 58-1772001, 2002.

S&P TIRA GRAU DE INVESTIMENTO DO BRASIL. *Valor*, 09.09.2015. Disponível em: http://www.valor.com.br/finacas/4215984/sp-tira-grau-de-investimento-do-brasil. Acesso em: 15 set. 2015.

SACERDOTI, Giorgio. Bilateral treaties and multilateral instruments on investment protection. *Recueil dês Cours de l'ADI*, t. 269, p. 251, 460.

SALACUSE, Jeswald W. The emerging global regime for investment. *Harvard International Law Journal*, v. 51, n. 2, p. 427-473, 2010.

SALACUSE, Jeswald W. *The three laws of international investment*: national, contractual, and international frameworks for foreign capital. Oxford: Oxford University Press, 2013.

SALACUSE, Jeswald W.; SULLIVAN, Nicholas P. Do BITs really work? An evaluation of bilateral investment treaties and their grand bargain, *Harvard International Law Journal*, v. 46, n. 1, p. 67-130, 2005.

SALLES, Carlos Alberto de. *Arbitragem nos contratos administrativos*. Rio de Janeiro: Forense, 2011.

SARAIVA, Miriam Gomes. Balanço da política externa de Dilma Roussef: perspectivas futuras? *Relações Internacionais*, n. 44, p. 25-35, dez. 2014.

SCHILL, Stephan W. *The multilateralization of international investment law*. Cambridge: Cmabridge University Press, 2009.

SCHILL, Stephan W. Transnational legal approaches to administrative law: conceptualizing public contracts in globalization. *Jean Monnet Working Paper*, New York, n. 05/13, 2013.

SCHITTER. Olivier De; SWINNEN, Johan; WOUTERS, Jan. Foreign direct investment and huan development. In: SCHITTER. Olivier De; SWINNEN, Johan; WOUTERS, Jan. *Foreign direct investment and huan development*: the law and economics of international investment agreements. Abingdon: Routledge, 2013. p. 1-24.

SCHMIDT-AßMANN, Eberhard. La ciencia del derecho administrativo ante el reto de la internacionalización de las relaciones administrativas. *Revista de Administración Pública*, n. 171, Madrid, p. 7-34, sept./dic. 2006.

SCHOLTE, Jan Aart. Global governance, accountability and civil society. In: SCHOLTE, Jan Aart (ed.). *Building global democracy*: civil society and global governance. Cambridge: Cambridge University Press, 2011. p. 8-41.

SCHUTTER, Olivier de; SWINNEN, Johan; WOUTERS, Jan. Foreign direct investment and human development. In: SCHUTTER, Olivier de; SWINNEN, Johan; WOUTERS, Jan. *Foreign direct investment and human development*: the law and economics of international investment agreements. Abingdon: Routledge, 2013. p. 1-24.

SEMINÁRIO DA FUNDAÇÃO GETÚLIO VARGAS – FGV. *Sobre os 20 anos da Lei de Concessões, no Rio de Janeiro*. Disponível em: http://agenciabrasil.ebc.com.br/economia/noticia/2015-10/com-estabilidade-fiscal-brasil-voltara-crescer-forte-ja-em-2016-diz-levy. Acesso em: 15 set. 2015.

SEN, Amartya. *Desenvolvimento como liberdade*. São Paulo: Companhia das Letras, 2010.

SHIHATA, Ibraim F. I. Promotion of foreign direct investment: a general account with particular reference to the role of the World Bank Group. *ICSID Review – FILJ*, v. 484, p. 490, 1991.

SILVA, José Afonso da. *Comentário contextual da constituição*. 7. ed. São Paulo: Malheiros, 2010.

SORNARAJAH, M. *The international law on foreign investment*. Cambridge: Cambridge University Press, 2. ed. 2007.

SUNDFELD, Carlos Ari. *Direito administrativo para céticos*. São Paulo: Malheiros, 2012.

SUNDFELD, Carlos Ari. Guia jurídico das parcerias público-privadas. *In:* SUNDFELD, Carlos Ari (org.). *Parcerias público-privadas*. São Paulo: Malheiros, 2007. p. 15-44.

TÁCITO, Caio. Arbitragem e litígios administrativos. *Revista de Direito Administrativo*, n. 210, p. 111-115, out./dez. 1997.

TANZI, Vito. Corruption around the world: causes, consequences, scope, and cures. *Working Papers of the International Monetary Fund*, v. 45, n. 4, p. 559-594, 1998.

TEUBNER, Gunther. Foreword: legal regimes of global non-state actors. *In:* TEUBNER, Gunther (ed.). *Global law without state*. Burlington: Ashgate, 2006. p. 7-8.

TEUBNER, Gunther. Global Bukowina: legal pluralism in the world society. *In:* TEUBNER, Gunther (ed.). *Global law without state*. Dartmouth: Aldershot, 1997. p. 3-28.

TROYJO, Marcos. O que fica da visita de Dilma aos EUA? *Artigos IBEF-SP*, jul. 2017. Disponível em: http://www.ibefsp.com.br/artigos/o-que-fica-da-visita-de-dilma-aos-eua/. Acesso em: 15 set. 2015.

UNITED NATIONS CONFERENCE ON TRADE AND DEVELOPMENT – UNCTAD. *FDI determinants and TNC strategies*: the case of Brazil. Geneva: United Nations, 2000.

UNITED NATIONS CONFERENCE ON TRADE AND DEVELOPMENT – UNCTAD; WORLD INVESTMENT REPORT. *Investing in the SDGs*: An action Plan. Geneva: United Nations, 2014. p. 124.

VANDEVELDE, Kenneth. J. Of politics and markets: the shifting ideology of the BITs. *International Tax and Business Law*, v. 11, n. 2, p. 159-186, 1993. p. 160-161. Available in: http://scholarship.law.berkeley.edu/bjil/vol11/iss2/2. Access: 18 May 2015.

VEJA.COM. Moody's: instabilidade política afeta investimentos no Brasil. *Economia*, 14.07.2015. Disponível em: www.veja.com. Acesso em: 18 jul. 2015.

VOGEL. Administrative Law: international aspects. *In:* BERNHARDT, R. (ed.). Encyclopedia of Public International Law. *The European Journal of International Law*, v. 20 n. 1, p. 23-57, p. 22-23, 1992.

WALD, Arnoldo. Tão importante quanto a luta contra a inflação é a segurança jurídica. *Migalhas*, 22.04.2015. Disponível em: www.migalhas.com.br. Acesso em: 1 set. 2015.

WEBB, Philippa. The UN Convention against corruption: global achievement or missed opportunity? *Journal of International Economic Law*, v. 8, n. 1, p. 191-229, 2005.

WORLD BANK / MIGA. *Foreign direct investment survey*. Washington: The World Bank Group/MIGA, 2002.

WORLD BANK GROUP. Guidelines on The Treatment of Foreign Direct Investment. *Legal framework for the treatment of foreign investment*, Guidelines, v. 2, p. 35, 1992.

WORLD BANK. *The business environment in Brazil:* Results from a private sector survey. Washington: FIAS / World Bank, 2000.

WORLD BANK. *Doing business 2016:* measuring regulatory quality and efficiency. Washington: World Bank Group, 2015.

WORLD BANK. *São Paulo: Inputs for a Sustainable Competitive City Strategy.* Washington: World Bank, 2007.

WORLD BANK. *The investment climate assessment for Brazil.* Washington: World Bank, 2005.

WORLD BANK. *World development report 1994:* infrastructure for development. Washington, DC: Oxford, 1994.

REFERÊNCIAS COMPLEMENTARES

AKECH, J. M. M. Development partners and governance of public procurement in Kenya: enhancing democracy in administration aid. *New York University Journal of International Law and Politics*, New York, v. 37, n. 4, p. 829-868, 2006.

AKRAMI, Faramarz. *Foreign direct investment in developing countries:* impact on distribution and employment – a historical, theoretical and empirical study. Doctorate Thesis. Faculty of Economics and Social Sciences, University of Fribourg, Switzerland, 2008.

ALVAREZ, José E. *International organizations as law-makers.* New York: Oxford University Press, 2005.

AMAN, Alfred. Globalization, democracy and the need for a new administrative law. *In:* Indiana Journal of Global Legal Studies, v. 10, n. 1, p. 125-155, 2003.

AMARAL JÚNIOR, Alberto; SANCHEZ, Michelle Ratton. Governança econômica e a intensificação do fluxo de investimentos. *In:* AMARAL JÚNIOR, Alberto; SANCHEZ, Michelle Ratton. *Regulamentação internacional dos investimentos:* algumas lições para o Brasil. São Paulo: Aduaneiras, 2007. p. 11-26.

ANDRADE, José Emílio de. *Direito homogêneo:* mercado global, administração nacional e o processo de harmonização jurídica. Belo Horizonte: Fórum, 2011.

ANDRADE, Luis Antonio Gonçalves; LUÍS, Daniel Tavela. Expropriation in Brazilian law: an international standard? *In:* GERDAU, Ana de Borja et al. *Investment protection in Brazil.* Kluwer Law International, 2013. p. 107-126.

ARATO, Julian. The margin of appreciation in International Law. *Virginia Journal of International Law*, n. 54, 2014, p. 545-578.

ARAÚJO, Rafael. A presença do Brasil na América do Sul: integração regional e política externa brasileira em debate. *Revista Contemporânea – Dossiê Nuestra América*, ano 2, n. 2, p. 200-225, 2012.

ARNAUD, André-Jean. *O direito entre modernidade e globalização:* lições de filosofia do direito e do Estado. Rio de Janeiro: Renovar, 1999.

AYMONE, Priscila Knoll; BORJA, Ana Gerdau de; PRADO, Maria da Graça de Almeida. The Brazilian legal approach to foreign investment in light of the principle of national treatment under investment treaties. *In:* GERDAU, Ana de Borja et al. *Investment protection in Brazil.* Alphen aan den Rijn: Kluwer Law International. 2013. p. 127-158.

BADIN, Michelle Ratton Sanchez; STEWART, Richard B. The world trade organization and global administrative law. *IILJ Working Paper 2009/7*. Global Administrative Law Series. New York: New York University School of Law, 2009.

BATTINI, Stefano. *Amministrazioni senza Stato*: profili di diritto amministrativo internazionale, Milano: Giuffré, 2003.

BATTINI, Stefano. *Amministrazioni nazionali e controversie globali*. Milano: Giuffré, 2007.

BATTINI, Stefano. International organizations and private subjects: a move toward global administrative law? *IILJ Working Paper*, Global Administrative Law Series, n. 3, 2005.

BELL, Stephen; e HINDMOOR, And Andrew. Governance without government? The case of the Forest Stewardship Council. *Public Administration*, v. 90, n. 1, p. 144-159, 2012.

BENTO, Leonardo Valles. *Governança e governabilidade na reforma do Estado*: entre eficiencia e democratização. Barueri: Manole, 2003. p. 81-114.

BENVENISTI, Eyal. Public Choice and Global Administrative Law: Who's Afraid of Executive Discretion?, *IILJ Working Paper*, n. 3, 2004.

BENVENISTI, Eyal; DOWNS, George W. The empire's new clothes: political economy and the fragmentation of international law. *IILJ Working Paper 2007/6*. Global Administrative Law Series. New York: New York University School of Law, 2007.

BERGER, Axel; BUSSE, Matthias. NUNNENKAMP, Peter; ROY, Martin. Attracting FDI trough BITs and RTAs: does treaty content matter? *Perspectives on topical foreign direct investment issues*, n. 75, july. 2012. Available in: http://ccsi.columbia.edu/files/2014/01/FDI_75.pdf. Access: 28 Aug. 2015.

BERMAN, A. The Role of Domestic Administrative Law in the Accountability of Transnational Regulatory Networks: The Case of the ICH. *IRPA GAL Working Paper*, n. 1, 2012.

BINDER, Christina; et al. *International investment law for the 21st century*: essays in honour of Christoph Schreuer. New York: Oxford University Press, 2009.

BINENBOJM, Gustavo. *Temas de direito administrativo e constitucional*. Rio de Janeiro: Renovar, 2008.

BITTENCOURT NETO, Eurico. Direito administrativo transnacional. *Revista eletrônica de Direito Administrativo Econômico – REDAE*, Salvador, Instituto Brasileiro de Direito Público, n. 16, maio/jun./jul. 2009. Disponível em: http://www.direitodoestado.com/revista/REDAE-18-MAIO-2009-EURICO-BITTENCOURT.pdf. Acesso em: 20 mar. 2015.

BOBBIO, Norberto. *Estado, governo e sociedade*. 4. ed. Rio de Janeiro: Paz e Terra, 1987.

BOBBIO, Norberto. *O futuro da democracia*. São Paulo: Paz e Terra, 2000.

BONAVIDES, Paulo. *Teoria constitucional da democracia participativa*. 2. ed. São Paulo: Malheiros, 2003.

BÖRZES, Tanja; RISSE, Thomas. Governance without a state: can it work? *Regulation and governance*, v. 4, p. 113-134, 2010.

BOUCHARD, Marie; GORDON, Kathryn; POHL, Joachim. Investment treaty law, sustainable development and responsible business conduct: a fact finding survey. *Perspectives on topical foreign direct investment issues*, n. 157, Columbia Center on Sustainable Development, sept/2015. Available in: http://ccsi.columbia.edu/files/2013/10/No-157-Gordon-Pohl-and-Bouchard-FINAL.pdf. Access: 24 May. 2015.

BOWN, Chad P.; HOEKMAN, Bernard M. Developing countries and enforcement of trade agreements: why dispute settlement is not enough. *World Bank Policy Research Working Paper 4450*, WPS4450, Washington: The World Bank, 2007.

BRONFMAN, Marcela Klein. *Fair and equitable treatment: an evolving standard*. Doctorate Thesis. University of Heidelberg, Max Planck Institute for Comparative Public Law and International Law and the University of Chile, 2005.

BROWN, Chester; MILES, Kate. *Evolution in investment treaty law and arbitration*. Cambridge: Cambridge University Press, 2011.

BUENO, Júlio César. Melhores práticas em empreendimentos de infraestrutura: sistemas contratuais complexos e tendências num ambiente de negócios globalizado. *In*: SILVA, Leonardo Toledo da (coord.). *Direito e infraestrutura*. São Paulo: Saraiva, 2012. p. 61-78.

BUSSE, Matthias; HEFEKER, Carsten. Political risk, institutions and foreign direct investment. *HWWA Discussion Paper 315*, Hamburg, Hamburgisches Welt-Wirtschafts-Archiv, 2005.

CALDAS, Ricardo W. *O Brasil e o mito da globalização*. São Paulo: Celso Bastos Editor, 1999.

CANOTILHO, José Joaquim Gomes. *Brancosos e interconstitucionalidade*: itinerários sobre o discurso da historicidade constitucional. 2. ed. Coimbra: Almedina, 2008.

CARDOZO, José Eduardo Martins; QUEIROZ, João Eduardo Lopes; SANTOS, Márcia Walquíria Batista dos (org.). *Curso de direito administrativo econômico*. São Paulo: Malheiros, 2006. v. 3.

CARDOZO, José Eduardo Martins; QUEIROZ, João Eduardo Lopes; SANTOS, Márcia Walquíria Batista dos (org.). *Curso de direito administrativo econômico*. São Paulo: Malheiros, 2006. v. 1.

CASINI, Lorenzo. Diritto amministrativo globale. *In:* CASSESE, Sabino (org.). *Dizionario di Diritto Pubblico*. Milano: Giuffrè, 2006.

CASSESE, Sabino. Gobal standards for national administrative procedure. *Law and Contemporay Problems*, v. 68, n. 111, p. 109-126, 2005.

CASSESE, Sabino. *Las bases del derecho administrativo*. Madrid: Instituto Nacional de Administracion Publica, 1994.

CASSESE, Sabino. The globalization of law. *New York University Journal of International Law and Politics*, New York, v. 37, n. 4, p. 973-993, 2006.

CASSESE, Sabino. Administrative law without the state? The challenge of global regulation. *New York University Journal of International Law and Politics*, New York, v. 37, n. 4, p. 663-694, 2006.

CASTELLS, Manuel. *A era da informação*: a sociedade em rede. 5. ed. São Paulo: Paz e Terra, 2001. v. 1.

CELLI JR., Humberto. Investimentos internacionais e mecanismos de solução de disputas entre estados. *In:* AMARAL JÚNIOR, Alberto; SANCHEZ, Michelle Ratton. *Regulamentação internacional dos investimentos*: algumas lições para o Brasil. São Paulo: Aduaneiras, 2007. p. 355-372.

CELLI JR., Umberto; ELEOTERIO, Belisa Esteca. O Brasil, o Mercosul e os acordos preferenciais de comércio: alternativas e perspectivas. *In:* IGLESIAS, Enrique (coord.). *Os desafios da América Latina no Século XXI*. São Paulo: Editora da Universidade de São Paulo, 2015. p. 155-172.

CERQUEIRA CÉSAR, Gustavo Rojas de; PERRONE, Nicolás M. Brazil's bilateral investment treaties: more than a new investment treaty model? *Perspectives on topical foreign direct investment issues*, n. 159, Columbia Center on Sustainable Development, oct. 2015. Available in: http://ccsi.columbia.edu/files/2013/10/No-159-Perrone-and-C%C3%A9sar-FINAL.pdf. Access: 14 June. 2015.

CHIMNI, B. S. International institutions today: an imperial global state in the making. *European Journal of International Law*, v. 15, n. 1, p. 1-37, 2004.

COHEN, Joshua; SABEL, Charles F. Global democracy. *New York University Journal of International Law and Politics*, New York, v. 37, n. 4, p. 763-797, 2006.

COLEN, Liesbeth; GUARISO, Andrea. What type of foreign direct investment is attracted by bilateral investment treaties. *In:* SCHUTTER, Olivier de; SWINNEN, Johan; WOUTERS, Jan. (ed.). *Foreign direct investment and human development*: the law and economics of international investment agreements. New York: Routledge, 2013. p. 138-156.

COLEN, Lisbeth; MAERTENS, Miet; SWINNEN, Johan. Determinants of foreign direct investment flows to developing countries. *In:* SCHITTER, Olivier De; SWINNEN, Johan; WOUTERS, Jan. *Foreign direct investment and human development*: the law and economics of international investment agreements. Abingdon: Routledge, 2013. p. 116-137.

COUTINHO, Diogo R. Entre eficiência e equidade: a universalização das telecomunicações em países em desenvolvimento. *Revista Direito GV*, v. 1, n. 2, p. 137-160, jun./dez. 2005.

CRETELLA JÚNIOR, José. *Direito administrativo comparado*. São Paulo: Editora da Universidade de São Paulo, 1972.

DABLA-NORRIS, Era; *et al*. FDI Flows to low-income countries: global drivers and growth implications. *IMF Working Paper*, WP/10/132, May. 2010.

DANTAS, Ivo. Constitucionalismo e globalização: regionalização, Mercosul e integração. *Revista de Direito Comparado*, Belo Horizonte, v. 4, p. 253-301, 2000.

DAVIS, Kevin E.; JORGE, Guillermo; MACHADO, Maíra Rocha. Transnational anti-corruption law in action: cases from Argentina and Brazil. *IILJ Working Paper 2014/1*. New York: Global Administrative Law Series, University School of Law, 2014.

DAVIS, Kevin E.; PRADO, Marianna Mota. Law, regulation, and development. *In:* CURRIE-ALDER, Bruce *et al*. (ed.) *International development*: ideas, experience and prospects. Oxford: Oxford University Press, 2014. Chapter 12. p. 1-47.

DELLA CANANEA, Giacinto. Beyond the state: the europeanization and globalization of procedural administrative law, *European Administrative Law*, v. 9, n. 4, p. 563-578, 2003.

DEUTSCH, Karl Wolfgang. *Análise das relações internacionais*. Brasília: UnB, 1982.

DI PIETRO, Maria Sylvia Zanella. 500 anos de direito administrativo brasileiro. *Revista diálogo jurídico*, n. 10, p. 1-24, 2002.

DIAS, Bernadete de Figueiredo. *Os impactos dos acordos internacionais sobre investimentos estrangeiros diretos na legislação brasileira*. 236 f. Dissertação (Mestrado em Direito) – Faculdade de Direito da Universidade de São Paulo, São Paulo: FDUSP, 2004.

DIZENHAUS, David. Accountability and the concept of (global) administrative law. *IILJ Working Paper 2008/7*. New York, Global Administrative Law Series, University School of Law, 2008.

DOLZER, Rudolph. Perspectives for investment arbitration: consistency as a policy goal? *In:* ECHANDI, Roberto; SAUVÉ, Pierre (ed.). *Prospects in international investment law and policy.* Cambridge: Cambridge University Press, 2011. p. 403-410.

DONAUBAUER, Julian; MEYER, Birgit; NUNNENKAMP, Peter. The crucial role of infrastructure in attracting FDI. *Perspectives on topical foreign direct investment issues,* n. 133, Columbia Center on Sustainable Development, oct/2014. Available in: http://ccsi.columbia.edu/files/2013/10/No-133-Donaubauer-Meyer-and-Nunnenkamp-FINAL-with-graphs-for-website.pdf. Access: 6 Sept. 2015.

DUTT, Amitava Krishna; KIM, Kwan S.; SINGH, Ajit. *The state, markets and development.* Aldershot: Edward Elgar, 1994.

DYZENHAUS, D. The concept of (global) administrative law. *Institute for International Law and Justice,* v. 17, n. 1, p. 187-214, 2008.

ECHANDI, Roberto. What do developing countries expect from the international investment regime? *In:* ALVAREZ, José E.; SAUVANT, Karl P. (ed.) *The evolving international investment regime:* expectations, realities, options. New York: Oxford University Press, 2011. p. 3-21.

ECHANDI, Roberto; SAUVÉ, Pierre (ed.). *Prospects in international investment law and policy.* Cambridge: Cambridge University Press, 2011.

ENEI, José Virgilio Lopes. *Project finance.* São Paulo: Saraiva, 2007.

ESTY, Daniel C. Good governance at the globalizing administrative law. *Yale Law Journal,* v. 115, n. 7, p. 1490-1562, 2006.

FARIA, José Eduardo (org.). *O direito na economia globalizada.* São Paulo: Malheiros, 1999.

FARNIK, John; MITCHELL, Andrew D. Global administrative law: can it bring global governance to account? *Federal Law Review,* v. 37, n. 2, p. 237-261, 2009.

FEREJOHN, J. Accountability in a Global Context. *IILJ,* n. 2007/5, 2007. Available in: http://iilj.org/publications/2007-5Ferejohn.asp. Access: 25 maio 2015.

FERRAZ, Lucas; THORSTENSEN, Vera. O isolamento do Brasil em relação aos acordos e mega-acordos comerciais. *Boletim de Economia e Política Internacional,* n. 16, p. 5-17, jan./abr. 2014.

FLÔRES JUNIOR, Renato. Investimento direto estrangeiro no Mercosul: uma visão geral. *In:* AMARAL JÚNIOR, Alberto; SANCHEZ, Michelle Ratton. *Regulamentação internacional dos investimentos*: algumas lições para o Brasil. São Paulo: Aduaneiras, 2007. p. 199-226.

FRANCK, Susan D. The nature and enforcement of investor rights under investment treaties: do investment treaties have a bright future? *U.C. Davis Journal of International Law and Policy,* v. 12, n. 47, p. 47-99, 2005.

FRIEDMAN, L. M. One world: notes on the emerging legal order. *In:* LICOSKY, Michael. (ed.). *Transnational legal processes.* New York: Lexis Nexis utterworths, 2002. p. 23-40.

GARCIA DE ENTERRIA, Eduardo. *Legislacion delegada, potestad reglamentaria y control judicial.* 3. ed. Madrid: Editorial Tecnos, 1998.

GARCÍA, Francisco; JIN, Byungchae; SALOMON, Robert. Do host countries really benefit from inward foreign direct investment? *Perspectives on topical foreign direct investment issues,* n. 98, Columbia Center on Sustainable Development, July 2013. Available in: http://ccsi.columbia.edu/files/2014/01/FDI_98.pdf. Access: 30 Feb. 2015.

GARCÍA-BOLIVAR, La crisis del derecho internacional de inversiones extranjeras: propuestas de reforma. *Revista de la Secretaría del Tribunal Permanente de Revisión*, año 3, n. 5, p. 137-164, 2015.

GAUDIN, Jean-Pierre. *L'action publique:* sociologie et politique. Paris: Presses de Sciences Politiques, 2004.

GEIGER, Rainer. Multilateral approaches to investment: the way forward. *In:* ALVAREZ, José E.; SAUVANT, Karl P. (ed.) *The evolving international investment regime*: expectations, realities, options. New York: Oxford University Press, 2011. p. 153-173.

GELB, Stephen. A Southern perspective on the existing investment landscape. *In:* ECHANDI, Roberto; SAUVÉ, Pierre. *Prospects in international investment law and policy*. Cambridge: Cambridge University Press, 2011. p. 96-102.

GÓMEZ, Katia Fach. Latin America and ICSID: David versus Goliath? *Law and Business Review of the Americas*, n. 17, p. 195-230, 2011.

GUZMAN, Andrew T. *How international law works*. New York: Oxford University Press, 2008.

HARDING, Torfinn; JAVORCIK, Beata. Roll out the red carpet and they will come: investment promotion and FDI inflows. *Perspectives on topical foreign direct investment issues*, n. 72, Columbia Center on Sustainable Development, June 2012. Available in: http://ccsi.columbia.edu/files/2014/01/FDI_72.pdf. Access: 10 Oct. 2015.

HARLOW, C. Global administrative law: the quest for principles and values. *European Journal of International Law*, v. 17, n. 1, p. 187-214, 2005.

HÓBER, Kaj. State responsibility and investment arbitration. *Journal of international arbitration*, n. 25, p. 545-568, 2008.

HOBS, E. Globalisation: a challenge to the nation state and to international law. LICOSKY, Michael (ed.). *Transnational legal processes*.utterworths Lexis Nexis, 2002. p. 378-391.

HODGSON, Mélida. The trans-pacific partnership investment chapters sets a new worldwide standard. *Perspectives on topical foreign direct investment issues*, n. 160, Columbia Center on Sustainable Development, nov. 2015. Available in: http://ccsi.columbia.edu/files/2013/10/No-160-Hodgson-FINAL.pdf. Access: 19 Mar. 2015.

HURREL, Andrew. *International law 1989-2010*: a performance appraisal. ESIL Keynote Speech, 2010. Available in: http://www.esil-en.law.cam.ac.uk/Media/papers/Hurrell_ESIL2010_Keynote.pdf. Acsess: 25 May. 2015.

IGLESIAS, Enrique. Nuevos acuerdos regionales comerciales: riesgos y oportunidades. *In:* IGLESIAS, Enrique (coord.). *Os desafios da América Latina no Século XXI*. São Paulo: Universidade de São Paulo, 2015. p. 33-40.

KALDERIMIS, Daniel. Investment treaty arbitration as a global administrative law: what this might mean in practice. *In:* BROWN, Chester; MILES, Kate. *Evolution in investment treaty law and arbitration*. Cambridge: Cambridge University Press, 2011. p. 145-159.

KATROUGALOS, George. Global administrative law and democracy. *Jean Monnet Working Paper Series*, New York, n. 14/14, 2014.

KENNEDY, David. The mystery of global governance. *In:* DUNOFF, Jeffrey L.; TRACHTMAN, Joel P. (ed.). *Ruling the world? Constitutionalism, international law and global governance*. Cambridge University Press, 2009.

KINGSBURY, Benedict. First amendment liberalism as a global legal architecture: ascriptive groups and problems of a liberal NGO model of international civil society, *Chicago Journal of International Law*, v. 3, n. 183, p. 183-195, 2002.

KINGSBURY, Benedict. Omnilateralism and partial international communities: contributions of the emerging global administrative law. *Journal of International Law and Diplomacy*, v. 99, n. 143, p. 143-150, 2005.

KINGSBURY, Benedict. The administrative law frontier in global governance, *American Society of international Law Proceedings*, v. 99, p. 139-143, 2005.

KINGSBURY, Benedict.; CASINI, Lorenzo. Global administrative law dimensions of international organizations law. *IILJ Working Paper*, n. 9, 2009. (Global Administrative Law Series).

KINGSBURY, Benedict; SCHILL, Stephan. Investor-State arbitration as governance: fair and equitable treatment, proportionality and the emerging global administrative law. *Public law and legal theory research paper series*, New York, v. 9, n. 46, p. 1-53, 2009.

KLABBERS, Jan. Law making and constitutionalism. *In:* KLABBERS, Jan; PETERS, Anne; ULFSTEIN, Geir. *The constitutionalization of international law.* Oxford, 2009. p. 263-341.

KLÄGER, Roland. *Fair and equitable treatment in international investment law.* New York: Cambridge University Press, 2011.

KLINE, John M. Evaluate sustainable FDI to promote sustainable development. *Perspectives on topical foreign direct investment issues*, n. 82, Columbia Center on Sustainable Development, Nov. 2012. Available in: http://ccsi.columbia.edu/files/2014/01/FDI_82.pdf. Access: 19 Mar. 2015.

KOTUBY JR., Charles. General principles of law, international due process, and the modern role of private international law. *Duke Journal of Comparative & International Law*, n. 23, p. 411-443, 2013.

KULICK, Andreas. *Global public interest in international investment law.* Cambridge: Cambridge University Press, 2012.

KUMM, Mathias. The cosmopolitan turn in constitutionalism: on the relationship between constitutionalism in and beyond the State. *In:* DUNOFF, Jeffrey L.; TRACHTMAN, Joel P. (ed.). *Ruling the world?* Constitutionalism, international law and global governance. Cambridge University Press, 2009. p. 258-325.

LAPLANE, Mariano F.; SARTI, Fernando. O investimento direto estrangeiro e a internacionalização da economia brasileira nos anos 1990. *Economia e Sociedade*, Campinas, v. 11, n. 1(18), p. 63-94, jan./jun. 2002.

LEAL, Rogério. *Estado, administração pública e sociedade.* Porto Alegre: Livraria do Advogado, 2006.

LEONARDI, Renato Barros de Aguiar. *O sistema multilateral de investimento e os países em desenvolvimento*: desafios e oportunidades. 129 f. Dissertações (Mestrado em Relações Internacionais) – Universidade de Brasília, Instituto de relações internacionais, Brasília, 2006.

LEVIT, J.K. A bottom-up approach to international lawmaking: the tale of three trade finance instruments. *The Yale Journal of International Law*, v. 30, p. 125-209, 2005.

LICOSKY, Michael (ed.). *Transnational legal processes.* New York: Lexis Nexis utterworths, 2002.

LINDSETH, Peter L.; ROSE-ACKERMAN, Susan. *Comparative administrative law*. Northampton: Edward Elgar Publishing, 2010.

LIVSHIZ, D. Updating American administrative law: WTO, international standards, domestic implementation and public participation. *Wisconsin International Law Journal*, v. 24, n. 4, p. 961-1016, 2005.

LORCA, A. B. International law in Latin America or Latin America in international law? Rise, fall, and retrieval of a tradition of legal thinking and political imagination. *Harvard International Law Journal*, v. 47, n. 1, p. 283-305, 2006.

LOUGHLIN, Martin; VAN HARTEN, Gus. Investment treaty arbitration as a species of global administrative law. *The European Journal of International Law*, v. 17, n. 1, p. 121-150, 2006.

MARCHETTI, Raffaele. Global Governance or World Federalism? A Cosmopolitan Dispute on Institutional Models. *Global Society*, v. 20, n. 3, p. 287-305, 2006.

MARKS, Susan. Naming global administrative Law. *New York University Journal of International Law and Politics*, New York, v. 37, n. 4, p. 995-1001, 2006.

MARQUES NETO, Floriano de Azevedo. Os contratos de parceria público-privada (PPP) na implantação e ampliação de infraestruturas. In: SILVA, Leonardo Toledo da (coord.). *Direito e infraestrutura*. São Paulo: Saraiva, 2012, p. 281-302.

MATTOS, Paulo Todescan. The regulatory reform in Brazil: new regulatory decision-making and accountability mechanisms. *Institute for International Law and Justice*, 2007. Available in: www.iilj.org. Access: 20 June. 2015.

MC LEAN, Janet. Divergent legal conceptions of the State: implications for global administrative law. *IILJ Working Paper 2005/2*. New York, Global Administrative Law Series, University School of Law, 2005.

MCLEAN, J. Divergent conceptions of State: implications for global administrative law. *Law and Contemporary Problems*, v. 68, n. 3-4, p. 167-187, 2005.

MELLO JR, Luiz R. de. Foreign direct investment in developing countries and growth: a selective survey. *The journal of Development Studies*, v. 34, n. 1, p. 1-34, 2007.

MELO, Marcus Andre. Institutional design, normative political theory and accountability. *Revista Direito GV*, p. 195-207, nov. 2005.

MODESTO, Paulo. *Nova organização administrativa brasileira*. Belo Horizonte: Fórum, 2009.

MORAN, Theodore. Foreign direct investment and development: novel challenges. In: ECHANDI, Roberto; SAUVÉ, Pierre (ed.). *Prospects in international investment law and policy*. Cambridge: Cambridge University Press, 2011. p. 30-50.

MUCHLINSKI, Peter. Towards a coherent international investment system: key issues in the reform of international investment law. In: ECHANDI, Roberto; SAUVÉ, Pierre (ed.). *Prospects in international investment law and policy*. Cambridge: Cambridge University Press, 2011. p. 411-442.

MUCHLINSKI, Peter; ORTINO, Federico; SCHREUER, Christoph (ed.). *The Oxford Handbook of International Investment Law*. New York: Oxford University Press, 2008.

NEVES, Marcelo. *Transconstitucionalismo*. São Paulo: Martins Fontes, 2009.

NICOLAIDIS, Kalypso; SHAFFER, Gregory. Transnational mutual recognition regimes: governance without mutual government. *Law and Contemporary Problems*, v. 68, n. 3, p. 263-318, 2005.

NINO, Ezequiel. Inversiones extranjeras en países en desarrollo: Alguien debería intervenir a nivel global, *Res Publica Argentina*, Buenos Aires, v. 3, p. 123, 2007.

OLIVEIRA, Gustavo Justino de. *Contrato de Gestão*. São Paulo: Revista dos Tribunais, 2008.

OLIVEIRA, Gustavo Justino de. *Direito administrativo democrático*. Belo Horizonte: Fórum, 2010.

OLIVEIRA, Gustavo Justino de; ANDRADE, Gustavo F. Investment treaties, foreign investment and Brazilian law: the magic of reality. In: *Investment Protection in Brazil*. Netherlands: Klwer Law International, 2013, v. 1. p. 71-106.

OLIVEIRA, Odete Maria. *União europeia:* processos de integração e mutação. Curitiba: Juruá, 2001.

OLIVEIRA, Silvia Mnicucci de. *Direito ao desenvolvimento*: teorias e estratégias de implementação. 245 f. Tese (Doutorado em Direito Internacional) – Faculdade de Direito da Universidade de São Paulo. São Paulo, 2006.

ORTIZ, Gaspar Ariño. *Princípios de derecho público econômico* – modelo de Estado, gestión pública, regulación económica. 2. ed. Granada: Comares, 2001.

OTERO, Paulo. *Legalidade e administração pública*: o sentido da vinculação administrativa à juridicidade. Coimbra: Almedina, 2003,

PELTZMAN, Sam. A teoria econômica da regulação depois de uma década de desregulação. In: MATTOS, Paulo (coord.). *Regulação econômica e democracia*: o debate norte-americano. São Paulo: Editora 37, 2004. p. 81-127.

PIOVESAN, Flavia. *Direitos humanos, globalização econômica e integração regional*. São Paulo: Max Limonad, 2002.

POSTIGA, André Rocha. A emergência do direito administrativo global como ferramenta de regulação transnacional do investimento estrangeiro direto. *Revista de Direito Internacional*, v. 10, n. 1, p. 171-194, 2013.

POULSEN, Lauge N. Skovgaard. Investment treaties and the globalisation of state capitalism: opportunities and constraints for host states. ECHANDI, Roberto; SAUVÉ, Pierre (ed.). *Prospects in international investment law and policy*. Cambridge: Cambridge University Press, 2011. p. 73-90.

PRATA, Miguel Roque. *A dimensão transnacional do direito administrativo*. Lisboa: AAFDL, 2014.

PRATS I CATALÁ, Joan; et al. *Gobernanza: diálogo euro-iberoamericano sobre el buen gobierno*. Madrid: INAP, 2005.

PREBISCH, Raúl. *O manifesto latino-americano e outros ensaios*. Rio de Janeiro: Contraponto, 2011.

RAWSKI, Frederick. World bank community-driven development programming in Indonesia and East Timor: implications for the study of global administrative law. *New York University Journal of International Law and Politics*, New York, v. 37, n. 4, p. 919-951, 2006.

REGO, Anna Lygia Costa. Aspectos jurídicos da confiança do investidor estrangeiro no Brasil. 363 f. Tese (Doutorado em Direito Econômico) – Faculdade de Direito USP. São Paulo, 2010.

REID, Michael. *Brazil*: the troubled rise of a global power. New Haven: Yale University Press, 2014.

REINISCH, August. Governance without accountability? *German Yearbook of International Law*, v. 44, n. 270, 2002.

REINISCH, August. The challenge of fostering greatest coherence in international investment law. *In:* ECHANDI, Roberto; SAUVÉ, Pierre (ed.). *Prospects in international investment law and policy*. Cambridge: Cambridge University Press, 2011. p. 236-240.

REINISCH, August. The immunity of international organizations and the jurisdiction of their administrative tribunals. *ILJ Working Papers*, n. 2007/11, 2007 (Global Administrative Law Series).

RIVERO, Jean. *Curso de direito administrativo comparado*. São Paulo: Revista dos Tribunais, 1995.

RIVERO, Jean. *Direito administrativo*. Coimbra: Almedina, 1981.

RODRIK, Dani. How to save globalization from its cheerleaders. *Harvard University Faculty Research Working Paper Series*, RWP07-038, Sept. 2007.

ROSE-ACKERMAN, Susan. Corruption and the global corporation: ethical obligations and workable strategies. *In:* LICOSKY, Michael (ed.). *Transnational legal processes*. New York: utterworths Lexis Nexis, 2002, pp. 148-171.

ROSE-ACKERMAN, Susan. El derecho administrativo y la legitimidad democrática: confrontando el poder ejecutivo y el estado contractual. *Revista del CLAD – Reforma y Democracia*, Caracas, n. 43, p. 5-26, feb. 2009.

RUBINS, Noah D. Investment arbitration in Brazil. *In:* ALMEIDA, Ricardo Ramalho. *Arbitragem interna e internacional*. Rio de Janeiro: Renovar, 2003. p. 95-128.

SADER, Emir; GARCIA, Marco Aurélio (org.). *Brasil*: entre o passado e o futuro. São Paulo: Boitempo Editorial, 2010.

SALOMÃO FILHO, Calixto (coord.). *Regulação e desenvolvimento*. São Paulo: Malheiros, 2002.

SALOMÃO FILHO, Calixto (coord.). Globalização e teoria jurídica do conhecimento econômico. *In:* SUNDFELD, Carlos Ari; VIERIA, Oscar Vilhena. *Direito Global*. São Paulo: Max Limonad, 1999.

SALOMONI, Jorge Luis. Procedimiento administrativo y Mercosur. Una aproximación a los princípios emergentes de los distintos ordenamientos aplicables. *Actualidad en el Derecho Público*, Buenos Aires, v. 8, p. 95-130, 1998.

SANCHEZ BADIN, Michelle Ratton. The WTO and THE OECD rules on export credits: a virtuous circle? The example of the Embraer case and the 2007 civil aircraft understanding, *Direito GV Working Paper 29*.

SANCHEZ, Michelle Ratton. The global administrative law project: a review from Brazil. *Artigos Direito GV Working Papers*, n. 38, jun. 2009.

SANDHOLTZ, Wayne; SWEET, Alec Stone. Law, politics and international governance. *In:* REUS-SMIT, Christian (ed.). *The politics of international law*. Cambridge: Cambridge University Press, 2004. p. 238-271.

SASSE, Jan Peter. *An economic analysis of bilateral investment treaties*. Netherlands: Glabler Research, 2011.

SCHEFER, Krista Nadakavukaren. *International investment law*. Cheltenham: Edward Elgar Publishing, 2013.

SCHILL, Stephan W. *International investment law and comparative public law*. Oxford: Oxford University Press, 2010.

SCHILL, Stephan W. The multilateralization of international investment law: emergence of a multilateral system of investment protection on bilateral grounds. *Trade, Law and Development*, v. 59, n. 2, p. 59-86, 2010.

SCHREUER, Christoph. Coherence and consistency in international investment law. *In*: GELB, Stephen. A Southern perspective on the existing investment landscape. *In*: ECHANDI, Roberto; SAUVÉ, Pierre. *Prospects in international investment law and policy*. Cambridge: Cambridge University Press, 2011. p. 391-402.

SCHREUER, Christoph. *Encyclopedia of public international law*. Oxford: Oxford University Press, 2010.

SCHUTTER, Olivier De; SWINNEN, Johan; WOUTERS, Jan. *Foreign direct investment and human development*: the law and economics of international investment agreements. Abingdon: Routledge, 2013.

SCHWEBEL, Stephen Myron. In defense of bilateral investment treaties. *Perspectives on topical foreign direct investment issues*, n. 135, Columbia Center on Sustainable Development, nov/2014. Available in: http://ccsi.columbia.edu/files/2013/10/No-135-Schwebel-FINAL.pdf. Access: 28 Aug. 2015.

SEN, Amartya. *Choice, welfare and measurement*. Cambridge: Harvard University Press, 1998.

SHAN, Wenhua. The case for a multilateral or plurilateral framework on investment. *Perspectives on topical foreign direct investment issues*, n. 161, Columbia Center on Sustainable Development, Nov. 2015. Available in: http://ccsi.columbia.edu/files/2013/10/No-161-Shan-FINAL.pdf. Access: 28 Aug. 2015.

SILVA, Caio Carlos Cruz Ferreira. O regime jurídico brasileiro de tratamento e proteção dos investimentos internacionais diretos. Dissertação (Mestrado em Direito) – Faculdade de Direito – USP, São Paulo, 2007.

SILVA, Leonardo Toledo da (coord.). *Direito e infraestrutura*. São Paulo: Saraiva, 2012.

SNYDER, F. G. Governing globalization. *In*: LICOSKY, Michael (ed.). *Transnational legal processes*. New York: Utterworths Lexis Nexis, 2002. p. 65-97.

SORNARAJAH, M. State responsibility and bilateral investment treaties. *Journal of World Trade Law*, n. 20, p. 79-98, 1986.

SORNARAJAH, M. *The international law on foreign investment*. 3. ed. New York: Cambridge University Press, 2007.

SOUTO, Marcos Juruena Villela. *Direito administrativo regulatório*. Rio de Janeiro: Lumen Juris, 2002.

SOUZA, Luciane Moessa de. Resolução de conflitos envolvendo o poder público: caminhos para uma consensualidade responsável e eficaz. *In*: MARRARA, Thiago (org.). *Direito administrativo*: transformações e tendências. São Paulo: Almedina, 2014. p. 487-502.

STEGER, Manfred B. Globalization: a contested concept. *In:* STEGER, Manfred B. *Globalization*: a very short introduction. New York: Oxford University Press, 2006.

STEPAHN, Paul B. The new international law: legitimacy, accountability, authority and freedom in the new global order. *University of Colorado Law Review*, v. 70, n. 1555-1562, 1999.

STERN, Brigitte. The future of international investment law: a balance between the protection of investors and the State's capacity to regulate. *In:* ALVAREZ, José E.; SAUVANT, Karl P. (ed.). *The evolving international investment regime*: expectations, realities, options. New York: Oxford University Press, 2011. p. 174-192.

STEWART, Richard B. U.S. Administrative Law: a model for global administrative law? *Law and Contemporary Problems*, v. 68, p. 63-108, 2005.

STEWART, Richard B.; SANCHEZ BADIN, M. R. *The World Trade Organization*: Multiple dimensions of Global Administrative Law. I CON, v. 9, n. 3-4, p. 556-586, 2011.

STEWART, Richard B. Administrative law in the twenty first century. *New York University Law Review*, v. 2, n. 78, p. 437-460, 2003.

STEWART, Richard B. The global regulatory challenge to U.S. administrative law. *New York University Journal of International Law and Politics*, v. 37, n. 4, p. 695-762, 2005.

STIGLER, George J. The theory of economic regulation. *The Bell Journal of Economics and Management Science*, v. 2, n. 1, spring 1971.

SUBEDI, Surya P. *International investment law*. Oxford and Portland: Hart Publishing, 2008.

SUNDFELD, Carlos Ari; VIERIA, Oscar Vilhena. *Direito Global*. São Paulo: Max Limonad, 1999.

SWEET, Alec Stone. *Constitutionalism, legal pluralism and international regimes*. Yale Law School Scholarship Repository, 2009.

TÉLEZ, Felipe Mutis. Conditions and criteria for the protection of legitimate expectations under international investment law. *ICSID Review*, v. 27, n. 2, p. 432-442, 2012.

TRAKMAN, Leon E. The ICSID under siege. *Cornell International Law Journal*, v. 45, n. 3, p. 603-665, 2012.

UNITED NATIONS CONFERENCE ON TRADE AND DEVELOPMENT – UNCTAD. *Investment policy framework for sustainable development*. New York: United Nations, 2015.

UNITED NATIONS CONFERENCE ON TRADE AND DEVELOPMENT – UNCTAD. *The investment policy review programme*: a framework for attracting and benefiting from FDI. New York: United Nations, 2008.

UNITED NATIONS CONFERENCE ON TRADE AND DEVELOPMENT – UNCTAD. *World investment report 2015*. New York: United Nations, 2015.

UNITED NATIONS. Globalization and interdependence: sustained, inclusive and equitable economic growth for a fair and more equitable globalization for all, including job creation. Report of the Secretary-General, A/66/223, Aug/2011. Available in: http://daccess-dds ny.un.org/doc/UNDOC/GEN/N11/440/20/PDF/N1144020.pdf?OpenElement. Access: 16 Feb. 2015.

URUEÑA, Rene. Global governance through comparative international law? Inter-American constitutionalism and the changing role of domestic courts in the construction of the international law. *Jean Monnet Working Paper Series*, New York, n. 21/13, 2013.

VERDIER, P. Transnational regulatory networks and their limits, *The Yale Journal of International Law*, v. 34, p. 113-172, 2009.

VILLORIA MENDIETA, Manuel. *La modernización de la administración como instrumento al servicio de la democracia*. Madrid: INAP, 1996.

WAELDE, Thomas. Changing directions for international investment law in global economy – an overview of selected issues. *CEPMLP Internet Journal*, v. 4, 1999. Available in: www.dundee.ac.uk/cepmlp. Access: 15 July. 2015.

WALSH, James P; YU, Jyangian. Determinants of foreign direct investment: a sectoral and institutional approach. *IMF Working Papers*, a. 10, n. 187, 2010.

WASSENAER, Arent Van. Alianças e parcerias como métodos de assegurar a entrega de projetos melhores. *In:* SILVA, Leonardo Toledo da (coord.). *Direito e infraestrutura*. São Paulo: Saraiva, 2012. p. 79-100.

WEILER, Todd. *The interpretation of international investment law*: equality, discrimination and minimum standards of treatment in historical context. Boston: Martinus Nijhoff Publishers, 2013

ZIADÉ, Nassib G. Challenges and prospects facing the international centre for settlement of investment disputes. *In:* ALVAREZ, José E.; SAUVANT, Karl P. (ed.) *The evolving international investment regime*: expectations, realities, options. New York: Oxford University Press, 2011. p. 120-124.

ZILLER, Jacques. *Administrations Comparées*. Paris: Motchrestien, 1993.

Esta obra foi composta em fonte Palatino Linotype, corpo 10
e impressa em papel Pólen Bold 70g (miolo) e Supremo 250g (capa)
pela Paulinelli Serviços Gráficos.